罗马法翻译系列

AB URBE CONDITA LIBRI
LI BRORUM XXXI-XLV FRAGMENTA SELECTA

自建城以来

（第三十一至四十五卷选段）

［古罗马］ 提图斯·李维 著
［意］ 桑德罗·斯奇巴尼 主编
［意］ 乔石尼·罗布兰诺 选编
王焕生 译

中国政法大学出版社
2018·北京

OSSERVATORIO SULLA CODIFICAZIONE E SULLA FORMAZIONE DEL GIURISTA IN CINA NEL QUADRO DEL SISTEMA GIURIDICO ROMANISTICO

II Università di Roma "Tor Vergata"
"Sapienza" Università di Roma
Università della Cina di Scienze Politiche e Giurisprudenza-CUPL
Dipartimento Identità Culturale-C. N. R.

TITI LIVI
AB URBE CONDITA
LIBRORUM XXXI-XLV FRAGMENTA SELECTA
Testo latino e traduzione cinese

Traduzione in cinese di Wang Huansheng
dell'Istituto di Lingue e Letterature straniere
dell'Accademia Sinica di Scienze Sociali

Caporedattore Sandro Schipani
Ordinario di Diritto romano, "Sapienza" Università di Roma
con la collaborazione di Laura Formichella
ricercatore nell'Università di Roma "Tor Vergata"
Selezione a cura di Giovani Lobrano
Professore ordinario di diritto romano
Universita degli sdtudi di Sassari

Con collaborazione del Centro di Studi sul diritto romano e Italiano
UniversitÀàdella Cina di Scienze Politiche e Giurisprudenza (CUPL)

引　言

一、蒂托·李维：诠释"共和国"的罗马帝国法学家和历史学家

1.《罗马史》：可作为研究"共和国"的学者、学生和使用者的技术手册。500年前，在1523年上半年，尼可罗·马基雅维利开始了他对蒂托·李维的《罗马史》前10卷的阅读与研究，6年后完成了写作，书名为《论李维》[1]。作为蒂托·李维的《罗马史》第21~45卷的"中文"选集的引言，本文也可以这样一个问题来命名：在马基雅维利对蒂托·李维的《罗马史》前10卷进行研究的500年之后，为什么以及如何阅读剩余的几十卷？

在《论李维》一书的引言部分，马基雅维利提出了关于阅读李维《罗马史》前10卷的三个理由/标准：①尝试一种新的研究方式的适当性；②批评当时的人们不遵循"先例"，尤其是在"组织共和体例，维持秩序，管理国家，整顿军事，安排战事，管理属民以及加强统治"方面；③对当时人来说应当认识和确信这些先例的"有用性"。在你我当今之人以及地球另一端的人们看来，这些理由对我们去阅读李维作品的另外25卷仍然适用。

---

[1] 原文为《论蒂托·李维的前10卷》。——译者注

为了更加正确地理解李维的作品，应当时刻牢记里卡尔多·奥雷斯塔诺1983年对李维的评价，他认为蒂托·李维是"古代史学家中最伟大的法学家"。[1]

李维是最伟大的罗马史学家，不仅是因为罗马文化总体上以法律文化为特征，还因为在罗马文化中，历史学和法学尤其是彼此关联。自起源开始，有关罗马市民的历史和法律的保存和编纂活动在机构上都统一由祭司的神圣团体完成。祭司团体的编年史（在编年史中，事件的发生要按年来记述，就像神职和官职的交替一样）成为李维所采用的材料渊源（至少是间接渊源），李维在写作罗马史时也采用了同样的体例。[2]比如，一个显见的例子，在李维小心谨慎地再现神迹等奇妙现象时就采用了这种方法（这是最古老的编年史方法，被早期的罗马历史学家们所摒弃，但又由李维有计划地重新采用），神迹是神为了使人们获知并维持宇宙的秩序而对人展现的迹象，神是这种秩序的看管者和保障者。

关于尼可罗·马基雅维利那本极其权威的著作，当人们把李维当作"法学家"时，人们尤其会想到其《从罗马建城开始》[3]的前10卷。但奥雷斯塔诺的评价还与几乎完整地流传下来的另外25卷（即第21~45卷）完美地契合，因此我

---

[1] 参见奥雷斯塔诺（R. ORESTANO）"Idea di progresso, esperienza giuridica romana e 'paleoromanistica'" in Sociologia del diritto, e in R. TREVES, a cura di, *Alle origini della sociologia del diritto*, Milano 1983, quindi in Id., *Edificazione del giuridico*, Bologna, 1989, p. 254.

[2] 关于Annales maximi（即"最大编年史"：是从大祭司长的档案材料中推算出来的最伟大的编年史汇纂，于西塞罗时代前不久被公开，也正是根据西塞罗提供的证据，人们认为这部大编年史由布布里·穆齐·斯凯沃拉编纂而成，他曾于公元前131年~公元前130年间以及公元前124年~公元前123年间担任大祭司）参见M. Schanz e C. Hosius, *Geschichte der römischen Literatur*, I, 4a ed., München 1927, §14.

[3] 又称《罗马史》。——译者注

们应当相信这种评价也完全符合李维的整个著作,包括那些令人遗憾地还不为我们所知的部分。

李维的《罗马史》共142卷,是在一段相对较长的时间内完成的,即公元前27年~公元17年期间,大部分与奥古斯都执政期同期(奥古斯都在位是公元前27年~公元14年,时至今日的2014年,奥古斯都已经去世2000周年)。也就是说,李维对罗马史的创作恰恰是与"君主制"这一宏伟的制度变革同时开端的。也正因为这样,对于学者、学生和那些对"共和国"这一特殊的罗马法创造的使用者来说,我们可以将李维的著作在性质上界定为一本真正意义上的"技术手册"。但是,在李维开始写作《罗马史》之前大概25年,西塞罗就开始了有关共和国的思考,大约在公元前55年~公元前51年间完成了其大作《论共和国》,其目的正是在于启动必要的改革(这一系列的改革后来由奥古斯都完成)而不损害甚至是颂扬共和国的精髓。[1]该"手册"以动态的(历史的)视角所描述的"技术"就是共和国这一法律技术。它是有关"政体"($πολιτεια$)的高级技术(是我们前所未见的最高级的)[2],这种技术,早在希罗多德关于"三种政体"

---

[1] 有关共和国和帝制的连续性,参见 G. Lobrano, "La théorie de la res publica selon l'Empereur Justinien (Digesta Iustiniani 1.2~4)" in *Diritto@ Storia*, 8/2009;附葡萄牙语补充和翻译版本,"A teoria da *res publica* (fundada sobre a 'sociedade' e não sobre a 'pessoa jurídica') no Corpus Juris Civilis de Justiniano (Digesto 1.2~4)" in *Seqüência: estudos jurídicos e políticos* (Florianópolis: Editora da UFSC) Vol. 29, No. 59 (2009 ma pubblicato 2010), pp. 13~41. 具体到共和国和奥古斯都帝制的连续性问题上,西塞罗在其《论共和国》一书的第四卷和第五卷完成了有关"君主"身份的理论化,在该书中引入了 rector et gubernator rei publicae o princep 的身份概念(可见 E. Lepore, *Il principe ciceroniano e gli ideali politici della tarda repubblica*, Napoli 1954; J. Béranger, *Recherches sur l'aspect idéologique du principat*, Basel 1953 e, infra, § 2. f)。

[2] 参见后文 "4. 针对同一问题的罗马式解决方案……" "5. 针对第二个后续的特殊问题……" "6. 针对同一问题的罗马式解决方案……" 部分内容。

（λόγοςτριπολιτικός）的论述中（《历史》第三卷，第80～82节，公元前5世纪）就曾提及，即"民主"[1]。

在留传下来的那25卷中（除了前10卷之外），《罗马史》的这一一般性质以一种特殊的方式得以表达。这种特殊性就存在于将这种"共和的技术"（它无论从效率还是效力的层面都具有最终的绝对说服力）与其他两种法律技术的对比之中，这两种技术是罗马人民对地中海几乎不可避免的征服过程中所遭遇到并与之对抗的。我们可以极为近似地，以逆时代顺序甚至是挑衅的方式用现代术语将这两种技术分别定义为：亚洲帝王的"中央集权制"和希腊城邦人民的"审议民主制"。

在论述这25卷时，我们认为必须要考虑到它们的法律特征。为了阅读这部选集，运用相应的法律工具是必要的。但很遗憾的是，这些法律工具完全不被人们所知，[2]因此我们在此试图提供一些基本的元素。[3]

2. 第21～45卷：征服整个地中海世界的过程就是不同的"集体意志的形成过程"的对立/对比的过程，暨罗马共和国的民主展现了更高的效率和效力。与第一部前10卷讲述长达4个半世纪的故事相比，李维《罗马史》的第三部、第四部和第五部的前5卷叙述事件相对比较密集；这25卷讲述的是一段相对比较短的（大概只有半个世纪，从公元前219年到

---

[1] 参见第18页注释1。有关希罗多德的著述存在大量资料可查；参见 S. Cataldi, "Il modello ateniese", nella raccolta di scritti (utile seppure non impostata giuridicamente) Aa. Vv., *La democrazia diretta: un progetto politico per la società di giustizia*, Bari 1997, 29 nt. 41. 我们所知的有关希腊"民主制"的概念的更为古老的资料，参见 Giulia Domna, "La democrazia in Grecia. Storia di un esperimento politico" in *hœcceit@ s web. Rivista online di filosofia, cultura e società*, n. 13, settembre 2012.

[2] 参见后文"3. 罗马共和国危险的历史和法律信息……"部分内容。

[3] 参见后文"2. 罗马共和国——民主的与帝制的……"部分内容。

公元前167年）但却对"罗马帝国"的形成具有决定性意义的历史时期。

尽管罗马组织建构仍在形成中，但在叙述开始的时候，罗马人民（有违常规地）[1]已经是一个大型的民族（grande popolo）了。实际上，按照地中海世界的规则，人民只能是小的，只有王国才是大的（I popoli possono essere soltanto piccoli: grandi possono essere i Regni）。然而，罗马人民的地理疆域曾一度扩张至意大利半岛的2/3大小［从墨西拿海峡直至翁布里亚人和伊特鲁里亚人的领域（实际上，后者在当时也大致涵盖了今天的托斯卡纳）］：其中很小一部分领土通过兼并体制建立（"自治市"），大部分土地通过一种根本的机制即"联盟"条约的方式完成（以罗马为中心），后来在临近的西西里岛、撒丁岛和科西嘉岛创设了"行省"这一新机制。

叙述的对象是罗马人与当时地中海地区三大主要势力持续开展的一系列战争。第一大敌对势力是迦太基：腓尼基人的主要城市。迦太基虽然在"第一次布匿战争"（公元前264年~公元前241年）中被罗马人打败，但仍然占据着靠近非洲的地中海沿岸和西班牙埃布罗河以南地区（当时的新迦太基城）。其他两股敌对势力是马其顿王国和叙利亚王国。马其顿王国自古以来就以其战术著称：公元前359年国王腓力二世就在战争中引入了"马其顿方阵"（源自西西里的迪奥多罗斯，《历史丛书》15.44.1~3和16.3.1~2，公元前1世纪）。马其顿王国将希腊文化与他对亚洲的兴趣和趋向联合起来。公元前336年~公元前323年间，马其顿国王腓力二世的儿子亚历山大三世（即亚历山大大帝，希腊语称 Μέγας Ἀλέξανδρος，是希腊最伟大的哲学家亚里士多德的学生和朋友）通过大规模

---

[1] 参见后文"2. 民主的两个进一步要求……""5. 针对第二个后续的特殊问题……""6. 针对同一问题的罗马式解决方案……"部分内容。

的军事扩张将古希腊文化（所谓的"ellenismo"[1]）传播到所到之处，尽管其制度建构只是昙花一现。亚历山大死后，这些将领们瓜分了王国［因而称之为"继业者"（διάδοχοι）］，事实上，马其顿和叙利亚（也包括埃及）的王室家族就是由这些将领们的后代建立的。他们是马其顿的安提柯王朝（安提柯一世建立），叙利亚的塞琉古王朝（由塞琉古一世建立），以及由拉古斯的儿子托勒密一世在埃及所建立的托勒密王朝或阿吉德王朝。在此之前，马其顿王国处于最统一和最紧密的时期，它在政治上和军事上统治着希腊；叙利亚王国在国土和人口上都十分强大，（用当今地缘政治的说法）它包括了今天的叙利亚、土耳其半岛的中东部、黎巴嫩、伊朗、阿富汗，以及乌兹别克斯坦、土耳其和巴基斯坦的较大部分土地。

实际上，作为叙述对象的故事所开展的舞台是非常广阔的：伊比利亚半岛、阿尔卑斯山、整个意大利及其附属岛屿、北非、中东、希腊及其附属岛屿、伊利里亚（亚得里亚海东岸）。

然而，对于整个事件的叙述来说，希腊才是"焦点"[2]。确实，整个叙述的中心时刻是公元前196年夏天第二次马其顿战争结束之际，在科林斯城的伊斯特米亚竞技会期间，提图斯·昆克修斯·弗拉米尼努斯（Tito Quinzio Flaminino）在波塞冬神庙庄严宣布罗马人民（il Popolo romano）赋予希腊人民（i Popoli greci）以自由，使其摆脱马其顿国王的统治。

---

〔1〕这一术语专指亚历山大大帝死后（公元前323年）至阿奇奥战争爆发（公元前31年）期间那段希腊历史时期，当时他的"帝国"的最后一块领土——埃及王国变成了罗马的"行省"。在这段时期，希腊文化传播到东方，从马其顿到印度，从黑海和达努比奥到努比亚（J. G. DROYSEN, *Geschichte des Hellenismus*, Hamburg 1833）。

〔2〕"被征服的希腊征服了粗野的胜利者"，见 Horat. epist. 2.1.156（公元前20年）。

整个事件分为四场战争,均以胜利告终,主要敌人是:迦太基部队的指挥官汉尼拔(战争期间:公元前219年~公元前202年)、马其顿国王腓力五世(战争期间:公元前216年~公元前197年)[1]、叙利亚的安提柯"大帝"(战争期间:公元前196年~公元前188年)、再次出战马其顿腓力五世之子珀尔修斯(战争期间:公元前171年~公元前168年),以及其他一些实力不小的盟友。战事结束后,罗马人民取得了地中海地区无可争议的霸权。事实上,他们以不同的名义和方式"统治"着整个意大利半岛(含阿尔卑斯山脉)、西地中海诸岛(西西里岛、撒丁岛和科西嘉岛)[2]、伊比利亚半岛、北非沿海地带、埃及和"大叙利亚"地区、帕加马王国(即今土耳其半岛的中西部地区)、希腊、马其顿和伊利里亚。地中海成为罗马的内海,是所谓的"我们的海",而黑海自然成为地中海的一部分。[3]

所叙述的历史有一个基本线索,那就是罗马"帝国"[4]

---

[1] 更为确切地说,罗马人与马其顿国王腓力五世开展了两场战争。第一场战争(公元前215年~公元前205年)时,腓力五世是汉尼拔和罗马人的盟友,不能在意大利拥兵自重直接对抗罗马人,这引起了希腊城邦和人民,尤其是埃托利亚同盟对他的不满。此项战事结果是"腓尼基和约"的签订(相当于今阿尔巴尼亚的Finiq市,当时古埃皮罗塔中立同盟的首都)。这一和约为马其顿赢得了一些领土上的利益。第二场战争(公元前200年~公元前197年)以腓力五世在库诺斯科法莱的战败(Beozia城,在最著名和最重要的Tebe城,当时属于马其顿)和罗马人宣告希腊解放为结果。参见后文"7. 李维以及罗马……"部分内容。

[2] 巴利阿里群岛后在执政官Quinto Cecilio Metello带领下于公元前122年由罗马共和国取得,他们建立了Palma di Maiorca殖民地,人称"Balearico"。

[3] 有关黑海在历史和地理上与地中海的归属关系,见Aa. Vv., *Identità del Mediterraneo: elementi russi* (atti del *XXXI Seminario per la cooperazione mediterranea*, Carbonia, 18 ~ 20 novembre 2010), Cagliari 2012.

[4] 李维著作中所用的"治权"(imperium)的概念与我们今天在非共和国的体制中所用概念完全不同,甚至是完全对立的。在李维看来,共和国和帝国的概念可以共存和互补,共和国指罗马公共组织的性质,而帝国则是指共和国的范围。

异乎寻常地发展壮大[1]。对此，李维还总结了两个紧密相关的主要特点：第一个特点是，这种异常的发展（不像之前的发展都发生在意大利）发生在一个复杂异质的环境中。第二个特点是，如果说这个过程中最重要的元素是一系列战争，而最为持久的因素则是（在这样一种背景下）（不同的）意志/决策过程之间的交织（无论是重大的决策还是日常的决定都体现了这一交织）。

正是这些不同的意志/决策过程（对应不同的"宪政"类型）特色化和区分了不同的集体角色。这些战争（从战斗员的精神、纪律，以及其作为个人或集体在战斗中所使用的武器和技术，直到战术战略）即便不是取决于各自宪政制度（体系）中意志/决策程序的特殊性，也受其影响。[2]

---

[1] 关于"市民的（或人民的）发展壮大"及其涵义，见 P. CATALANO, *Diritto e persone – Studi su origine e attualità del sistema romano*, I, Torino 1990, xiv ss. e, 37 ss.；后续有关这一问题的更新的材料参见 G. LOBRANO, "La théorie de la res publica selon l'Empereur Justinien (Digesta Iustiniani 1.2~4)" cit.

[2] 马其顿方阵的独立性和罗马军团组织的复杂性之间的对比（其最高职位"军团长"由人民选举产生）也表明了"社会"组织的多样性。Plinio Fraccaro 在 "Falange macedone" [*Enciclopedia Italiana*, 1932, Treccani. it（即《意大利大百科全书》中的"马其顿方阵"词条——译者注）] 词条中写道："相对于罗马军团的划分支队，方阵有哪些优势和缺陷，玻利比奥作了经典的分析（Polibio, XVIII, 28 seg.）；东方的征服者是马其顿方阵，在基诺斯山（又译库诺斯科法莱）和皮德纳中臣服给罗马军团。"（参见 M. MARKLE, "The Macedonian Sarrissa", Spear and Related Armor, in *American Journal of Archeology*, a. 1977, n. 81, 3, pp. 323~339；G. CASCARINO, "L'esercito romano", *Armamento e organizzazione*, *Vol. I – Dalle origini alla fine della repubblica*, Rimini 2007；又见"L'esercito romano", *Armamento e organizzazione*, *Vol. II – Da Augusto ai Severi*, Rimini 2008, 以及"L'esercito romano", *Armamento e organizzazione*, *Vol. III – Dal III secolo alla fine dell'Impero d'Occidente*, Rimini 2009；A. FREDIANI, "Le grandi battaglie tra Greci e Romani", *Falange contro legione: da Eraclea a Pidna, tutti gli scontri tra opliti e legionari*, Roma 2012.）关于罗马在和平时期和战时的军事纪律的问题，古埃皮鲁斯国王（318 a. C. ~272 a. C.）皮尔罗（他在观察一处罗马军队驻地的营地时表示了赞赏之情）的证言很有趣："Ordo certe barbarorum istorum minime barbarus est（Supplementa Liviana, 13.2, di Johann Freinsheim）", 另一有趣的

在这一制度体系的交织过程中,李维并未赋予他所遇到的所有组织形式以同等的重要性。

有一些人[1],尽管他们也像罗马人那样参与了权利和债的制定及其保护,但因为他们的组织形式的原始粗鲁,他们(常常)是罗马人的敌人,而不是对话者,这甚至成为一种(对话的)天然的障碍(灾害)。

在玻利比奥看来,迦太基像罗马一样,也有尽可能完善的政府组织形式,即混合政体($πολιτεία\ μικτή$)[2],但是在他们的伟大指挥官汉尼拔的外在形象的掩盖之下,在这里,我们隐约看到的更多的是派系斗争而非各种制度的运作。

然而,一方面是马其顿国王和叙利亚国王以及他们的大型王国,一方面是很多小型的希腊城邦(他们通常以联盟的方式组织起来),罗马人民必须面对和比较这些不同的组织形式:罗马人的胜利虽以军事结果来衡量,但却取决于这种组织形式上的特殊性。在这些组织形式中,罗马人的选择并不困难。他们把希腊城邦的市民也看做是同样的罗马市民,即自由人;王国的臣民则与之不同,他们不是自由人,因而不是真正意义上的"人"[而是王的"所有物"(mancipia)][3],进而也不是"人民"。而实际上,在罗马人的词汇中,"人民"这个

证言出自著名犹太历史学家弗拉维奥·约瑟夫斯(参见 Giuseppe Flavio, 耶路撒冷, 37 circa – Roma, 100 circa)(他在看到罗马士兵的训练方式时也表示赞赏,参见 La guerra giudaica, III, 5.1.71~75)。

[1] 举个例子,对伊斯特拉人之战(所谓的"第二次伊斯特拉战争")的中心情节,当时这些"野蛮人"在征服了罗马军队的一处营地后,狂饮发现的葡萄酒并且一醉不醒,进而被乘势返回的罗马军团尽数屠杀(Liv. 41.1~4)。伊斯特拉人曾是印欧民族的一支,定居在亚得里亚海的伊斯特拉半岛,现分别属于克罗地亚和斯洛文尼亚的领土。

[2] 参见后文"3. 针对第一个后续的特殊问题……"部分内容。

[3] Liv. 36.44;又见 37.54(应战叙利亚国王安提戈三世期间罗德岛人的外交使团在罗马的一段讲话)。

的：人民＝市民社会（拉丁语：populus = civilis societas/societas civium）。[1] 因而说，"人民"是通过结合两个互补且互为必要的元素建立起来的，即社会和城市。[2]

人民的运作机制（市民对其自身行使权力，即民主）被社会所要求，也被城市所允许。

没有城市的地方就没有社会（通过城市建立一种稳定的关系，直至将某一集体与一个地域结合为一体），因而也就没有民主，而是"首领/领袖"所维持的游民的集合（comitatus/Gefolgschaft）。[3] 相应地，如果没有社会，城市就是结构上（城市规划上）与希腊—罗马式的城市所不同的城市[4]，

---

〔1〕 有关城市规划结构的作用，参见第12页注释4。
有关地中海和城邦之间深刻的历史联系的认识，参见 G. LOBRANO, a cura di, *Autonomia, regioni, città. Passato e futuro del Mediterraneo* (ISPROM / Quaderni mediterranei, 8 – Atti del XVI Seminario per la Cooperazione Mediterranea – Cagliari, 9 ~ 10 dicembre 1994) Cagliari s. d. (ma: 2004); "Prefazione", *ibidem*, 9 ~ 15; "Introduzione. La cooperazione tra autonomia, nel Mediterraneo, a partire dalle Città", *ibidem*, 29 ~ 50.

〔2〕 根据蒂托·李维（5.52.1 ~ 3）的一段非常著名的文字，独裁者福利乌斯·卡米卢斯（Furio Camillo）说服罗马市民不要放弃被高卢人损坏的城墙（390 a. C.），即不要迁移到另一个地方生活，否则将是违法的（nefas）。

〔3〕 参见 L. CANFORA, *La Germania di Tacito da Engels al nazismo*, Napoli 1979, in part. il cap. "La Germania di Tacito nella tradizione etnografica: Norden" (pp. 34 ~ 43); cfr. R. FIORI, "Sodales, 'Gefolgschaften' e diritto di associazione in Roma arcaica (VIII ~ V sec. a. C.)" in Societas – Ius. *Munuscula di allievi a Feliciano Serrao*, Napoli 1999.

〔4〕 希罗多德确认 (st. 1.153.2) 波斯国王居鲁士（Ciro）在回答一位斯巴达大使时说，希腊人将市民聚集于城市的中央广场，这一习惯是希腊与我们王国的民俗习惯的根本的不同，参见 Ch. WESTFALL OUGHTON, "Scripting the Persians: Herodotus' Use of the Persian 'Trivium' (Truth Telling, Archery, and Horsemanship)", in the Histories, Austin – Texas 2011, 48; S. Mazzarino, "Fra Oriente e Occidente" in C. AMPOLO, a cura di, *La Città antica. Guida storica e critica*, Bari 1980, 178, 本书在定义古代的城市时，认为存在中央广场（古希腊广场"agorà"）是其本质特点；又见 F. DE MARTINO, "Il modello della città – stato" in A. a. V. v., *Storia di Roma*, IV, Torino 1989, 436 s.

因而一定意义上讲也不是一个"城市"[1]。在非"民主"的"组织结构"中,王国（在定义上讲,王国没有社会)[2]、城市不是一种人民的组织结构（作为一种外部架构)[3],而是"首都城市"（Città Capitale）,是一种异类权力的场所,这种权力"凌驾于人民之上并与之对立"（"su e contro"il popolo)。[4]两种城市在城市规划上最明显的区别在于大型的中央广场（即 αγορά - forum，为希腊—罗马式城市所特有）的设计,在这里,主权人民聚集起来决定自己的事务。

对于我们现代人来说,希腊—罗马式的解决方法看似简单,而实际上却是相当难以理解的,这是因为通过一个现代科学运作（我们将在最后一段中论及）而扭曲（根据资产阶级的需求）了它的两个概念（理论概念和运作制度）。这一现代科学运作即以"人民=国家"（Popolo = Stato）的程式来

---

〔1〕 参见 Giorgio La Pira 在 1960 年佛罗伦萨大学建筑学院举行的"La città celeste e la città di pietra"会议上的发言（本发言在大约 20 年后在 Giorgio la Pira 的基金会的杂志上发表,参见 *La Badian*, 3, 1979）,他说:"有一些城市还不是城市。纽约不是一个城市,它还有待形成。"

〔2〕 参见 Cicerone rep. 1.49;又见 off. 1.26; cfr. 3.32.

〔3〕 有关希腊人和罗马人之间的同质性和区别,尤其是其在市民组织和公共组织上面的巧合的共同之处,可见 A. BERNARDI, "Dallo stato – città allo stato municipale nella Roma antica" in Paideia, I, *fasc.* 4, 1946; E. GABBA, "Dalla città – stato allo stato municipale" in A. Momigliano e altri, *Storia di Roma. L'impero mediterraneo*, II 1, Torino 1990.

〔4〕 有关"città capitale",参见 J. -J. ROUSSEAU, *Projet de constitution pour la Corse*, 1763, su cui G. LOBRANO, "Città: da elemento di antagonismo a fattore di Democrazia, sviluppo e pace. Una 'sin – tèsi' interpretativa – propositiva (testo provvisorio)", relazione distribuita al XXXIV Seminario per la Cooperazione Mediterranea (Alghero – 7 – 8 febbraio 2014) *Le campagne e le Città: prospettive di sviluppo sostenibile in area Mediterranea*, in via di pubblicazione.

E. SERENI, "Considerazioni di metodo su Stato, rivoluzione e schiavitù in Roma antica" in *Index*, 3, 1972, 211:《何谓"消极权力"?一个权力总是某人享有的针对某另一人的和"在其之上"的权力;因而总是"积极的"》。又见第 35 页注释 1。

替代"人民＝市民社会"（Popolo = società dei cittadini），以"代表的意志"来替代"成员的意志"。

为了能够理解这一古老的解决方法，革命性地再次确认"人民"这个词的含义就成为必要（20世纪下半叶）："人民"这个词"根本不指向任何'理想中的实体'，而是一个集合或统一起来的人（市民）的'具体的'复数"。[1]

这一基础性论断，虽然是针对罗马人民的理论概念的，却也适用于希腊人民。希腊和罗马经验虽然从深层上讲是同质的，但彼此却是不可互换的。在它们之间产生了一些，或者说又附加了一些不同的重要元素。[2]为了更好地认识它

---

〔1〕 Pierangelo Catalano 写道〔"在法人问题的根源上"，1983，参见 Id., *Diritto e persone*, I, Torino 1990, 163 ss (in part. 164) rinviando a Id., Populus Romanus Quirites, Torino 1974〕"奎里特罗马人民（Populus Romanus Quirites）：这一表述并不意味着任何'理想中的实体'而是一个集合起来的团结起来的人的具体的复数，既作为人民又作为奎利特人（罗马公民）/in quanto tali populus e Quirites"。关于罗马人民的问题上，Catalano 从不回避"统一体"（unità）的概念；这段话的标题就使用了上述词语，即"奎里特罗马人民的具体概念：统一体和复数"；然而正是出于在使用"统一体"（unità）这个词来表述"人民"这个词时的谨慎性，他对于罗马法学家关于人民的天然的抽象性/国家性观点的批评也被他们自身所代谢掉了（参见 M. CARAVALE, "Popolo. Antichità e Medioevo" in *Enciclopedia delle Scienze Sociali*, VI, 1996, § c. "罗马人民作为罗马市民的人民或作为法人"），在奥雷斯塔诺（Riccardo Orestano）的"蒙森的/发展的"学说看来，直至"优士丁尼法"时期，"对于构建一个团体的人格这一理念的抽象性和统一性这一漫长艰辛的过程"来说，罗马法学家们即便不是贡献了全部，也完成了大部〔参见 R. ORESTANO, *Il problema delle fondazioni in diritto romano*, Torino 1959; cfr. Id., *Il problema delle persone giuridiche nel diritto romano*, Torino 1968; Id., "Idea di progresso, esperienza giuridica romana e 'paleoromanistica'", cit., dove (p. 252 s.) critica "il grande romanista tedesco" Fritz Schulz perché questi "sostenne vigorosamente (…) avere i giuristi romani ignorato qualsiasi sentimento di evoluzione"〕。

〔2〕 实际上，西塞罗认为"市民社会"是一系列同心社会的中间社会；这一系列社会由于其"自然性"，其结果是从两个方面（一方面是对于其他生物存在，一方面是对于上帝/神 Dio）都突破了人类的界限，这一系列同心社会的根源都在于婚姻（Cic. off. 1.53 e leg. 1.23; cfr. leg. 3.1.3. e Seneca, ep. 5.57.14; cfr. Ulp. D., 1.1.1.2）。亚里士多德也提到一系列政治社会内部的同心社会（参见第12页注释

们，我们首先必须从那两种根据"资产阶级"的需求而产生的教条中解放出来（这两种教条，迄今为止是当代罗马法学界最为宣扬和推崇的，简而言之，也为法学界所推崇）；这两种教条，表面上看，彼此间即便不是完全独立也是相当遥远的，而实际上，彼此却是紧密连接在一起的。事实上它们相应地都关乎人的复数的理论概念和统一的运作机制：①确认追求抽象性的必要性，以求得复数的（人）的统一性；②否定把人的意志/决定行为分解到一个意志/决策程序中。这种否认的根源在于近代罗马法学说（对此，我们也将在最后一段中论及），根据这一学说，在家子或奴隶缔结的契约中，家父或家主的命令（iussum）仅具有"对第三方许可"的性质。

也确实，恰恰是在社会—人民的罗马法的理论概念上，才达到和完善了"具体性"和"统一性"（unità）的协调（请注意，此处讲的是"统一性"/unità，即不只是"集合"/

---

1)，但是根据哈利卡纳苏斯的狄奥尼修斯的观点（Dionigi di Alicarnasso, *Ρωμαϊκή Άρχαιολογία*，公元前8世纪），在罗马和希腊，公共组织和家庭组织之间的关系是不同的，相反，这位作者认为，正是这两者之间的关系构成两种组织经验之间的区别因素，因为在希腊经验中，公共组织和家庭组织之间是彼此不可渗透的，而在罗马经验中，两者是可渗透的（参见 Dion. Hal., *ant.* 2. 26 e 20. 2 s. Vedi G. LOBRANO, "Pater et filius eadem persona"）。有关"父权/patria potestas"的研究，可参见 I, Milano 1984, 89 ss.; Id., "Familia. Note per la interpretazione" in *Roma e America. Diritto romano comune*, n. 28. anno 2009（ma pubblicato nel 2010），pp. 3~21; Id., "Famiglia (princìpie sistema)" in *Enciclopedia di Bioetica e Scienza giuridica*, vol. VI. *Fallacia naturalistica - Guerra*, Napoli 2013, 36 ss.; Id., voce "Matrimonio (Diritto romano)", *ibidem*, in corso di pubblicazione）。对这一不同性的思考可有助于理解希腊—罗马经验继早期的吻合之后又出现的分化，对此，我们将在后文中讲到（参见后文"3. 针对第一个后续的特殊问题……"至"6. 针对同一问题的罗马式解决方案……"中的内容）。

ri – unione)[1]。罗马法学（因而也是罗马法经验）脱离了抽象性，它甚至是以一个概念上的飞跃突破了"集合或联合"（riunione o unione）在概念上的纯粹的近似（而不是否定它），而这为罗马"societas – populus"和希腊"κοινωνία – δῆμος"所共有。[2]

相对于（复数的）市民，人民的"统一体"及其"权力"的理念被表达了出来。比如瓦罗内（Varrone）说："人民处于自己的权力之中，而个体则处于人民的权力之中"（ling. 9.6）[3]。换句话说，个体不是"处于他们自己的支配权之下"，而是处于人民的支配权之下。而要找到这一"概念"的法律构建上的术语，则需要借法学家们之手完成。彭波尼（古代法学家中最懂历史的）和盖尤斯（或许是最体系化的，

---

[1] 卢梭清楚地论述了罗马人民社会的"团体"（corpo）的性质（参见 CS, 1.4; 1.5; 1.6; 2.4，又见 G. LOBRANO, "Contratto sociale contro rappresentanza: lo straordinario schema giusromanistico di J. – J. Rousseau" in Aa. Vv., *Rousseau, le droit et l'histoire des institutions* [Actes du Colloque international pour le tricentenaire de la naissance de Jean – Jacques Rousseau（1712 ~ 1778）organisé à Genève le 12, 13 et 14 septembre 2012] Aix – Marseille 2013, 81 ~ 116, in particolare nt. 70）。Giorgio La Pira 有关婚姻社会的"团体"的性质的论述也很清晰 ["La famiglia sorgente della storia" in Id., *Il sentiero di Isaia*, Firenze 1978, 605 ss.；参见 P. CATALANO, "'La famiglia sorgente della storia' secondo Giorgio La Pira" in *Index*, 23, 1995, 25 ss.; cfr. G. LOBRANO, voce "Famiglia（princìpi e sistema）" cit. e Id., voce "Matrimonio（Diritto romano）" cit]。

[2] 人民是"多数人（molti）的阶层"（Cic. rep. 1.39）；而不是"精英"或"少数派"（Caes. de bello civili 1.22; cfr. 1.85 e 3.109; Sall. Cat. 18; 20）。人民是由"派别"（parti）构成的（参见第18页注释2），而"派别"又可蜕变成"派系"（fazioni）: Cic. rep. 3.23; Sall. bell. Iug. 41.6（有关派系的概念，参见 M. VARDELLI, "La factio Metellana nei primi anni del I secolo a. C." in *Aevum*, 52.1, Gen – Apr. 1978, 78 ss.）。

[3] 科拉蒂诺人向罗马人投降的法律—宗教公文中（Liv. 1.38），人民和人民的成员在句式上通过连词联系起来。有关支配权（potestas）的概念，参见 G. LOBRANO, *Il potere dei tribuni della plebe*, Milano 1982, Parte terza "Potestas"；又见近期材料 P. DÍAS DA SILVA, "Potestas" in *Revista de Direito Público*, Ano V, n° 9, Jan. – Jun. 2013。

两人都生活在公元 2 世纪）以"团体/实体"的技术概念来表达"具体的统一体"的理论概念[1]：很显然，这就是有体物（res corporalis，即"具体的物"/cosa concreta）。[2]

然而也是盖尤斯本人（D. 3.4.1.1, cfr. Id. inst. 1.2 = Iust. inst. 1.2.4）提醒我们，为了完成这一理论概念的"飞跃"，必须要对有关的运作机制的结构和动态状况施加作用。根据 Gai. D. 3.4.1.1，在团体存在时（或者，之所以可以称为团体），在社会成员一侧，还须为社会设立"政府的代理人"。在以这种方式建立的关系中，"代理人"的性质是作为社会成员（或者他们的集体会议）的尊贵的/至高无上的意志（作为一般性命令）的奴仆/下级的调和者/完成者（作为具体的执行人）：这种直接的意志/命令既指向个体的社会成员，也指向第三人（参见 CS, 3.1 "Du gouvernement en général"）。

2. 民主的两个进一步要求（平等和发展）和两个后续的特殊问题（衰败以及民主与规模的矛盾）。希腊—罗马（对于人类社会基础性一般问题）的共同解决方案只是一个漫长进程中的第一步，而这个进程我们至少还可以区分两个"阶段"。沿着这条进程，希腊政治学和罗马法学的方向和目的逐渐分道扬镳。为了探寻这一进程，我们必须从厘清这一"共同解决方案"所内含的复杂性出发。

---

〔1〕 Pomp. D. 41.3.30. pr., 相关材料参见 G. GROSSO, *Corso di diritto romano. Le cose*, Torino, 1941, ora in *Rivista di Diritto Romano* – I – 2001, con una "Nota di lettura" di F. GALLO, "Capitolo VIII. La tripartizione di corpora（unita, ex contingentibus, ex distantibus）e l'applicazione alle res".

〔2〕 Gai. inst. 2.12~14, 相关材料参见 F. BALDESSERELLI, "A proposito della rilevanza giuridica Della distinzione tra res corporales e res incorporales nel diritto romano classico" in *RIDA – Revue Internationale des Droits de l'Antiquité*, 3e série, tome 37, 1990, 71 ss.

这种共同解决方案提出了两个进一步的要求,它们与前一个要求(即民主)相互妥协、调和,这又进一步带来了两个特定的——也是严重的——问题,这两个问题都曾是古人的研究对象。

第一个进一步的要求是平等(ισονομία - aequitas/paritas)之"债"[1](这个词的技术—法律意义)。继而产生的一个特定问题是由"衰败"(任何一个"物"都具有的)这一自然的和一般的趋向所带来的。民主也会衰败:导致其衰败的破坏者是个人和"一部分人"的(进而演变为"派系"的)[2]利己主义,和与之相关的在时间跨度上使所有人都追求平等的困难(甚至是不可能性)。

另一个进一步的要求就是对于"发展"的要求。[3]进而产生的一个特定问题在于民主的需求和发展的需求之间显而易见的规模上的矛盾(民主可能只能存在于相对较小的人民/共同体中)。

第一个后续的特殊问题被希腊政治学和罗马法学以根本

---

[1] 请注意,希罗多德对"三种政体"(λόγος τριπολιτικός)的论述(参见第4页注释1)以对民主(πολιτεία)的第一次"系统的"讨论而著称,早在那时,就用σονομία(平等)这个词来指代民主。

在罗马,西塞罗(rep. 1.49)将如此限定社会组织"所有市民以平等的条件和平等的权利,在法律面前享有平等的权利"(ius legis aequale, alla par condicio civium e agli iura paria)。

[2] 有关罗马人民的"派别/党派"问题,可参见 Cic. leg. 3.4.11(che corrisponde a XII Tab. 9.1 e su cui, da ultimo, Giuseppina ARICÒ ANSELMO, *Antiche regole procedurali e nuove prospettive per la storia dei comitia*, Torino 2012, 157 ss.)。有关作为"具体的"人民(共同体populus)的所有派系的关系,可参见 P. CATALANO, "La divisione del potere in Roma (a proposito di Polibio e di Catone)" in *Studi Grosso*, VI, Torino 1974, 680 ss.; Id., *Populus Romanus Quirites*, Torino 1974 e, da ultimo, "Popolo e legioni: tutto e parti di una costituzione popolare (a proposito della convergenza di Romani e Cinesi a Lijian)", comunicazione al Seminario internazionale "Incontro dei due Imperi", Lijian, 29 ottobre 2013.

[3] 参见第7页注释4。

不同的方式解决,尽管它们使用了一些共同的因素,这些因素甚至使两种科学看上去简直是一样的[1]。

第二个后续的特殊问题也被希腊政治学和罗马法学以根本不同的方式解决,尽管使用了共同的元素,这些元素或被人忽视(大部分如此),或被人过分夸大其作用(很少部分)。[2]

3. 针对第一个后续的特殊问题的希腊式解决方案:"混合宪制"的理论。希腊政治学以清晰的方式确认了,但却以不令人满意的方式解决了第一个后续的特殊问题(人民逐渐衰退的保护平等的意愿)。为了理解希腊政治学对这一问题的态度,需要对比该学科的起点和终点。

其起点是公元前4世纪的希罗多德的三种政体(lógos tripolitikós)。[3]希罗多德的论述首先展现了对民主的"发现"。人类共同体的组织(建立和运作)无需领袖/首领(即无首脑政府)这一天才的想法(这种观点对于"野蛮人"[4]来说永远是无法企及的:无论其是古代的、中世纪的、当代的还是现代的)由希腊政治学通过一个简单的(算术)公式来"阐明"。三种可能的"政体"(politeía)是这样划分的:从掌握城邦(polis)权力的人的多寡(一个人、少数人还是所有人)出发,将政体分为君主的、贵族的和民主的三种政体。同样是在这样一个"论述"中,民主政体相对于君主政

---

[1] 如玻利比奥;参见第 20 页注释 1。有关批评意见,参见 P. CATALANO, "La divisione del potere in Roma (a proposito di Polibio e di Catone)" cit.

[2] 我指的是那些把罗马(行省)集会看做是对希腊城邦联盟集会的简单保留和复制的学说(参见第 27 页注释 2)。

[3] 参见前文"1.《罗马史》:可作为研究'共和国'……"中的内容,和第 4 页注释 1。

[4] 参见 L. RACIONERO, *El Mediterráneo y los bárbaros del Norte*, Barcellona 1996 (1a ed. 1985); cfr. Id., *El progreso decadente: repaso al siglo XX*, Madrid 2000.

体和贵族政体来说是人们自由选择的结果。

而终点则是在公元前 1 世纪玻利比奥提出的复杂政治理论〔其理论早于柏拉图（《法律篇》第 3 卷）和亚里士多德（《政治学》第 4 卷），甚至早于修昔底德（《伯罗奔尼撒战争史》8.97.2）〕。玻利比奥"知道"正是因为衰败不可避免，民主政体——其实这三种政体都一样——并不是人们自由选择的结果，三者作为不同的结构体（anakíklosis）始终处于无限的循环之中。这种循环始于君主政体，君主政体的衰败堕落成为僭主政治；为了对抗这种堕落逐渐产生了贵族政体，而贵族政体衰败堕落的结果则是演变为寡头政体；最后，为了对抗这种堕落则会衍生出民主政体，民主政体的极端变态形式则是暴民政治。为了对抗这种形势会再次产生君主政体，如此各种政体在衰败和对抗间无限地循环往复。为了自动地规避这种社会结构体所必需的不由自主的循环，玻利比奥提出的解决方法是使这三种单一政体平衡地共存于同一个复杂的政治状态中，即"混合宪制"。

然而，正是从民主的角度看，这种解决方法（希腊人将其理论化，但除了吕库古的神话王国以外，从未付诸实践）是不令人满意的[1]，因为采取这种结构体（政体）的代价将是民主在其中只是少数派的模式，也就是说，民主只构成城邦权力及其内部权能的 1/3，其他 2/3 的权力则相应地属于君主制和贵族制。

4. 针对同一问题的罗马式解决方案：在"社会成员/市民的一般性命令及其执法官的特定性执行"下的社会组织的

---

[1] 根据玻利比奥的观点，在迦太基人和罗马人那里能找到它的实践。有关这一话题，有很多文学作品；较近的一篇参见 D. TARANTO, *La miktè politéia tra antico e moderno*, Dal "quartum genus" alla monarchia limitata, Milano 2006.

动态的和结构性铰接，或者说是民主的共和国式完善。对同一问题的罗马式解决方案（结合习惯保佐人的矫正作用，这种解决方案交由检察官专司）通过对社会组织的结构和动态运作（即意志/决策程序的因素和阶段）进行调整而（从根本上）获得。这种解决方案在于民众会议自动规避宗派存在的可能性。这一（不可分割的）制度的"原子"（a-tomo），即"人的意愿行为"，是法律性形成及其与一个由一般性命令和特定执行行为所组成的程序的"结合"的原动力。所谓的一般性命令，即由"主权"人民的民众会议作出的一般的——排他性的——命令，即法律；而特定执行则是指执法官为服务人民所为的对法律的——后续的——特定的必要的执行（阿特尤·卡比多，见奥卢斯·格利乌斯《阿提卡之夜》10.20，"法律是所有人民的命令"）。[1]

这种"结合"不是权力的不同持有人之间的共存（不像希腊的混合宪制），也不是不同权力的融合（这些权力诸如

---

[1] 参见 At. Cap. apud Gell., noct. Att. 10.20 "法律是人民的一般性命令"。同时参见（有关学界状况）F. GALLO, "Princeps e ius praetorium" in *Rivista* (*elettronica*) *di Diritto Romano*, I, 2001, 3 nt. 2. 有关"iura regere"（法律治理），作为执法官的职责，参见 Pomp. D. 1.2.2.13.

在希腊经验中缺乏有关人民和执法官权力的铰接，对此可见 J. ROUVIER, "La République romaine et la Démocratie" in Varia, *études de droit romain*, IV, Paris 1961, pp. 160~164（cfr. G. Lobrano, Res publica res populi, Torino 1994~1996, 123 ss.）.

有关法律（νόμος）的希腊概念，参见 E. STOLFI, *Quando la legge non è solo legge*, Napoli 2012, passim, 尤其是第24页及后（关于不同的词义）和第157页及后（有关罗马法学家的用法：参见 Marciano D. 1.3.2 和 Papiniano D. 1.3.1；参见 Pomponio D. 1.3.3；Ulpiano 1.3.30；Paolo D. 1.3.6）。仍见 G. LOBRANO, Res publica res populi, cit. 111 ss.

有关希腊经验中法官和立法者（νομοθέται）作用的宣示的相似性（尽管是"例外的"）参见 E. STOLFI, *Quando la legge non è solo legge*, cit., 127 ss. 关于在罗马设立私人法官（iudex privatus），可参见近期作品 R. SCEVOLA, *La responsabilità del* iudex privatus, Milano 2004；L. GAGLIARDI, "La figura del giudice privato nel procedimento civile romano" in Aa. Vv., *Diritto e teatro in Grecia e Roma*, Milano 2007.

支配权、治权、准可权以及占卜权——也都存在于——不,恰恰是存在于"罗马的法律宗教体系"中)[1],而是对一个统一的、特定的权力(因此不包含其持有本身)的(仅仅是)行使本身的扫描,作为两个运作行为(两个都具有自由处理权)的权能(确切地说以首先和实质上"对自身的"为特征)[2]既不同又互补,也被分别赋予不同但互补的人/主体持有和行使。[3]

共和国的"创设"就存在于这一(在所有人的一般性命令和少数人的特殊行政之间的)"结合"中。[4]

"对王的驱逐"(公元前509年)结束了意志/决策行为

---

[1] 对此请参见 P. CATALANO, *Contributi allo studio del diritto augurale*, Torino 1960; cfr. Id. , "Aspetti spaziali del sistema giuridico - religioso romano. Mundus, templum, urbs, ager, Latium, Italia" in *Aufstieg und Niedergang der römischen Welt*, II. 16. 1, Berlin-New York 1978.

[2] 支配权(potestas)作为是"对自己"而不是"对他人"的权力,是罗马组织的中心。参见 G. LOBRANO, *Il potere dei tribuni della plebe*, cit. "Parte terza. Potestas"。

[3] 在一般罗马法律组织的根源上,我们可以发现有关特定的家庭组织的定位和作用的重要证据。这一铰接似乎始于(或至少两者同时产生)在家庭领域存在的家父或家主的授权及家子或奴隶的执行,执法官自此创设了"依令行为之诉",是"家主/家父责任之诉"(actiones adiecticiae qualitatis)范畴的诉讼中在时间—逻辑上最早的,因而也是原型和范例。参见 G. LOBRANO, "La alternativa attuale tra i binomi istituzionali: ' persona giuridica e rappresentanza ' e ' società e articolazione dell'iter di formazione della volontà'. Una ìpo - tesi (mendeleeviana)" in *Diritto@ Storia*, n. 10, 2011 ~ 2012.

[4] 关于"世俗性":与共和国官职不同,在王室秩序中,国王还同时也是祭司。关于罗马共和国的真正的"世俗性"和现当代的虚假的世俗性(=国家的神圣性),参见 G. LOBRANO, "Qualche idea, dal punto di vista del Diritto romano, su origine e prospettive del principio di laicità" in Argomenti 2000 (rivista informatica) settembre 2007 (pubblicazione della relazione "Le origini storiche del principio di laicità. La laicità degli antichi e la laicità dei moderni" al Convegno internazionale di studi su "Laicità ed eticità dell'azione pubblica. Libertà della persona e sfera pubblica" organizzato a Bari, 5 ~ 6 dicembre 2005, dal Dipartimento Giuridico delle istituzioni, Amministrazione e libertà - Università degli Studi di Bari); quindi in *Diritto@ Storia*, n. 10, 2011 ~2012.

的一人独裁（Pomp. D. 1.2.2.1 omniaque manu a regibus gubernabantur/所有事物都曾由王一人独断裁决），而使之按步骤设计在一个由人民的"法律"（产生法的命令，Liv. 7. 17. 12 = XII T. 12. 5；参见 At. Cap. apud Gell. , noct. Att. 10. 20）和执法官的"执行"（对法的适用）所组成的意志/决策程序中。六十年后，在《十二表法》（公元前449年）中插入了禁止执法官向市民会议提出含特殊内容的法律（Tab. 9. 1priveglia ne infroganto/不得赋予特权）的规定。

在这个程序中，人民通常将护民官也加入官职中[1]，使其具有特别的禁止权（这种权力只在例外的情况下才可经由向独裁官的非常官职申诉来请求取消）。[2]如果使用我们当代宪法的术语，尊重西塞罗的权威[3]，我们可以将护民官定义为一种"保障机构"，他确保共和国（意志/决策程序）的正常运作。马基雅维利曾夸张地定义护民官是"使共和国更完美"的机构（Discorsi, 1.3）。[4]

实际上，之所以"更完美"，是因为早在护民官设立之前，共和国就已经既不是一个"混合宪制"，也不是一种弱

---

[1] 参见 Eutr. , brev. 1. 13.

[2] 参见 J. IRMSCHER e altri, a cura di G. MELONI e introduzione di C. NICOLET, *Dittatura degli antichi e dittatura dei moderni*, Roma 1983.

[3] Cic. leg. 3. 15 s. ; cfr. rep. 2. 58.

[4] 尼可罗·马基雅维利如此命名其对李维的罗马史前10卷的评论著作《李维史论》（1513年）的第一章第三节：那些事件致使在罗马产生了护民官，他使共和国更完美；法国大革命时期的政治活动家，"Conspiration des Egaux"（为平等而密谋）的倡导者格拉克斯·贝巴夫与马基雅维利的观点一致，贝巴夫在他那本《李维史论》的扉页边际评注道：L'établissement des tribuns perfectionna la constitution de Rome（护民官的设立完善了罗马宪制）（参见 A. GALANTE GARRONE, *Buonarroti e Babeuf*, Torino 1948）。

化的"民主制"了[1],与之完全相反,它是一种完善化了的稳固的民主制。(从公法的角度看)支配权(potestas)正是属于人民[2],但实际上"只是"主要地由人民行使,次要地也由执法官们行使,(正如我们所看到的)执法官就是人民的统治者——公仆(governanti-servi)。将人民的权力"仅仅"局限于一般性命令(iussa generalia)不会减弱反而会增强这一权力。对这一现象的一种表达方式(仍有待严肃地深入研究)是后续的命令法律(comandare le leggi)和裁判(il giudicare)之间的关系。根据罗马法,正是由于裁判仅局限于"个案"(这与立法完全不同),因而并不是一种"权力",而是一种活动/职能,这种活动/职能可经由"私人"(私人裁判,giudice privato)来确保。"希腊的解决方案"和"罗马的解决方案"之间对于权力的衰落趋势上的不同也从这个视角得以表现出来。这样,罗马人可以将"共和国民主制"作为一种永久

〔1〕 关于罗马共和国的寡头性质这一观点,一般认为近代法学界理论已成定论(根据亚历西斯·德·托克维尔法官的观点,现代法学理论以"代表体系"替代民主)。参见 L. CANFORA, *Giulio Cesare. Il dittatore democratico*, Roma – Bari 1999 "La repubblica romana è, come noto, una repubblica oligarchica";参见 A. GUARINO, "La crisi della democrazia romana" cit., 7 ss.; Id., *La democrazia a Roma*, Napoli 1979.(与 Gaetano De Sanctis 背道而驰)Guarino 为罗马曾存在一个长期的民主经验(6 个世纪,公元前 3 世纪,公元后 3 世纪)的观点辩护,但是他认为"直接民主""既是一个优点,同时具体地说也是一个缺点",即是"过分简单化的和生硬的"[参见 Rodolfo Sacco 有关罗马公法的类似评论:"罗马人使用了一种简单的公法——我们可称之为尚未发育全的",参见(*Antropologia giuridica. Contributo ad una macrostoria del diritto*, Bologna 2007, 241)]。L. LABRUNA 在 *Labeo*, 45, 1999, 1, 171 说"人民在城市里设立宪法(Civitas, quae est constitutio populi)……"关于宪法的历史,根据他的老师 Antonio Guarino 的说法,"通过一系列经实践确认的宪法惯例,在罗马(……)设立了一种形式上民主的(……但……)实际上是寡头的体制"。参见,L. POLVERINI, "Democrazia a Roma? La costituzione repubblicana secondo Polibio" in G. URSO, a cura di, *Popolo e potere nel mondo antico*, Pisa 2005, 85 ss.

〔2〕 还属于家父(patres familiarum)和神(Dei),参见 G. LOBRANO, *Il potere dei tribuni della plebe*, cit., 245 ss.

的"解决方案"(因而不受制于结构体本身),因而将重返君主制度——哪怕只是企图——也作为犯罪来惩罚[1]。

波利比奥见证了罗马解决方案在"宪政"上的成功。无论如何,西塞罗清楚地标记了罗马解决方案(即意志/决策程序的铰接)相对于希腊经验的不同及新颖之处,他在批评希腊共和国时指出它们是"在集会中管理"(请注意这一技术性表述)(pro Flacco, 16),因而不得不产生在希腊政治经验中人民会议和执法官同时存在的错觉。在希腊各城邦中,市民会议拥有决策权,仅仅是执行为执法官所有,他们并没有(至少在理论上)自由裁量权,因而也可以说只是一种非权力。[2]

5. 针对第二个后续的特殊问题的希腊式解决方案:城邦联盟及集会。第二个后续的特殊问题的希腊政治解决方案是通过城邦联盟和相关的工具——由城市代表所组成的联盟集会(le Diete di Lega)——获得的。

所谓"希腊的"解决方案本身并非希腊文明的独创。实际上,早在非常久远的时代(不再复赘举例),在拉丁人(其联盟也包括罗马城)那里我们就发现了城市联盟及其集会。[3]

---

[1] 当(来自非洲的)大西庇阿被西班牙人拥戴为王时,李维(27.19.4)认为"王的名字在别处是重要的,但在罗马是不可容忍的"[这段话被认为是A. ERSKINE所杜撰的,"Hellenistic Monarchy and Roman Political invective" in *Classical Quarterly*, 41/1, 1991, 106 ss., 但P. -M. MARTIN却认为是历史真相, *Idée de royauté*, Vol. 2, *Haine de la royauté et séductions monarchiques (du IVe siècle av. J. -C. au principat augustéen)*, Clermont-Ferrand 1994, 332 s.; Id., "Imperator-Rex', recherche sur les fondements républicains romains de cette inéquation idéologique" in *Pallas*, 41, 1994, 12 s.], 还可参见第9页注释3。

[2] 参见第21页注释1。

[3] 孟德斯鸠(《论法的精神》, 1748, Livre XI. "Des lois qui forment la liberté politique dans son rapport avec la constitution" – Chapitre VIII. "Pourquoi les anciens n'avaient pas une idée bien claire de la monarchie")认为城邦联盟采用代表(delegati)的集会,正是"古老性"的固有的和共同的现象,但不可与"代表制"(rappresentanza)这一制度所混淆。

这个我们称之为"希腊的"解决方法也是以牺牲人民（δῆμος）权力的效率和效力为代价来实现的。社会关系从城邦内部延伸到外部，即城邦之间，也是以牺牲"稳固性"即社会关系的本质和它所产生的权力为代价实现的。很显然，城邦联盟的"紧密性"（compattezza）和"一致性"（unitarietà）小于（不只是数量上的，而在实质上）每个城邦的简单叠加，两者甚至是无法相提并论的。联盟（可以是一个国家，但）不是（希腊的城邦联盟不能成为）一个"民族"（Popolo）。

6. 针对同一问题的罗马式解决方案：在"城市／自治市和君主／统治者（通过行省会议）"中的市民组织的动态的和结构性铰接，或者说共和国的帝国式完善。对同一问题的罗马式解决方案通过对市民组织的结构和动态运作进行调整而获得。城邦"实际上"变为"自治市"。城邦／自治市作为"自治市社会——人民"的"共和国"（res publicae）是一个唯一的"罗马社会——人民"的"共和国"（res publicae）的"细胞"（cellule）。[1]

从希腊城邦（πόλις）到罗马自治市（municipium）的过渡（特别是我们认为它是一个成熟过程的完成）正是对第一

---

〔1〕关于"细胞"（以及"模块化的元素"）Lellia CRACCO RUGGINI 在 "Città tardoantica, città altomedievale: permanenze e mutamenti"，参见 *Anabases - Traditions et réceptions del'Antiquité*，12 - 2010，*Mélanges Leandro Polverini*，pp. 103 ~ 118，但是我并不同意西塞罗有关市民自治的态度；这一现象，我认为应当是共和国的，而 Cracco Ruggini 却认为是市民自治；参见 Id.，"La città imperiale"，in E. GABBA e altri, *Storia di Roma*，IV，*Caratteri e morfologie*，Torino 1989，pp. 201 ~ 266（vedi anche, infra, ntt. 63 e 66）。

有关制度描述参见 U. LAFFI，*Colonie e municipi nello Stato romano*，Roma 2007，§ 3 "La struttura costituzionale nei municipi e nelle colonie romane. Magistrati, decurioni, popolo"，49 ss. 在罗马帝国，早在卡拉卡拉之前，个人的"政治"地位的模式（我认为是：必须是）就是罗马市民（如此，市民权的扩张就只是一种确认），而城市的模式则是自治市（尽管只是安东尼尼安宪令之后城市才都成为自治市）。但是，正是因为这个原因，在这一宪令发布后，在罗马文献的术语中，更多的使用的是 civitas（城市）这一一般范畴，而不是 municipium（自治市）这个词。参见第 30 页注释 1。

个后续的特殊问题的解决方案的发展。意志/决策程序的铰接也设立于城邦/自治市（人民居住于此，或者说，单个的自治市人民，以及由各单个的自治市人民所组合而成的整体的"罗马"人民居住于此）的机构和新的政府机构即君主/统治者[1]（"伟大的舵手"："统治者"的意思是"舵手"）之间。我们可以说是：在一个普遍的——模块式的和自下而上（或者说向心的）的主权参与作为体制基础和一个自上而下的（辐射式的）中央政府作为体制顶峰之间的一个新的最终的意志/决策程序的铰接。[2]

　　自治市（Municipi）早在帝国之前的共和国时期（为理解方便暂且可以这么称呼）就已经存在，但真正的城邦/自治市的成熟却在与君主/统治者的辩证关系中完成。这种"成熟"就是转型，是城邦/自治市实现的一个质的飞跃，这一飞跃是

---

　　[1]　E rector：西塞罗《论共和国》第4、5、6篇。18、19世纪的罗马法学说（对把西塞罗的君主界定为"政府"——而非"君主"的意义，这时的学界并未给予足够的重视）认为君主制的开端就是共和国的结束，也是从寡头政治到君主政治过渡的最终时刻（参见第24页注释1）。蒙森则将这一过渡界定为"两头政治"（diarchia），即两元老院和君主种权力的共存（参见 Th. MOMMSEN, *Römisches Staatsrecht*, II, 3ª ed., Lipsia 1887, p. 745 seg.; III, 1888, p. 1252 seg.; Id., *Disegno del diritto pubblico romano*, trad. di P. Bonfante, Milano 1904, pp. 219 seg., 400 seg.）。

　　[2]　Giuseppe Ignazio Luzzatto 在阅读《帝国与城市》（*Labeo*, anno 13, 1967, 377 ss., a proposito di D. NÖRR, *Imperium und Polis in der hohen Prinzipatszeit*, München 1966）时已经评论道："关于城市和帝国之间的关系的问题，对于对帝国的历史和制度现实进行适当的衡量来说具有基础重要性"，并提出了其观点的出处。更为最近的材料，参见 T. SPAGNUOLO VIGORITA, *Città e Impero. Un seminario sul pluralismo cittadino nell'Impero romano*, Napoli 1996, 97 s., 此处 Vigorita 以更为恰当的方式评论（提出了观点但尚未形成他的教义）"奥古斯都所创立的新的体制（……）不是君主政治，既不是'伪装的'，也不仅仅是人们乐于说道的'在本质上'的君主制，而是一个本身就模糊的复杂的现实，它建立在两个领域共存——甚至是部分竞争——的基础上。这两个领域一个是帝国的领域，它是有实效权力的但并非无所不能的；一个是共和国的领域，它更多地植根于宪法的传统，不是那么强大，但是并非毫无意义的"（参见第26页注释1至第29页注释2）。

善化了。[1]（所谓的）"帝国前的"共和国存在过一个没有城邦/自治市（的共和国），这也可以构想[2]，但这构成它的界限。而（所谓的）"帝国的共和国"则不可能脱离城邦/自治市而存在[3]，这恰恰构成他的新颖之处和力量所在。

最后的思考：罗马人民在其"壮大"/发展的过程中所分别采用的三种体制（联盟、自治市及省）最后都建立在一个统一的体系中。联盟机制和自治市机制的融合标志着君主制的到来[4]，而自治市机制和省的机制的融合则意味着帝国的成熟，其中自治市是基础"模块"，省是中间"模块"，而联盟则以集合（riunione）、联合（unione）和统一体（unità）的唯一（社会的）标准被完善：从个体的市民直至一个大一统的帝国的共和国（至少带有这种趋势）。

---

[1] 参照第 23 页注释 1 有关 tribunizia（平民护民官）的段落。

[2] 记得 Spagnuolo Vigorita 的说法（op. cit., 102 s.）：尼禄执政（54~68 d. C.）之始，塞内卡嘲讽克劳迪（41~54）试图过分挥霍市民资格；塔奇托表达了对那个曾经视市民权为高价值的奖赏的时代的惋惜。但是早在 Elio Aristide 时期，关于市民和属民之间生硬的区分就在统一机制的概念内解决了，在这一机制中两者都同样是参与者"（……）早在（卡拉卡拉的）安东尼尼安宪令之前，对于市民和行省居民都共同归属于一个统一的'市民资格'这一确信，对此特土良也有记载"。关于特土良参见 de anima 30（CSEL, 20, 350）。实际上，安东尼·卡拉卡拉大帝的"向异邦人授予市民籍的宪令"（212 d. C.）"只是"对这一"区分"的终结的形式化［根据安东尼尼安宪令，帝国的异邦城市（città peregrine）都变成了自治市（Municipia）：对那些独立的共同体的表述都通常用"城邦"（civitas）一词来表述了，人们只是零星地用 municipium（及衍生词）来作为 civitas 的同义词和在殖民地使用］（参见，Adele NICOLETTI, "Municipium" in *NNDI*, X, Torino 1964, 1010）。

[3] 参见第 27 页注释 1 和第 29 页注释 2。

[4] 参见 G. LOBRANO, "Città, municipi, cabildos", in *Roma e America. Diritto romano comune*（rivista）n. 18, anno 2004（ma pubblicata nel 2005）, pp. 169~191 e in S. SCHIPANI, a cura di, *Mundus novus, America Sistema giuridico latinoamericano*（Atti Congresso internazionale, Roma 26~29 novembre 2003）, Roma 2005, pp. 169~191.

7. 李维以及罗马"'宪政'公式"在马其顿和伊利里亚的初次适用。"我们的"这25卷（或者说李维讲述对地中海区域的征服）以极为有意义的方式（几乎在保存标准上有一幅"蓝图"）告终，它描述了罗马人为马其顿和伊利里亚创建（界定和启动）新的（宪政的）组织"公式"。[1]

第三次马其顿战争历时持久，中间战事不断，战果不一而论，直至公元前168年6月22日，因皮德纳城的一场大的战役而结束。执政官卢基乌斯·埃米利乌斯·保卢斯率领下的罗马军团（又称征服了马其顿的卢基乌斯·埃米利乌斯·保卢斯）打败甚至"粉碎"了国王珀尔修斯率领的马其顿方阵。[2]在那之前，在斯库台城的城墙下，裁判官卢丘斯·阿尼丘斯·卡鲁斯（il Pretore Lucio Anicio，是卢基乌斯·埃米利乌斯·保卢斯的部下）轻而易举地击溃了珀尔修斯的盟友伊利里亚国王根期耶。因此，国王珀尔修斯和根期耶以及他们的马其顿和伊利里亚王国都处在了罗马人民的支配权之下，两位国王被遣到罗马为囚。[3]

---

[1] 参见 Liv. 45.26.15；Liv. 45.31.1.

[2] 罗马人的部队（3万士兵，34头大象，罗马军团是其中的主力部队）在一场决定性的战役中与马其顿军队遭遇（4万士兵，4000头战马，而其精锐力量则是马其顿方阵）。在一个小时内，马其顿方阵就损失惨重：2万名士兵战死，11 000人成为阶下囚；而罗马人的损失则是100人战死，400人受伤（Liv. 44.41~43）。如要再现皮德纳战役（是李维讲述的几大重要战役之一）可参见 A. FREDIANI, *Le grandi battaglie di Roma antica*, cit.

[3] 国王珀尔修斯被废黜，和伊利里亚国王根期耶一样被遣送到罗马（Liv. 45.16；45.35；cfr. 44.32）沦为阶下囚，按照传统，不几年他们就都死去了：珀尔修斯死于罗马人的拉丁殖民地 Alba Fucens（今天意大利 Massa d'Albe 市的一个区域），当地到处都标记了他的墓冢的废墟，而根期耶则在同盟城市 Gubbio 死去，此地也为其墓地遗迹设置了路标。

接下来的公元前167年，罗马元老院开始对马其顿和伊利里亚进行"宪政"重组（45.16~18）。

而打了胜仗的指挥官及其助手们则相应地被延长任期，并受到专门成立的元老院的代表委员会协助［为马其顿选任10人，为伊利里亚选任5人（45.17.1）］开展工作。对他们委任的使命则是构建一个"不同于王国的'国家'"（45.16.2）。[1]

在代表们的参与下，同一元老院专门创立了新的宪政"公式"[2]，赋予这些被任命和延长任期的代表和指挥官们采取进一步执行措施的权力（45.15.8）。[3]但是，在根据这一新的宪政公式对受众作出的通告中，所用的说法是"元老院和罗马人民的命令"（45.26.12）。[4]

这一宪政公式由李维再次构建起来，其途径是通过再建有关马其顿和伊利里亚的元老院决议，再建马其顿前行省总督鲁丘·艾米利奥针对马其顿的讲话（Liv. 45.29~32），以及再建伊利里亚前裁判官成为行省总督的阿尼丘的讲话方式（Liv. 45.26）。[5]但目前对于宪政公式的全部组成制度是否都适用于伊利里亚，我们还没有绝对的把握。但是对于我们的研究来说，这个问题实际上是不那么重要的：列举"公式"的法律价值的意义并不那么轻微，尽管它可能只是针对马其顿人。

对于其中的政治经济和军事内容上的措施，此处我们可以省略不谈，但我们应该记得这一事实，即将前马其顿王国肢解

---

〔1〕 参见 Liv. 45.16.2.
〔2〕 仍见 Liv. 45.16.2.
〔3〕 参见 Liv. 45.18.8.
〔4〕 参见 Liv. 45.26.12.
〔5〕 参见 Liv. 45.18.8.

瓜分为四个部分（这四部分之间是禁止通婚和通商的），[1]并且将前伊利里亚肢解为三个部分（45.26.15），[2]因此我们也应记住，宪政公式分别都适用于这七个分割后的部分。

有关这一新的宪政公式我们可以做出如下总结：

"首先，马其顿人和伊利里亚人应当是自由人。"这是元老院决议的神圣庄严的开篇，（就像在音乐领域所说的）这一宣告为它定下了"基调"（45.18.1）。[3]前执政官担任的行省总督在他针对马其顿人的讲话中（Liv. 45.29.4），和前裁判官担任的行省总督在他针对伊利里亚人的讲话中（Liv. 45.26.12），都将这一"开篇"表述为"成为自由人的命令"[4]。而这一表述（在几乎2000年以后）再次回响在卢梭学说的"成为自由的义务"这一表面看来的悖论中[5]（CS, 1.7 "Du souverain"），所以，马其顿人和（我们可以假定）伊利里亚人应当：给自己立法，设立年度执法官和选举一位元老，共和国根据元老的建

---

[1] 参见 Liv. 45.18.7；45.29.5~10.

[2] 参见 Liv. 45.26.15.

[3] 参见 Liv. 45.18.1.

[4] Liv. 45.29.4；45.26.12.

[5] 卢梭和李维关于自由的——即使是形式上的——契合都可以帮助我们去理解李维的思想。实际上，在（卢梭重又提出的）罗马共和国的情境中，法律是市民（的市民会议）对自己的命令，也就是市民的自由；而在根据孟德斯鸠的宪政思想所定位的文化（法律的，政治经济的等现代的）情境中，法律是代表人对被代表人的命令，因而是限制自由的。弗里茨·舒尔茨 [Fritz Schulz《罗马法原理》（*Prinzipien des römischen Rechts*），1934] 写道"自由的罗马法概念就在于其内在限制性"（dem romischen Freiheitsbegriff ist die Begrenzung immanent），他混淆了自由（和法律）的罗马共和国的古老概念和现代英国的联邦—议会式自由的概念。很遗憾，这种混淆延续到今日：比如，可见 M. VIROLI, *La théorie de la société bien ordonnée chez Jean - Jacques Rousseau*, Berlin – N. Y. 1988, § 3 "La liberté et la république" 122 ss. 但关于卢梭对蒂托·李维（和对尼可罗·马基雅维利）的认识，Viroli 为我们提供了有用的信息：op. cit. 177, nt. 12.

议而得以治理（又见 45.29.4 和 32.1~2）。[1]

直到这里，我们才可以清楚地了解罗马共和国的宪政"公式"（或者说我们相信自己已经了解）：公民之间辩论，公民为自己立法，年度执法官们继而根据元老院的建议管理共和国。但是，还有一个真正的（对我们"现代人"来说甚至是令人吃惊的）创新因素：由所有城市的代表所组成的超市民会议（Concilio super-cittadino）。[2]

我们面对的是（与君主制一起）构成罗马帝国共和制度发展的最高状态的机制的第一个构想和实例：由城市代表组成的行省会议。这（在一定程度上可以）看似是，且实际上也是，城市代表集会（Diete dei delegati di città）这一古老制度的再建构（ri-edizione），但这些"集会"曾经只是城市联盟和联邦的机构。而罗马人于公元前167年为马其顿和伊利里亚组建的行省委员会才是真正的统一的人民的机构。这是一个逻辑的跳跃，这一跳跃是希腊文化不能实现的（因为缺少决策程序的铰接的观念）。

蒂托·李维在其《罗马史》的那两部半（第21~45卷）中陈述道（前面已经讲过），以20年残酷战争为代价，公元前196年，在科林斯城的伊斯特米亚竞技会上，罗马行省的总督蒂托·昆丘·弗拉米尼庄严地宣布，罗马人民使希腊人民享有自由，使他们摆脱了马其顿国王的统治，开创了罗马治下的新时代，从而赋予其历史和法律意义。

还有一个不那么庄严，相反，甚至可以说是恐怖的段落[3]，在同样残酷血腥的30年战争之后，公元前167年，

---

[1] 参见 Liv. 45.29.4 e 45.32.1~2.

[2] 参见 Liv. 45.18.7（罗马元老院决议）；参见 45.29.5 和 9~10（行省总督的讲话）.

[3] 参见 Liv. 45.29.1.

安非波里城在伟大的希腊和亚洲竞技开始前,前执政官担任的行省总督鲁丘·艾米利奥破坏了罗马人民给他的使马其顿人脱离他们的王成为自由人的庄严命令,并给予他们(新的)必要的法律制度,李维以此结束了他的陈述,开启了下一个制度革命的新篇章。[1]

三、罗马共和国危险的历史和法律信息已经由资产阶级有计划地遗忘,以及当今重拾它的必要性/适当性

从政治上讲,民主的技术是非常危险的。这尤其体现在罗马人的共和国这一法律创制中;这正是将民主适用于一个"大国"(grande Stato)的一个"实例"和"模型"。[2]

在整个18世纪,从法国开始(但其影响却扩散至新大陆),这种技术成为一种强大的意识觉醒的对象,并且(尤其)通过卢梭思想的创制和雅各宾派的解读,对法国大革命[和拉丁美洲独立运动(此处列举但不限于)]的条件和方式起了决定性影响。

在斩首了罗伯斯庇尔(热月政变之后的1794年7月27日)、(于1815年6月18日滑铁卢战役中)打败了拿破仑("马背上的罗伯斯庇尔")之后,19世纪胜利的资产阶级交给了他们伟大的法学家们这一技术性的任务。

对于这一任务,法学家们兢兢业业,以前所未有的高效

---

[1] 参见 R. ORESTANO, "Livio, la Macedonia e il tempo legum corrector" in Aa. Vv., Sodalitas, *Scritti in onore di Antonio Guarino*, Napoli 1984, quindi, con il titolo "Livio e il tempo legum corrector" in Id., *Edificazione del giuridico*, Bologna 1989, 117 ss. 很遗憾 Orestano 是以现代人的视角阅读李维的著作(参见后文"三、罗马共和国危险的历史和法律信息……"中的内容),虽具有足够的法律意识,却不能获取有关"公式的"新意和重要性。

[2] 让-雅克·卢梭, CS, 3.12, "我不再说古老的希腊共和国,而是说罗马共和国,我认为后者是一个伟大的国家"。

的方法(从以纸莎草记忆到现代的"云计算")清除了人们对这一技术的记忆,完成了任务:他们在罗马法传统文献"之上写下"另一种技术的"痕迹"[1],即自己的技术;他们取得了成功(即便只是暂时的),而其他很多强大的(显然天真的)罗马法的反对者却失败了。

其文化结果(被卡尔·马克思政治学的哲学家们所描述,由画家乔治·格罗兹以模范式的巧合所描绘)仍在流行。[2]今天所宣扬的罗马法实际上只是流于18世纪表面的罗马法的"重写体"。[3]

---

[1] 现代法学对于古老的尤其是罗马的制度范畴的遗忘的观点由P. CATALANO 提出,Un concepto olvidado: "poder negativo" in Aa. Vv. , Progetto Italia-America Latina. Ricerche giuridiche e politiche, Materiali, IX/1, *Costituzionalismo latino*, I(atti del Seminario di Studi, Roma, 25~27 febbraio 1977), Sassari s. d. (1980), 40 ss.;参见第13页注释4。但是,"消极权力"的"概念"从狭义的观点看,并不古老,而是现代的,特别是在英美国家所使用("tribunitial or negative Power"),尤其是英国法学家威廉·布莱克斯通和北美的州权主义者约翰·卡尔霍尔恩 [参见 G. LOBRANO,"Del Tribuno de la plebe al Defensor del pueblo. Regreso al futuro",2002, ora in P. P. ONIDA – E. VALDÉS LOBÁN, a cura di, II. Seminario en el Caribe Derecho Romano y Latinida: Identidad e Integración Latinoamericana y Caribeña – Memorias – "Patria es humanidad", José Martí (atti del convegno La Habana, 12 al 14 de febrero de 2004 – edición por Facoltà di Giurisprudenza della Università di Sassari, Italia – Universidad Michoacana de San Nicolás de Hidalgo, México – Universidad de Pinar del Río, Cuba) Sassari 2007, pp. 267~316, e in C. R. CONSTENLA, R. P. LYRA, orgs, *Defensorías del pueblo y Ouvidorías en Iberoamérica. Nuevos conceptos y perspectivas*, João Pessoa 2012, pp. 67~108]。

[2] 画家 Georg Ehrenfried Groß (Berlin, 26 luglio 1893 – Berlin, 6 luglio 1959)似乎再次勾画了卡尔·马克思在《路易·波拿巴的雾月十八日》中所塑造的资产阶级的形象("Speckkopf"),参见 *Der achtzehnte Brumaire des Louis Bonaparte*, 1852, § I.

[3] 一个例子是西塞罗的《论共和国》一书(仅仅是作为例子,尽管它是如此闪耀)被解读为是关于国家的理论:参见 Marco Tullio Cicerone, *Lo stato*, a cura di Filippo Cancelli, casa editrice A. Mondadori, Milano 1979.

但是如果（不像托马斯·霍布斯那样）[1]我们不顾危险愿意奔跑于罗马的原始文献中，并且想要去概括地重读这些文献，尤其是李维这本手册，那么我们就应当［一定程度上如同枢机主教麦（Cardinale Mai）阅读盖尤斯的《法学阶梯》一样］沿着与资产阶级法学方向相反的路径再走一遍。

这种操作着实不易，但也不是特别困难。

显然，由19世纪法历史学家所完成的消磨的工作就在于对共和国法律技术的两个结构性的和动态的本质性要素（我们可以界定为"基点"）进行区分和消除（通过前文描述的过程），而这正是李维叙述的对象；或者说是，"人民"的定义和它的运作制度；也就是，精确地讲，是人的复数的统一运作机制和理论概念这一基本但复杂的法律问题在罗马共和国解决方案中的二项式。

通过替代技术，这一消磨的工作使19世纪德国所有的大法学家们都参与进来，比如（仅以其中影响力最大的几个举例）《现代罗马法体系》（柏林，1840年~1849年）的作者弗里德里希·卡尔·冯·萨维尼（Friedrich Carl von Savigny,

---

[1] 参见托马斯·霍布斯（Thomas Hobbes），《利维坦》（*Leviathan or the matter, forme & power of a Common - Wealth ecclesiastical and civill*），1651, Chapter XXIX. "Of those things that weaken, or tend to the dissolution of a Common - Wealth", § "Imitation Of The Greeks, And Romans" And as to Rebellion in particular against Monarchy; one of the most frequent causes of it, is the Reading of the books of Policy, and Histories of the antient Greeks, and Romans; from which, young men, and all others that are unprovided of the Antidote of solid Reason, receiving a strong, and delightfull impression, of the great exploits of warre, athieved by the Conductors of their Armies, receive withall a pleasing Idea, of all they have done besides; and imagine their great prosperity, not to have proceeded from the aemulation of particular men, but from the vertue of their popular form of government: Not considering the frequent Seditions, and Civill Warres, produced by the imperfection of their Policy. From the reading, I say, of such books, men have undertaken to kill their Kings, because the Greek and Latine writers, in their books, and discourses of Policy, make it lawfull, and laudable, for any man so to do; provided before he do it, he call him Tyrant.

System des heutigen römischen Rechts）和写《罗马史》的特奥多尔·蒙森（Theodor Mommsen dell, *Abriss des römischen Staatsrechts*, 莱比锡, 1893）。

通过一种当然的主张正义的（即便可能并不呼吁复仇）扩张性运作，弗里德里希·卡尔·冯·萨维尼将罗马人的财富——"共和国民主"转型为资产阶级的资本（选举出来的）——"精英的权力"，他在（具体的）"社会"的概念之上［在（真正的）"罗马法体系"内］写出了（抽象的）"法人"的概念。如此转型而来的"社会—人民"，也可以仅仅通过其"代表"来运作[1]，而如此转型而来的"社会—人民的公仆"将会变为它的"主人"。[2] 法人和意志的代表，确切地说，是资产阶级法解决人的复数的统一运作机制和理论概念这一基本但复杂的法律问题的"制度双项式"。[3]

然而，(如同萨萨里大学罗马法教研室一位年轻的研究员所评价的)[4] 尽管萨维尼已经赋予罗马法（包括"现代的"）以"代表的"运作机制[5]，即以代表的意志"替代"被代

---

[1] 在"意志的代表"的法律—技术意义上讲。

[2] 马克斯·韦伯评论代表组织是非民主的，而是财阀统治的，因为一般情况下所选举产生的代表不受制于任何指令，而是自身行为的唯一的主人，他只是依靠自己的中立的确信，而非他们的授权人的利益表达，他们是其授权人选出的先生绅士（Herr），而非公仆（Diener）。韦伯还认为，所有这些都属于英国的现代模式［参见 M. WEBER, *Wirtschaft und Gesellschaft*, *Grundriss der verstehenden Soziologie* (1a ed. 1922) ed. Tübingen 1976, lib. I cap. III § 21］。

[3] 参见 G. LOBRANO, La alternativa attuale tra i binomi istituzionali: "persona giuridica e rappresentanza" e "società e articolazione dell'iter di formazione della volontà". Una ìpo‑tesi (mendeleeviana) in Diritto@ Storia, n. 10. 2011~2012（rivista 'online'）.

[4] Giancarlo Seazzu, 他（在 Pietro Paolo Onida 教授的指导下）正在就 Lo iussum nei rapporti giuridici di natura sostanziale 撰写本校的博士学位论文。

[5] 现代的民法理论认为所谓的"意志的代表"所涉及的不是两种意志的"合作"，而是以代表的意志去"替代"权利人的意志（参见 P. D'AMICO, "Rappresentanza. I. Diritto civile" in *Enciclopedia Giuridica Treccani*, XXV, 1991）。

表人的意志这一运作机制,但还保留了［正如在他之前的克里斯蒂·弗里德里希·冯·格鲁克(Christian Friedrich von Glück)在其大作《潘德克吞详解》(Ausführliche Erläuterung der Pandekten,1790年~1830年)中所作的］[1]一种(完全不同的)运作机制的记忆,即存在于家主的命令和其属下的执行(iussum del dominus e administratio del suo subalterno)的铰接中的意志决策程序。根据这种意志/决策铰接的运作机制(根据私法的研究立场),针对命令家子或奴隶与第三人订立契约的家父或者家主,第三人有权提起所谓"依令行为之诉"。[2]萨维尼承认这一运作机制的存在使意志的代表这一运作机制成为不必要(它最多是可选择性的),这显然构成萨维尼理论的一个巨大漏洞。

而小心填补这一漏洞的工匠则是那些排除家父和/或家主的命令(iussum)可以是"对家子或者奴隶的命令"(comando rivolto al figlio o al servo)的人［如伯纳德·温德夏特在《潘德克顿法教科书》(Bernhard Windscheid, Lehrbuch des Pandektenrechts,1862年~1870年)中炫耀绝对安全性时所做的］,这些人认为,家子或者奴隶为了家父或者家主而缔

---

〔1〕 参见 VON GLÜCK, *Ausführliche Erläuterung der Pandekten*, 34 Bände, Erlangen 1790~1830 (= *Commentario alle Pandette*, Libri XIV - XV tradotti e annotati da P. BONFANTE, Milano 1907, 213 ss., da cui si cita)第四章 Quod iussu. § 919. "依令行为之诉"(actio quod iussu)的概念和性质。"(……)家父对家子依照他的命令缔结的契约承担责任(……)'依令行为之诉'因而假设家父对处于其支配权之下的家子——或者罗马人那里更普遍的——对其奴隶的,不论其性别,施加命令去与第三人缔结契约。因此此处的命令是由家父意愿所组成,即授予其支配权之下的人去做某事的意愿。这种命令(iussus)有别于委托(mandatus),因为委托是授予非在其支配权之下的人的。"

〔2〕 参见 F. C. VON SAVIGNY, *System des heutigen römischen Rechts*, Berlino 1840~1849 (= *Sistema del diritto romano attuale*, III, traduzione di V. SCIALOJA, Torino 1900, p. 116, da cui si cita):"因此,如果家主命令奴隶为他缔结契约,但是根据古代法家父本人不会成为债务人;因此执法官引入了依令行为之诉。"

结契约，此时所谓的"命令"完全是指"针对第三人的许可"。[1]而对复杂的共和国民主问题起到最后的和最具决定性的"注销机"作用的则是由那些像温德夏特一样负责删除/取代最为深层的结构性和动态要素的人：这一最深层的要素将意志/决策程序中的意愿行为分解/细化为两个有机结合的行为，即家主的命令和下属的执行（ussum del dominus e administratio del subalterno）。[2]

只有把结合命令和执行缔约的"意志/决策程序的铰接"从科学记忆中最终删除（通过前述将"对下属的命令"解读为"对第三人的许可"）之后，也只有以这一删除为基础，蒙森才非常有把握地肯定（同样是通过前述删除），当罗马人说"人民"这个词时，指的不是市民的（具体的）社会实体，而是"国家"这个（抽象的）法人：[3]因为罗马人民也能且只能是通过由自己的执法官/代表所完成的"意志的替代"来统一地运作，[4]因而"罗马公法（……）如同所有的

---

〔1〕 参见伯纳德·温德夏特（B. WINDSCHEID），*Lehrbuch des Pandektenrechts*, Frankfurt a. M. 1862~1870（*Diritto delle Pandette*, traduzione di C. FADDA – P. E. BENSA, II, Parte seconda, Torino 1904, p. 468 nt. 6, da cui si cita）："iussus 这个词（……）的意思不是命令，而是传授训令（Verweisung），派遣（Anweisung）。不仅不承认 iussus 一词的技术含义，同时还指出，依令行为之诉（actio quod iussu）用于这样的情况，某人欲因处于其支配权下的人的所为而承担债务，并得出确信：iussus（命令）应针对处于他人支配权之下的人，或至少针对第三人（……），这应是该诉的一般情况，各种资料大都指提及对第三人的 iussus（许可），（……）唯一一段提到（……）iussus（命令）毫无疑问地指向处于支配权之下的人，是 1.2 D. quod cum eo 14.5，这并不指'依令行为之诉'的前提本身。一项对于处于支配权之下的人的命令如果能产生'依令行为之诉'，则必须是该 iussus（命令）中间接包含了对第三人的 iussus（许可）……"

〔2〕 在此需要注意家庭组织和共和国的组织之间强大的关联性。参见第 14 页注释 2，第 16 页注释 1，第 21 页注释 1~第 24 页注释 2。

〔3〕 *Populus ist der Staat* [*Römisches Staatrecht*2, Leipzig 1887（r. a. Graz 1952）III. I, 3]。

〔4〕 *Disegno*, cit., § I. 1. a.

法一样，都以国家为前提"。[1]

从逻辑的角度看，温德夏特的阐释是一种绝对的需求，但也明显牵强。他完善了萨维尼的理论建构———否则就是不完满的、有漏洞的，他为蒙森的理论建构做准备，但却也是弱点。这种有关家父/家主的"命令＝许可"的理论目前仍在流行，它是潘德克顿体系建构的最后一块砖石，但也是最先退出这一体系的。[2]

作为18世纪"巴利维纳"（Baliverna）法学建构的现代住户，我们已然沉浸于它的废墟之中了。[3] 但遗憾的是，如同当今法律政治争论和机构状态所显示的那样，我们自己还没发现。[4]

---

〔1〕 "执法官或任何他授权的人的行为都被认为是共同体的行为"（参见 *Disegno del Diritto pubblico romano*, cit., 1904, § 2.1 "concetto della Magistratura"）。

〔2〕 近期的一些著作表现出了对格鲁克（Glück）观点的回归：不管是教科书（参见 C. A. CANNATA, *Corso di Istituzioni di diritto romano*, Torino 2001, p. 80; M. J. GARCÍA GARRIDO, *Derecho privado romano*, Madrid 2001, p. 237; D. DALLA, R. LAMBERTINI, *Istituzioni di diritto romano*, Torino 2006, p. 64）还是理论专著（参见 Giovanna COPPOLA BISAZZA, *Lo iussum domini e la sostituzione negoziale nell'esperienza romana*, Milano 2003, p. 153; Id., *Dallo iussum domini alla contemplatio domini. Contributo alla storia della rappresentanza*, Milano 2008, p. 156; P. CERAMI, A. DI PORTO, A. PETRUCCI, *Diritto commerciale romano*, Torino 2004, 40 ss.; F. SITZIA, "L'agire per altri in epoca giustinianea" in A. PADOA SCHIOPPA, a cura di, *Agire per altri. La rappresentanza negoziale processuale amministrativa nella prospettiva storica*, Napoli 2010, 351 ss.）。

〔3〕 参见 Dino Buzzati（1954年出版）："Il crollo della Baliverna."在他的书中，"Baliverna"是一个巨大的、古老的和破烂的建筑物，仅仅是因为去除了一块很小的但是基础性的砖石变得脆弱而坍塌。并不排除在选择这一名词时，Buzzati 的灵感来源于法语单词"baliverne"：Propos, idée, croyance futiles, souvent erronés. Occupation puérile ou stupide: S'amuser à des balivernes（secondo il *Dictionnaire de français* - Larousse）。

〔4〕 尽管有些人表现出好像听到一些类似的声音：比如1991年，在 *Enciclopedia giuridica*（《法律大百科全书》）中，Giuseppe Ferrari 感到"意外"："［对'政治代表的概念'（作为）'传统民主国家概念本身的中心'］在理论界定上的困难并未引发公法思想上的重要流派来抱怨代表制度本身的危机"。（G. F. FERRARI, "Rappresentanza istituzionale" in *EG*, XXV, Roma 1991.）又见 G. Lobrano, "Dottrine della 'inesistenza' della costituzione e 'modello' del diritto pubblico romano" in L. Labruna, diretto da, *Tradizione romanistica e Costituzione*, tomo primo（Collana: Cinquanta anni della Corte

也正因为如此,(以适当的"注意",尽管霍布斯及其很多——甚至太多的——现代追随者们持反对态度)阅读李维这本"危险的"共和国手册不仅是有用的,而且是必要的。

乔万尼·罗布兰诺[*] 著

李云霞^{**} 译

2014 年 11 月

---

costituzionale della Repubblica italiana) Napoli 2006, pp. 321 ~ 363; pubblicato anche in *Diritto@ Storia*, 5/2006.

* 意大利萨里大学教授。Il professore Giovanni Lobrano, l'autore di questo articolo, è professore ordinario di diritto romano dell' Università degli studi di Sassari.

** 意大利罗马第二大学法学院博士。

目 录
Index

PRAEFATIO ································· (1)

TITI LIVI AB VRBE CONDITA LIBER XXXI ······ (2)
TITI LIVI AB VRBE CONDITA LIBER XXXII ······ (30)
TITI LIVI AB VRBE CONDITA LIBER XXXIII ··· (46)
TITI LIVI AB VRBE CONDITA LIBER XXXIV ······ (78)
TITI LIVI AB VRBE CONDITA LIBER XXXV ······ (116)
TITI LIVI AB URBE CONDITA LIBER XXXVI ······ (132)
TITI LIVI AB URBE CONDITA LIBER XXXVII ··· (144)
XXXVIII ······································ (160)
TITI LIVI AB VRBE CONDITA LIBER XXXIX ······ (190)
TITI LIVI AB VRBE CONDITA LIBER XL ············ (224)
Livio XLI ······································ (242)
TITI LIVI AB VRBE CONDITA LIBER XLII ········· (246)
TITI LIVI AB VRBE CONDITA LIBER XLIII ······ (362)
TITI LIVI AB VRBE CONDITA LIBER XLIV ········· (376)
TITI LIVI AB VRBE CONDITA LIBER XLV ········· (416)

INDEX ···································· (444)

目 录

引　言 …………………………………………………（ 1 ）

第三十一卷 ……………………………………………（ 3 ）
第三十二卷 ……………………………………………（ 31 ）
第三十三卷 ……………………………………………（ 47 ）
第三十四卷 ……………………………………………（ 79 ）
第三十五卷 ……………………………………………（117）
第三十六卷 ……………………………………………（133）
第三十七卷 ……………………………………………（145）
第三十八卷 ……………………………………………（161）
第三十九卷 ……………………………………………（191）
第四十卷 ………………………………………………（225）
第四十一卷 ……………………………………………（243）
第四十二卷 ……………………………………………（247）
第四十三卷 ……………………………………………（363）
第四十四卷 ……………………………………………（377）
第四十五卷 ……………………………………………（417）

专名索引 ………………………………………………（444）

自建城以来

第三十一至四十五卷选段

AB URBE CONDITA

LIBRORUM XXXI – XLV FRAGMENTA SELECTA

TITI LIVI AB VRBE CONDITA LIBER XXXI

PERIOCHA XXXI

Belli aduersus Philippum, Macedoniae regem, quod intermissum erat, repetiti causae referuntur hae: tempore initiorum duo iuuenes Acarnanes, qui non erant initiati, Athenas uenerunt et in sacrarium Cereris cum aliis popularibus suis intrauerunt. Ob hoc, tamquam summum nefas commisissent, ab Atheniensibus occisi sunt. Acarnanes mortibus suorum commoti ad uindicandos illos auxilia a Philippo petierunt et Athenas obpugnauerunt, Athenienses auxilium a Romanis petierunt post pacem Carthaginiensibus datam paucis mensibus. Cum Atheniensium, qui a Philippo obsidebantur, legati auxilium a senatu petissent, et id senatus ferendum censuisset plebe, quod tot bellorum continuus labor grauis erat, dissentiente, tenuit auctoritas patrum ut sociae ciuitati ferri opem populus quoque iuberet. Id bellum P. Sulpicio cos. mandatum est qui exercitu in Macedoniam ducto equestribus proeliis prospere cum Philippo pugnauit. Aboedeni a Philippo obsessi ad exemplum Saguntinorum suos seque occiderunt. L. Furius praetor Gallos Insubres rebellantes et Hamilcarem Poenum bellum in ea parte Italiae molientem acie uicit. Hamilcar eo bello occisus est et milia hominum XXXV.

第三十一卷

内容提要（公元前 201 年—前 200 年）

重新开始了与马其顿国王腓力的战争，起因是这样：祭祀期间有两个未入本教的阿卡尔奈尼亚[1]青年来到雅典，同其他人一起参加克瑞斯祭典[2]。由于他们作出了这种亵渎行为，因而被雅典人打死。阿卡尔奈尼亚人为自己人的死感到愤慨，便请求腓力帮助他们进行报复，包围了雅典。在罗马给予迦太基人和平数个月之后，雅典人请求罗马人帮助。雅典人被腓力围困后，派出使节请求罗马元老院帮助，元老院同意提供帮助；尽管当时平民连续那么多年经受战争苦难，表示不同意，但元老们的威望仍然占了上风，使得人民仍然作出决定，给同盟城邦提供帮助。

委任执政官普·苏尔皮基乌斯进行这场战争，苏尔皮基乌斯率领军队进入马其顿，顺利地与腓力进行了骑兵战斗。阿博得尼人被腓力包围，他们仿效萨干图姆人[3]与敌人厮杀。

裁判官卢·孚里乌斯战胜了重新发动战争的高卢茵苏布瑞斯人，以及在意大利方面重启战争的布匿人哈弥尔卡尔。哈弥尔卡尔在这场战争中被杀，有三万五千人被杀死。

---

〔1〕 阿卡尔奈尼亚是古希腊西北部地区。

〔2〕 古罗马神话传说中的克瑞斯是农业女神，相当于古希腊神话传说中的丰产和农业女神得墨特尔。特墨特尔崇拜的中心在雅典西郊乡下，带有秘仪性质，因此外人不得参加。

〔3〕 萨干图姆是西班牙东部沿海城市。

Praeterea expeditiones Philippi regis et Sulpici cos. expugnationesque urbium ab utroque factas continet. Sulpicius cos. bellum gerebat adiuuantibus rege Attalo et Rhodiis.

Triumphauit de Gallis L. Furius praetor.

Fine della II Guerra punica e ragioni dell'avvio della Guerra macedonica

1

(1) Me quoque iuuat, uelut ipse in parte laboris ac periculi fuerim, ad finem belli Punici peruenisse. (2) nam etsi profiteri ausum perscripturum res omnes Romanas in partibus singulis tanti operis fatigari minime conueniat, tamen, cum in mentem uenit tres et sexaginta annos— (3) tot enim sunt a primo Punico ad secundum bellum finitum— (4) aeque multa uolumina occupasse mihi quam occupauerint quadringenti duodenonaginta anni a condita urbe ad Ap. Claudium consulem, qui primum bellum Carthaginiensibus intulit, (5) iam prouideo animo, uelut qui proximis litori uadis inducti mare pedibus ingrediuntur, quidquid progredior, in uastiorem me altitudinem ac uelut profundum inuehi et crescere paene opus, quod prima quaeque perficiendo minui uidebatur.

(6) Pacem Punicam bellum Macedonicum excepit, (7) periculo haudquaquam comparandum aut uirtute ducis aut militum robore, (8) claritate regum antiquorum uetustaque fama gentis et magnitudine

除此之外，这卷书还叙述了国王腓力和执政官苏尔皮基乌斯的征伐以及他们对各城市的进攻。执政官苏尔皮基乌斯在国王阿塔洛斯和罗得斯岛人的支持下进行战争。裁判官卢·孚里乌斯由高卢凯旋。

第二次布匿战争结束和马其顿战争的起因
1

（1）结束对布匿战争的叙述令我感到如此愉快，犹如我自己曾经亲身经历过那些艰难和危险一般。（2）诚然若是有人大胆宣称他要逐一叙述罗马人的所有事迹，那他显然完全没有意识到他可能对这件工作感到烦倦，不过当他一想到六十三年时间——（3）要知道，即由第一次布匿战争起至第二次布匿战争结束——（4）占用了我那么多书卷，如同由建城起至发起第一次迦太基战争的阿皮乌斯·克劳狄乌斯执政年占用了四百八十八卷那样[1]，（5）我开始感到自己有如人们涉足海边邻近的浅滩，脚下波浪涌进，这时我继续缓慢前行，进入更为渺茫的水域，犹如要进入深渊，情势也愈发艰难，若是继续前行，便会遭受毁灭。

（6）布匿战争结束，马其顿战争随之而起，（7）但无论是在危险性方面，还是在其首领的英勇品格方面，或是在兵士们的锐气方面，它都丝毫无法与其比拟，或者无论是在国王们的勇毅方面，（8）或是古代国王们的荣耀[2]、古老的民族传统及

---

[1] 此处指叙述由公元前264—前201年计63年间的事件，占用了第16—30卷，其中前5卷未能留传下来，随后的10卷完全用来叙述第一次布匿战争，第1—15卷（其中后5卷未能留传下来）用来叙述先前的罗马历史。

[2] "古代国王们"指马其顿国王腓力二世（公元前359—前336年），系马其顿奠基者，马其顿的亚力山大（公元前336—前323年），及其著名儿子和继承人腓力五世（公元前221—前179年），关于此人在前面第22卷里已经提到。

imperii, quo multa quondam Europae, maiorem partem Asiae obtinuerant armis, prope nobilius. ceterum coeptum bellum aduersus Philippum decem ferme ante annis triennio prius depositum erat, cum Aetoli et belli et pacis fuissent causa. (9) uacuos deinde pace Punica iam Romanos et infensos Philippo cum ob infidam aduersus Aetolos aliosque regionis eiusdem socios pacem, (10) tum ob auxilia cum pecunia nuper in Africam missa Hannibali Poenisque preces Atheniensium, quos agro peruastato in urbem compulerat, excitauerunt ad renouandum bellum.

L'istituto della distribuzione di terre ai veterani
4

(1) Exitu huius anni cum de agris ueterum militum relatum esset qui ductu atque auspicio P. Scipionis in Africa bellum perfecissent,

其伟大权力方面,曾经依赖它凭借军队征服欧洲的许多部分和亚洲的大部分,差不多都变得更加伟大[1]。不管如何,反对腓力的战争开始于差不多十年之前,但是已经中断三年[2],从而埃托利亚人既是战争的始因,也是他们战争结束[3]。(9)然而与布匿人签订的和约使罗马人民无力自卫,与腓力敌对,并且使得和平对于埃托利亚人和该地区的其他同盟者来说都是不可靠的,(10)前不久甚至把钱送往非洲的汉尼拔和布匿人[4],并且按照雅典人的请求,因为雅典人的田地遭破坏,被赶进城市,由此重新开始了战争。

确立给老兵分配土地原则
4
(1)是年末[5],元老院就服役老兵的土地问题作出规定[6],凡是由普·斯基皮奥统帅,并按占卜进行非洲战争的老兵——以及他亲自率领的那些老兵,还有所有其他参加了他的

---

〔1〕 李维提到"亚洲"时常指该词的狭义,即指小亚细亚或者更为狭义的帕伽马王国,在公元前133年之后成为罗马的亚细亚行省。不过即使把"亚细亚"作为"地区"而提及,那也只是罗马人所知道的那种地区。

〔2〕 第一次马其顿战争开始于公元前211年(按照本文),在这之前,腓力与汉尼拔于公元前215年建立同盟(参阅李维,XXIII,33,6—12),战争行动开始于公元前214年(参阅XXIV,40,1)。公元前211年罗马人与希腊埃托利亚人缔结共同与腓力作战的和约(XXIV,40,1),腓力与埃托利亚人之间的和约缔结于公元前205年,因此李维在这里提到的"三年前"有时被理解为公元前204年批准条约,这样的不确切性可能是由于李维所利用的原始材料之间的分歧。

〔3〕 埃托利亚人居住在希腊西部山区,在埃皮罗斯和特萨利亚以南,科林斯海峡以北,居住在那里的部族联盟从公元前3世纪起,便成为希腊的重要政治力量。

〔4〕 波利比奥斯未提到马其顿帮助汉尼拔的事情。

〔5〕 指公元前280年末。

〔6〕 当时只有拥有土地(不管数量多少)的罗马市民才有权在军队服役,但长期服役往往使他们失去原先拥有的土地。这是李维第一次提到与服兵役相关的土地问题。到公元前1世纪,给服役老兵分配土地便成为惯例。

decreuerunt patres ut M. Iunius praetor urbanus, (2) si ei uideretur, decemuiros agro Samniti Apuloque, quod eius publicum populi Romani esset, metiendo diuidendoque crearet.

Per la Guerra macedonica: *valutazioni politiche in senato e con gli alleati ateniesi, assegnazione mediante sorteggio della* **'provincia'** *di Macedonia al console Publio Sulpiciio, decisioni giuridiche nei comizi, adempimenti religiosi con i feziali e preparativi militari*

5

(1) Anno quingentesimo quinquagesimo primo ab urbe condita, P. Sulpicio Galba C. Aurelio consulibus, bellum cum rege Philippo initum est, paucis mensibus post pacem Carthaginiensibus datam. (2) omnium primum eam rem idibus Martiis, quo die tum consulatus inibatur, (3) P. Sulpicius consul rettulit senatusque decreuit uti consules maioribus hostiis rem diuinam facerent quibus diis ipsis uideretur cum precatione ea, (4) 'quod senatus populusque Romanus de re publica deque ineundo nouo bello in animo haberet, ea res uti populo Romano sociisque ac nomini Latino bene ac feliciter eueniret'; secundum rem diuinam precationemque ut de re publica deque prouinciis senatum consulerent.

(5) per eos dies ... Atheniensium noua legatio uenit (6) quae regem adpropinquare finibus suis nuntiaret breuique non agros modo sed urbem etiam in dicione eius futuram nisi quid in Romanis auxilii foret. (7) cum renuntiassent consules rem diuinam rite peractam esse

军队的人，元老们规定，由城市裁判官马·尤尼乌斯，（2）若是他认为需要，任命 10 人委员会[1]丈量和分配萨姆尼乌姆和阿普利亚的土地，因为这些土地已经成为罗马人民的公有土地[2]。

马其顿战争，元老院的政治评估和与雅典人结盟，抽签决定马其顿行省归执政官普布利乌斯·苏尔皮基乌斯管辖，关于民会的司法规定，祭司团的宗教履职和预备兵役

5

（1）自罗马奠基 551 年，普·苏尔皮基乌斯·伽尔巴与盖·奥勒利乌斯执政年[3]，开始了对腓力国王的战争，在给予迦太基人和平仅数月之后。（2）在马尔斯月伊代日[4]，就是当选执政官开始履职那一天，（3）执政官普·苏尔皮基乌斯提议，元老院决定，要求两位执政官以特别丰盛的供品供奉那些他们自己认为应受供奉的神明，并且这样祈求："元老院和罗马人民为了国家，考虑进行新的战争，请让战争顺利、幸运于罗马人民、同盟者和拉丁人而结束。"[5] 在举行圣典和祈愿之后，执政官们应同元老院商量城邦事务和行省安排。

（5）过了一些日子，……到来了新的雅典使团，（6）雅典使者报告国王[6]正接近他们的边界，若是罗马不提供帮助，不仅城市周围的土地，而且城市本身便都会失陷。（7）在执政官们

---

[1] 通常分配土地委员会由三人组成。
[2] 在布匿战争期间，萨姆尼乌姆和阿普利亚的居民曾经支持迦太基的汉尼拔，分配那里的土地是作为对他们的背叛行为的惩罚。
[3] 此年即公元前 200 年。
[4] 即三月十五日。
[5] "拉丁人"指罗马周围的拉丁居民，是享有特别权利的罗马同盟者，罗马人和拉丁人拥有共同的神灵和祭祀，统一的军事组织，一系列共同的市民权利，例如通婚权，按照罗马法规定的商贸权，拉丁人迁居罗马后享有罗马市民权等。
[6] "国王"指马其顿国王腓力。

et precationi adnuisse deos haruspices respondere laetaque exta fuisse et prolationem finium uictoriamque et triumphum portendi, tum litterae Valeri Aurelique lectae et legati Atheniensium auditi. (8) senatus inde consultum factum est ut sociis gratiae agerentur quod diu sollicitati ne obsidionis quidem metu fide decessissent: (9) de auxilio mittendo tum responderi placere cum consules prouincias sortiti essent atque is consul cui Macedonia prouincia euenisset ad populum tulisset ut Philippo regi Macedonum indiceretur bellum.

6

(1) P. Sulpicio prouincia Macedonia sorti euenit isque rogationem promulgauit, ' uellent iuberent Philippo regi Macedonibusque qui sub regno eius essent, ob iniurias armaque inlata sociis populi Romani bellum indici. ' .... (3) rogatio de bello Macedonico primis comitiis ab omnibus ferme centuriis antiquata est. id cum fessi diuturnitate et grauitate belli sua sponte homines taedio periculorum laborumque fecerant, (4) tum Q. Baebius tribunus plebis, uiam antiquam criminandi patres ingressus, incusauerat bella ex bellis seri ne pace unquam frui plebs posset. (5) aegre eam rem passi patres laceratusque probris in senatu tribunus plebis et consulem pro se quisque hortari ut de integro comitia rogationi ferendae ediceret.

7

(1) Consul in campo Martio comitiis, priusquam centurias in suffragium mitteret, contione aduocata, (2) ' ignorare ' inquit ' mihi

报告神事已经完成如仪，占卜司们[1]报告神明们已经听取了祈求，祭牲内脏显示吉利，边界扩大，胜利和凯旋后，阅读了瓦勒里乌斯和奥勒利乌斯的书函，听取了雅典来使的报告。（8）然后元老院决定，感谢同盟者们长期受侵扰仍然能不畏惧围困、保持忠诚。（9）关于提供帮助，元老院答称将由执政官直接以阉签决定，获得管理马其顿行省的那个执政官建议对马其顿国王宣布战争。

6

（1）马其顿行省按阉签归普·苏尔皮基乌斯管辖，他提出法案："愿审议并赞成对马其顿国王及其王权治下的人民宣布战争，由于他们欺凌和对罗马人民的同盟者发动战争。"……（3）关于马其顿战争的提案起初在民会上几乎遭到所有百人团的否决。[2]这是因为长期而艰苦的战争本身使得人们对危险和困苦感到厌倦，（4）而且平民保民官昆·贝比乌斯按照对元老们进行抨击的传统方式，指责战争一场接着一场，使平民无法得到休息。（5）元老们遭到这样的抨击，他们在元老院会议上严厉痛斥平民保民官，纷纷要求执政官重新提出议案，让会议表决。

7

（1）执政官在马尔斯广场召开民会，在让百人团[3]进行投票之前，首先向人民呼吁，（2）说道："奎里特斯市民们[4]，

---

[1] 占卜司指根据牺牲内脏占卜神意的祭司。
[2] 罗马民会表决时采用团体票制，每个百人团为一票。
[3] 百人团是罗马早期军事组织，百人团民会是按百人团建制召开的市民大会，执政官或独裁官凭借自己拥有的军权，有权召开这样的会议，会议必须在城界之外举行，会上只对业已讨论过的问题进行表决。
[4] 奎里努斯是罗马奠基人罗慕卢斯的别称，这是演说者在民会上对会议参加者的通用称呼。

uidemini, Quirites, non utrum bellum an pacem habeatis uos consuli—neque enim liberum id uobis Philippus permittet, qui terra marique ingens bellum molitur—sed utrum in Macedoniam legiones transportetis an hostes in Italiam accipiatis.

8

(1) Ab hac oratione in suffragium missi, uti rogaret, bellum iusserunt. (2) supplicatio inde a consulibus in triduum ex senatus consulto indicta est, obsecratique circa omnia puluinaria di ut quod bellum cum Philippo populus iussisset, id bene ac feliciter eueniret; (3) consultique fetiales ab consule Sulpicio, bellum quod indiceretur regi Philippo utrum ipsi utique nuntiari iuberent an satis esset in finibus regni quod proximum praesidium esset, eo nuntiari. fetiales decreuerunt utrum eorum fecisset recte facturum. (4) consuli a patribus permissum ut quem uideretur ex iis qui extra senatum essent legatum mitteret ad bellum regi indicendum. (5) Tum de exercitibus consulum praetorumque actum. ... sex legionibus Romanis eo anno usura res publica erat.

In vista della Guerra: delegazione dell'alleato Tolomeo, re dell'Egitto, e adempimenti giuridico – religiosi

9

(1) In ipso apparatu belli legati a rege Ptolomaeo uenerunt qui nuntiarent Athenienses aduersus Philippum petisse ab rege auxilium: (2) ceterum, etsi communes socii sint, tamen nisi ex auctoritate populi Romani neque classem neque exercitum defendendi aut oppugnandi cuiusquam causa regem in Graeciam missurum esse; ... (4) gratiae regi ab senatu actae responsumque tutari socios populo Romano in animo esse: si qua re ad id bellum opus sit indicaturos regi,

你们显然还不知道，你们无需就战争与和平问题进行讨论，因为腓力没有把这种选择留给你们，他正在海上和陆上对你们发动空前严峻的战争——你们需要决定的是派军团前去马其顿，还是在意大利迎战敌人。"

8

（1）在这一演说之后，百人团进行投票，如同提议的那样，命令进行战争。（2）根据元老院的决定，执政官宣布举行连续三天的祈祷。所有的庙宇里都举行了求神祷告，鉴于人民已经命令对腓力进行战争，因而祈求神灵让战争顺利地幸运结束；（3）执政官苏尔皮基乌斯咨询战时祭司，是否直接向国王腓力宣布战争，还是在邻近的某个国王的城堡宣战便足够。战和祭司团认为，两种做法都可行。（4）元老院责成执政官派遣非元老院成员作为使节向国王宣布战争。[1] 然后给执政官和裁判官们分配军队。给每个执政官分配两个军团，……就这样，这一年罗马国家可以支配6个军团。

临近战争：同盟者托勒密的使节，关于埃及事务，举行司法－宗教仪式。

9

（1）正在准备战争时，托勒密国王的使节到来，报告雅典人请求国王帮助抵抗腓力：（2）尽管他们是共同的同盟者，但是如果没有罗马人民的允许，国王不会派遣军队去希腊，无论是陆军或者海军，无论是守卫或是作战。……（4）元老院对国王表示感谢，并答称，罗马人民决定自己保卫同盟者的安全；若是战争中有什么需要帮助，他们会向国王说明。

---

[1] 按照古代罗马习惯，通常由战和祭司团祭司向敌方宣布战争。

(5) ... Cum dilectum consules haberent pararentque quae ad bellum opus essent, ciuitas religiosa in principiis maxime nouorum bellorum, ... (6) ludos Ioui donumque uouere consulem cui prouincia Macedonia euenisset iussit. (7) moram uoto publico Licinius pontifex maximus attulit, qui negauit ex incerta pecunia uoueri debere, ... (8) ... ad collegium pontificum referre consul iussus si posset recte uotum incertae pecuniae suscipi. posse rectiusque etiam esse pontifices decreuerunt. (9) uouit in eadem uerba consul praeeunte maximo pontifice ...

Occorre occuparsi anche delle invasioni galliche nel nord – Italia, provocate dal cartaginese Amilcare, e risponder al figlio dell'ex nemico Siface, che chiede l'amicizia del popolo romano

10

(1) Omnium animis in bellum Macedonicum uersis repente, nihil minus eo tempore timentibus, Gallici tumultus fama exorta. (2) Insubres Cenomanique et Boii excitis Celinibus Iluatibusque et ceteris Ligustinis populis, Hamilcare Poeno duce, qui in iis locis de Hasdrubalis exercitu substiterat, Placentiam inuaserant;

11

(1) ...decreuerunt [senatores] ut C. Aurelius consul exercitum, cui in Etruriam ad conueniendum diem edixerat, Arimini eadem die adesse...ad coloniam liberandam obsidione. (4) Legatos item mittendos

(5)……若在执政官们征募军队，准备战争期间有什么需要，他们会提出要求，……（6）在执政官们忙于组织军团，筹备战争需要的物资期间，城邦举行宗教典仪，完全按照进行新的战争的要求进行准备，……要求获得对马其顿行省的管理权的执政官保证以献礼和赛会纪念尤皮特。（7）大祭司利基尼乌斯提出，在未说明用哪些钱举行祭祀之前不能举行，……（8）……执政受命询问大祭司团，如若事先没有确定举行祭祀的费用，能否举行祭祀。大祭司们答称，那样也许更为合适。（9）执政官根据这样的答复，跟随大祭司进行了宣誓。

还需要防范意大利北部高卢人的入侵和迦太基的哈弥尔卡尔的挑衅，应对敌视的叙法克斯之子，尽管此人寻求罗马人民的友谊。

10

（1）正当所有人的心事都集中在对马其顿的战争时，当时最令人担忧的是传来高卢发生动乱的消息。[1]（2）茵苏布里人、克诺马尼人和波伊人和受鼓动的利列尼人、伊尔瓦特斯人以及其他的利古斯提尼人，以布匿人哈弥尔卡尔为首，此人在哈斯德鲁巴尔的军队被击溃后滞留在那里，他们一起扑向普拉肯提亚。[2]

11

（1）……（元老院）决定，执政官盖·奥勒利乌斯立即率领军队前去阿里弥尼，那支军队早已决定在指定的日子前往埃特鲁里亚，……以解除对移民地的围困。（4）元老院还决定遣使节前

---

〔1〕 这里的高卢指居住在亚平宁山与阿尔卑斯山之间的波河谷地的高卢人。

〔2〕 普拉肯提亚位于波河右岸，是罗马人的殖民地，罗马人从公元前218年，即第二次布匿战争开始前不久才开始向这里移民。

in Africam censuerunt, eosdem Carthaginem, eosdem in Numidiam ad Masinissam: (5) Carthaginem ut ... (6) ...eum [Hamilcarem], si pax placeret, reuocandum illis et dedendum populo Romano esse. ... (8) Masinissae ... (10) ... peterentque ut ad id bellum [cum rege Philippo] mitteret auxilia Numidarum equitum. ... (13) Verminae quoque Syphacis filii legati per eos dies senatum adierunt ... (14) petere ut rex sociusque et amicus ab senatu appellaretur. (15) responsum legatis est ... pacem illi prius petendam ab populo Romano esse quam ut rex sociusque et amicus appelletur: nominis eius honorem pro magnis erga se regum meritis dare populum Romanum consuesse. (17) legatos Romanos in Africa fore, quibus mandaturum senatum ut Verminae pacis dent leges ...

La res publica *trova Il modo di pagare i prestiti fattile dai privati durante la seconda Guerra punica*

13

(1) ... cum consules in prouincias proficisci uellent, (2) priuati frequentes, quibus ex pecunia quam M. Valerio M. Claudio consulibus mutuam dederant tertia pensio debebatur eo anno, adierunt senatum, quia consules, (3) cum ad nouum bellum quod magna classe magnisque exercitibus gerendum esset uix aerarium sufficeret, negauerant esse unde iis in praesentia solueretur. (4) senatus querentes eos non sustinuit: si in Punicum bellum pecunia data in

去阿非利加，要求他们首先去迦太基，然后去努弥底亚见马西尼萨。[1]（5）使节前去迦太基是为了说明：……（6）……若是他们希望和平，他们便应该召回哈弥尔卡尔，并把他交给罗马人民。……（8）至于马西尼萨，……（10）……要求他在这次战争中帮助罗马人派遣努弥底亚骑兵。……（13）绪法克斯之子维尔弥纳的使节在那些日子来到元老院，……（14）请求元老院承认国王为同盟者、朋友。（15）维尔弥纳的使节得到这样的答复："……国王首先应该向罗马人民请求的是和平，而不是被称为同盟者和朋友；罗马人民通常赋予这一称谓巨大的荣誉，而且只有那些作出巨大贡献的国王才配赋予。"（17）罗马使节很快就会前去非洲，元老院会委托他们向维尔弥纳转告和平的条件。

罗马国家找到支付第二次布匿战争期间私人贷款的可行办法。

13

（1）……正当执政官们准备前去行省时，（2）许多个体所有者来到元老院，正是在这一年应该第三次偿还他们在马·瓦勒利乌斯和马·克劳狄乌斯执政年提供的借贷[2]，由于当时正面临新的战争，需要建立庞大的新的舰队和军队，国库仅勉强可以支撑，因此执政官们说明当时无法归还这笔债务。（4）元老院不支持他们的诉求：既然为布匿战争筹备的钱是被用来进

---

〔1〕 马西尼萨是努弥底亚国王，第二次布匿战争期起初与迦太基结盟，后来一段时间倒向罗马，卒于公元前148年。

〔2〕 马·瓦勒利乌斯和马·克劳狄乌斯执政年为公元前210年。当时是以自愿不定期借贷形式向私人征集了这笔钱，为同汉尼拔进行战争（参阅XXVI, 36, 8）。公元前204年决定由国家分三次归还它们，第三次归还应该这在公元前200年，最后于公元前196年彻底还清了这笔债务。

Macedonicum quoque bellum uti res publica uellet, aliis ex aliis orientibus bellis quid aliud quam publicatam pro beneficio tamquam ob noxiam suam pecuniam fore? (5) cum et priuati aequum postularent nec tamen soluendo aere alieno res publica esset, (6) quod medium inter aequum et utile erat decreuerunt, ut, quoniam magna pars eorum agros uolgo uenales esse diceret et sibimet emptis opus esse, agri publici qui intra quinquagesimum lapidem esset copia iis fieret: (7) consules agrum aestimaturos et in iugera asses uectigal testandi causa publicum agrum esse imposituros, (8) ut si quis, cum soluere posset populus, pecuniam habere quam agrum mallet, restitueret agrum populo. laeti eam condicionem priuati accepere; trientabulumque is ager, quia pro tertia parte pecuniae datus erat, appellatus.

Il console P. Sulpicio si imbarca con l'esercito a Brindisi diretto in Macedonia
14

(1) Tum P. Sulpicius secundum uota in Capitolio nuncupata paludatis lictoribus profectus ab urbe (2) Brundisium uenit et, ueteribus militibus uoluntariis ex Africano exercitu in legiones discriptis nauibusque ex classe Cn. Corneli electis, altero die quam a Brundisio soluit in Macedoniam traiecit.

Primi scontri con i Galli nel nord – Italia
21

(1) Iam exercitus consularis ab Arretio Ariminum transductus

行马其顿战争,视国家需要用在那场战争上,战争一场接着一场,花费它们如同是为了国家利益而从国库里提取,怎么会好像是损耗了它们?(5)尽管人们的要求是合理的,但是国家没有钱支付,(6)于是元老院作出了一个处于公正和有利之间的决定:既然他们中大部分人抱怨说,尽管到处都在出售土地,但他们中大部分人无钱购买,那就把距罗马五百步之内的公有土地提供给他们。(7)如果执政官想要这些土地,则按每尤格尔纳1阿斯交纳。[1](8)当城邦能够摆脱这些债务时,若是有人更需要钱,而不是土地时,他可以把土地交还给城邦。债务所有人很乐意地接受了这样的条件;这种土地被称为抵消三分之一债务地产,因为它被用来抵消三分之一债务。

执政官普·苏尔皮基乌斯率领军队乘船由布伦狄西乌姆直接前往马其顿

14

(1)随后,普·斯基皮奥在卡皮托里乌姆郑重地宣完誓,在身披军人斗篷的护从们的簇拥下离开了罗马,(2)前去布伦狄西乌姆[2],给愿意继续服役的老兵按军团分配了土地,然后乘坐从格·科尔涅利乌斯的舰队里挑选来的船只,离开布伦狄西乌姆,第二天便到达了马其顿。

在意大利北部与高卢人的第一次冲突

21

(1)这时执政官的军队也由阿瑞提乌姆来到阿里弥努姆[3],

---

〔1〕 这一价值差不多是象征性的,阿斯是古罗马铜币单位。

〔2〕 布伦狄西乌姆是意大利南部海岸港口城市,由这里取海路前往马其顿距离最近。

〔3〕 阿瑞提乌姆(今称阿瑞查)是埃特鲁里亚东部城市。阿里弥努姆是翁布里亚地区东北部沿海城市。

erat et quinque milia socium Latini nominis ex Gallia in Etruriam transierant. (2) itaque L. Furius magnis itineribus ab Arimino aduersus Gallos Cremonam tum obsidentes profectus, castra mille quingentorum passuum interuallo ab hoste posuit... (4) Galli ... (5) ...et postero die in aciem progressi. nec Romanus moram pugnandi fecit; ... (15) et cornua ab equitibus et medii a pedite pulsi; ac repente, cum in omni parte caede ingenti sternerentur, Galli terga uerterunt fugaque effusa repetunt castra. (16) fugientes persecutus eques; mox et legiones insecutae in castra impetum fecerunt. (17) minus sex milia hominum inde effugerunt: caesa aut capta supra quinque et triginta milia cum signis militaribus septuaginta, carpentis Gallicis multa praeda oneratis plus ducentis. (18) Hamilcar dux Poenus eo proelio cecidit et tres imperatores nobiles Gallorum. Placentini captiui ad duo milia liberorum capitum redditi colonis.

Legati macedoni, romani e ateniesi al Concilio della Lega pan‑etolica e condotta irresoluta di questa

29

(1) Concilium Aetolorum stata die, quod Panaetoli ⟨c⟩um uocant, futurum erat. huic ut occurrerent, et regis legati iter accelerarunt et a consule missus L. Furius Purpurio legatus uenit; (2) Atheniensium quoque legati ad id concilium occurrerunt. primi Macedones, cum quibus recentissimum foedus erat, auditi sunt. qui ⟨in⟩ nulla noua re nihil se noui habere quod adferrent dixerunt: ... inquit unus ex legatis ... (16) ...hoc eodem loco iidem homines de eiusdem Philippi pace triennio ante decreuistis iisdem improbantibus eam pacem Romanis,

有 5000 人的同盟军队由高卢来到埃特鲁里亚。(2) 卢·孚里乌斯长途跋涉,由阿里弥努姆来到克瑞蒙纳对抗围困的高卢人,在距离敌人 500 步的地方安营。……(4) 高卢人……(5) ……第二天列阵来到罗马人面前,罗马人立即准备应战。……(15) 敌人的两个侧翼遭到罗马骑兵的攻击,步兵进攻敌阵中央;突然间,当高卢人在各个方面都遭到惨重杀戮时,他们立即调转身,混乱地逃跑,奔向营地。(16) 骑兵跟随他们逃跑。罗马军团追赶逃跑者,对营地发起冲击。(17) 只有不足 7000 人得以成功逃跑,被杀或被俘者 35000 人,缴获军旗 70 面,车辆超过 20 乘,满载着战利品。(18) 在这场战斗中,迦太基将领哈弥尔卡尔被杀死,此外还有 3 个高卢显贵首领被杀。普拉肯提亚人被俘虏近 2000 人,均为自由市民,将他们放回城市。

马其顿使节、罗马使节、雅典使节出席勒伽民会。

29

(1) 埃托利亚各城邦召开联席会议这一天即将到来,该会议被称为泛埃托利亚会议[1],人们称其为泛埃托利亚会议。人们都来参加会议,其中包括匆匆赶来的国王的代表们和受执政官委派前来的代表卢·孚里乌斯·普尔普里奥;(2) 雅典人的代表也赶来参加会议。首先被听取发言的是不久前刚刚与他们结盟的马其顿代表,(3) 声明他们对业已提出的条件没有什么新的改变[2]。……其中一位代表说:"……(16) ……就在这处地方,同样是会议的这些参加者,三年前,[3] 同腓力签订了

---

[1] 泛埃托利亚会议定期举行,所有埃托利亚城市均派代表参加,会议定期于每年秋季召开,地点在帕奈托利昂或特尔漠(Thermum)。

[2] 是年为公元前 205 年,在这之后,罗马人与埃托利亚人于公元前 211 年签订的条约失效。

[3] 演说者在这里为了增强演说效果,显然有意缩短了年限,最近签约应是在公元前 205 年。在那之后,条约实际失效。

qui nunc pactam et compositam turbare uolunt. in qua consultatione nihil fortuna mutauit, cur uos mutetis non uideo. '

30

(1) Secundum Macedonas ipsis Romanis ita concedentibus iubentibusque Athenienses, qui foeda passi iustius in crudelitatem saeuitiamque regis inuehi poterant, introducti sunt. "... (11) itaque se orare atque obsecrare Aetolos ut miseriti Atheniensium ducibus diis immortalibus, deinde Romanis, qui secundum deos plurimum possent, bellum susciperent. "

31

Tum Romanus legatus: "... (20) nunc et nos deum benignitate Punico perfecto bello totis uiribus nostris in Macedoniam incubuimus, et uobis restituendi uos in amicitiam societatemque nostram fortuna oblata est, nisi perire cum Philippo quam uincere cum Romanis mauultis. "

32

(4) ... dimissis ita suspensa re legatis egregie consultum genti aiebat [Democritus, praetor Aetolorum] : nam utrius partis melior fortuna belli esset, ad eius societatem inclinaturos. haec in concilio Aetolorum acta.

Filippo, il re macedone prepara la guerra; violenta scaramuccia tra cavalieri macedoni e romani, che spaventano per il loro modo di colpire; il re macedone fugge

33

(1) Philippus impigre terra marique parabat bellum. ...Philippus ...

三年的协议,建立了不被罗马人赞赏的和平,现在他们则希望搅乱由条约规定和誓言约定的和平。既然命运没有考虑作任何改变,我不明白你们为什么要改变。"

30

(1) 在马其顿人之后,雅典人在罗马人的同意和要求下进入会场,他们遭受了国王那么多残暴和严厉的对待,完全应该被领进来参加会议。……(11) 因此我们请求,恳求埃托利亚人,请你们同情雅典人,愿不朽的神明们,还有罗马人,惟有神明们比你们更强大,统率战争。

31

(1) 这时罗马使节说:"……(20) 现在,由于神明垂怜,结束了布匿战争,我们已经倾注我们全部的心力对付马其顿,你们可以重新让自己成为我们的朋友和同盟者,命运已经这样呈现,除非你们更乐意与腓力一起灭亡,而不是同罗马人一起获得胜利。"

32

(4) ……就这样,代表们散开了,事情悬而未决,[德摩克里托斯,埃托利亚裁判官] 曾经说,他为民族提供了很好的意见,因为双方谁在战争中更幸运,他们便与谁结盟。在埃托利亚会议上,事情就是这样。

马其顿国王腓力准备战争;小规模骑兵冲突,这样的打击使对方感到恐惧;马其顿国王逃跑。

33

(1) 腓力积极准备海上和陆上的战斗。……腓力……

(6) quam partem petisset consul, alam equitum ad explorandum quonam hostes iter intendissent misit. (7) idem error apud consulem erat: ... is quoque speculatum miserat equites. (8) hae duae alae ex diuerso, ..., tandem in unum iter conuenerunt. ...; (10) Macedonum quadraginta equites, Romanorum quinque et triginta ceciderunt. ...

34

(5) [Macedones] qui hastis sagittisque et rara lanceis facta uolnera uidissent, cum Graecis Illyriisque pugnare adsueti, postquam gladio Hispaniensi detruncata corpora bracchiis cum humero abscisis aut tota ceruice desecta diuisa a corpore capita patentiaque uiscera et foeditatem aliam uolnerum uiderunt, (6) aduersus quae tela quosque uiros pugnandum foret pauidi uolgo cernebant. ipsum quoque regem terror cepit nondum iusto proelio cum Romanis congressum. ... (7) ipse cum uiginti milibus peditum, duobus milibus equitum ducibus transfugis ad hostem profectus paulo plus mille passus a castris Romanis tumulum propinquum Ataeo fossa ac uallo conmuniuit; (8) ac subiecta cernens Romana castra, admiratus esse dicitur et uniuersam speciem castrorum et discripta suis quaeque partibus cum tendentium ordine tum itinerum interuallis, et negasse barbarorum ea castra ulli uideri posse. (9) biduum consul et rex, alter alterius conatus expectantes, continuere suos intra uallum; tertio die Romanus omnes in aciem copias eduxit.

38

(9) itaque secundum duas aduersas equestres pugnas multo minus tutam moram in iisdem statiuis fore Philippus ratus, cum abire inde et fallere abiens hostem uellet, caduceatore sub occasum solis

（6）执政官奔向那里，同时派遣骑兵队也说明，敌人准备顺着哪条道路前进。（7）执政官也陷入这样的迷误，……派出骑兵去侦察。（8）两支队伍从不同的方面前进，最后终于来到同一条道路。……（10）马其顿伤亡40人，罗马伤亡35人。

34

（5）马其顿人看到，只是由投枪和箭矢，很少有由长矛造成的杀伤，因为他们通常只是与希腊人和伊利里亚人作战；在他们看到由西班牙佩剑[1]砍下的连着肩膀的手臂，或者整个被砍下的颈脖，与躯体分离的脑袋，暴露的肚肠和其他令人厌恶的创伤，（6）想到他们要与怎样的佩剑和怎样的人们厮杀后，他们立即陷入恐惧。恐惧也笼罩了国王本人，因为他还从来没有与罗马人真正作过战。……（7）他自己带着20000人的步兵和2000骑兵，在逃兵的指引下，一直来到距罗马军营稍许超过1000多步的一座土丘，周围有壕堑围护。（8）他观察设置在山丘下的罗马军营，据说他惊异军营的复杂设置和划分，不仅井然有序，而且条条道路相隔，称从未见过任何蛮族人设置这样的军营。（9）连续两天，执政官和国王互相观察，把军队留在营地里，第三天，罗马执政官带领全部军队出营，列成阵线。

38

（9）就这样，在两次骑兵战斗均遭失败之后，腓力认为留驻在那些营地里会更危险，还不如蒙蔽敌人，偷偷地从那里离开更为安全。于是他在太阳升起时派遣信使来见执政官，要求

---

［1］ 西班牙佩剑是一种剑身较短的佩剑，既可刺杀，又可砍杀，成为罗马军队常备的武器之一。

misso ad consulem qui indutias ad sepeliendos equites peteret, (10) frustratus hostem secunda uigilia multis ignibus per tota castra relictis silenti agmine abit.

Etoli e Atamani passano dalla parte dei Romani
41

(1) Hae causae Damocritum Aetolosque restituerant Romanis; et Amynandro rege Athamanum adiuncto.

Anche il popolo ateniese si scaglia contro il re dei Macedoni ma solo a parole
44

(2) tum uero Atheniensium ciuitas, cui odio in Philippum per metum iam diu moderata erat, id omne in auxilii praesentis spem effundit. (3) nec unquam ibi desunt linguae promptae ad plebem concitandam; quod genus cum in omnibus liberis ciuitatibus tum praecipue Athenis, ubi oratio plurimum pollet, fauore multitudinis alitur. (4) rogationem extemplo tulerunt plebesque sciuit ut Philippi statuae imagines omnes nominaque earum, item maiorum eius uirile ac muliebre secus omnium tollerentur delerenturque, diesque festi sacra sacerdotes, quae ipsius maiorumque eius honoris causa instituta essent, omnia profanarentur; (5) loca quoque in quibus positum aliquid inscriptumue honoris eius causa fuisset detestabilia esse, neque in iis quicquam postea poni dedicarique placere eorum quae in loco puro poni dedicarique fas esset; (6) sacerdotes publicos quotienscumque pro populo Atheniensi sociisque, exercitibus et classibus eorum precarentur, totiens detestari atque exsecrari Philippum liberos eius regnumque, terrestres naualesque copias, (7) Macedonum genus omne nomenque.

休战,埋葬死亡的骑兵,(10)以此欺骗敌人,自己则在第二次换岗之后,把全部营火留下,自己带领军队悄悄地离开了。

埃托利亚人和阿塔曼尼人归顺罗马人
41

(1)于是达摩克里托斯和埃托利亚人一起归顺罗马人,此外还有阿塔曼涅斯人的国王阿弥楠得尔。

雅典人回击马其顿国王,不过只是用言语
44

(2)这时[1],雅典人由于恐惧而长时期来一直抑制着的对腓力的憎恨,由于可能得到帮助而一起迸发出来。(3)城里从来不缺乏能言善辩之人,鼓动民众;这些不仅在所有自由的城市里,而且特别是在雅典,在那里演说富有影响力,特别受到人们的欢迎。(4)他们立即提出法案,并且随即得到平民的拥护,要求立即拆除和捣毁腓力的所有雕像和题铭,甚至他的祖辈们的,包括男性和女性的所有雕像,以及所有为祭祀他本人和他的祖辈而设立的纪念节日和祭坛,以及一切奉祀设置,(5)视所有为纪念他而设立的题铭处均为该受诅咒,并且在那些地方不再设立任何按照神明的和人间的法律应该设置在纯洁而未受过玷污的地方的纪念物。(6)国家祭司每次为雅典人民,为同盟者,为他们的军队和舰队祈祷,都得诅咒和辱骂腓力及其儿子、王国、陆军和海军,(7)以及整个马其顿民族和名字。

---

〔1〕 指在公元前200年陆上和海上对腓力的战斗均获得胜利之后。

additum decreto: si quis quid postea quod ad notam ignominiamque Philippi pertineret ferret, id omne populum Atheniensem iussurum; (8) si quis contra ignominiam proue honore eius dixisset fecissetue, qui occidisset eum iure caesurum. postremo inclusum, ut omnia quae aduersus Pisistratidas decreta quondam erant eadem in Philippo seruarentur. (9) Athenienses quidem litteris uerbisque, quibus solis ualent, bellum aduersus Philippum gerebant.

Problemi di ordine ' costituzionale – amministrativo – religioso' risolti con il ricorso al **plebiscitum**

50

(6) Comitiis aediles curules creati sunt forte ambo qui statim occipere magistratum non possent. nam C. Cornelius Cethegus absens creatus erat, cum Hispaniam obtineret prouinciam; (7) C. Valerius Flaccus, quem praesentem creauerant, quia flamen Dialis erat iurare in leges non poterat; magistratum autem plus quinque dies, nisi qui iurasset in leges, non licebat gerere. (8) petente Flacco ut legibus solueretur, senatus decreuit ut si aedilis qui pro se iuraret arbitratu consulum daret, consules si iis uideretur cum tribunis plebis agerent uti ad plebem ferrent.

并且还补充决定：如果以后有人建议对腓力进行什么咒骂，整个雅典人都得照样进行。（8）若是有人建议或以行动为腓力辩护或者颂扬他，任何人都可以处死他，并且被视为合法。最后一条规定：从前针对皮西斯特拉托斯规定的一切，也都适用于腓力。（9）雅典人就这样用他们唯一惯用的文字和语言对腓力作战。

宪政、行政、宗教社团管理问题，解决投票诉讼
50

（6）民会上选举产生了两个享有坐象牙圆椅的市政官，但没有哪一个能立即履职。其中盖尤斯·科尔涅利乌斯·克特古斯当选时缺席，因为他正在管理西班牙；（7）而盖·瓦勒里乌斯·弗拉库斯尽管出席当选，但他是尤皮特祭司，因而无法依法宣誓，[1]而凡是当选五天内不进行宣誓的人便不得履职。（8）弗拉库斯请求免除法律约束，元老院决定，让市政官请求执政官决定谁替代市政官宣誓，并且执政官赞成其那样做，那时再把事情提交平民保民官，让他们提交人民决定。

---

[1] 尤皮特祭司是罗马高级宗教职务之一，因而受到许多禁忌和限制，其中包括在罗马城外视察军队，举行宣誓等。

TITI LIVI AB VRBE CONDITA LIBER XXXII

PERIOCHA

Complura prodigia ex diuersis regionibus nuntiata referuntur, inter quae in Macedonia in puppe longae nauis lauream esse natam. T. Quintius Flamininus cos. aduersus Philippum feliciter pugnauit in faucibus Epiri fugatumque coegit in regnum reuerti. Ipse Thessaliam, quae est uicina Macedoniae, sociis Aetolis et Athamanibus uexauit, L. Quintius Flamininus, frater consulis, nauali proelio Attalo rege et Rhodiis adiuuantibus Euboeam et maritimam oram. Achaei in amicitiam recepti sunt. Praetorum numerus ampliatus est, ut seni crearentur. Coniuratio seruorum facta de soluendis Carthaginiensium obsidibus oppressa est, duo milia necati sunt. Cornelius Cethegus cos. Gallos Insubres proelio fudit. Cum Lacedaemoniis et tyranno eorum Nabide amicitia iuncta est.

Praeterea expugnationes urbium in Macedonia referuntur.

Assegnazione per sorteggio della **' provincia '** *della Macedonia al nuovo console Publio Villio*

1

(1) Consules praetoresque cum idibus Martiis magistratum inissent prouincias sortiti sunt. L. Lentulo Italia, P. Uillio Macedonia,

第三十二卷

内容提要（公元前 199 年—前 197 年）

各种各样的异象消息从各地传来，其中有传称在马其顿大型战船船尾长出了月桂树。执政官提·昆提乌斯·弗拉弥尼努斯在埃皮罗斯峡口与腓力战斗顺利，迫使腓力逃跑，返回自己的王国。他自己在埃托利亚人和阿塔马涅斯人的帮助下，扫荡了与马其顿毗邻的特萨利亚，执政官的兄弟卢·昆提乌斯·弗拉弥尼乌斯，在阿塔洛斯和罗得斯岛人的帮助下，在海战中获得胜利，蹂躏了尤卑亚岛及其海岸。与阿开亚人建立了友谊。……裁判官增至 6 人。企图释放迦太基人质的奴隶起义被镇压下去，2000 人被处死。科尔涅利乌斯·革特古斯任执政官。战斗中击溃高卢茵苏布瑞斯人。与拉克戴蒙人及其篡权者纳比斯建立友谊。此外，还用战斗夺取了马其顿的一些城市。

抽签分配马其顿行省，普布利乌斯·维利乌斯担任执政官

1

（1）执政官和裁判官在三月伊代日[1]开始履职，抽签分配行省，意大利分配给卢·楞图卢斯，马其顿分配给普·维利乌斯，裁判官中，卢·昆克提乌斯任城市裁判官，阿里弥努姆[2]

---

〔1〕 三月伊代日指公元前 199 年三月十五时。
〔2〕 阿里弥努姆邻近高卢。

praetoribus L. Quinctio urbana, Cn. Baebio Ariminum, L. Ualerio Sicilia, L. Uillio Sardinia euenit.

Il re Filippo si prepara accuratamente a combattere ma viene ancora battuto dal console P. Villio (*diversità tra le fonti storiografiche di Livio*)

5

(8) ... [Philippus] Bellum si quando unquam ante alias, tum magna cura apparauit exercuitque in armis et Macedonas et mercennarios milites (9) principioque ueris cum Athenagora omnia externa auxilia quodque leuis armaturae erat in Chaoniam per Epirum ad occupandas quae ad Antigoneam fauces sunt—Stena uocant Graeci—misit. (10) Ipse post paucis diebus grauiore secutus agmine, cum situm omnem regionis adspexisset, maxime idoneum ad muniendum locum credidit esse praeter amnem Aoum.

6

(5) Ualerius Antias intrasse saltum [consulem Lucium] Uillium tradit, quia recto itinere nequiuerit omnibus ab rege insessis, secutum uallem per quam mediam fertur Aous amnis, ponte raptim facto in ripam (6) in qua erant castra regia transgressum acie conflixisse; fusum fugatumque regem ... (8) Ceteri Graeci Latinique auctores, quorum quidem ego legi annales, nihil memorabile a Uillio actum integrumque bellum insequentem consulem T. Quinctium accepisse tradunt.

分配给格·贝比乌斯，西西里分配给卢·瓦勒里乌斯，撒丁岛分配给卢·维利乌斯。

国王腓力周密地准备进攻（战争），但是仍然被执政官普·维利乌斯击溃（李维编纂的史料有差异）

5

（8）腓力从未曾那样认真地指导马其顿人和雇佣军准备战争。（9）初春时节，他把所有城邦的轻武装辅助军队交由阿特纳戈尔指挥，派遣他们经过埃皮罗斯前往卡奥尼亚，占领位于安提戈尼亚附近的峡谷，希腊人称其为斯特纳。（10）数天之后，国王亲自统率重武装军队，在观察了那个地区的整个地形后，认为最适合于防卫的地方是在阿奥斯河畔。[1]

6

（5）瓦勒里乌斯·安提阿斯[2]这样写道：（执政官卢基乌斯）·维利乌斯穿过了隘口，由于不可能直道行进，国王切断了通道，于是便顺着阿奥斯河从中穿过，（6）迅速建起了一座桥，在河对岸设立了营寨，发生了战斗，国王被打败后逃跑。……（8）其他希腊作家和拉丁作家，起码是我读过他们的编年史的，他们写道，维利乌斯没有写过任何值得记忆的东西，据说下一任执政官提·昆克提乌斯还在战斗开始前便从前者那里接收了统帅权。

---

〔1〕 阿奥斯河位于希腊西部埃皮罗斯境内，注入伊奥尼亚海。
〔2〕 瓦勒里乌斯·安提阿斯是公元前1世纪罗马编年史家，李维利用过他的著作，不过此人经常不准确，喜好夸张。

Terzo anno di guerra e terzo console, cui tocca la 'provincia' *della Macedonia: Tito Quinzio*

7

(12) ... Creati consules Sex. Aelius Paetus et T. Quinctius Flamininus.

8

(4) Sortiti consules prouincias: Aelio Italia, Quinctio Macedonia euenit.

9

(6) T. Quinctius ... maturius quam priores soliti erant consules a Brundisio cum tramisisset, Corcyram tenuit cum octo milibus peditum, equitibus quingentis.

Primo, fallito tentativo di patteggiamente da parte del re macedone

10

(1) Diesque quadraginta sine ullo conatu sedentes in conspectu hostium absumpserant. Inde spes data Philippo est per Epirotarum gentem temptandae pacis; (2) habitoque concilio delecti ad eam rem agendam Pausanias praetor et Alexander magister equitum consulem et regem, ubi in artissimas ripas Aous cogitur amnis, in conloquium adduxerunt. (3) Summa postulatorum consulis erat: praesidia ex ciuitatibus rex deduceret; iis quorum agros urbesque populatus esset, redderet res quae comparerent; ceterorum aequo arbitrio aestimatio fieret. ... (7) Inde cum ageretur quae ciuitates liberandae essent, Thessalos primos omnium nominauit consul. Ad id uero adeo accensus

战争第三年和第三任执政官,涉及马其顿"行省":提图斯·昆克提乌斯

7

(12)……塞克斯图斯·艾利乌斯·佩图斯和提图斯·昆克提乌斯·弗拉弥尼乌斯被选举为执政官。

8

(4)……执政官以阄签方式分配行省:艾利乌斯分得意大利,昆克提乌斯分得马其顿。

9

(6)……提·昆克提乌斯……比以前的执政官要早一些离开布伦狄西乌姆,到达科尔基拉[1],率领8000步兵和800骑兵。

马其顿方面第一次不成功的谈判尝试

10

(1)已经过了40天,罗马人继续驻扎在敌人对面,没有采取任何行动。这时腓力便产生了借助埃皮罗斯人缔结和平的希望。(2)他们进行了联系,为此选举了鲍萨尼阿斯为裁判官,阿勒克桑得尔为骑兵长官,由他们引领执政官和国王前往阿奥斯河两岸距离最窄处进行谈判。(3)执政官的要求归结如下:国王从各个城市撤走军队;为受破坏的土地和城市支付应有的赔偿,就其他事宜会作出公正的决定。……(7)然后谈到哪些城市应该被解放,执政官首先提到特萨利亚一些城市。国王对

---

〔1〕 科尔基拉是希腊的埃皮罗斯西部近海一岛屿。

indignatione est rex ut exclamaret 'quid uicto grauius imperares, T. Quincti?' (8) atque ita se ex conloquio proripuit; et temperatum aegre est quin missilibus, quia dirempti medio amni fuerant, pugnam inter se consererent.

Il console T. Quinzio convince gli Achei a schierarsi con i Romani
19

(1) ... consuli [Tito Quintio] rei maioris spes adfulsit, Achaeorum gentem ab societate regia in Romanam amicitiam auertendi. ... (5) Auctore consule legati a fratre eius L. Quinctio et Attalo et Rhodiis et Atheniensibus ad Achaeos missi. Sicyone datum est iis concilium. ... (10) Ad homines ita incertos introductis legatis potestas (11) dicendi facta est. Romanus primum legatus L. Calpurnius, deinde Attali regis legati, (12) post eos Rhodii disseruerunt; Philippi deinde legatis potestas dicendi facta est; postremi Athenienses, ut refellerent Macedonum dicta, auditi sunt.

20

(1) Postero die aduocatur concilium; ubi cum per praeconem, sicut Graecis mos est, suadendi si quis uellet potestas a magistratibus facta esset nec quisquam prodiret, diu silentium aliorum alios intuentium fuit. ... (3) Tandem Aristaenus praetor Achaeorum, ne tacitum concilium dimitteret, ...inquit ...

21

(18) nunc autem defuncti bello Punico Romani, quod per sedecim annos uelut intra uiscera Italiae tolerauerunt, non praesidium

此愤怒地说道:"提·昆克提乌斯,你还会对被战胜的我提出什么更为严厉的要求?"(8)然后离开了谈判。双方勉强控制未投掷武器进行战斗,由于有河流把他们隔开。

执政官提·昆克提乌斯使列阵阿开亚人站到罗马人一边。
19
(1)执政官(提图斯·昆克提乌斯)期望做件更重要的事情:瓦解阿开亚民族与(马其顿)国王的结盟,而与罗马建立友谊。……(5)按照执政官的提议,使者由他的兄弟卢·昆克提乌斯、阿塔洛斯和罗得斯人、雅典人担任。在西库昂同他们举行谈判。……(10)……于是让被带进来的人向那些茫然失措的人们讲话。(11)首先是罗马人的代表卢·卡尔普尼乌斯,接着是国王阿塔洛斯的代表,在他们之后是罗得斯人发言;接着腓力的代表们获得发言权,(12)最后被听取发言的是雅典代表,以便让他们批驳马其顿代表的发言。

20
(1)第二天召开市民大会,当按照希腊人的习俗,官员让传令官询问有谁想发言时,长时间里人们互相观望,沉默不语。……(3)终于阿开亚人的裁判官阿里斯泰诺斯[1]免得会议在沉默中结束,开始发言。

21
"(18)而今罗马人结束了布匿战争,可以说是由意大利的肚服部承受了六十年,他们现在已经不只是派遣军队帮助战斗

---

[1] 阿里斯泰诺斯作为阿开亚人的裁判官,主张阿开亚人与罗马人结盟。

Aetolis bellantibus miserunt sed ipsi duces belli arma terra marique simul Macedoniae intulerunt. (19) Tertius iam consul summa ui gerit bellum. Sulpicius in ipsa Macedonia congressus fudit fugauitque regem, partem opulentissimam regni eius depopulatus: (20) nunc Quinctius tenentem claustra Epiri, natura loci, munimentis, exercitu fretum castris exuit, fugientem in Thessaliam persecutus praesidia regia sociasque urbes eius prope in conspectu regis ipsius expugnauit. ... (30) nolite, quia ultro Romani petunt amicitiam, id quod optandum uobis ac summa ope petendum erat fastidire. ... (37) Hos si socios aspernamini, uix mentis sanae estis; sed aut socios aut hostes habeatis oportet.

22

(3) ...Is quoque dies iurgiis est consumptus. (4) Supererat unus iusti concilii dies; tertio enim lex iubebat decretum fieri; ... (9) Dymaei ac Megalopolitani et quidam Argiuorum, priusquam decretum fieret, consurrexerunt ac reliquerunt concilium... (12) ... quod inclinauerat ad Romanam societatem iubendam... ueniaque iis huius secessionis fuit et magnis et recentibus obligatis beneficiis.

23

(1) Ceteri populi Achaeorum cum sententias perrogarentur, societatem cum ⟨ Attalo ⟩ ac Rhodiis praesenti decreto confirmarunt: (2) cum Romanis, quia iniussu populi non poterat rata esse, in id tempus quo Romam mitti legati possent dilata est; (3) in praesentia tres legatos ad L. Quinctium mitti placuit ...

着的埃托利亚人，而且自己也进行战争，立即从陆地和海上进攻马其顿。（19）执政官已经是第三年极其奋力地进行这场战争。苏尔皮基乌斯在马其顿本土交战，打败了国王，迫使他逃跑，使王国最富饶的部分变荒芜；（20）现在昆克提乌斯把他赶出了在埃皮罗斯的营地，原来依赖于自然屏障、堡垒、军队、海峡和营帐的他们，不得不逃进了特萨利亚，执政官尾追不舍，夺取了国王的堡垒、同盟城市，并且几乎是在国王的眼皮底下。……（30）现在由于罗马人自己追求友谊，请不要蔑视你们自己希望和竭力追求的东西。……（37）若是你们拒绝这样的同盟者，你们差不多是失去了理智，因为你们必须把他们作为或是同盟者，或是敌人。"

22

（3）……这一天在激烈的辩论中度过。（4）第二天用来通过合法决议，第三天则用来通过立法决定；……（9）狄迈人、墨伽拉人、墨伽拉波利塔尼人和一些阿尔戈斯人未待作出决定，便站起来离开了会场。[1] ……（12）……会议倾向于与罗马建立同盟，……他们为不久前受到的宽待而承担着义务。

23

（1）其他的阿开亚城邦在投票时都赞成与阿塔洛斯和罗得斯岛缔结定期的同盟，（2）至于与罗马人结盟，由于必须得到罗马人的同意才有可能[2]，因此后推到待有可能遣使去罗马的时候，（3）当时已经决定派遣三位使节去见卢·昆克提乌斯，……

---

[1] 狄迈是伯罗奔尼撒半岛阿开亚地区西北部临海城邦。墨伽拉波利斯位于阿尔戈利斯地区。墨伽拉波利塔尼人的祖先曾经被伯罗奔尼撒人赶出自己的城邦。狄迈人不久前刚刚遭受罗马军队的占领和抢劫。

[2] 即必须得到罗马民会的批准。

Quarto anno di guerra e nuovi consoli ma, su proposta tribunizia, il comando in Macedonia viene prorogato a T. Quinzio

28

(1) C. Cornelio et Q. Minucio consulibus omnium primum de prouinciis consulum praetorumque actum. ... (3) Consulibus Italiam Macedoniamque sortiri parantibus L. Oppius et Q. Fuluius tribuni plebis impedimento erant, quod longinqua prouincia Macedonia esset (4) neque ulla alia res maius bello impedimentum ad eam diem fuisset quam quod uixdum incohatis rebus in ipso conatu gerendi belli prior consul reuocaretur: (5) quartum iam annum esse ab decreto Macedonico bello; quaerendo regem et exercitum eius Sulpicium maiorem partem anni absumpsisse; Uillium congredientem cum hoste infecta re reuocatum; (6) Quinctium rebus diuinis Romae maiorem partem anni retentum ita gessisse tamen res ut, si aut maturius in prouinciam uenisset aut hiems magis sera fuisset, potuerit debellare: (7) nunc prope in hiberna profectum ita comparare dici bellum ut, nisi successor impediat, perfecturus aestate proxima uideatur. (8) His orationibus peruicerunt ut consules in senatus auctoritate fore dicerent se, si idem tribuni plebis facerent. Permittentibus utrisque liberam consultationem patres consulibus ambobus Italiam prouinciam decreuerunt, (9) T. Quinctio prorogarunt imperium donec successor ex senatus consulto uenisset.

Intanto, in Italia, i Romani deducono 5 nuove colonie e battono ancora i Galli

29

(3) C. Acilius tribunus plebis tulit ut quinque coloniae in oram

战争的第四年,由于保民官提议,新当选的执政官前去马其顿的安排不得不延期到提·昆克提乌斯履职。

28

(1) 在盖·科尔涅利乌斯和昆·弥努基乌斯执政年[1],首先讨论的是关于执政官和裁判官所管辖的行省问题。……(3) 当执政官准备为意大利和马其顿以阄签决定的时候,平民保民官卢·奥皮乌斯和昆·孚里乌斯出面阻止,因为行省马其顿太遥远,(4) 而且在这之前从未发生过任何如此阻止战争的事情,以至于战争刚开始便把原先的执政官召回:(5) 自决定与马其顿进行战争已经是第四年;苏尔皮基乌斯把一年的大部分时间花在寻找国王及其军队上;维利乌斯刚开始与敌人接触,尚未完成任何事情便被召回来;(6) 昆克提乌斯把一年的大部分时间花于在罗马举行圣事,不过他仍然想在冬天到来之前或者稍晚的时候前去行省,结束战争,(7) 现在他来到冬营,据说他如此认真地准备战争,只要后继者不会有什么阻碍,便期望能在临近的夏季结束战争。(8) 这些演说使得执政官决定,愿意向元老院提供决议案,若是平民保民官们也愿意这样做。由于双方都愿意进行自由讨论,因此元老们决定把意大利分配给两个执政官,(9) 而提·昆克提乌斯的权限则可以延长至由元老院任命的继承人到来。

与此同时,罗马人在意大利建立了5个新的移民地,并且再次打败高卢人。

29

(3) 平民保民官盖·阿基利乌斯提议在沿海地区建立5个

---

[1] 指公元前197年。

maritimam deducerentur, duae ad ostia fluminum Uolturni Liternique, una Puteolos, una ad Castrum Salerni: (4) his Buxentum adiectum; trecenae familiae in singulas colonias iubebantur mitti. Tresuiri deducendis iis, qui per triennium magistratum haberent, creati.

31

(4) ... in Ligustinos Iluates, qui soli non parebant, legiones ductae. Ea quoque gens ut Insubres acie uictos, Boios ita ut temptare spem certaminis non auderent territos audiuit, in dicionem uenit.

Secondo, fallito tentativo di patteggiamento da parte di Filippo, ora con il console T. Quinzio e con il senato romano

32

(5) ... caduceator ab rege uenerat locum ac tempus petens conloquio. ... (9) In sinu Maliaco prope Nicaeam litus elegere. Eo rex ab Demetriade cum quinque lembis et una naue rostrata uenit: (10) erant cum eo ⟨duo⟩ principes Macedonum et Achaeorum exul, uir insignis, Cycliadas. Cum imperatore Romano [Tito Quinctio] rex Amynander erat et Dionysodorus Attali legatus et Acesimbrotus praefectus Rhodiae classis et Phaeneas princeps Aetolorum et Achaei duo, Aristaenus et Xenophon.

移民地,其中两个建在沃尔图尔努斯河和利特尔努姆河河口[1],一个建在普特奥利[2],一个建在萨勒尔努姆[3]。(4) 此外,还增加了布克塞图姆[4]。命令向每个移民地迁居300个家庭。为此成立了三人委员会组织移民,任期3年。

31

(4) ……军队被派往利古斯提尼-伊尔瓦特斯人那里,唯有他们尚未被降服。这一部族听说茵苏布瑞斯人已经在战斗中被降服,还听说波伊人恐惧得不敢进行战斗,于是他们也投降了。

腓力与执政官提·钦提乌斯和罗马元老院第二次谈判企图失败。

32

(5) 由国王那里到来信使,要求商量谈判的时间和地点。……(9)(谈判地点选择)在尼凯亚附近的马利阿库斯海湾附近的尼凯亚海岸[5],国王由得墨特里阿斯带着五艘快船和一艘兽头尖角形大船前来。(10) 同他一起前来的是(两个)马其顿贵族和一个阿开亚流亡者、著名人士基克利阿得斯。与罗马统帅(提图斯·昆克提乌斯)一起前来的是国王阿弥纳得尔、阿塔洛斯的使节狄奥尼索多罗斯、罗得斯岛司令阿泽辛布罗托斯、埃托利亚贵族弗涅阿斯和两个阿开亚人阿里斯特诺斯和克塞诺芬。

---

[1] 沃尔图尔努斯河和利特尔努姆河皆位于坎佩尼亚境内。
[2] 普特奥利在坎佩尼亚境内。
[3] 萨勒尔努姆为坎佩尼亚西南部海滨城市。
[4] 据古代史地家斯特拉博说,在那里建立这些移民地是由于在第二次布匿战争期间那些地区的居民的动摇表现,从而没收那些土地归罗马所有。
[5] 此地点位于利古里亚西南部海滨。

36

(3) ... Ibi Philippus primum et Quinctium et omnes qui aderant rogare ne spem pacis turbare uellent, (4) postremo petere tempus quo legatos mittere Romam ad senatum posset: ... (8) In hanc sententiam et ceteri sociorum principes concesserunt; indutiisque datis in duos menses et ipsos mittere singulos legatos ad senatum edocendum ne fraude regis caperetur placuit.

37

(1) Ut uentum Romam est, prius sociorum legati quam regis auditi sunt. ... (5) ...Sic infecta pace regii dimissi: Quinctio liberum arbitrium pacis ac belli permissum.

36

（3）……腓力首先请求昆克提乌斯和所有出席的人不要对和平失望，（4）然后请求给予时间，以便派遣使节前往罗马和元老院，……（8）其他的同盟者首领也都同意这一观点[1]，宣布休战两个月，并且分别派遣自己的使节前去元老院进行说明，免得被国王的狡诈所迷惑。

37

（1）（在他们）到达罗马后，首先被听取的是同盟者的使节，然后是国王的使节。……（5）……国王的使节未受答允，和平地被遣走，昆克提乌斯则被允许自由考虑和平或战争。

---

[1] 指当时正值隆冬，无法作战，因此可以允许国王派遣使节去罗马，即使国王这样做是为了拖延时间，也无关大局。

TITI LIVI AB VRBE CONDITA LIBER XXXIII

PERIOCHA

T. Quintius Flamininus procos. cum Philippo ad Cynoscephalas in Thessalia acie uicto debellauit. L. Quintius Flamininus, ille frater procos. , Acarnanas, Leucade urbe quod caput est Acarnanum expugnata, in deditionem accepit. Pax petenti Philippo Graecia liberata data est. Attalus ab Thebis ob subitam ualetudinem Pergamum translatus decessit.

C. Sempronius Tuditanus praetor ab Celtiberis cum exercitu caesus est.

L. Furius Purpurio et Claudius Marcellus coss. Boios et Insubres Gallos subegerunt. Marcellus triumphauit. Hannibal frustra in Africa bellum molitus et ob hoc Romanis per epistulas ab aduersae factionis principibus delatus propter metum Romanorum, qui legatos ad senatum Carthaginiensium de eo miserant, profugus ad Antiochum, Syriae regem, se contulit bellum aduersus Romanos parantem.

Battaglia decisiva, sotto i monti di Cinoscefale, tra le legioni romane e la falange macedonica, che viene sbaragliata

3

(1) Philippus quoque primo uere, postquam legati ab Roma nihil

第三十三卷

内容提要（公元前 197—前 195 年）

卸任执政官提·昆提乌斯·弗拉弥尼努斯与腓力在特萨利亚的基诺斯克法勒战斗，获得胜利。卢·昆提乌斯·弗拉弥尼努斯，卸任执政官的兄弟，夺得阿卡尔纳尼亚首府城市琉卡斯，接受阿卡尔纳尼亚人归为附属。由于腓力请求，希腊获得自由。阿塔洛斯突然身体不适，由特拜回到帕伽马，在那里去世。裁判官盖·森普罗尼乌斯·图狄塔努斯统率军队，被克尔提贝里人消灭。执政官卢·孚里乌斯·普尔普里乌斯和克劳狄乌斯·马尔克卢斯征服了高卢的波伊人和茵苏布瑞斯人。马尔克卢斯荣享凯旋。汉尼拔徒然在非洲挑起战争。他的敌人出于恐惧，写信向罗马人告密，罗马人为此派遣使节去伽太基元老院，指控汉尼拔；汉尼拔逃往安提奥库斯那里，投奔叙利亚国王，此人正在准备对罗马进行战争。

巴塔利亚决定在基诺斯克法勒山下穿过罗马军团和马其顿方阵，结果被击溃。

3

（1）初春，使节们在罗马什么也没有得到地返回来后，腓力

pacati rettulerant, dilectum per omnia oppida regni habere instituit in magna inopia iuniorum. (2) absumpserant enim per multas iam aetates continua bella Macedonas; (3) ipso quoque regnante et naualibus bellis aduersus Rhodios Attalumque et terrestribus aduersus Romanos ceciderat magnus numerus. (4) ita et tirones ab sedecim annis milites scribebat, et emeritis quidam stipendiis, quibus modo quicquam reliqui roboris erat, ad signa reuocabantur. (5) ita suppleto exercitu secundum uernum aequinoctium omnes copias Dium contraxit ibique statiuis positis exercendo cotidie milite hostem opperiebatur. (6) et Quinctius per eosdem ferme dies ab Elatia profectus praeter Thronium et Scarpheam ad Thermopylas peruenit. (7) ibi concilium Aetolorum Heracleam indictum tenuit consultantium quantis auxiliis Romanum ad bellum sequerentur. (8) cognitis sociorum decretis tertio die ab Heraclea Xynias praegressus in confinio Aenianum Thessalorumque positis castris Aetolica auxilia opperiebatur. (9) nihil morati Aetoli sunt: Phaenea duce sex milia peditum cum equitibus quadringentis uenerunt. ne dubium esset quid expectasset, confestim Quinctius mouit castra. (10) transgresso in Phthioticum agrum quingenti Gortynii Cretensium, duce Cydante, et trecenti Apolloniatae haud dispari armatu se coniunxere, nec ita multo post Amynander cum Athamanum peditum ducentis et mille. (11) Philippus cognita profectione ab Elatia Romanorum, ut cui de summa rerum adesset certamen, adhortandos milites ratus.

决定在王国的所有城市征募军队,年轻的人非常缺乏。(2)由于连续不断的战争已经耗尽了许多辈的马其顿人;(3)甚至国王本人在位期间,在反对罗得斯人和阿塔洛斯人的海战中,在反对罗马人的陆战中,都有许多人丧命。(4)于是甚至让刚满16周岁的年轻人都登记服役,把那些业已服满军役,只要仍稍有余力的人也都召回来服役。(5)就这样补充了兵员,在春季日夜等长日之后,国王统率全部军队前去狄奥姆[1],在那里设下固定营寨,每天操练军队,等待敌人到来。(6)昆克提乌斯也差不多在那些日子离开了埃拉提亚[2],经过特罗尼乌姆和斯卡尔费亚,来到特尔摩皮勒[3]。(7)在那里,他在赫拉克勒亚召集埃托利亚人开会,商讨将以多少军队跟随罗马军队进行战争。(8)在获知同盟者的决定后,昆克提乌斯在第三天便从赫拉克勒亚去到克叙尼埃[4],在艾尼亚人和特萨利亚人之间的地域立下营栅,等待埃托利亚人的补助军队。(9)埃托利亚人丝毫没有延缓,在费涅亚的统领下,有6000名步兵和400名骑兵到来。免得因等待而生疑虑,昆克提乌斯立即拔营出发。(10)有500名戈尔提尼伊人在基丹斯统领下从克里特前来,经过弗提奥特人的土地,还有300名阿波洛尼亚人,全都全副武装地前来与他会合,[5]此后不久,阿弥纳得尔也率领1200名阿塔曼尼步兵前来与他会合。(11)腓力得知罗马军队从埃拉提亚前来,意识到决定性的战斗已经临近,认为有必要激励军队。

---

〔1〕 狄奥姆是马其顿南部海滨城市,邻近希腊的特萨利亚。

〔2〕 埃拉提亚位于希腊福基斯北部。

〔3〕 特罗尼乌姆位于洛克里斯北部尤卑亚海峡南岸。特尔摩皮勒也在尤卑亚海峡南岸,偏西。

〔4〕 克叙尼埃在特萨利亚境内。

〔5〕 "全副武装"指弓箭手和轻武装兵。戈尔提尼伊人居住在克里特岛,阿波洛尼亚位于巴尔干半岛西北部伊利里亚境内。

4

(3) ... Macedonum uero phalangem ... loco aequo iustaque pugna semper mansuram inuictam. (4) decem et sex milia militum haec fuere, robur omne uirium eius regni; ad hoc duo milia caetratorum, quos peltas ⟨tas⟩ appellant, Thracumque et Illyriorum—Tralles est nomen genti—par numerus, bina milia erant, (5) et mixti ex pluribus gentibus mercede conducti auxiliares mille ferme et quingenti et duo milia equitum. cum iis copiis rex hostem opperiebatur. (6) Romanis ferme par numerus erat; qui tum copiis tantum quod Aetoli accesserant superabant.

6

(1) Quinctius postero die ... (2) sex ferme milia a Pheris cum consedisset, ... rex. ... quattuor milia fere a Pheris posuit castra. ... (7) magnum utris ⟨que⟩ impedimentum ad rem gerendam fuit ager consitus crebris arboribus hortique, ut in suburbanis locis, et coartata itinera maceriis et quibusdam locis interclusa. (8) itaque pariter ducibus consilium fuit excedendi ea regione, et uelut ex praedicto ambo Scotusam petierunt.

9

(1) Quinctius iis qui in proelio fuerant inter signa et ordines acceptis tuba dat signum. raro alias tantus clamor dicitur in principio pugnae exortus; (2) nam forte utraque acies simul conclamauere nec solum qui pugnabant sed subsidia etiam quique tum maxime in proelium ueniebant. ... (6) phalanx, ... uenerat agmen magis quam acies aptiorque itineri quam pugnae, ...in hos incompositos Quinctius, ...

4

(3)……马其顿方阵在平坦地区和按规则进行的战斗中总是不可战胜。(4)方阵包括1600名步兵,马其顿王国全部的精锐力量;此外还有2000名轻盾兵,他们被称为持半月型小盾兵,特拉克人和伊利里亚人——他们又称为特拉勒斯人——提供相等的数目,各2000人,(5)此外,还率领来自许多不同部族的约1500名人和2000名骑兵。国王就统领着这些军队等待敌人。(6)罗马军队差不多也是那样的数目,只是在骑兵方面由于埃托利亚人的到来而有所超过。

6

(1)第二天,昆克提乌斯……(2)停留在距费赖约6000米的地方,……国王……在距费赖差不多4000米的地方扎营,……(7)那地方对战斗双方都构成巨大妨碍,由于那里树林茂密,还有许多园子,就像通常在城郊那样,道路也被篱笆挤占,不时被切断。(8)因此双方的首领都决定离开那片地域,并且有如商定的一样,前去斯科图萨[1]。

9

(1)战斗一开始,昆克提乌斯便把那些处于旗子和战斗队列之间的人接受过来。(2)据说战斗开始于很少听到过的如此巨大的呐喊,双方军队,不仅是那些列于阵线的军队,甚至那些处于后备的军队,都一起投入战斗。……(5)临时赶来的步兵方阵更适合于行军,而不是投入战斗,……(6)昆克提乌斯正是向这些不成队形的军队发起进攻,……他向前放出象群冲

---

[1] 斯科图萨是特萨利亚城市,距特尔摩皮利斯约75公里。

elephantis prius in hostem actis impetum facit, ratus partem profligatam cetera tracturam. (7) non dubia res fuit; extemplo terga uertere Macedones, terrore primo bestiarum auersi. (8) et ceteri quidem hos pulsos sequebantur.

10

(7) caesa eo die octo milia hostium, ⟨quinque⟩ capta; ex uictoribus septingenti ferme ceciderunt. (8) si Ualerio qui credat omnium rerum immodice numerum augenti, quadraginta milia hostium eo die sunt caesa, capta—ibi modestius mendacium est—quinque milia septingenti, signa militaria ducenta undequinquaginta. (9) Claudius quoque duo et triginta milia hostium caesa scribit, capta quattuor milia et trecentos. nos non minimo potissimum numero credidimus sed Polybium secuti sumus, non incertum auctorem cum omnium Romanarum rerum tum praecipue in Graecia gestarum.

Sono: avviate le trattative di pace tra Romani, con i loro alleati, e i Macedoni; nominati dal senato 10 legati per perfezionare gli accordi; prorogato per la seconda volta il comando in Macedonia a T. Quinzio; intanto sollevazione militare nella provincia della Spagna

12

(1) Indutiae quindecim dierum datae hosti erant et cum ipso rege constitutum conloquium; cuius priusquam tempus ueniret, [Titus Quintius] in consilium aduocauit socios. rettulit quas leges pacis placeret dici. ... (7) Romanos praeter uetustissimum morem uictis parcendi praecipuum clementiae documentum dedisse pace Hannibali

击敌人，认为只要能冲垮一部分敌人，便会带动其他部分。（7）事情正如他想象的那样，马其顿人立即转身逃跑，动物引起的恐惧迫使他们转过身去。（8）其他人也立即跟随这些受冲击的人们。

10

（7）那一天有8000名敌人被杀，5000名敌人被俘，胜利方约有7000人丧生。（8）如果相信瓦勒里乌斯，[1]此人惯于夸大数字，那么那一天敌人死亡40 000人，被俘（想象比较少）5800人，还被夺得249面旗帜。（9）克劳狄乌斯[2]也记述敌人死亡3200人，被俘4300人。（10）我们并不想以最小的数目为最可信，而是遵循波利比奥斯，不仅是在叙述所有的罗马事件方面，而且特别是在叙述发生在希腊的事件方面。[3]

于是开始同马其顿人，包括他们的同盟者，谈判与罗马人的和平；元老院任命了10人代表以达成尽可能完美的协议；第二次延期提·昆克提乌斯在马其顿的指挥权；西班牙行省发生动乱。

12

（1）与敌人签订了15天的停战协定，同国王本人则决定进行谈判；在谈判时间到来之前，（提图斯·昆提乌斯）召集同盟者会议，提议说明需要什么样的和平条件。……（7）罗马人按照自古以来宽恕被战胜者的习惯，同意与汉尼拔和迦太基人缔

---

〔1〕 瓦勒里乌斯-安提阿图斯是公元前1世纪罗马编年史家，李维经常称引他的作品，同时批评他不准确，多夸张。
〔2〕 昆图斯·克劳狄乌斯·夸德里伽里乌斯也是罗马编年史家，瓦勒里乌斯的同时代人，李维同样经常称引他的作品。
〔3〕 波利比奥斯是希腊人，著名的史学家，著《通史》一部。

et Carthaginiensibus data. ... (9) cum armato hoste infestis animis concurri debere: aduersus uictos mitissimum quemque animum maximum habere. (10) libertati Graeciae uideri graues Macedonum reges: si regnum gensque tollatur, Thracas Illyrios Gallos deinde, gentes feras et indomitas, in Macedoniam se et in Graeciam effusuras. (11) ne proxima quaeque amoliendo maioribus grauioribusque aditum ad se facerent. (12) ... non iis condicionibus inligabitur rex ut mouere bellum possit.

13

(1) Hoc dimisso concilio postero die rex ad fauces quae ferunt in Tempe—is datus erat locus conloquio—uenit; (2) tertio die datur ei Romanorum ac sociorum frequens concilium. (3) ibi Philippus perquam prudenter iis sine quibus pax impetrari non poterat sua potius uoluntate omissis quam altercando extorquerentur, quae priore conloquio aut imperata a Romanis aut postulata ab sociis essent omnia se concedere, de ceteris senatui permissurum dixit.

24

(3) Exitu ferme anni litterae a T. Quinctio uenerunt se signis conlatis cum rege Philippo in Thessalia pugnasse, hostium exercitum fusum fugatumque. (4) hae litterae prius in senatu a ⟨ M. ⟩ Sergio praetore, deinde ex auctoritate patrum in contione sunt recitatae, ... (5) breui post legati et ab T. Quinctio et ab rege Philippo uenerunt. ... ad aedem Bellonae senatus datus. (6) ibi haud multa uerba facta, cum Macedones quodcumque senatus censuisset id regem facturum

结和平就是这种宽宏大量的最新证明。……（9）对待武装的敌人理应怀有仇视的心情，对待被战胜的人理应怀有某种巨大的同情心。（10）马其顿的国王们对希腊人的自由构成巨大威胁，但如果推翻这个王朝，那时狂野而未被驯服的民族特拉克人、伊利里亚人、高卢人便会突入马其顿和希腊。（11）这样可以排除面临的威胁，不让巨大而沉重的不幸降临自己打开的大门。（12）……加以这样的条件，使得国王不可能重新发起战争。

13

（1）会议就这样解散了，第二天，国王来到通向廷佩的山谷——约定那里是举行谈判的山谷；（2）第三天，举行了有许多罗马人和同盟者参加的与他的谈判。（3）当时鉴于腓力明智地决定，由自己主动放弃为得到和平而必须放弃的东西，而不要待经过长时间争论之后不得不放弃，他宣布，他交出罗马人向他要求的一切，交出同盟者在以往的谈判中所要求的一切，其他的任由罗马元老院决定。

24

（3）差不多在该年末，收到由提·昆克提乌斯发来的信函，报告他在特萨利亚与国王腓力战斗之后，缴获了许多军旗，敌人的军队已经溃败逃跑。[1]（4）起初这封信由裁判官（马）·塞尔吉乌斯在元老院朗读，尔后按照罗马元老院的决定，在民会上朗读。……（5）此后不久，由提·昆克提乌斯和由国王腓力派遣的使节相继到来。……元老院在贝洛娜女神庙[2]接见了他们。（6）既然马其顿人宣称国王愿意接受元老院的任何要求，

---

[1] 此处指发生在特萨利亚东南部基诺斯克法勒（Cynoscephalae）的战斗。
[2] 贝洛娜是战争女神。

esse dicerent. (7) decem legati more maiorum, quorum ex consilio T. Quinctius imperator leges pacis Philippo daret, decreti adiectumque ut in eo numero legatorum P. Sulpicius et P. Uillius essent, qui consules prouinciam Macedoniam obtinuissent.

30

(1) Paucos post dies decem legati ab Roma uenerunt, quorum ex consilio pax data Philippo in has leges est, ut omnes Graecorum ciuitates quae in Europa quaeque in Asia essent libertatem ac suas haberent leges.

31

(1) Omnibus Graeciae ciuitatibus hanc pacem adprobantibus soli Aetoli decretum decem legatorum clam mussantes carpebant: (2) litteras inanes uana specie libertatis adumbratas esse. ... (11) ab Elatia profectus Quinctius Anticyram cum decem legatis, inde Corinthum traiecit. ibi consilia de libertate Graeciae dies prope totos in concilio decem legatorum agitabantur: ... postremo ita decretum est: Corinthus redderetur Achaeis ut in Acrocorintho tamen praesidium esset; Chalcidem ac Demetriadem retineri donec cura de Antiocho decessisset.

他们没有进行太多的讨论。(7) 按照祖辈习俗,选出了十人代表,军队统帅提·昆克提乌斯将按照他们的意见与腓力缔结和约,此外还决定,盖·苏尔皮基乌斯和盖·维利乌斯将作为代表团成员,因为他们都曾经担任过马其顿行省的总督。[1]

30

(1) 数日后,十人代表由罗马到来,按照他们的要求,向腓力提出了这样的和平条件:(2) 所有希腊人的城邦,不管它们是在欧洲,还是在亚洲,它们都应该获得自由,并且拥有自己的法律。

31

(1) 所有希腊城邦都赞成这一和平协议,唯有埃托利亚人私下偷偷批评十人代表的决议:(2) 它们是一些空洞的、以自由外貌作掩盖的条文。……(7) 在这之后,昆克提乌斯带着十名使节由埃拉提亚来到安提库拉[2]再由那里去到科林斯。在那里,十位代表连续数日差不多都是整天不停地商量关于希腊自由问题。……(11) 最后决定:科林斯回归阿开亚人,但在科林斯城堡驻扎卫队。[3] 卡尔基得斯和得墨特里阿得斯仍然处于控制之下,直到对安条奥科斯的担忧消除。

---

[1] 苏尔皮基乌斯和维利乌斯分别在公元前200年和前199年担任过马其顿总督。

[2] 埃拉提亚是希腊福基斯地区西北部城市,安提库拉是福基斯南部海滨城市,位于科林斯海湾北岸。

[3] 在城堡驻扎卫队意味着科林斯处于罗马的控制之下,实际上这样即可控制整个科林斯地区。

Solenne comunicazione a Corinto, durante i giochi istmici, della liberta dal Popolo romano alle Città della Grecia e fine della Guerra macedonica

32

(1) Isthmiorum statum ludicrum aderat, semper quidem et alias frequens ... (2) ... concilium Asiae Graeciaeque ... (3) tum uero non ad solitos modo usus undique conuenerant sed expectatione erecti qui deinde status futurus Graeciae, quae sua fortuna esset. ... (4) ad spectaculum consederant, et praeco cum tubicine, ut mos est, in mediam aream, unde sollemni carmine ludicrum indici solet, processit et tuba silentio facto ita pronuntiat: (5) 'senatus Romanus et T. Quinctius imperator Philippo rege Macedonibusque deuictis liberos, immunes, suis legibus esse iubet Corinthios, Phocenses, Locrensesque omnes et insulam Euboeam et Magnetas, Thessalos, Perrhaebos, Achaeos Phthiotas'. (6) percensuerat omnes gentes quae sub dicione Philippi regis fuerant. audita uoce praeconis maius gaudium fuit quam quod uniuersum homines acciperent: (7) uix satis credere se quisque audisse et alii alios intueri, mirabundi uelut ad somni uanam speciem.

34

(1) Secundum Isthmia Quinctius et decem legati legationes regum gentium ciuitatiumque audiuere. (2) primi omnium regis Antiochi

在伊斯特摩斯竞技会期间，关于科林斯的隆重通告；罗马人民赋予希腊城邦自由和结束马其顿统治。

32

（1）举行伊斯特摩斯竞技会的时间到了，一向总是有许多人参加[1]，……（2）……亚洲和希腊的集会。……（3）人们不只是为通常的需要而聚会，而且还很想知道希腊未来的状态，它未来的命运如何。……（4）人们坐在那里等待观看表演，这时像通常那样，传令官和司号员来到舞台中央，每次都是从那里用歌声宣布竞赛开始，这时司号员要求大家安静，传令官说道："（5）罗马元老院和统帅提·昆克提乌斯在战胜国王腓力和马其顿人之后宣布人们自由，不纳税，按照自己的法律生活，包括所有科林斯人、福基斯人、洛克里斯人、尤卑亚岛人、马格涅斯人、特萨利亚人、佩瑞博斯人、弗提奥特的阿凯亚人。"[2]（6）他列数了所有先前处于国王腓力统治下的人民。听到传令官的宣告，巨大的欢乐几乎超出了人们可能的承受。（7）每个人都难以相信自己听到的东西，互相观望，惊奇得有如梦见幻境一般。

34

（1）伊斯特摩斯竞技会结束后，昆克提乌斯和十代表聆听了各城邦各部族国王和代表的发言。（2）首先受邀请发言的是

---

〔1〕 伊斯特摩斯位于希腊科林斯地峡南端。该竞技会是泛希腊竞技会，纪念海神波塞冬。竞技会始于公元前581年，在伊斯特摩斯地峡的松林里举行，每两年，即每届奥林匹亚运动会的第一、三年，举行一次。自公元前228年起，罗马人也开始参加。竞技会期间通常宣布城邦的重要决定，罗马帝国时期的尼禄皇帝也这样做过。参阅普鲁塔克：《提·弗拉弥尼努斯》，12；斯维托尼乌斯：《尼禄》，22，24。

〔2〕 按照波利比奥斯的叙述（XVIII，46），福基斯人指福基斯地区的居民，马格涅斯人指特萨利亚地区的马格涅西亚的居民，弗提奥特的阿开亚人指居住在弗提亚的阿开亚人。

uocati legati sunt. iis eadem fere quae Romae egerant uerba sine fide rerum iactantibus nihil iam perplexe ut ante, (3) cum dubiae res incolumi Philippo erant, sed aperte denuntiatum ut excederet Asiae urbibus quae Philippi aut Ptolomaei regum fuissent, abstineret liberis ciuitatibus, neu quam lacesseret armis: et in pace et in libertate esse debere omnes ubique Graecas urbes; (4) ante omnia denuntiatum ne in Europam aut ipse transiret aut copias traiceret. (5) dimissis regis legatis conuentus ciuitatium gentiumque est haberi coeptus, eoque maturius peragebatur quod decreta decem legatorum ⟨ in ⟩ ciuitates nominatim pronuntiabantur.

35

(1) Dimisso conuentu decem legati, partiti munia inter se, ad liberandas suae quisque regionis ciuitates discesserunt... (12) hunc finem bellum cum Philippo habuit.

Il pretore peregrino reprime di una congiura di schiavi in Etruria, i nuovi consoli sconfiggono i Galli

36

(1) Cum haec in Graecia Macedoniaque et Asia gererentur, Etruriam infestam prope coniuratio seruorum fecit. (2) ad quaerendam opprimendamque eam M'. Acilius Glabrio praetor, cui inter ciues peregrinosque iurisdictio obtigerat, cum una ex duabus legione urbana est missus. alios ⟨ uagos ~ comprehendit, alios ⟩ iam congregatos pugnando uicit: ex his multi occisi, (3) multi capti; alios uerberatos crucibus adfixit, qui principes coniurationis fuerant, alios

安条克国王的代表们。他们发表了差不多与先前在罗马发表的相类似的难以令人信服的发言[1],(3)当时腓力仍然强大,战争的结果仍不明朗,现在公开宣布,安提奥科斯应该撤出亚洲先前属于腓力或托勒密国王的城市,不要触犯自由城市,不要用军队去侵扰它们,让各处所有的希腊城邦都处于和平和自由之中;主要的是提醒他,他本人不要渡海进入或者他的军队都不要渡海侵入欧洲。(5)国王的使节离开后,召开了各个城邦和各个民族的会议,而且会议召开得如此迅速,是因为十人代表的决定曾经分别对各个城市宣布过。

35

(1)会议结束后,十个代表相互分配了职责,分别前去解放分配给自己的城市。……(12)……就这样结束了与腓力的战争。

巡回执法官镇压了埃特鲁里亚奴隶的阴谋,新任执政官打败高卢人。

36

(1)正当在希腊、马其顿和亚洲发生这些事件的时候,刚刚发生的奴隶暴动阴谋使得埃特鲁里亚变得不安定。(2)为了调查和镇压那个阴谋,负责审理市民与外邦人之间的法律事务的裁判官曼·阿基利乌斯·格拉布里奥率领两个城市百人团之一,前去那里。他镇压了那些游荡的奴隶,对那些结伙的奴隶,他在战斗中打败了他们,其中许多人被杀死,(3)许多人被俘;至于那些阴谋首领,其中一些人在受到鞭笞后被钉上了十字架,

---

[1] 关于安条克使节的参与参阅本卷20,8—9。那里未作详细介绍,不过他们的活动显然与由于阿塔洛斯国王对他们的指控而进行申诉有关。

dominis restituit. consules in prouincias profecti sunt. Marcellum Boiorum ingressum fines, ...

37

(1) ... L. Furius Purpurio alter consul per tribum Sapiniam in Boios uenit. ... (3) inde iunctis exercitibus primum Boiorum agrum usque ad Felsinam oppidum populantes peragrauerunt. ... (5) in Ligures inde traductus exercitus. Boi ... in agmen incidunt Romanum. (7) proelium celerius acriusque commissum quam si tempore locoque ad certamen destinato praeparatis animis concurrissent. (8) ibi quantam uim ad stimulandos animos ira haberet apparuit; nam ita caedis magis quam uictoriae auidi pugnarunt Romani ut uix nuntium cladis hosti relinquerent.

Si profila una nuova guerra, questa volta in Asia, con il re Antioco di Siria

38

(1) Eodem anno Antiochus rex, cum hibernasset Ephesi, omnes Asiae ciuitates in antiquam imperii formulam redigere est conatus.

39

(1) Sub hoc tempus et L. Cornelius, missus ab senatu ad dirimenda inter Antiochum Ptolomaeumque reges certamina, Selymbriae substitit (2) et decem legatorum P. Lentulus a Bargyliis, P. Uillius

另一些人则交还给了他们原先的主人。(4) 两个执政官前往行省。马尔克卢斯前往波伊人的地域,……

37

(1) ……另一个执政官卢·孚里乌斯·普尔普里乌斯去到萨皮尼亚区的波伊人那里。[1] ……(3) 然后他们把军队联合起来,首先通过波伊人的土地,沿途蹂躏掠夺,直至到达菲尔西纳城。……(5) 然后罗马军队被带进利古瑞斯人的土地。波伊人……遇上了罗马军队。(7) 战斗迅速展开,进行得很激烈,远远超过了那种事先确定好时间和地点,士气受到激励,满怀怒火的战斗。这时可以看出,愤怒以一种怎样的力量刺激着人们的心灵;罗马人更为渴望的是杀戮,而不是为获得胜利地进行战斗,以至于几乎没有任何敌人留下来去报告发生的战斗。

叙述新的战争,转向亚洲,与叙利亚的安提奥科斯国王的关系

38

(1) 这一年国王安提奥科斯在以弗所过冬,企图把所有亚细亚城市恢复到以前的统治模式。

39

(1) 在这期间,卢·科尔涅利乌斯由元老院派去调解国王安提奥科斯与托勒密之间的争执,在塞林吕波里亚留驻[2]。(2) 10 个罗马代表中普·楞图卢斯来自巴尔吉利亚[3],普·维

---

〔1〕 此处可能位于山南高卢的拉维纳(Ravenna)南部。波伊人源于凯尔特人,很早就离开了他们原有的居地,迁居波河流域等地。正是在那里,他们第一次与罗马人发生冲突,后来被罗马人征服。

〔2〕 塞吕波里亚位于亚带海北岸。

〔3〕 巴尔吉利亚是小亚细亚西南部海滨城市。

et L. Terentius ab Thaso Lysimachiam petierunt. eodem et ab Selymbria L. Cornelius et ex Thracia paucos post dies Antiochus conuenerunt. (3) primus congressus cum legatis et deinceps inuitatio benigna et hospitalis fuit; ut de mandatis statuque praesenti Asiae agi coeptum est, animi exasperati sunt. ... (7) sed ut in Asiam aduentus eius dissimulari ab Romanis tamquam nihil ad eos pertinens potuerit, quid? quod iam etiam in Europam omnibus naualibus terrestribusque copiis transierit, quantum a bello aperte Romanis indicto abesse? illum quidem, etiam si in Italiam traiciat, negaturum; Romanos autem non expectaturos ut id posset facere.

40

(1) Aduersus ea Antiochus mirari se dixit Romanos tam diligenter inquirere quid regi Antiocho faciundum aut quousque terra marique progrediundum fuerit, (2) ipsos non cogitare Asiam nihil ad se pertinere nec magis illis inquirendum esse quid Antiochus in Asia quam Antiocho quid in Italia populus Romanus faciat.

Istituzione, con legge proposta da un tribuno della plebe, di un nuovo collegio sacerdotale; auguri e pontefici devono concorrere alle spese di guerra; distribuzione al popolo di grano a prezzo 'politico'

42

(1) Romae eo primum anno tresuiri epulones facti C. Licinius Lucullus tribunus plebis, qui legem de creandis his tulerat, et P. Manlius et P. Porcius Laeca; iis triumuiris item ut pontificibus lege

利乌斯和卢·特伦提乌斯从塔苏斯[1]来到吕西马基亚[2],去到那里的还有来自塞林布里亚的卢·科尔涅利乌斯和来自特拉克、稍晚几天后到达的安提奥科斯。起初他与代表们会见,然后诚心而热情地分别接见他们;但是当谈话开始涉及委托和当时亚细亚的状况时,情绪便激动起来。……(7)即使罗马人可以不在意他出现在亚洲,好像这件事与罗马人没有关系,但是其他事情呢?他甚至率领全部海军和陆军来到欧洲,怎能不认为这是对罗马人的公开宣战?甚至即使他去到了意大利,他也会否认;但是罗马人不会等待发生这样的事情。

40

(1)针对上述这些指责,安提奥库斯称,他惊异于罗马人如此认真地关注安提奥科斯国王应该做什么或者他应该在海上或陆地的什么地方留驻。(2)至于说到罗马人与亚洲没有任何关系,他们不用打听安提奥科斯在干什么,就像安提奥科斯无需关心罗马人在意大利干什么那样。

制订由平民保民官提出的法律,关于新的圣职同僚;
占卜官和大祭司应该负担战争费用;分配给人民少许政治价值。

42

(1)这一年,罗马第一次推举三位埃普洛涅斯[3]:平民保民官盖·利基尼乌斯·卢库卢斯,正是他提出了这一法案,还有普·曼利乌斯和普·波尔基乌斯·莱卡;允许他们三人与大

---

[1] 塔苏斯位于特拉克(塞雷斯),距马其顿南部海岸不远。
[2] 吕西马基亚位于蓬托斯海西北海岸。
[3] 埃普洛涅斯(epulones,意为"宴会")属祭司职务,在平民赛会和大赛会期间为主神尤皮特安排圣宴,后来也负责组织一些其他庆典。

datum est togae praetextae habendae ius. (2) sed magnum certamen cum omnibus sacerdotibus eo anno fuit quaestoribus urbanis Q. Fabio Labeoni et L. Aurelio. (3) pecunia opus erat, quod ultimam pensionem pecuniae in bellum conlatae persolui placuerat priuatis. (4) quaestores ab auguribus pontificibusque quod stipendium per bellum non contulissent petebant. ab sacerdotibus tribuni plebis nequiquam appellati, omniumque annorum per quos non dederant exactum est. ... (8) eo anno aediles curules M. Fuluius Nobilior et C. Flaminius tritici deciens centena milia binis aeris populo discripserunt. id C. Flamini honoris causa ipsius patrisque aduexerant Siculi Romam.

Preparativi per i nuovi pericoli di guerra: in Asia (con Antioco, re di Siria), in Grecia (con Nabide, Tiranno di Sparta) e in Spagna

43

(1) L. Ualerius Flaccus et M. Porcius Cato consules idibus Martiis, quo die magistratum inierunt, de prouinciis cum ad senatum rettulissent, (2) patres censuerunt, quoniam in Hispania tantum glisceret bellum ut iam consulari et duce et exercitu opus esset, placere consules Hispaniam citeriorem Italiamque prouincias aut comparare inter se aut sortiri: (3) utri Hispania prouincia euenisset, eum duas

祭司一样，有权穿镶宽紫色布条的长袍。（2）不过在那一年，城市财务官[1]昆·法比乌斯·拉贝奥、卢·奥勒利乌斯与所有的神职人员发生了激烈的争论。（3）当时需要钱，已经决定由个人为了战争需要而提交最后一笔钱[2]（4）财务官们向占卜官们和大祭司们索要这笔款项，因为他们在战争期间没有提交。[3] 祭司们向平民保民官们求告无效，他们本应每年交纳，但在那些年他们没有那样做。……（8）那一年，马·孚尔维乌斯·诺比利奥尔和盖·弗拉弥尼乌斯给人民分发了1 000 000立升小麦，按2铜阿斯1立升。它们由西西里人运来罗马，以表示对盖·弗拉弥努斯本人及其父亲的敬意。

准备应对新的战争危险：在亚洲——与叙利亚国王安提奥科斯，在希腊——与斯巴达暴君诺比得斯，以及在西班牙。

43

（1）执政官卢·瓦勒里乌斯·弗拉库斯和马·波尔基乌斯·卡托在三月伊代日[4]，即在他们开始履职的那一天，向元老院提出了关于行省状况的报告。（2）元老们决定，由于在西班牙即将燃起战火，需要对执政官、军事首领、军队进行安排，因此要求执政官互相协商，或者采用阄签形式分配近西班牙和意大利行省：（3）二人中分得西班牙者将可以带走两个军团、

---

〔1〕 城市财务官在元老院和执政官的监督下管理城邦财务。公元前421年给原有的两个城市财务官又增加了两个，主管执政官的军队的财务。城市财务官还主管税收和国家债务。

〔2〕 该款项原来是作为个人无限期提供给国家的债务，用以与汉尼拔的战争。公元前204年曾经决定国家分三期支付这笔债务，第三期支付就是在公元前200年，最后于公元前196年彻底还清。

〔3〕 对此处文字的含意存在多种诠释。有人认为，这里指的是占卜官和大祭司在战争期间应作的不定量交纳。

〔4〕 三月伊代日即三月十五日。

legiones et quindecim milia socium Latini nominis et octingentos equites secum portare et naues longas uiginti ducere; (4) alter consul duas scriberet legiones: iis Galliam obtineri prouinciam satis esse fractis proximo anno Insubrum Boiorumque animis. (5) Cato Hispaniam, Ualerius Italiam est sortitus. praetores deinde prouincias sortiti, C. Fabricius Luscinus urbanam, C. Atinius Labeo peregrinam, Cn. Manlius Uolso Siciliam, Ap. Claudius Nero Hispaniam ulteriorem, P. Porcius Laeca Pisas, ut ab tergo Liguribus esset; P. Manlius in Hispaniam citeriorem adiutor consuli datus. (6) T. Quinctio, suspectis non solum Antiocho et Aetolis sed iam etiam Nabide Lacedaemoniorum tyranno, prorogatum in annum imperium est, duas legiones ut haberet: in eas si quid supplementi opus esset, consules scribere et mittere in Macedoniam iussi. (7) Ap. Claudio praeter legionem quam Q. Fabius habuerat, duo milia ⟨peditum⟩ et ducentos equites nouos ut scriberet permissum. (8) par numerus peditum equitumque nouorum et P. Manlio in citeriorem Hispaniam decretus et legio eadem quae fuerat sub Q. Minucio praetore data. (9) et P. Porcio Laecae ad Etruriam circa Pisas decem milia peditum et quingenti equites ex Gallico exercitu decreti. in Sardinia prorogatum imperium Ti. Sempronio Longo.

Si 'risolve' Il problema della Spagna
44

(4) ...litterae a Q. Minucio allatae sunt se ad Turdam oppidum cum Budare et Baesadine imperatoribus Hispanis signis conlatis prospere pugnasse: duodecim milia hostium caesa, Budarem imperatorem

15000人规模的拉丁同盟军队、800名骑兵和20艘军用船只。（4）另一个执政官可以征召两个军团，这些力量足以守护高卢，既然茵苏布里人和波伊人的尚武精神在过去的一年里已经被摧毁。（5）按阄签，卡托分得西班牙，瓦勒里乌斯分得意大利。然后裁判官们按阄签分配行省。盖·法布里基乌斯·卢斯基努斯负责城市裁判官事务，盖·安提尼乌斯·拉贝奥负责处理罗马市民与外邦人之间的事务，格涅·曼利乌斯·沃尔索负责西西里，阿皮乌斯·克劳狄乌斯·尼禄分得远西班牙，普·波尔基乌斯·勒卡分得皮萨[1]，处于利古瑞人的后方；普·曼利乌斯被派往近西班牙，作为执政官的助手。（6）由于不仅安提奥科斯和埃托利亚人，甚至还有拉克戴蒙的暴君纳比斯都令人担忧，因此延长他一年的权力，分配给他两个军团：若是这两个军团需要补充，执政官被授命可以进行补充，并把它们派往马其顿。（7）阿皮·克劳狄乌斯统率除由昆·法比乌斯统率的军团，被允许招募2000名步兵和200名骑兵。（8）普·曼利乌斯也被允许招募同样数量新的步兵和骑兵前往近西班牙，把原属裁判官昆·弥努基乌斯指挥的一个军团也交给他指挥。（9）普·波尔基乌斯·勒卡奉命前往埃特鲁里亚的皮萨地区，决定把高卢军队的1000名步兵和500名骑兵交给他指挥。为提·森普罗尼乌斯·朗戈斯延长了在撒丁岛的权力期限。

解决西班牙问题
44
（4）……由昆·弥努基乌斯传来信函，称他与西班牙首领与布达尔和贝萨狄斯在图尔达城进行了成功的战斗，缴获了许多军旗，有12 000名敌人被歼，首领布达尔被俘，其他人被击

---

[1] 皮萨是埃里鲁里亚西北部城市。

captum, ceteros fusos fugatosque. (5) his litteris lectis minus terroris ab Hispanis erat, unde ingens bellum expectatum fuerat. omnes curae utique post aduentum decem legatorum in Antiochum regem conuersae. (6) hi expositis prius quae cum Philippo acta essent et quibus legibus data pax, non minorem belli molem instare ab Antiocho docuerunt.

Terza proroga a Tito Quinzio per tenere a bada il tiranno di Sparta

45

(2) ...maior res quod ad Antiochum attineret, maturanda magis, quoniam rex quacumque de causa in Syriam concessisset, de tyranno consultatio uisa est. (3) cum diu disceptatum esset utrum satis iam causae uideretur cur decerneretur bellum, an permitterent T. Quinctio, quod ad Nabim Lacedaemonium attineret, (4) faceret quod e re publica censeret esse, permiserunt, ... (5) magis id animaduertendum esse quid Hannibal et Carthaginienses, si cum Antiocho bellum motum foret, acturi essent.

(6) Aduersae Hannibali factionis homines principibus Romanis, hospitibus quisque suis, identidem scribebant nuntios litterasque ab Hannibale ad Antiochum missas et ab rege ad eum clam legatos uenisse.

I Romani si preoccupano di Annibale che a Cartagine fa (buona) politica contro l'eccesso di potere dei Giudici ma tiene contatti con Antioco di Siria

46

(1) Iudicum ordo Carthagine ea tempestate dominabatur, eo

溃后逃跑。(5) 阅读了这封书函，人们减轻了对西班牙的恐惧，本来以为那里会发生重大的战斗。从此特别是在十人代表返回来以后，人们的全部关注被集中于安提奥科斯。(6) 他们首先谈到关于腓力的谈判和按怎样的条件缔结了和约，然后禀报称，来自安提奥科斯的战争威胁并非比较小。

提·昆克提乌斯第三次请求注意斯巴达暴君

45

(2)……（元老们）认为，与安提奥科斯的关系要更紧要，需要更快地加以处理，因为不管国王是为了什么而返回了叙利亚，显然需要对暴君加以考虑。(3) 人们曾经长时间争论，是否已经有足够的理由对他宣布战争，所有与拉克戴蒙人[1]纳比斯有关的事情均留待提·昆克提乌斯考虑，(4) 让他从国家利益出发进行处理。……(5) 更加应该引起注意的是需要知道，若是与安提奥科斯爆发战争，汉尼拔和迦太基人会怎样行事。

(6) 汉尼拔的反对派人物不断给罗马首领写信，各个人写给与自己亲近的人，汉尼拔则屡屡给安提奥科斯写信，派遣使者，由国王那里派出的使节已经秘密地去到汉尼拔这里。

罗马人担心汉尼拔，此人在伽太基推行享有超常权力的法官制，同时与叙利亚的安提奥科斯保持接触。

46

(1) 当时法官阶层统治着迦太基[2]，这些法官由于是终生

---

〔1〕 拉克戴蒙人即希腊的斯巴达人。

〔2〕 这里显然指迦太基104人委员会，是迦太基的监督机构和最高审判机构。

maxime quod iidem perpetui iudices erant. (2) res fama uitaque omnium in illorum potestate erat; qui unum eius ordinis offendisset omnes aduersos habebat, nec accusator apud infensos iudices deerat. (3) horum in tam impotenti regno—neque enim ciuiliter nimiis opibus utebantur—praetor factus Hannibal uocari ad se quaestorem iussit. (4) quaestor id pro nihilo habuit; nam et aduersae factionis erat et, quia ex quaestura in iudices, potentissimum ordinem, referebatur, iam pro futuris mox opibus animos gerebat. (5) enimuero indignum id ratus Hannibal uiatorem ad prendendum quaestorem misit subductumque in contionem non ipsum magis quam ordinem iudicum, prae quorum superbia atque opibus nec leges quicquam essent nec magistratus, accusauit. (6) et ut secundis auribus accipi orationem animaduertit et infimorum quoque libertati grauem esse superbiam eorum, legem extemplo promulgauit pertulitque (7) ut in singulos annos iudices legerentur neu quis biennium continuum iudex esset. ceterum quantam eo facto ad plebem inierat gratiam, tantum magnae partis principum offenderat animos. (8) adiecit et aliud quo bono publico sibi proprias simultates inritauit. uectigalia publica partim neglegentia dilabebantur, partim praedae ac diuisui et principum quibusdam et magistratibus erant: (9) quin et pecunia quae in stipendium Romanis suo quoque anno penderetur deerat tributumque graue priuatis imminere uidebatur.

47

(1) Hannibal postquam uectigalia quanta terrestria maritimaque essent et in quas res erogarentur animaduertit et quid eorum ordinarii rei publicae usus consumerent, quantum peculatus auerteret, (2) omnibus residuis pecuniis exactis, tributo priuatis remisso satis

制而变得更加强有力。（2）所有人的财产、名誉，甚至生命都在他们的掌握之中。若是有人抨击了该阶层中的某个人，他就会使他们所有的人都成为自己的敌人，敌视的法官们中间也不缺乏起诉人。（3）就是在这些人的不受约束的王权下——完全不像是市民享有过分的权力，——汉尼拔被推举为裁判官，他吩咐财务官来见他。（4）财务官蔑视他的命令，因为属于反对派一方，同时还由于在财务官任职之后，将成为法官，进入全权阶层，因此他为自己即将会享有的权力而自傲。（5）汉尼拔见对方如此放肆，便派报信人去抓财务官，并把他带到民会上，与其说是指控他个人，不如说是指控整个法官阶层，在他们的傲慢和权力面前，法律和官员变得软弱无力。（6）当他看到他的演说被认真聆听，法官们的傲慢甚至对于下层民众的自由也是难以忍受的，于是立即提出，并通过了法律：（7）规定法官任期仅一年，并且任何人都不得连任两期。汉尼拔以此博得了普通民众的巨大好感，但同时也得罪了大部分贵族。（8）他还在另一件事情上企图博得社会好感，但却激起了对他的仇恨。部分公共税赋由于官员不尽职而流失，有些利益则被某些贵族和官员瓜分：（9）库银甚至都不足以承担每年给罗马的贡赋，因此个人已经面临必须交纳沉重的赋税。

47

（1）汉尼拔了解到有多少陆上税收和海上税收以及为了哪些事业征收它们，其中有多少花在日常的公共事务上，有多少被盗用之后（2）他在民会上宣布，在集得全部剩余税收后，国

locupletem rem publicam fore ad uectigal praestandum Romanis pronuntiauit in contione et praestitit promissum. (3) Tum uero ii quos pauerat per aliquot annos publicus peculatus, uelut bonis ereptis, non furtorum manubiis extortis infensi et irati Romanos in Hannibalem et ipsos causam odii quaerentes instigabant. (4) ita diu repugnante P. Scipione Africano, qui parum ex dignitate populi Romani esse ducebat subscribere odiis accusatorum Hannibalis et factionibus Carthaginiensium inserere publicam auctoritatem (5) nec satis habere bello uicisse Hannibalem nisi uelut accusatores calumniam in eum iurarent ac nomen deferrent, (6) tandem peruicerunt ut legati Carthaginem mitterentur qui ad senatum eorum arguerent Hannibalem cum Antiocho rege consilia belli faciendi inire. (7) legati tres missi, Cn. Seruilius M. Claudius Marcellus Q. Terentius Culleo. qui cum Carthaginem uenissent, ex consilio inimicorum Hannibalis quaerentibus causam aduentus dici iusserunt (8) uenisse se ad controuersias quae cum Masinissa rege Numidarum Carthaginiensibus essent dirimendas. (9) id creditum uolgo: unum Hannibalem se peti ab Romanis non fallebat et ita pacem Carthaginiensibus datam esse ut inexpiabile bellum aduersus se unum maneret. (10) itaque cedere tempori et fortunae statuit; et praeparatis iam ante omnibus ad fugam, obuersatus eo die in foro auertendae suspicionis causa, primis tenebris uestitu forensi ad portam cum duobus comitibus ignaris consilii est egressus.

49

(1) Et Romani legati cum in senatu exposuissent compertum patribus Romanis esse et Philippum regem ante ab Hannibale maxime accensum bellum populo Romano fecisse (2) et nunc litteras nuntiosque ab eo ad Antiochum et Aetolos missos consiliaque inita

家会足够地富裕,能够交给罗马人贡赋,并且信守了自己的允诺。

(3) 这时有一些人感到害怕,他们多少年来一直由国库供养,好像他们的利益被剥夺,而不是强行获取窃得的战利品,于是他们愤怒地怂恿罗马进攻汉尼拔,寻找憎恶的理由。(4) 就这样,普·斯基皮奥·阿非利加努斯长时间地拒绝,因为他认为罗马人民不应该赞同汉尼拔的憎恨者们的指责,从而介入迦太基人的内讧,损害国家尊严,(5) 对汉尼拔在战争中被战胜不感到满足,而要利用告密人,徒然地发誓进行控诉;(6) 不过仍然是那些人占了上风,他们坚持主张派遣使节前往伽太基,向那里的元老院通报:汉尼拔勾结安提奥科斯,企图发动战争。(7) 受遣的使节为三位:格·塞尔维利乌斯、马·克劳狄乌斯·马尔克卢斯、昆·特伦提乌斯·库勒奥。他们到达迦太基后,按照汉尼拔的敌人们的建议,在询问前来的目的时称,(8) 他们前来是为了解决迦太基人与努弥底亚王马栖尼萨之间的争执。(9) 人们都相信了这一点,惟有汉尼拔没有让自己受罗马人欺骗,罗马人需要他,并且对于迦太基人来说,和平的条件是继续进行不可调和的战争反对他一个人。(10) 就这样,他决定对时代和命运让步;他事先为逃跑准备好了一切,一整天在广场上度过,以排除可能的猜疑,待黄昏到来时他便穿上那件礼服,带着两个不知道他的意图的随从来到港口。

49

(1) 当罗马使节在元老院说明他们的发现,罗马元老们知道,先前由于汉尼拔的竭力挑动,腓力发起了对罗马人民的战争,(2) 并且现在他还在给安提奥科斯和埃托利亚人去信,派遣使节,构思计划,鼓动迦太基人暴动,他不可能去到其他什

impellendae ad defectionem Carthaginis, nec alio eum quam ad Antiochum regem profectum: haud quieturum antequam bellum toto orbe terrarum concisset; (3) id ei non debere impune esse, si satisfacere Carthaginienses populo Romano uellent nihil eorum sua uoluntate nec publico consilio factum esse— (4) Carthaginienses responderunt quidquid aequum censuissent Romani facturos esse. (5) Hannibal prospero cursu Tyrum peruenit exceptusque a conditoribus Carthaginis ut ab altera patria, uir tam clarus omni genere honorum, paucos moratus dies Antiochiam nauigat. (6) ibi profectum iam regem in Asiam cum audisset filiumque eius sollemne ludorum ad Daphnen celebrantem conuenisset, comiter ab eo exceptus nullam moram nauigandi fecit. (7) Ephesi regem est consecutus, fluctuantem adhuc animo incertumque de Romano bello, sed haud paruum momentum ad animum eius moliendum aduentus Hannibalis fecit. (8) Aetolorum quoque eodem tempore alienati ab societate Romana animi sunt, quorum legatos Pharsalum et Leucadem et quasdam alias ciuitates ex primo foedere repetentes senatus ad T. Quinctium reiecit.

么地方，惟有前去安提奥科斯国王那里：他在没有对整个世界发动战争之前，他不会安静；（3）这也不会使他不受惩罚，如果迦太基人能让罗马人相信，他们自己没有参与任何类似的事情，也没有得到国家的同意——（4）迦太基人回答说，他们会做罗马人认为应该做的一切事情。

（5）汉尼拔顺利到达提尔，受到迦太基奠基者们的接待，有如来自另一个祖邦，如此著名的人物，享有各种荣耀，数天之后他渡海去到安条克。（6）他在那里得知国王已经去了亚细亚，他便去见王子，王子正在达弗涅举行年度庆祝赛会[1]，他受到友好的接待，不过他没有作任何停留，而是继续航行。（7）他在以弗所赶上了国王，国王仍在犹豫，还没有决定同罗马进行战争，不过汉尼拔的到来对他那犹豫的心灵起了不小的作用。这时埃托利亚人对与罗马结盟也产生了离心，他们的使节基于昔日的协议去了法尔萨卢斯、琉卡斯及其他一些城邦，元老院则让他们去见提图斯·昆克提乌斯。

---

[1] 达弗涅位于王都郊区。

TITI LIVI AB VRBE CONDITA LIBER XXXIV

PERIOCHA

Lex Oppia, quam C. Oppius trib. pl. bello Punico de finiendis matronarum cultibus tulerat, cum magna contentione abrogata est, cum Porcius Cato auctor fuisset ne ea lex aboleretur. Is in Hispaniam profectus bello, quod Emporiis orsus est, citeriorem Hispaniam pacauit. T. Quintius Flamininus bellum aduersus Lacedaemonios et tyrannum eorum, Nabidem, prospere gestum data his pace, qualem ipse uolebat, liberatisque Argis, qui sub dicione tyranni erant, finiit. Res praeterea in Hispania et aduersus Boios et Insubres Gallos feliciter gestae referuntur. Senatus tunc primum secretus a populo ludos spectauit. Id ut fieret, Sextus Aelius Paetus et C. Cornelius Cethegus censores interuenerunt cum indignatione plebis. Coloniae plures deductae sunt. M. Porcius Cato ex Hispania triumphauit. T. Quintius Flamininus, qui Philippum, Macedonum regem, et Nabidem, Lacedaemoniorum tyrannum uicerat Graeciamque omnem liberauerat, ob hoc triduo triumphauit. Legati Carthaginiensium nuntiauerunt Hannibalem, qui ad Antiochum confugerat, bellum cum eo moliri. Temptauerat autem Hannibal per Aristonem Tyrium sine litteris Carthaginem missum ad bellandum Poenos concitare.

第三十四卷

内容提要（公元前195年—前193年）

奥皮乌斯法由平民保民官盖·奥皮乌斯在布匿战争期间提出，限制妇女奢华，经过激烈的争论后被取消，尽管波尔基乌斯·卡托作为捍卫者，反对取消该法规。卡托前往西班牙参加战争，战争由恩波里伊人发动，平定了近西班牙。提·昆提乌斯·弗拉弥尼努斯成功地进行了对拉克戴蒙人及其暴君纳比斯的战争，给他们恢复了和平（也是他自己所希望），条件是让当时处于暴君统治下的阿尔戈斯获得自由。还叙述了其他成功地进行的战事，例如像在西班牙那样与高卢的波伊人和茵苏布里人作战。观看表演时第一次把元老们的位置与其他人的位置隔开；由此监察官塞克斯图斯·艾利乌斯·佩图斯和盖尤斯·科尔涅利乌斯·克特古斯不得不出面干预，激起民众的强烈愤怒。新建了许多居民点。波尔基乌斯·卡托由于在西班牙取得的胜利而享受凯旋；提·昆克提乌斯·弗拉弥尼努斯由于战胜了马其顿国王腓力和拉克戴蒙人的暴君纳比斯，解放了整个希腊，享受了连续三天的凯旋庆祝。迦太基使者报告，汉尼拔逃到安提奥科斯那里后，同后者一起发动了战争。汉尼拔甚至派遣提尔人阿里斯同未带信函地前去迦太基，鼓动布匿人参加战争。

La importante questione delle leggi suntuarie: il dibattito per la abrogazione della lex Oppia contro il lusso

1

(1) Inter bellorum magnorum aut uixdum finitorum aut imminentium curas intercessit res parua dictu sed quae studiis in magnum certamen excesserit. (2) M. Fundanius et L. Ualerius tribuni plebi ad plebem tulerunt de Oppia lege abroganda. (3) tulerat eam C. Oppius tribunus plebis Q. Fabio Ti. Sempronio consulibus in medio ardore Punici belli, ne qua mulier plus semunciam auri haberet neu uestimento uersicolori uteretur neu iuncto uehiculo in urbe oppidoue aut propius inde mille passus nisi sacrorum publicorum causa ueheretur. (4) M. et P. Iunii Bruti tribuni plebis legem Oppiam tuebantur nec eam se abrogari passuros aiebant; ad suadendum dissuadendumque multi nobiles prodibant; Capitolium turba hominum fauentium aduersantiumque legi complebatur. (5 0matronae nulla nec auctoritate nec uerecundia nec imperio uirorum contineri limine poterant, omnes uias urbis aditusque in forum obsidebant, uiros descendentes ad forum orantes ut florente re publica, crescente in dies priuata omnium fortuna matronis quoque pristinum ornatum reddi paterentur. (6) augebatur haec frequentia mulierum in dies; nam etiam ex oppidis conciliabulisque conueniebant. (7) iam et consules praetoresque et alios magistratus adire et rogare audebant; ceterum minime exorabilem alterum utique consulem M. Porcium Catonem habebant, qui pro lege quae abrogabatur ita disseruit:

1

（1）在那些规模巨大的战争，既包括不久前刚结束和那些刚刚曾经威胁要开始的战争引起的不安中，会有一些事情并不值得回忆，若是它们并没有引起激烈的争论。（2）平民保民官马·丰达尼乌斯和卢·瓦勒里乌斯建议取消奥皮乌斯法。（3）该法案由平民保民官盖·奥皮乌斯在昆图斯·法比乌斯和提贝里乌斯·森普罗尼乌斯执政年[1]提出，适逢布匿战争激烈进行期间，法案禁止妇女拥有超过半盎司的黄金[2]，身着不同色彩修饰的服装，乘着大车巡行罗马和其他城市或者在距离1里之内绕行，除非是在公共的宗教节日里。（4）平民保民官马·尤尼乌斯·布鲁图斯和盖·尤尼乌斯·布鲁图斯维护奥皮乌斯法，声明他们不同意取消该法案；许多著名的市民有的维护该法案，有的反对该法案；在卡皮托利乌姆经常聚集了许多人，有的人对该法表示赞同，有的人表示反对。（5）无论是长辈的威望，或是女性的羞涩，或是丈夫们的权力，都不能使妇女留在家里，所有的城市街道，所有通往（罗马）广场的道路都被她们充塞，向人们请求，适逢国家繁昌，人们也一天天地变得富裕，请求把原先的装饰归还给她们。（6）女性人群一天天地增加，因为甚至城郊和乡村的妇女也都赶来。（7）她们不顾冒昧地迎上前，向执政官、裁判官和其他官员大胆求告，在所有的人中她们最难以感动的是执政官马·波尔基乌斯·卡托，他关于这条受请求取消的法案这样论述：

---

[1] 此年为公元前215年。
[2] 1盎司合227.3克。

2

(11) maiores nostri nullam, ne priuatam quidem rem agere feminas sine tutore auctore uoluerunt, in manu esse parentium, fratrum, uirorum: nos, si diis placet, iam etiam rem publicam capessere eas patimur et foro prope et contionibus et comitiis immisceri.

3

(8) ...quid honestum dictu saltem seditioni praetenditur muliebri? (9) "ut auro et purpura fulgamus" inquit, "ut carpentis festis profestisque diebus, uelut triumphantes de lege uicta et abrogata et captis ereptis suffragiis uestris, per urbem uectemur: ne ullus modus sumptibus, ne luxuriae sit."

5

(1) Post haec tribuni quoque plebi qui se intercessuros professi erant, cum pauca in eandem sententiam adiecissent, tum L. Ualerius pro rogatione ab se promulgata ita disseruit: (8) ...iam a principio, regnante Romulo, cum Capitolio ab Sabinis capto medio in foro signis conlatis dimicaretur, nonne intercursu matronarum inter acies duas proelium sedatum est? quid? (9) regibus exactis cum Coriolano Marcio duce legiones Uolscorum castra ad quintum lapidem posuissent, nonne id agmen quo obruta haec urbs esset matronae auerterunt? iam urbe capta a Gallis aurum quo redempta urbs est nonne matronae consensu omnium in publicum contulerunt? (10) proximo bello, ne antiqua

"2……(11)我们的祖辈不允许妇女在未经特别许可的情况下哪怕是决定私人的事情[1],她们处于父母亲、兄弟、丈夫的权力之下:我们但愿是由于神灵的喜好,甚至容忍妇女参与国家事务,前去广场,混入各种集会。

"3(8)……用一种起码说起来是多么冠冕堂皇的理由来掩盖妇女们的骚动?(9)'我们希望能金光闪烁,锦缎闪耀,'说道:'乘坐节庆用的双轮马车欢度节日,有如享受凯旋,由于法规被战胜,被推翻,否决了你们的决定,在城市里乘车巡游。'耗费无节制,奢侈无限度。"

5

(1)在这之后,那些原先反对自己同行的平民保民官们用简短的发言支持卡托的意见,当时卢·瓦勒里乌斯这样发言道:"……(8)……还是在从前,在罗慕卢斯为王时期,当时萨比尼人已经占领了卡皮托利乌姆,战斗在广场上激烈地进行,难道不是妇女们跑到双方阵线中间,阻止了战斗?[2]还用说吗?(9)在把国王们赶走以后,沃尔斯基人的军队在科里奥拉努斯·马尔基乌斯的率领下,在距罗马第五路标处建立了营寨,难道不是妇女们使那些准备摧毁城市的军队离开了?[3](10)在最后一次战争期间,免得我回顾远古时期的,当需要金

---

〔1〕 古代罗马妇女甚至即使是处在父亲或丈夫的权力之下,也只有有限的行为能力,妇女必须得到保护人的同意才能够立遗嘱或行使其他负有责任的法律权利。

〔2〕 传说罗马人为了增加人口,抢劫了相邻的萨比尼妇女,从而引起了罗马人与萨比尼人之间的战争。参阅李维 I, 12, 5—13, 6。

〔3〕 科里奥拉努斯是罗马人,但受逐后投奔沃尔斯基人(拉丁人的一支),并统率沃尔斯基人的军队进攻罗马,罗马陷入危急,终于在母亲和妻子的劝说下,科里奥拉努斯撤除了对罗马的围困,使罗马城邦免除了一场巨大的危难。参阅李维 II, 39, 5—40, 12。"第五路标"距城市约5公里。

repetam, nonne et, cum pecunia opus fuit, uiduarum pecuniae adiuuerunt aerarium et, cum di quoque noui ad opem ferendam dubiis rebus accerserentur, matronae uniuersae ad mare profectae sunt ad matrem Idaeam accipiendam?

8

(1) Haec cum contra legem proque lege dicta essent, aliquanto maior frequentia mulierum postero die sese in publicum effudit unoque agmine omnes Brutorum ianuas obsederunt, qui collegarum rogationi intercedebant, nec ante abstiterunt quam remissa intercessio ab tribunis est. nulla deinde dubitatio fuit quin omnes tribus legem abrogarent. uiginti annis post abrogata est quam lata.

Guerra contro Nabide, re/tiranno di Sparta: le ragioni di Nabide e quelle dei Romani

22

(4) cum hic status rerum in Italia Hispaniaque esset, T. Quinctio in Graecia ita hibernis actis ut exceptis Aetolis, quibus nec pro spe uictoriae praemia contigerant nec diu quies placere poterat, uniuersa Graecia simul pacis libertatisque perfruens bonis egregie statu suo gauderet nec magis in bello uirtutem Romani ducis quam in uictoria temperantiam iustitiamque et moderationem miraretur, (5) senatus consultum quo bellum aduersus Nabim Lacedaemonium decretum erat adfertur.

31

(1) Ibi permisso [ut] seu dicere prius seu audire mallet, ita coepit tyrannus: 'si ipse per me, T. Quincti uosque qui adestis,

钱时，难道不是寡妇们的财产填充了国库[1]？当战争的结局变化不定，需要新的神明助佑时，难道不是妇女们奔跑到海边，迎接大神母的到来？"[2]

8

（1）拥护和反对该法案的发言结束，第二天有比以往更多的妇女来到街道，然后一起聚集到布鲁图斯家族的住屋前，因为是他们对同僚们的提案进行阻挠，直到他们表示放弃对同僚们的阻挠，人们才散开离去。终于没有任何疑问，所有的保民官都会同意取消法案。这是在法案获得通过的二十年之后。

与纳比斯进行战争，退出斯巴达，纳比斯的理由和罗马人的理由

22

（4）这就是当时意大利和西班牙的情势。提·昆克提乌斯在希腊冬营这样过：除了埃托利亚人，他们既不能寄希望于胜利果实，也不喜欢长时间地保持安静，整个希腊都在享受和平和自由，称赞罗马将军获得胜利后表现出的克制，公正和忍耐。（5）此时传来元老院的决定：对拉克戴蒙的纳比斯宣战。[3]

31

（1）（纳比斯）面临选择，是首先发言还是更愿意首先听发言，暴君终于开始说道："提·昆克提乌斯，以及你们所有在

---

〔1〕 指在布匿战争紧张进行之际，鉴于国库空乏，许多人都放弃或暂缓从国库领取费用，甚至拿出自己的钱或应得的费用。参阅李维 XXIV, 18, 13 等。

〔2〕 指迎请小亚细亚大神母来罗马。

〔3〕 纳比斯是希腊斯巴达统治者，公元前 206 年获得权力，既与罗马友好，又与腓力媾和。

causam excogitare cur mihi aut indixissetis bellum aut inferretis possem, tacitus euentum fortunae meae expectassem. (2) nunc imperare animo nequiui quin, priusquam perirem, cur periturus essem scirem. (3) et hercules, si tales essetis quales esse Carthaginienses fama est, apud quos nihil societatis fides sancti haberet, in me quoque uobis quid faceretis minus pensi esse non mirarer. (4) nunc cum uos intueor, Romanos esse uideo, qui rerum diuinarum foedera, humanarum fidem socialem sanctissimam habeatis; (5) cum me ipse respexi, eum ⟨me⟩ esse spero cui et publice, sicut ceteris Lacedaemoniis, uobiscum uetustissimum foedus sit et meo nomine priuatim amicitia ac societas, nuper Philippi bello renouata. (6) at enim ego eam uiolaui et euerti, quod Argiuorum ciuitatem teneo. (7) quomodo hoc tuear? re an tempore? res mihi duplicem defensionem praebet; nam et ipsis uocantibus ac tradentibus urbem eam accepi, non occupaui, et accepi urbem cum Philippi partium non in uestra societate esset. (8) tempus autem eo me liberat quod, cum iam Argos haberem, societas mihi uobiscum conuenit et ut uobis mitterem ad bellum auxilia, non ut Argis praesidium deducerem pepigistis. (9) at hercule in ea controuersia quae de Argis est superior sum et aequitate rei, quod non uestram urbem sed hostium, quod uolentem (10) non ui coactam accepi, et uestra confessione, quod in condicionibus societatis Argos mihi reliquistis. (11) ceterum nomen tyranni et facta me premunt, quod seruos ad libertatem uoco, quod in agros inopem

场的人,倘若我可以自我猜测,你们为什么对我宣布战争,或者对我进行战争,那我会,我可以默默地等待我的命运的结果,(2)但是现在我没法迫使自己的心灵在我临死之前不想要知道,我为什么应该死。(3)并且请海格立斯作证,若是你们也是如传说中的迦太基人那样的人,他们正如传说的那样,一切同盟誓约都不具有任何神圣性,那我便不会感到奇怪,你们不管怎样对待我都会觉得无所谓:(4)当我现在看着你们,看见你们是罗马人,你们认为协约是神事中最神圣的,忠实于同盟者是人事中最神圣的,(5)我想到我自己,我想到对于我,若是从国家角度来说,我同其他的拉克蒙戴蒙人一起,同你们具有非常久远的誓约[1],以我自己的名义,则同你们结有个人的友谊和同盟,前不久由于同腓力的战争而恢复。(6)然而我破坏了友谊,扯断了友谊,尽管我一直控制着阿尔戈斯地区。(7)我该怎么想?是按事情本身,还是按事态?事情本身可以从两个方面辩护:是他们自己召请,是他们自己转交城市,我只是接受了它,不是侵占了它,而且我接受城市是作为腓力的一部分,而不是处于你们的同盟之下。(8)至于说到时间,它也能为我辩护,因为当时我是在拥有阿尔戈斯的情况下同你们建立了同盟关系,并且当我给你们派遣军队帮助战争时,你们并没有要求我率领阿尔戈斯的军队。(9)而且,请海格立斯作证,在这场有关阿尔戈斯的争论中我处于有利地位,既由于事情的公正性,因为那不是你们的城市,而是敌人的城市,并且是按照意愿,(10)而不是靠强迫得到它;而且我这样做是得到你们的同意,因为根据同盟协议,你们把阿尔戈斯留给了我。(11)此外,暴君名称和我做的事情也成为我的负担,指责我让奴隶获

---

〔1〕 公元前211年签订的罗马与埃托利亚人关于军事同盟条约中提到拉克戴蒙人是积极参与者,同样还签订了罗马与斯巴达的同盟条约。后来倒向了腓力,但不久又同提·昆克提乌斯谈判,恢复了同盟关系。

plebem deduco. (12) de nomine hoc respondere possum me, qualiscumque sum, eundem esse qui fui cum tu ipse mecum, T. Quincti, societatem pepigisti. (13) tum me regem appellari a uobis memini: nunc tyrannum uocari uideo. itaque si ego nomen imperii mutassem, mihi meae inconstantiae, cum uos mutetis, uobis uestrae reddenda ratio est. (14) quod ad multitudinem seruis liberandis auctam et egentibus diuisum agrum attinet, possum quidem et in hoc me iure temporis tutari: (15) iam feceram haec, qualiacumque sunt, cum societatem mecum pepigistis et auxilia in bello aduersus Philippum accepistis; (16) sed si nunc ea fecissem, non dico "quid in eo uos laesissem aut uestram amicitiam uiolassem?" sed illud, me more atque instituto maiorum fecisse. (17) nolite ad uestras leges atque instituta exigere ea quae Lacedaemone fiunt. nihil comparare singula necesse est. uos a censu equitem, a censu peditem legitis et paucos excellere opibus, plebem subiectam esse illis uultis: (18) noster legum lator non in paucorum manu rem publicam esse uoluit, quem uos senatum appellatis, nec excellere unum aut alterum ordinem in ciuitate, sed per aequationem fortunae ac dignitatis fore credidit ut multi essent qui arma pro patria ferrent. (19) pluribus me ipse egisse quam pro patria sermonis breuitate fateor; et breuiter peroratum esse potuit nihil me, postquam uobiscum institui amicitiam, cur eius uos paeniteret commisisse.'

32

(1) Ad haec imperator Romanus: 'amicitia et societas nobis

得自由，让贫穷的平民拥有土地。（12）关于暴君名称，我可以这样回答：不管人们怎样称呼我，我是怎样的人就是怎样的一个人，我像你，提·昆克提乌斯，当年同我建立同盟时那样。（13）我还记得，当时你们称我为国王，而现在我看到，你们称我为暴君。[1] 就这样，如果我改变权力名称，那我得承认自己反复无常；不过如果是你们改变称呼，那你们得为自己的变化而承担责任。（14）至于说到让许多奴隶获得了自由，给许多贫穷之人分配了土地，这里我也可以利用时间因素而得到辩解。（15）我做这些事情时，不管它们是些什么事情，你们已经与我建立了同盟关系，并且接受了战争中帮助反对腓力，（16）不过即使我现在做了这些事情，我也不会询问：'我伤害了你什么或者我冒犯了你们的友谊？'而是我，我这样做是遵从祖辈习俗和规定。（17）请你们不要按照你们的习惯和法律割裂在拉克戴蒙做过的事情，没有必要对单个事物一件件地比较。你们按照财产审核征募骑兵，按照财产审核征募步兵，并且只有很少的人因家财富裕而出人头地，让平民处于他们的统治下[2]，（18）我们的立法者[3]不想让国家处于少数人的掌握之中，你们称其为元老院，也不希望这个或那个阶层在国家中占有优势地位，而是力求通过平等财富和尊荣，做到使许多人都能拿起武器保卫国家。我承认我已经让自己说得太多，而不是用简洁的语言保卫国家[4]；也可以说得很简洁：'我在与你们缔结友谊之后，没有做任何事情使你们为由于把我作为朋友而感到失望。'"

32

（1）罗马指挥官对此回答说："我们与你之间没有任何友谊

---

[1] 纳比斯是斯巴达最后一位国王得马拉托斯之子，属于欧里蓬提得斯家族。
[2] 这里可能指图利乌斯按财产多少划分社会等级。
[3] 指斯巴达的吕库尔戈斯。
[4] 斯巴达人一向以语言简洁著称。

nulla tecum (2) sed cum Pelope, rege Lacedaemoniorum iusto ac legitimo, facta est, cuius ius tyranni quoque qui postea per uim tenuerunt Lacedaemone imperium, quia nos bella nunc Punica, nunc Gallica, nunc alia ex aliis occupauerant, usurparunt, sicut tu quoque hoc Macedonico bello fecisti. (3) nam quid minus conueniret quam eos qui pro libertate Graeciae aduersus Philippum gereremus bellum cum tyranno instituere amicitiam? et tyranno quam qui unquam fuit saeuissimo et uiolentissimo in suos? (4) nobis uero, etiamsi Argos nec cepisses per fraudem nec teneres, liberantibus omnem Graeciam Lacedaemon quoque uindicanda in antiquam libertatem erat atque in leges suas, quarum modo tamquam aemulus Lycurgi mentionem fecisti. (5) an ut ab Iaso et Bargyliis praesidia Philippi deducantur curae erit nobis, Argos et Lacedaemonem, duas clarissimas urbes, lumina quondam Graeciae, sub pedibus tuis relinquemus quae titulum nobis liberatae Graeciae seruientes deforment? (6) at enim cum Philippo Argiui senserunt. remittimus hoc tibi ne nostram uicem irascaris. satis compertum habemus duorum aut summum trium in ea re, non ciuitatis culpam esse, (7) tam hercule quam in te tuoque praesidio accersendo accipiendoque in arcem nihil esse publico consilio actum. (8) Thessalos et Phocenses et Locrenses consensu omnium scimus partium Philippi fuisse, tamen cum cetera liberauimus Graecia: quid tandem censes in Argiuis, qui insontes publici consilii sint, facturos? (9) seruorum ad libertatem uocatorum et egentibus hominibus agri diuisi crimina tibi obici dicebas, non quidem nec ipsa mediocria; sed quid ista sunt prae iis quae a te tuisque cotidie alia super alia facinora eduntur? (10) exhibe liberam contionem uel Argis uel Lacedaemone, si audire iuuat uera dominationis impotentissimae crimina. (11) ut alia omnia

和同盟关系，（2）而是与佩洛普斯[1]，拉克戴蒙人的公正而合法的国王建立过，他的权利如他的权力一样，篡权者们剥夺了他的权利，并且用暴力维持对拉克戴蒙的统治，因为我们正忙于同匪人的战争，你也利用这次马其顿战争这样行事。（3）难道有什么比一个为了希腊自由而与腓力进行战争的人竟然与篡位者，而且是一个对自己的人民从未有过的地最残忍、最横暴的篡位者建立友谊更不合适？（4）甚至即使你并非靠施阴谋诡计夺得阿尔戈斯，也不会继续占有它，但是我们已经解放了整个希腊，必须让拉克戴蒙恢复自由和它自己的法律，你刚才也如同吕库尔戈斯的维护者提到过它们。（5）我们曾经迫使腓力从亚栖[2]和巴尔吉利埃[3]撤走卫戍军队，我们能允许你蹂躏阿尔戈斯和拉克戴蒙，两座无比光辉的城市，曾经是希腊的明灯，从而永远玷污我们作为希腊解放者的荣誉？（6）不过（你或许会说，）阿尔戈斯人与腓力串通一气。我们不需要你为我们的事情而气愤。我们足够清楚地知道，是两个或三个人，而不是整个城邦，请神明作证，不是按照任何人民决议邀请你的军队进城，登上城堡。（8）还有特萨利亚人、福基斯人和洛克里斯人，也按照大家的意愿站到腓力一边，这我们也知道，但是我们也把他们同整个希腊一起解放了。就这样，在你看来，应该怎样对待阿尔戈斯人？那里的公共决议无罪过。（9）你曾经说，号召让奴隶自由和给贫穷的人们分配土地是你的过错。罪过均可争议，而且是不小的过错，但若与你和你的追随者每天犯的闻所未闻的恶行相比，它们又怎么样？（10）不妨让我们召开自由人的集会，不管是在阿尔戈斯，在拉克戴蒙，也许会欢喜地听到残暴统治犯下的各种罪恶。（11）我不想说更早一些

---

〔1〕佩洛普斯是斯巴达著名立法者吕库尔戈斯的年幼儿子，偶然地登上王位，在位不足4年，由篡权者马克桑尼得斯篡政，被纳比斯推翻。

〔2〕亚栖是高卢城市。

〔3〕巴尔吉利埃是小亚细亚城市。

uetustiora omittam, quam caedem Argis Pythagoras iste, gener tuus, paene in oculis meis edidit? quam tu ipse, cum iam prope in finibus Lacedaemoniorum essem? (12) agedum, quos in contione comprehensos omnibus audientibus ciuibus tuis te in custodia habiturum esse pronuntiasti, iube uinctos produci: miseri parentes quos falso lugent uiuere sciant. (13) at enim, ut iam ita sint haec, quid ad uos, Romani? hoc tu dicas liberantibus Graeciam? hoc iis qui ut liberare possent mare traiecerunt, terra marique gesserunt bellum? (14) "uos tamen" inquis "uestramque amicitiam ac societatem proprie non uiolaui." quotiens uis te id arguam fecisse? sed nolo pluribus: summam rem complectar. (15) quibus igitur rebus amicitia uiolatur? nempe his maxime duabus, si socios meos pro hostibus habeas, si cum hostibus te coniungas. (16) utrumque a te factum est; nam et Messenen, uno atque eodem iure foederis quo et Lacedaemonem in amicitiam nostram acceptam, (17) socius ipse sociam nobis urbem ui atque armis cepisti et cum Philippo, hoste nostro, non societatem solum sed, si diis placet, adfinitatem etiam per Philoclen praefectum eius pepigisti et, (18) ⟨ut⟩ bellum aduersus nos gerens, mare circa Maleum infestum nauibus piraticis fecisti et plures prope ciues Romanos quam Philippus cepisti atque occidisti, (19) tutiorque Macedoniae ora quam promunturium Maleae commeatus ad exercitus nostros portantibus nauibus fuit. (20) proinde parce, sis, fidem ac iura societatis iactare et omissa populari oratione tamquam tyrannus et hostis loquere.'

时候犯下的所有其他罪行，那个毕达戈拉斯，就是你的那个女婿，差不多就是当着我的面，又进行了怎样的杀戮？你自己又进行了怎样的杀戮？当时我差不多已经踏上拉克戴蒙土地。（12）你也应该把那些人带过来，他们是在民会上被捕，你当时曾经宣布，你的所有市民也都能听到，现在吩咐把那些戴着镣铐的人带过来吧：让不幸的父母亲们知道，他们徒然地哭泣，亲人们还活着。（13）要是事情是这样，你会说，罗马人啊，与你们有什么关系？你能对希腊解放者们这样说吗？能对那些军队这样说吗？他们为了能够使你们享受自由，横渡大海，在陆上和海上进行战争。（14）你会说：'然而我既没有破坏与你们的友谊，也没有破坏我们的同盟。'需要我多少次证明你正是这样的？不过我不想说很多，我只说一件主要的事情。（15）究竟是以一些什么行为破坏了友谊？其实不就是这样两个方面：你像对待敌人一样对待我的同盟者，并且与我们的敌人联盟。（16）这两件事情你都做了；例如墨塞纳[1]，它以与拉克戴蒙相同的条件与我们结盟[2]，（17）你同腓力，我们的敌人，不仅建立了同盟关系，而且还通过他的统帅菲洛克勒斯，与其建立了亲属关系（18），发动战争反对我们，让充满危险的马勒亚周围布满了海盗船只。你比腓力还要多地俘虏了罗马市民，并且把他们杀了。（19）给对于为我们的军队运输的船只经过马其顿海岸比经过马勒亚海岬还安全。（20）因此你用不着提什么诚信和同盟权利，抛却普通民众的言辞，而是像篡位者和敌人那样说话吧。"

---

〔1〕 墨塞涅位于希腊伯罗奔尼撒半岛南部，墨塞尼亚地区的首府，公元前369年建于可俯瞰全地区的伊福莫斯山上。

〔2〕 在公元前205年的谈判签字中，墨萨涅人的签字与纳比斯人的签字并列。

Le vestigia del carattere degli Spartani, i quali nona mano nascondersi dietro muraglie

38

(2) fuerat quondam sine muro Sparta; tyranni nuper locis patentibus planisque obiecerant murum: altiora loca et difficiliora aditu stationibus armatorum pro munimento obiectis tutabantur.

Ancora un esempio della specificità del governo repubblicano annuale: tra la propria complessità istituzionale e la complessità della propria politica

42

(1) Eodem fere tempore et a T. Quinctio de rebus ad Lacedaemonem gestis et a M. Porcio consule ex Hispania litterae allatae. utriusque nomine in dies ternos supplicatio ab senatu decreta est. (2) L. Ualerius consul, cum post fusos circa Litanam siluam Boios quietam prouinciam habuisset, (3) comitiorum causa Romam rediit et creauit consules P. Cornelium Scipionem Africanum iterum et Ti. Sempronium Longum. horum patres primo anno secundi Punici belli consules fuerant. (4) praetoria inde comitia habita: creati P. Cornelius Scipio et duo Cn. Cornelii, Merenda et Blasio, et Cn. Domitius Ahenobarbus et Sex. Digitius et T. Iuuentius Thalna. comitiis perfectis consul in prouinciam rediit. (5) nouum ius eo anno a Ferentinatibus temptatum, ut Latini qui in coloniam Romanam nomina dedissent ciues Romani essent: (6) Puteolos Salernumque et Buxentum adscripti coloni qui nomina dederant, et, cum ob id se pro ciuibus Romanis ferrent, senatus iudicauit non esse eos ciues Romanos.

斯巴达人性格的遗迹,一种怎样的新风格隐藏在城墙后面

38

(2)从前斯巴达没有城墙;那些篡权者不久前才在那些敞开和平坦的地方修建城墙。那些比较高的地方和难以登越的地方由武装人员守卫。

继续论一年一度的共和政体的独特典范:特有的制度复杂性和个人政策的复杂性

42

(1)差不多与此同时,提·昆克提乌斯关于在拉克戴蒙进行的事务报告和执政官马·波尔基乌斯从西班牙发来的信函均到来。元老院决定,为两位执政官举行3天的祈祷。(2)执政官卢·瓦勒里乌斯在拉塔纳森林附近把波伊人击溃后,保持了行省的安宁,(3)他返回罗马召开民会,普·科尔涅利乌斯·斯基皮奥·阿非利加努斯(第二次)和提(Ti.)·森普罗尼乌斯·郎戈斯当选为执政官。他们的父亲在第二次布匿战争的第一年曾经担任执政官。(4)然后召开了选举裁判官的民会,选举普科尔涅利乌斯·斯基皮奥和两个格奈·科尔涅利乌斯,即墨伦达和布拉西奥,以及格奈·多弥提乌斯·阿赫诺巴尔布斯、塞克斯图斯·狄革提乌斯、提·尤温提乌斯·塔尔纳为裁判官。民会结束后,执政官返回到自己的行省。(5)也是在那一年,费伦提努斯人为新成为罗马移民地的拉丁人争取到了罗马市民权;(6)其中被登记为普特奥利、萨勒尔努姆和布克森图姆移民地的人自以为他们是罗马人,但元老院认为,事情不是那样。[1]

---

[1] 设立这些地方为移民地的决议是在公元前197年通过的。费伦提努斯人是拉丁人-同盟者,在这些城市建立的居民点便成为罗马人的移民地。罗马元老院的决定规定,在这些移民地登记的拉丁人不成为罗马市民,尽管属于拉丁移民地的罗马市民变成为拉丁人。

43

(1) Principio anni quo P. Scipio Africanus iterum et Ti. Sempronius Longus consules fuerunt, legati Nabidis tyranni Romam uenerunt. (2) iis extra urbem in aede Apollinis senatus datus est. pax quae cum T. Quinctio conuenisset ut rata esset petierunt impetraruntque. (3) de prouinciis cum relatum esset, senatus frequens in eam sententiam ibat ut, quoniam in Hispania et Macedonia debellatum foret, consulibus ambobus Italia prouincia esset. (4) Scipio satis esse Italiae unum consulem censebat, alteri Macedoniam decernendam esse: bellum graue ab Antiocho imminere, iam ipsum sua sponte in Europam transgressum. quid deinde facturum censerent, (5) cum hinc Aetoli, haud dubii hostes, uocarent ad bellum, illinc Hannibal, Romanis cladibus insignis imperator, stimularet? (6) dum de prouinciis consulum disceptatur, praetores sortiti sunt: (7) Cn. Domitio urbana iurisdictio, T. Iuuentio peregrina euenit, P. Cornelio Hispania ulterior, Sex. Digitio citerior, duobus Cn. Corneliis, Blasioni Sicilia, Merendae Sardinia. (8) in Macedoniam nouum exercitum transportari non placuit, eum qui esset ibi reduci in Italiam a Quinctio ac dimitti; item eum exercitum dimitti qui cum M. Porcio Catone in Hispania esset; (9) consulibus ambobus Italiam prouinciam esse et duas urbanas scribere eos legiones, ut dimissis quos senatus censuisset exercitibus octo omnino Romanae legiones essent.

43

（1）在普·斯基皮奥·阿非利加努斯（第二次）和提·森普罗尼乌斯·朗戈斯执政官年年初[1]，篡权者纳比斯的使节们来到罗马。元老院在城外，在阿波罗庙接见了他们。他们要求确认与提·昆克提乌斯缔结的和平，获得同意。此后元老院忙于分配行省，许多元老持这样的意见：由于西班牙和马其顿的战事已经结束，应该把意大利交给两位执政官。（4）斯基皮奥认为，有一个执政官在意大利就足够，应该把另一个执政官派往马其顿："与安提奥科斯将会进行一次残酷的战争，若是他主动前来欧洲。（5）然后他们什么事情不会做出来，如果埃托利亚人，我们确定无疑的敌人，召唤进行战争；那里还有汉尼拔，以给罗马人制造灾难而闻名的统帅，激励他?"（6）正在讨论给执政官分配行省时，裁判官们以阄签决定：（7）格奈·多弥提乌斯主管城市司法事务，提·尤温提乌斯处理罗马市民与外邦人之间的事务，普·科尔涅利乌斯管理远西班牙，近西班牙交给塞克斯图斯·狄革提乌斯，两个格奈乌斯·科尔涅利乌斯中，布拉西奥获得西西里，梅兰得获得撒丁岛。认为无须向马其顿派遣新的军队，（8）留驻在那里的军队由昆克提乌斯带来意大利并解散。由马·波尔基乌斯·卡托在西班牙统率的军队也被解散；（9）委派两个执政官管理意大利，命令他们组建两个城市军团，使得在规定的军力解散后，一共保持 8 个罗马军团。

---

[1] 即公元前 191 年。

44

(1) Uer sacrum factum erat priore anno, M. Porcio et L. Ualerio consulibus. id cum P. Licinius pontifex non esse recte factum collegio primum, (2) deinde ex auctoritate collegii patribus renuntiasset, de integro faciendum arbitratu pontificum censuerunt ludosque magnos qui una uoti essent tanta pecunia quanta adsoleret faciendos: (3) uer sacrum uideri pecus quod natum esset inter kal. Martias et pridie kal. Maias P. Cornelio et Ti. Sempronio consulibus. (4) censorum inde comitia sunt habita. creati censores Sex. Aelius Paetus et C. Cornelius Cethegus. ⟨ii⟩ principem senatus P. Scipionem consulem, quem et priores censores legerant, legerunt. tres omnino senatores, neminem curuli honore usum, praeterierunt. (5) gratiam quoque ingentem apud eum ordinem pepererunt, quod ludis Romanis aedilibus curulibus imperarunt ut loca senatoria secernerent a populo; nam antea in promiscuo spectarant. equitibus quoque perpaucis adempti equi, nec in ullum ordinem saeuitum. atrium Libertatis et uilla publica ab iisdem refecta amplificataque.

44

（1）上一年度过了神圣春季[1]，马·波尔基乌斯和卢·瓦勒里乌斯任执政官。（2）当大祭司普·卢基尼乌斯未能正确履行规定，起初与同僚一起，尔后以同僚的名义在元老院履行，这时元老们遵从大祭司的权威，命令他重新举行。还决定举行大赛会，与其同时举行，花费按照规定。[2]（3）春季圣祭时应该把当年3月1日至5月1日期间生育的所有牲畜都进行献祭，时年为普·科尔涅利乌斯和提·森普罗尼乌斯任执政官年。[3]（4）然后召开民会选举监察官。被选举为监察官的是塞克斯图斯·艾利乌斯·佩图斯和盖·科尔涅利乌斯·克特古斯。他们像原先的元老们通常那样，选举执政官盖·斯基皮奥为首席元老[4]，一共有三名元老被注销，不得享受荣誉待遇。监察官们博得整个元老阶层的巨大感激，由于他们要求高级市政官在罗马大节期间让元老们的位置与普通民众隔开，以前是混坐着观看表演。只有很少的骑士被剥夺了马匹[5]，没有哪个人受到严厉对待。按照他们的要求，扩大了自由女神厅[6]和公共建筑[7]。

---

〔1〕 "神圣春季"指以特有的方式祭祀居住在远古意大利的神灵，允诺把所有上一个春季生育的牲畜全部献牲，早先甚至还允诺包括把那个春季出生的人全部奉献，后来改为待长大后放逐。这次奉献是根据特拉西蒙湖失败后做的允诺，在经过了21年后现在履行，并且只奉献牲畜。除了此处外，未见其他文献中提供有关这种奉献的实例。

〔2〕 参阅XXII, 10, 7："应允举行大赛会，规定花费为33333又1/3阿斯"。

〔3〕 指公元前194年的3月至4月出生的牲畜。

〔4〕 首席元老的名字启始该年的元老名册，在元老院会议讨论问题时享有首先发言的特权。

〔5〕 被剥夺公用马匹意味着被排除出骑士阶层。

〔6〕 自由女神厅位于元老院侧旁，是监察官们办公的地方。

〔7〕 公共建筑位于战神广场，建于公元前453年，用于各种监察和招募军队登记事务，招待不被允许进城的外邦使节住宿等。

45

(1) Coloniae ciuium Romanorum eo anno deductae sunt Puteolos Uolturnum Liternum, treceni homines in singulas. (2) item Salernum Buxentumque coloniae ciuium Romanorum deductae sunt. deduxere triumuiri Ti. Sempronius Longus, qui tum consul erat, M. Seruilius Q. Minucius Thermus. ager diuisus est, qui Campanorum fuerat. (3) Sipontum item in agrum qui Arpinorum fuerat coloniam ciuium Romanorum alii triumuiri, D. Iunius Brutus M. Baebius Tamphilus M. Heluius deduxerunt. Tempsam item et Crotonem coloniae ciuium Romanorum deductae. (4) Tempsanus ager de Bruttiis captus erat: Bruttii Graecos expulerant; Crotonem Graeci habebant. (5) triumuiri Cn. Octauius L. Aemilius Paulus C. Laetorius Crotonem, Tempsam L. Cornelius Merula Q. ⟨ ... ⟩ C. Salonius deduxerunt.

Ancora um esempio della specificità del modo di combattere dei Romani

46

(4) Ti. Sempronius consul in prouinciam profectus in Boiorum primum agrum legiones duxit. Boiorix tum regulus eorum cum duobus fratribus tota gente concitata ad rebellandum castra locis apertis posuit, ut appareret dimicaturos si hostis fines intrasset. ... (7) tertio [die] subiere ad uallum castraque [Romanorum] simul ab omni parte [Galli] adgressi sunt. (12) nec ante in hanc aut illam partem moueri acies potuerunt quam Q. Uictorius primi pili centurio et C.

45

（1）那一年为罗马市民在普特奥利、沃尔图尔努姆和利特尔努姆建立了移民地，每处地方安排300人。（2）还在萨勒尔努姆和布克森图姆为罗马市民建立了移民地。为此设立了三人委员会：提·森普罗尼乌斯·朗艾斯，此人是年为执政官；马·塞尔维利乌斯和昆·弥努基乌斯·特尔穆斯。分配了原先属于坎佩尼亚人的土地。[1]（3）其他的三人委员会——德基穆斯·尤尼乌斯·布鲁图斯、马尔库斯·贝比乌斯·坦月菲卢斯、马尔库斯·赫卢伊乌斯在的阿尔皮努姆人的西蓬图姆为罗马市民建立移民地。还在廷普萨和克罗托为罗马人建立了移民地。（4）廷普萨的土地是从布鲁提乌姆人那里夺来的；布鲁提乌姆人先赶走了希腊人；希腊人拥有克罗托。（5）格奈·奥克塔维乌斯、卢·艾弥利乌斯·鲍卢斯和盖·勒托里乌斯三人委员会在克罗托建立移民地，卢·科尔涅利乌斯·墨鲁拉、昆·（……）盖·萨洛尼乌斯则在廷普萨建了移民地。

罗马人特有的战斗方式的又一例证
46

（4）执政官提贝·森普罗尼乌斯返回到自己的行省，首先率领军队进入波伊人的土地。波伊人的王波育伊里克斯带领他的两个兄弟鼓励整个部族留下建立在开阔地上的营寨，准备战斗，若是敌人进入疆界。……（7）第三天，敌人向前推进，一直到达罗马人的壕垒边，一起从各个方面发起进攻。……（12）（罗马）军队一直难以从这里或那里发起进攻，直到昆·维克托里乌斯，第一中队队长，和军事指挥官盖·阿提尼乌斯，

---

[1] 参阅第32卷29，4。比较本卷42，6。被安排移民土地的是那些在与汉尼拔进行战争期间脱离了罗马的城市的土地。

Atinius tribunus militum, quartae hic, ille secundae legionis, rem in asperis proeliis saepe temptatam, signa adempta signiferis in hostes iniecerunt. (13) dum repetunt enixe signum, priores secundani se porta eiecerunt.

47

(5) ...labor et aestus mollia et fluida corpora Gallorum et minime patientia sitis cum decedere pugna coegisset, in paucos restantes impetum Romani fecerunt fusosque compulerunt in castra. ... (8) Gallorum tamen ad undecim milia, Romanorum quinque milia sunt occisa. Galli recepere in intima finium sese, consul Placentiam legiones duxit.

Il console Tito Quinzio Flaminino, in una grande convenzione a Corinto, rende solennemente ai Greci la loro libertà, li esorta a farne uso moderato e torna, con il proprio esercito, a Roma, dove celebra il trionfo per tre giorni

48

(2) eodem hoc anno T. Quinctius ... (3) ueris initio Corinthum conuentu edicto uenit. ibi omnium ciuitatium legationes in contionis modum circumfusas est adlocutus, (4) orsus ab inita primum Romanis amicitia cum Graecorum gente et imperatorum qui ante se in Macedonia fuissent suisque rebus gestis. (5 0omnia cum adprobatione ingenti sunt audita, praeterquam cum ad mentionem Nabidis uentum esset: id minime conueniens liberanti Graeciam uidebatur (6) tyrannum reliquisse non suae solum patriae grauem sed omnibus circa ciuitatibus metuendum, haerentem uisceribus nobilissimae ciuitatis.

在这里属第四军团,原先属第二军团,他们做了一件在战斗艰难之际常常是试探性的事情:他从旗手那里夺得军旗,把它投掷到敌人中间,(13)当时好像是为了夺回军旗,第二军团的前队便冲出寨门。

47

(5)……艰难和炎热(折磨)高卢人的肉体,干渴使他们特别难以忍受,迫使他们开始退出战斗,罗马人对为数不多的留下来的人展开冲击,迫使他们逃进营寨。……(8)高卢人有一万一千人被杀,罗马人有五千。高卢人逃进了他们国家的最深处。

48

(1)执政官率领军团进入普拉肯提亚。

执政官提图斯·昆克提乌斯·弗拉弥尼努斯在科林斯一次规模巨大的集会上对希腊人谈到他们的自由,劝告他们要行为温和,他自己则率领军队返回罗马,举行了连续三天的隆重凯旋。

48

(2)那一年,提·昆克提乌斯……(3)开春时便来到科林斯,按照他的命令召开泛希腊城邦大会,他对各邦前来参会像通常开会那样站在他周围的人发表演说。(4)他的演讲从那些首先与希腊民族缔结友谊的罗马人开始,然后谈到在他之前在马其顿统率军队的人,最后谈到他自己所进行的事情。(5)人们怀着巨大的赞赏倾听他讲话,除了他涉及纳比斯的谈话,认为那样怎么也谈不上是希腊解放者,(6)留下一个不仅对自己的祖国是凶残的暴君,而且几乎令所有的城邦都感到害怕,并且对最繁荣的城邦也是最严重的威胁。

49

(1) Nec ignarus huius habitus animorum Quinctius, si sine excidio Lacedaemonis fieri potuisset, fatebatur pacis cum tyranno mentionem admittendam auribus non fuisse: (2) nunc, cum aliter quam ruina grauissimae ciuitatis opprimi non posset, satius uisum esse tyrannum debilitatum ac totis prope uiribus ad nocendum cuiquam ademptis relinqui (3) quam intermori uehementioribus quam quae pati possit remediis ciuitatem sinere, in ipsa uindicta libertatis perituram. (4) praeteritorum commemorationi subiecit proficisci sibi in Italiam atque omnem exercitum deportare in animo esse: (5) Demetriadis Chalcidisque praesidia intra decimum diem audituros deducta, Acrocorinthum ipsis extemplo uidentibus uacuam Achaeis traditurum, ut omnes scirent utrum Romanis an Aetolis mentiri mos esset, (6) qui male commissam libertatem populo Romano sermonibus distulerint et mutatos pro Macedonibus Romanos dominos. (7) sed illis nec quid dicerent nec quid facerent quicquam unquam pensi fuisse; reliquas ciuitates monere ut ⟨ex⟩ factis, non ex dictis amicos pensent intellegantque quibus credendum et a quibus cauendum sit. (8) libertate modice utantur: temperatam eam salubrem et singulis et ciuitatibus esse, nimiam et aliis grauem et ipsis qui habeant praecipitem et effrenatam esse. (9) concordiae in ciuitatibus principes et ordines inter se et in commune omnes ciuitates consulerent. aduersus consentientes nec regem quemquam satis ualidum nec tyrannum fore: (10) discordiam et seditionem omnia opportuna insidiantibus facere, cum pars quae domestico certamine inferior sit externo potius se adplicet quam ciui cedat. (11) alienis armis partam, externa fide redditam libertatem sua cura custodirent seruarentque ut populus Romanus dignis datam libertatem ac munus suum bene positum sciret.

49

（1）昆克提乌斯并非不知道人们这种心理状态，说道："若是知道拉克戴蒙不会毁灭，他就不会同暴君谈论和平；（2）现在对他没有其他办法，只有把他埋在伟大的城邦的废墟下；当下篡位者正相当软弱无力，因此我认为应该尽可能地让一切保持现状，既然他已不可能危害邻邦。（3）如果我们采取更为激烈的手段，也许会使城市毁灭于企图使它获得自由的努力本身。"（4）回顾往事后，他补充说，他准备返回意大利，把军队一起带走；（5）不用超过十天，人们便会听说卫成军从得墨特里阿斯和卡尔基得斯被带走，[1] 他当着阿凯亚人的面立即把空荡荡的科林斯城堡还给了他们，让所有的人都能够看到，是罗马人还是埃托利亚人更惯于说谎，（6）因为他们散布说，希腊人盲目地把自由委托给了罗马人，让罗马人替代马其顿人，成为他们的主人。（7）不过无论埃托利亚人干什么或说什么，都不可以信任，他还劝诫其他城市要根据行为，而不是言辞评价朋友，并且好好认识，该对谁信赖，对谁提防。（8）愿希腊人能适度地利用自由：有节制的自由无论对于个人或者国家都是有益的；过分的自由会使他人难受，对于享受自由者本人也是危险的和放任的。（9）愿希腊人关心城邦之间、首等市民和阶层之间、每个城邦和市民之间的和睦。只要市民们协调一致，不管是国王或暴君都将无力反对他们；（12）对于好搞阴谋者，一切都适宜于制造动乱，因为在发生动乱时失败的一方更容易投向外邦人，而不是自己的市民。（11）愿希腊人自己能维护和珍惜由他人的武器争得、靠外邦人的诚信归还的自由，以便使罗马人知道他们把自由赋予了应得之人，他们善意的礼物得到很好的安置。

---

[1] 得墨特里阿斯位于特萨利亚东南部海边，卡尔基得斯半岛位于希腊西北部。

50

(1) Has uelut parentis uoces cum audirent, manare omnibus gaudio lacrimae, adeo ut ipsum quoque confunderent dicentem. (2) paulisper fremitus adprobantium dicta fuit monentiumque aliorum alios ut eas uoces uelut oraculo missas in pectora animosque demitterent. (3) silentio deinde facto petiit ab iis ut ciues Romanos, si qui apud eos in seruitute essent, conquisitos intra duos menses mitterent ad se in Thessaliam: ne ipsis quidem honestum esse in liberata terra liberatores eius seruire. (4) omnes acclamarunt gratias se inter cetera etiam ob hoc agere quod admoniti essent ut tam pio, tam necessario officio fungerentur. (5) ingens numerus erat bello Punico captorum, quos Hannibal, cum ab suis non redimerentur, uenum dederat. (6) multitudinis eorum argumentum sit quod Polybius scribit centum talentis eam rem Achaeis stetisse, cum quingenos denarios pretium in capita quod redderetur dominis statuissent. mille enim ducentos ea ratione Achaia habuit: (7) adice nunc pro portione quot uerisimile sit Graeciam totam habuisse. (8) nondum conuentus dimissus erat, cum respiciunt praesidium ab Acrocorintho descendens protinus duci ad portam atque abire. (9) quorum agmen imperator secutus prosequentibus cunctis, seruatorem liberatoremque acclamantibus, salutatis dimissisque iis eadem qua uenerat uia Elatiam rediit. (10) inde cum omnibus copiis Ap. Claudium legatum dimittit; per Thessaliam atque Epirum ducere Oricum iubet atque se ibi opperiri: inde namque in animo esse exercitum in Italiam traicere. (11) et L. Quinctio fratri, legato et praefecto classis, scribit ut onerarias ex omni Graeciae ora eodem contraheret.

50

（1）他们听到他父亲般的教诲，高兴得泪水涌流，以至于演说者本人也被感动。（2）随即响起了一片赞赏演说的欢呼，互相提醒要把讲话如同神谕般记在心里，藏进心灵。（3）待人们安静下来后，昆克提乌斯要求他们，若是有罗马市民在他们那里为奴，请把他们寻找到，并且在两个月的时间里把他们遣送到特萨利亚自己那里：因为如果在自由的土地上，其解放者却处于奴隶地位，对他们自己并不光彩。（4）人们大声欢呼地感激他，除了其他事情外，还为这一点，提醒他们完成如此神圣，如此必须完成的义务。（5）布匿战争中有巨大数量的俘虏，他们的亲人没有赎买他们，汉尼拔便把他们卖了。（6）俘虏数量之巨大，波利比奥斯的叙述可以为证：阿开亚人为这件事得支付100塔兰同，当时为赎取他们，得为他们每个人支付500得纳里乌斯给他们的主人[1]，如果需要进行统计，当时在阿开亚有20 000人。（7）由此可以推算出，当时在整个希腊有多少（罗马）人。

（8）民众大会尚未解散，人们便看见卫戍部队由科林斯城堡下来，直接前往海港离去。（9）指挥官跟随军队，人群跟随着他，齐声称颂拯救人和解放者，指挥官与人们告别后，顺着原路返回埃拉提亚。（10）他在那里送别副官阿皮乌斯·克劳狄乌斯及全部军队，命令他们经过特萨利亚和埃皮罗斯前往奥里库姆，在那里等待他[2]：他准备从那里返回意大利。（11）他还致函兄弟兼舰队司令卢·昆克提乌斯，要求他从希腊各地把军队运送到那里。

---

[1] 得纳里乌斯是古罗马银币。塔兰同也是货币单位，它作为重量单位，约合26.2公斤。

[2] 奥里库姆是埃皮罗斯的港口城市，在今阿尔巴尼亚境内。

51

(1) Ipse Chalcidem profectus, deductis non a Chalcide solum sed etiam ab Oreo atque Eretria praesidiis, conuentum ibi Euboicarum habuit ciuitatium (2) admonitosque in quo statu rerum accepisset eos et in quo relinqueret dimisit. (3) Demetriadem inde proficiscitur deductoque praesidio, prosequentibus cunctis sicut Corinthi et Chalcide, (4) pergit ire in Thessaliam, ubi non liberandae modo ciuitates erant sed ex omni conluuione et confusione in aliquam tolerabilem formam redigendae. (5) nec enim temporum modo uitiis ac uiolentia et licentia regia turbati erant sed inquieto etiam ingenio gentis nec comitia nec conuentum nec concilium ullum non per seditionem ac tumultum iam inde a principio ad nostram usque aetatem traducentis. (6) a censu maxime et senatum et iudices legit potentioremque eam partem ciuitatium fecit cui salua et tranquilla omnia esse magis expediebat.

52

(1) Ita cum percensuisset Thessaliam, per Epirum Oricum, unde erat traiecturus, uenit. (2) ab Orico copiae omnes Brundisium transportatae; inde per totam Italiam ad urbem prope triumphantes non minore agmine rerum captarum quam suo prae se acto uenerunt. (3) postquam Romam uentum est, senatus extra urbem Quinctio ad res gestas edisserendas datus est triumphusque meritus ab lubentibus decretus. (4) triduum triumphauit.

51

（1）他自己出发前往卡尔基斯，统率离开那里的不仅有卡尔基斯的卫队，还有来自奥瑞乌斯[1]，甚至来自埃瑞特里亚[2]的卫戍部队，在那里召集了欧波亚各城邦的会议。（2）提醒他们，他到来时他们处于怎样的状态，现在离开时又处于怎样的状态。（3）然后昆克提乌斯从那里出发前往得墨特里阿斯[3]，率领着卫戍部队，所有的人都跟随他，就像在科林斯和卡尔基斯那样，（4）继续前往特萨利亚，在那里不仅需要解放城市，而且还要把它们从各种暴徒和混乱中恢复成某种可容忍的状态。（5）要知道，不只是由于时代的恶习和王政的横暴及放纵而造成的混乱，而且还由于不甘心安静的民族的习性；从最初产生直至今日，没有任何一个民会、集会，或民众聚会能没有骚动和混乱地处理这些事情，并且是从其产生一直传承到我们这个时代。（6）昆克提乌斯则完全按照财产状况设立元老院和大法官，使得居民中的这一部分人成为最有权威的。他们更希望使一切保持平安和宁静。

52

（1）就这样，他安排好特萨利亚的事务后，经过埃皮罗斯去到奥里库姆[4]，准备从那里渡海（去意大利）。（2）全部军队在奥里库姆登船，前往布伦迪西乌姆，然后再从那里经过整个意大利，如同举行凯旋似的到达罗马，运行在队伍前面的是大批掳得的财物，不亚于人本身。（3）在他们到达罗马后，元老院在城外听取了昆克提乌斯的事务报告，非常满意地决定让他享受应得的凯旋。（4）凯旋持续了三天。

---

〔1〕 奥瑞乌斯是尤卑亚岛北部城市。
〔2〕 埃瑞特里亚位于尤卑亚岛西南部海岸。
〔3〕 得墨特里阿斯是特萨利亚东南部海岸城市。
〔4〕 奥里库姆是伊利里亚西南部海滨城市。

Si profila la guerra in Asia: confronto nel Senato romano tra i legati del Re Antioco di Siria (i quali evocano una importante tipologia dei *foedera* **) e Tito Quinzio Flaminino**

57

(1) Postquam consules dilectu habito profecti in prouincias sunt, tum T. Quinctius postulauit ut de iis quae cum decem legatis ipse statuisset senatus audiret eaque, si uideretur, auctoritate sua confirmaret: (2) id eos facilius facturos si legatorum uerba qui ex uniuersa Graecia et magna parte Asiae quique ab regibus uenissent audissent. (3) eae legationes a C. Scribonio praetore urbano in senatum introductae sunt benigneque omnibus responsum. (4) cum Antiocho quia longior disceptatio erat, decem legatis, quorum pars aut in Asia aut Lysimachiae apud regem fuerant, delegata est. (5) T. Quinctio mandatum ut adhibitis iis legatorum regis uerba audiret responderetque iis quae ex dignitate atque utilitate populi Romani responderi possent. (6) Menippus et Hegesianax principes regiae legationis erant. ex iis Menippus ignorare se dixit quidnam perplexi sua legatio haberet, cum simpliciter ad amicitiam petendam iungendamque societatem uenissent. (7) esse autem tria genera foederum quibus inter se paciscerentur amicitias ciuitates regesque: unum, cum bello uictis dicerentur leges; ubi enim omnia ei qui armis plus posset dedita essent, quae ex iis habere uictos, quibus multari eos uelit, ipsius ius atque arbitrium esse; (8) alterum, cum pares bello aequo foedere in pacem atque amicitiam uenirent; tunc enim repeti reddique per conuentionem res et, si quarum turbata bello possessio sit, eas aut ex formula iuris antiqui aut ex partis utriusque commodo componi; (9) tertium esse genus cum qui nunquam hostes fuerint ad amicitiam

概述亚细亚战争：罗马元老院把叙利亚国王安提奥科斯的使节（他们回忆条约的重要性）与提图斯·昆克提乌斯·弗拉弥尼努斯进行对照。

57

（1）两位执政官在募集兵员和军需之后，前去自己的行省。这时提·昆克提乌斯要求元老院讨论，并且如果认为合适，确认他与十位代表在希腊的决定[1]。（2）他认为，他们做这件事将会很容易，如果他们能听从整个希腊、亚洲大部分地区和国王们的使节们的报告。（3）各使团由盖·斯克里博尼乌斯带进元老院，所有的使团都得到了充满善意的答复。（4）关于与安提奥科斯的关系，由于需要较长的时间进行讨论，因而把它转交给十人委员会，他们中有些人或者在亚洲，或者在吕西马科斯国王那里逗留[2]。（5）责成提·昆克提乌斯与那些受邀请的人一起听取国王的使节们谈话，并且按照罗马人民的尊严和利益要求答复他们。（6）墨尼波斯和赫革西阿纳克斯是国王代表团中的首要人士。他们中墨尼波斯称自己不知道这个代表团承担着什么复杂的事务需要处理，因为他们前来唯一的任务就是缔结友谊和建立同盟关系。（7）城邦和国王之间缔结友谊只有三种类型的盟约。第一种，对战争中的被战胜者提出规定。由于这时一切都必须交给武力强大者，因此其中什么留给失败者，要对他们进行怎样的处罚，全由胜利者自己的法规和考虑决定；（8）第二种，当战争中双方势均力敌，则以协议建立和平和友谊；然后通过协商，归还什么，得到什么；若是战争给所有权造成什么破坏，那就按照古代的法律或按双方的利益要求进行解决。（9）第三种，当双方互相从来没有敌对过，也从来没有

---

[1] 指要求腓力允许希腊和小亚细亚各城邦摆脱其统治，并从那里撤出自己的军队。参阅李维，XXXIII，30等，34等。

[2] 吕西马科斯是亚历山大手下的一位将军。

tali re particeps esse sermonis poterat. (3) sententia eius una atque eadem semper erat, ut in Italia bellum gereretur: Italiam et commeatus et militem praebituram externo hosti; (4) si nihil ibi moueatur liceatque populo Romano uiribus et copiis Italiae extra Italiam bellum gerere, neque regem neque gentem ullam parem Romanis esse. (5) sibi centum tectas naues et decem milia peditum, mille equites deposcebat: ea se classe primum Africam petiturum; magno opere confidere et Carthaginienses ad rebellandum ab se compelli posse; (6) si illi cunctentur, se aliqua parte Italiae excitaturum Romanis bellum. regem cum ceteris omnibus transire in Europam debere et in aliqua parte Graeciae copias continere neque traicientem et, quod in speciem famamque belli satis sit, paratum traicere.

科斯本人也一直在考虑这件事情。(3) 汉尼拔的建议一直是同一个：把战争引到意大利。意大利会给从外部来的敌人提供粮草和士兵；(4) 如果在意大利之外进行战争，那时罗马会倾尽全力，并且把整个意大利的军队投入战争，那时无论是国王或哪个其他民族都不可能与罗马人相抗衡。(5) 他为自己要求了带甲板的船只，10 000 名步兵，1000 名骑兵：他想带着这支舰队首先去非洲，他非常相信自己能重新进行战争；(6) 如果他们迟疑，那他自己将会鼓动某个意大利地区对罗马人进行战争。那时皇帝应该率领所有其他军队进入欧洲，把军队驻扎在希腊某个地方，不用渡海去意大利，有战争的样子和传闻就足够。

TITI LIVI AB VRBE CONDITA LIBER XXXV

PERIOCHA

P. Scipio Africanus legatus ad Antiochum missus Ephesi cum Hannibale, qui se Antiocho adiunxerat, conlocutus est, ut si fieri posset, metum ei, quem ex populo R. conceperat, eximeret. Inter alia cum quaereret quem fuisse maximum imperatorem Hannibal crederet, respondit Alexandrum, Macedonum regem, quod parua manu innumerabiles exercitus fudisset quodque ultimas oras, quas uisere supra spem humanam esset, peragrasset. Quaerenti deinde, quem secundum poneret, Pyrrhum, inquit, castra metari primum docuisse, ad hoc neminem loca elegantius cepisse, praesidia disposuisse. Exsequenti, quem tertium diceret, semet ipsum dixit. Ridens Scipio: "quidnam tu diceres, inquit, si me uicisses?" "Tunc vero me, inquit, et ante Alexandrum et ante Pyrrhum et ante alios posuissem." Inter alia prodigia, quae plurima fuisse traduntur, bouem Cn. Domitii cos. locutam "Roma caue tibi" refertur. Nabis, Lacedaemoniorum tyrannus, incitatus ab Aetolis, qui et Philippum et Antiochum ad inferendum bellum populo R. sollicitabant, a populo R. desciuit, sed bello aduersus Philopoemenen, Achaeorum praetorem, gesto ab Aetolis interfectus est. Aetoli quoque ab amicitia populi R. defecerunt. Cum societate iuncta Antiochus, Syriae rex, bellum Graeciae intulisset, complures urbes occupauit, inter quas Chalcidem et totam Euboeam. Res praeterea in Liguribus gestas et adparatum belli ab Antiocho continet.

第三十五卷

内容提要（公元前193年—前192年）

普·斯基皮奥·阿非利加努斯受遣见安提奥库斯，在以弗所与汉尼拔交谈，后者已与安提奥库斯结盟，劝他如果可能，排除对罗马人民的恐惧，其间曾经询问汉尼拔，他认为谁是最伟大的统帅，汉尼拔答称是马其顿的亚历山大大帝，因为他以很少的武装击溃了无法胜计的军队，并且达到甚至未曾有人期望见到的遥远地域。然后又询问他谁应该居于第二位，他答称是皮鲁斯，因为他第一个教导人们摧毁营寨，安排防守。当他继续被问到认为谁处于第三位时，他答称是他自己。斯基皮奥笑问道："如果你战胜了我，你会怎么说？"这时他说道："那时我会认为自己优于亚历山大，高于皮鲁斯和所有其他的人。"

传说当时发生了许多异象，据传，执政官格奈乌斯·多弥提乌斯家的牛曾经说："罗马，小心。"

拉克戴蒙的暴君纳比斯受埃托利亚人怂恿，他们曾经鼓励腓力和安提奥库斯与罗马人民进行战争，脱离罗马人民，但是在反对阿凯亚人的裁判官菲洛波门时，在由埃托利亚人发动的战争中失败了。埃托利亚人断绝了与罗马人民的友谊。叙利亚国王安提奥科斯与其缔结同盟后，开始了对希腊的战争，占领了许多城市，其中包括卡尔基斯和尤卑亚全岛。此外，这卷书还涉及对利古利亚人的战争和对安提奥科斯的战争准备。

Vita istituzionale della Repubblica romana: deduzione di colonie e dibattito politico – giuridico

9

(7) eodem anno coloniam Latinam in castrum Frentinum triumuiri deduxerunt A. Manlius Uolso L. Apustius Fullo Q. Aelius Tubero, cuius lege deducebatur. (8) tria milia peditum iere, trecenti equites, numerus exiguus pro copia agri. (9) dari potuere tricena iugera in pedites, sexagena in equites: Apustio auctore tertia pars agri dempta est, quo postea, si uellent, nouos colonos adscribere possent; uicena iugera pedites, quadragena equites acceperunt.

10

(1) In exitu iam annus erat, et ambitio magis quam unquam alias exarserat consularibus comitiis. (2) multi et potentes petebant patricii plebeique: P. Cornelius Cn. filius Scipio, qui ex Hispania prouincia nuper decesserat magnis rebus gestis, et L. Quinctius Flamininus, qui classi in Graecia praefuerat, et Cn. Manlius Uolso, (3) hi patricii; plebei autem C. Laelius Cn. Domitius C. Liuius Salinator M'. Acilius. (4 sed omnium oculi in Quinctium Corneliumque coniecti; nam et in unum locum petebant patricii ambo et rei militaris gloria recens utrumque commendabat. (5) ceterum ante omnia certamen accendebant fratres candidatorum, duo clarissimi aetatis suae imperatores.

罗马共和国的制度生命力：建立移民地和政治－司法争论

9

（7）那一年[1]，三人委员会阿·曼利乌斯·沃尔索、卢·阿普斯提乌斯·孚洛和昆·艾利乌斯·图贝罗提议在弗伦提努姆城堡建立拉丁移民地。[2]（8）有2000名步兵和300名骑兵被派往那里，对于那片土地，这个数字是微小的。（9）可以给每个步兵分配30尤格尔土地，给每个骑兵分配60尤格尔土地。但是根据阿普斯提乌斯的提议，有三分之一的土地被排除在分配之外，以便以后如果需要，可以再登记新的移民者；结果每个步兵得到20尤格尔，每个骑兵得到40尤格尔。

10

（1）在这一年末，执政官选举出现了空前的热情。（2）追逐这一职务的人中有许多属于贵族和平民中的著名人士[3]：普布利乌斯·科尔涅利乌斯·格奈乌斯之子斯基皮奥，前不久在取得巨大胜利后离开西班牙；卢基乌斯·昆克提乌斯·弗拉弥尼努斯，曾经在希腊统帅舰队；还有格奈乌斯·曼利乌斯·沃尔松，（3）以上是贵族；平民有盖·莱利乌斯、格奈·多弥提乌斯、盖·李维乌斯·萨利纳托尔、曼·阿基利乌斯[4]。（4）不过人们的视线都落在昆克提乌斯和科尔涅利乌斯身上。两位贵族竞争同一个职位，两个人不久前的军事功绩都在分别举荐他们。

---

[1] 指公元前193年。
[2] 根据这里提到的人名，显然是在孚里亚地区（Phuria）。
[3] 从公元前367年起，差不多都是从贵族和平民中分别选出一名执政官。
[4] 曼利乌斯·沃尔松曾于公元前195年担任执政官，盖·莱利乌斯曾于公元前196年任裁判官，非洲征服者斯基皮奥的朋友；格奈·多弥提乌斯曾于公元前194年任裁判官，李维乌斯·萨利纳托尔曾经担任骑兵指挥，曼·阿基利乌斯曾于公元前197年任平民保民官。

I vecchi nemici, Publio Scipione l'Africano e Annibale, discutono cordialmente su chi sia stato il più grandi generale della storia

13

(6) eo tempore legati Romani P. Sulpicius et P. Uillius, qui ad Antiochum, sicut ante dictum est, missi erant, iussi prius Eumenem adire Elaeam uenere; inde Pergamum — ibi regia Eumenis fuit — escenderunt.

14

(1) Sulpicius aeger Pergami substitit; Uillius cum Pisidiae bello occupatum esse regem audisset, Ephesum profectus, dum paucos ibi moratur dies, (2) dedit operam ut cum Hannibale, qui tum ibi forte erat, (3) saepe congrederetur, ut animum eius temptaret et, si qua posset, metum demeret periculi quicquam ei ab Romanis esse. (4) iis conloquiis aliud quidem actum nihil est, secutum tamen sua sponte est, uelut consilio petitum esset, ut uilior ob ea regi Hannibal et suspectior ad omnia fieret. (5) Claudius, secutus Graecos Acilianos libros, P. Africanum in ea fuisse legatione tradit eumque Ephesi conlocutum cum Hannibale, et sermonem unum etiam refert: (6) quaerenti Africano quem fuisse maximum imperatorem Hannibal crederet, (7) respondisse Alexandrum Macedonum regem, quod parua manu innumerabiles exercitus fudisset quod ⟨que⟩ ultimas oras, quas uisere supra spem humanam esset, peragrasset. (8) quaerenti

古老的敌人，普布利乌斯·科尔涅利乌斯·阿非利加征服者和汉尼拔：激烈辩论怎样的国家在整个历史上更伟大

13

（6）当时罗马使节普·苏尔皮基乌斯和普·维利乌斯被派去见安提奥科斯，不过正如前面所说，他们受命首先前去埃勒亚[1]会见欧墨尼斯，然后去帕迦马——欧墨尼斯的王宫位于那里。

14

（1）苏尔皮基乌斯患病，留在了帕伽马；维利乌斯得知国王在皮西狄亚进行战争，去到了以弗所；（2）他在那里停留数日，努力想与汉尼拔见面，后者当时恰好也在那里，希望能经常与其交谈，（3）以便缓解他的心灵，并且如若可能，好让他感到，罗马人方面不存在什么危险。[2]（4）交谈没有达到什么效果，但是事情本身恰如期待：汉尼拔令国王觉得更为微不足道，从而更加处处遭人蔑视。（5）克劳狄乌斯遵循阿基利乌斯的希腊文著作[3]转述道，那个使团包括普布利乌斯·阿非利加努斯[4]，是他在以弗所与汉尼拔交谈。克劳狄乌斯甚至称引了他们的一次谈话。（6）斯基皮奥曾经询问汉尼拔，他认为谁是最伟大的统帅，（7）汉尼拔回答说是马其顿国王亚历山大，因为亚历山大以很少的军队击溃了数量巨大的军队，足迹达至极远的国度，超出了人们的视觉期望。（8）然后当汉尼拔被问及

---

〔1〕 埃勒亚是小亚细亚西部海滨城市。

〔2〕 当时汉尼拔已经由迦太基逃往叙利亚。

〔3〕 阿基利乌斯是罗马元老，用希腊文撰写史著（参阅西塞罗：《论义务》，III，115）。公元前135年，由哲学家组成的雅典使团访问罗马时，他任翻译。关于汉尼拔的这一故事流传很广，不过可能出于杜撰。

〔4〕 普布利乌斯·阿非利加努斯通常指小斯基皮奥。

deinde quem secundum poneret, Pyrrhum dixisse: (9) castra metari primum docuisse, ad hoc neminem elegantius loca cepisse, praesidia disposuisse; artem etiam conciliandi sibi homines eam habuisse ut Italicae gentes regis externi quam populi Romani, tam diu principis in ea terra, imperium esse mallent. (10) exsequenti quem tertium duceret, haud dubie semet ipsum dixisse. (11) tum risum obortum Scipioni et subiecisse ' quidnam tu diceres, si me uicisses?' ' tum uero me' inquit ' et ante Alexandrum et ante Pyrrhum et ante alios omnes imperatores esse. ' (12) et perplexum Punico astu responsum et improuisum adsentationis genus Scipionem mouisse, quod e grege se imperatorum uelut inaestimabilem secreuisset.

Annibale conferma ad Antioco il suo odio plurigenerazionale e imperituro contro i Romani
19

(1) Hannibal non adhibitus est in consilium, propter conloquia cum Uillio suspectus regi et in nullo postea honore habitus. primo eam contumeliam tacitus tulit; (2) deinde melius esse ratus et percunctari causam repentinae alienationis et purgare se, tempore apto quaesita simpliciter iracundiae causa auditaque (3) ' pater Hamilcar' inquit, ' Antioche, paruum admodum me, cum sacrificaret, altaribus admotum iureiurando adegit nunquam amicum fore populi Romani. (4) sub hoc sacramento sex et triginta annos militaui, hoc me in pace patria mea expulit, hoc patria extorrem in tuam regiam adduxit: hoc duce, si tu spem meam destitueris, ubicumque uires, ubi arma esse sciam ueniam, toto orbe terrarum quaerens aliquos Romanis hostes. (5) itaque si quibus tuorum meis criminibus apud te crescere

谁该处于第二位时,汉尼拔称是皮罗斯:(9)皮罗斯第一个教导设置营栅[1],而且没有哪个人能像皮罗斯如此恰当地选择扎营地点,安排守卫;而且他还能如此艺术地使人们聚集在他自己的周围,以至于使得意大利的各部族更愿意聚集在外邦首领,而不是罗马人民的首领周围,尽管罗马人在这块土地上如此长久地居于领导地位。(10)那么随后谁该位列第三,汉尼拔毫不犹豫地称是他自己。(11)这时斯基皮奥禁不住笑起来,接口说道:"倘若你战胜了我,你会怎么说?"当时汉尼拔说道:"那时我会在亚历山大之前,在皮罗斯之前,在所有军事统帅之前。"(12)这一包含布匿式机敏的含混、奉承的答复感动了斯基皮奥,因为把他从军事统帅群中突出出来成为无可比拟的。

汉尼拔与安提奥科斯结盟,由于对罗马人世代难以磨灭的仇恨。

19

(1)由于汉尼拔与维利乌斯交谈而受到怀疑,汉尼拔没有被邀请参加会议,此后他也没有再得到任何荣誉。起初他默默地忍受这一屈辱;(2)后来他认为最好还是了解清楚突然受到冷落的原因,并把它排除。时机合适时他直接询问引起不满的原因,听完回答后说道:(3)"安提奥科斯,当我还是一个孩童时,每当父亲哈弥尔卡尔献祭,父亲便把我带到祭坛前,要我发誓,永远不做罗马人民的朋友。(4)遵循这一誓言,我随军征讨三十年,它在和平时期把我赶出自己的祖国,又把我作为一个被放逐者赶来你的王国:若是你蒙骗我的期望,我受那个誓言的指引,会到处去寻找军队,寻找武器,我会在全世界寻找罗马人的所有敌人。(5)就这样,如果你的居民中有人需要

---

[1] 普卢塔克正好相反,称皮罗斯曾经对罗马人民建立的营栅赞叹不已,见普卢塔克:《皮罗斯》16,5。李维的类似描写又见 XXXI,34,8,那里是借腓力之口称赞罗马军队的营寨。

libet, aliam materiam crescendi ex me quaerant. (6) odi odioque sum Romanis. id me uerum dicere pater Hamilcar et di testes sunt. proinde cum de bello Romano cogitabis, inter primos amicos Hannibalem habeto; si qua res te ad pacem compellet, in id consilium alium cum quo deliberes quaerito. ' non mouit modo talis oratio regem sed etiam reconciliauit Hannibali. ex consilio ita discessum est ut bellum gereretur.

Ancora una occhiata alla vita istituzionale repubblicana romana

24

(1) Cum alii atque alii nuntii bellum instare adferrent, ad rem pertinere uisum est consules primo quoque tempore creari. (2) itaque senatus consultum factum est, ut M. Fuluius praetor litteras extemplo ad consulem mitteret quibus certior fieret senatui placere prouincia exercituque tradito legatis Romam reuerti eum et ex itinere praemittere edictum quo comitia consulibus creandis ediceret. (3) paruit iis litteris consul et praemisso edicto Romam uenit. (4) Eo quoque anno magna ambitio fuit, quod patricii tres in unum locum petierunt, P. Cornelius Cn. f. Scipio, qui priore anno repulsam tulerat, et L. Cornelius Scipio et Cn. Manlius Uolso. (5) P. Scipioni, ut dilatum uiro tali non negatum honorem appareret, consulatus datus est; additur ei de plebe collega M'. Acilius Glabrio.

在你面前增加我的罪状，他完全可以从我身上寻找其他的口实。(6) 我憎恨罗马人，也受罗马人所憎恶。父亲哈弥尔卡尔可以为我说的话作证，众神明也可以作证明。就这样，若是你将考虑与罗马进行战争，汉尼拔可以属于你的第一批朋友之列；若是有什么事情促使你追求和平，那就请你寻找另一个可以与之协商的人。"(7) 这样一席话不仅感动了国王，而且使国王与汉尼拔和解了。会议这样结束：进行战争。

宪政罗马共和国生命的又一次危机
24

(1) 当信使一个接一个地传来战争临近的消息时，人们认为，为应对当前事态，需要尽快进行执政官选举。(2) 于是元老院决定，让裁判官马·孚尔维乌斯立即致函执政官，表示元老院希望他尽快返回罗马，把行省和军队交由副官指挥[1]，并且要求他途中便发表通告，将召开民会选举执政官。(3) 执政官按照信函要求，预先将法令传至罗马。(4) 这一年，选举竞争很激烈，因为有三个贵族竞争一个职位：普·科涅利乌斯，格奈乌斯·斯基皮奥之子，上一年竞选失败，还有卢·科尔涅利乌斯·斯基皮奥和格奈乌斯·曼利乌斯·沃尔索。(5) 普·斯基皮奥当选，因为很明显，对于此等人物可以延长执政官任职，而不可拒绝他当选。从平民中选举曼·阿基利乌斯·格拉布里奥做他的同僚。

---

〔1〕 当时他的副官是卢基乌斯·昆克提乌斯。

Tito Quinzio? parla ad una assemblea del popolo degli Etoli: possibilità di confronto tra la complessità dell'iter decisionale del popolo romano e il modo assembleare di governare del popolo degli Etoli (cfr. Cic. *Pro Flacco* 7. 16 ? *Graecorum totae res publicae sedentis contionibus temeritate administrantur?*)

33

... eundum in Aetoliam Quinctio uisum est: (3) aut enim moturum aliquid aut omnes homines testes fore penes Aetolos culpam belli esse, Romanos iusta ac prope necessaria sumpturos arma. (4) postquam uentum est eo, Quinctius in concilio orsus a principio societatis Aetolorum cum Romanis et quotiens ab iis fides mota foederis esset, pauca de iure ciuitatium de quibus ambigeretur disseruit: (5) si quid tamen aequi se habere arbitrarentur, quanto esse satius Romam mittere legatos, (6) seu disceptare seu rogare senatum mallent, quam populum Romanum cum Antiocho, lanistis Aetolis, non sine magno motu generis humani et pernicie Graeciae dimicare? nec ullos prius cladem eius belli sensuros quam qui mouissent. (7) haec nequiquam uelut uaticinatus Romanus. Thoas deinde ceterique factionis eiusdem cum adsensu omnium auditi peruicerunt (8) ut ne dilato quidem concilio et absentibus Romanis decretum fieret, quo accerseretur Antiochus ad liberandam Graeciam disceptandumque inter Aetolos et Romanos. (9) huic tam superbo decreto addidit propriam contumeliam Damocritus praetor eorum; nam cum id ipsum decretum posceret eum Quinctius, non ueritus maiestatem uiri, (10) aliud in praesentia quod magis instaret praeuertendum sibi esse dixit: decretum responsumque in Italia breui castris super ripam Tiberis positis daturum. (11) tantus furor illo tempore gentem Aetolorum, tantus magistratus eorum cepit.

提图斯·昆克提乌斯谈埃托利亚人的一次民会：罗马人民决定方式的复杂性与埃托利亚人民管理的大会方式之比较（参阅西塞罗《为弗拉库斯辩护》，7，16：希腊人的所有公共事务由偶然参加集会的人们决定。）

33

（2）……昆克提乌斯觉得应该前去埃托利亚：（3）或者他确实可以扭转事态，或者所有的人都可以作证，战争的罪行在埃托利亚人一方，罗马人则是合法地，而且差不多是必须拿起武器。（4）昆克提乌斯到达那里之后，在民会上首先谈到埃托利亚人与罗马人的同盟起始和多少次由于他们而誓约遭受破坏，对发生争论的那些城邦稍许涉及：（5）不过如果埃托利亚人认为他们自己是正义的，那就更应该派遣使节前去罗马，（6）以便或者进行审理，或者前来元老院，如同罗马人民与安提奥科斯之间那样，可是埃托利亚人却为什么要如同角斗教练那样挥剑，让整个人类陷入巨大的震动，让希腊灭亡？然而没有哪个人比挑动者们本人那样更强烈地感受到这场战争的灾难。（7）罗马人对这些好像是白白地预告了。

托阿斯和该集团的其他人随即发言，受到所有人的赞同，他们说服听众，（8）以至于散会后未待罗马使节离开，便决定邀请安提奥科斯来解放希腊，审判埃托利亚人和罗马人。（9）他们的裁判官达马克里托斯还给这一如此傲慢的决定另加了他的凌辱：当昆克提乌斯索要那一决定时，他对这样一位值得尊敬之人声称，现在他自己正需要着手处理更为重要的事情，至于回复决定，在他们到达意大利台伯河岸的营地时就会得到。当时就是这样疯狂，这样高傲的长官掌握着埃托利亚部族。

Ancora un esempio del modo assembleare di governare dei popoli greci (questa volta degli Achei e favorevole ai Romani) e ancora un esempio del disprezzo repubblicano per le popolazioni sottomesse a re.

48

(1) In Achaia legatis Antiochi Aetolorumque coram T. Quinctio Aegii datum est concilium. (2) Antiochi legatus prior quam Aetoli est auditus. is, ut plerique quos opes regiae alunt, uaniloquus maria terrasque inani sonitu uerborum compleuit: (3) equitum innumerabilem uim traici Hellesponto in Europam, partim loricatos, quos cataphractos uocant, partim sagittis ex equo utentes et, a quo nihil satis tecti sit, auerso refugientes equo certius figentes. (4) his equestribus copiis quamquam uel totius Europae exercitus in unum coacti obrui possent, adiciebat multiplices copias peditum (5) et nominibus quoque gentium uix fando auditis terrebat, Dahas Medos Elymaeosque et Cadusios appellans; (6) naualium uero copiarum, quas nulli portus capere in Graecia possent, dextrum cornu Sidonios et Tyrios, sinistrum Aradios et ex Pamphylia Sidetas tenere, quas gentes nullae unquam nec arte nec uirtute nauali aequassent. (7) iam pecuniam, iam alios belli apparatus referre superuacaneum esse: scire ipsos abundasse semper auro regna Asiae. itaque non cum Philippo nec Hannibale rem futuram Romanis, principe altero unius ciuitatis, altero Macedoniae tantum regni finibus incluso, sed cum magno Asiae totius partisque Europae rege. (8) eum tamen, quamquam ab ultimis orientis terminis ad liberandam

希腊人统治的集会方式的又一实例（阿开亚人的转向，赞成罗马人），共和制遭蔑视、人民被征服的又一实例。

48

（1）在阿开亚，安提奥科斯的和埃托利亚的使者当着提·昆克提乌斯的面参加了艾吉乌姆[1]会议。（2）安提奥科斯的代表先于埃托利亚代表发言。如同绝大部分受恩于皇帝的人们那样，空话连篇的他用空洞的语音填满了大海和陆地：（3）无法胜计的骑兵力量渡过赫勒斯滂托斯来到欧洲，其中部分是铠甲兵，他们被称为鳞状铠甲的，部分是善于骑射的弓箭兵，人们无法躲避他们，他们掉转马头往回跑，也能相当准确地命中。（4）记住这些骑兵，他自己有能够击溃哪怕是全欧洲联合的军队，而且还有皇帝的使者补充的步兵。（5）此外，他还用一些勉强可称呼的一些部族的名称恐吓听众，提到如达赫人、米狄人、埃利墨伊人和卡杜西伊人[2]至于说到海军舰队，希腊没有哪个港口能够容纳它，它的右侧包括西顿舰队和提尔舰队，左侧则包括阿拉都斯[3]和来自潘菲利亚的西顿舰队，从来没有哪个民族无论是在战争的技艺方面，或是在作战的豪勇方面可与他们相比拟。（7）至于说到财富，说到其他的战争储备，那更是毋庸置疑；他们自己知道，亚细亚的国王们一向是黄金充盈。就这样，罗马人将要面临的不是腓力，不是汉尼拔，他们一个是一个城邦的首领，另一个只是那么一个受到边界局限的马其顿王国，而是要面对一个拥有整个亚洲和部分欧洲的伟大国王。（8）不过尽管国王是从遥远的东方为解放希腊而来，但他丝毫不

---

〔1〕 阿开亚地区于位伯罗奔尼撒半岛北部，艾吉乌姆是科林斯湾海滨城市。

〔2〕 达赫人属西徐亚部族（参阅普林尼：《自然史》，VI，50）。米狄人属伊朗部族，可见于公元9世纪的东方史料，曾经占有伊朗高原西部一些地区，那些地区并由此称为米狄亚，公元前6世纪中期被具有同源语言的波斯人征服。埃利墨伊人指居住在波斯湾北部苏西阿纳地区的民族，以善射著称（参阅斯特拉博：《地理志》，XVI，744）。卡杜西伊人居住在里海西南部地区（参阅斯特拉博，XI，507，524）。

〔3〕 阿拉都斯是腓尼基海滨城市。

Graeciam ueniat, nihil postulare ab Achaeis in quo fides eorum aduersus Romanos, priores socios atque amicos, laedatur; (9) non enim ut secum aduersus eos arma capiant, sed ut neutri parti sese coniungant petere. pacem utrique parti, quod medios deceat amicos, optent: bello se non interponant. (10) idem ferme et Aetolorum legatus Archidamus petiit ut, quae facillima et tutissima esset, quietem praestarent spectatoresque belli fortunarum alienarum euentum sine ullo discrimine rerum suarum opperirentur. (11) prouectus deinde est intemperantia linguae in maledicta nunc communiter Romanorum, nunc proprie ipsius Quincti, (12) ingratos appellans et exprobrans non uictoriam modo de Philippo uirtute Aetolorum partam sed etiam salutem, ipsumque et exercitum sua opera seruatos. (13) quo enim illum unquam imperatoris functum officio esse? auspicantem immolantemque et uota nuncupantem sacrificuli uatis modo in acie uidisse, cum ipse corpus suum pro eo telis hostium obiceret.

49

(1) Ad ea Quinctius ... Dahas ⟨et Medos⟩ et Cadusios et Elymaeos, Syros omnes esse, haud paulo mancipiorum melius propter seruilia ingenia quam militum genus.

50

(1) Nec absurde aduersus utrosque respondisse uisus est, et facile erat orationem apud fauentes aequis auribus accipi. (2) nulla enim nec disceptatio nec dubitatio fuit quin omnes eosdem genti Achaeorum hostes et amicos quos populus Romanus censuisset iudicarent bellumque et Antiocho et Aetolis nuntiari iuberent. ... (5) Et ab Achaeis quidem cum tristi responso legatio ad regem rediit.

要求阿开亚人对罗马那样的忠诚，那是他们先前的同盟者和朋友。（9）其实安提奥科斯也不要求他们拿起武器同自己一起作战，而只是要求他们不要与任何一方联合。希望他们能与双方都保持和平，做他们的中间朋友，不让自己陷入战争。（10）埃托利亚人的使节阿尔基达摩斯表达了差不多同样的意见，不妨让阿开亚人处于舒适和安全之中，让他们享受安静，做战争的旁观者，等待他人的命运的结果，而与他们自己的财富无涉。（11）然后他话锋一转，开始或者贬斥整个罗马人，或者指责昆克提乌斯本人，（12）他称罗马人是不知感恩的人，指责他们对腓力的胜利是由于埃托利亚人的英勇作战而获得，而且昆克提乌斯本人及其军队的得以保全也有赖于他们。（13）他在什么地方，在什么时候履行过统帅的责任？他们只是看见过他进行鸟卜，进行献祭，人们看见他在军队里仅仅是按照圣职先知那样进行许愿，然而阿尔基得摩斯则亲自替代他，让自己的身体面对敌人的箭矢。〔1〕

49

（1）对此昆克提乌斯指出，……（8）……达基人（米底人）和卡杜西人，还有埃利墨伊人，他们都是叙利亚人，由于为奴的本性，他们更应该是奴隶的后代，而不是战士的后代。

50

（1）（昆克提乌斯）的答复令双方觉得并非不恰当，很容易被赞同该观点的双方所听取。（2）阿开亚人毫无争执和疑问地认为，罗马人的敌人或同盟者也就是阿开亚人的敌人或同盟者，并且决定向安提奥科斯和埃托利亚人宣战。……（5）使团从阿开亚人那里带着令人忧伤的回答返回到皇帝那里。

---

〔1〕 波利比奥斯也谈到阿尔基得摩斯在基诺斯克法勒（Cynoscephalae）战斗中的表现（XVIII，21，5），不过并不是为了指责提·昆克提乌斯。

TITI LIVI AB URBE CONDITA LIBER XXXVI

PERIOCHA

Acilius Glabrio cos. Antiochum ad Thermopylas Philippo rege adiuuante uictum Graecia expulit idemque Aetolos subegit. P. Cornelius Scipio Nasica cos. aedem matris deum, quam ipse in Palatium intulerat, uir optimus a senatu iudicatus, dedicauit. Idemque Boios Gallos uictos in deditionem accepit, de his triumphauit. Praeterea naualia certamina prospera aduersus praefectos Antiochi regis referuntur.

Programmazione e preparativi romani: sistematicità e precisione repubblicana dell'iter decisionale

1

(1) Cornelium Cn. filium Scipionem et M'. Acilium Glabrionem consules inito magistratu patres, (2) priusquam de prouinciis Pagerent, res diuinas facere maioribus hostiis iusserunt in omnibus fanis, in quibus lectisternium maiorem partem anni fieri solet, precarique, quod senatus de nouo bello in animo haberet, ut ea res senatui populoque Romano bene atque feliciter eueniret. (3) ea omnia sacrificia laeta fuerunt, primisque hostiis perlitatum est, et ita haruspices responderunt, eo bello terminos populi Romani propagari, uictoriam ac triumphum ostendi. (4) haec cum renuntiata essent, solutis religione

第三十六卷

内容提要（公元前191年）

执政官阿基利乌斯·格拉布里奥在特尔摩皮勒打败了前来帮助腓力的安提奥科斯，把失败者赶出希腊，仍然是他征服了埃托利亚人。执政官普·科尔涅利乌斯·斯基皮奥·纳西卡为大神母庙祝圣，那座神庙由他建造于帕拉提乌姆，他本人被元老院称为最杰出之人；仍是他击溃了高卢人部落波伊人，迫使他们投降，他本人由此获得凯旋荣誉。此外还叙述了海战中对安提奥科斯国王的海军将领们的胜利。

罗马人的计划和准备：决定方式的系统性和共和制度的精密性。

1

（1）格奈乌斯之子普·科尔涅利乌斯·斯基皮奥和曼·阿基利乌斯·格拉布里奥担任执政官[1]。（2）元老们要求在讨论行省分配之前，首先决定用大牲畜在所有的神庙里献祭神明的圣事问题，那些神庙在每年的大部分时间里都有祭品供奉，并且祈求元老院的新的战争计划能为元老院和罗马人民顺利实现。（3）所有的献祭都很吉利，第一批祭牲便显示吉祥，鸟卜也这样显示，这场战争将会使罗马人民的疆界扩大，会获得胜利和进行凯旋。（4）祭祀结果公布，元老们由宗教解除了顾虑，决

---

[1] 指公元前191年。

animis patres rogationem ad populum ferri iusserunt, (5) uellent iuberentne cum Antiocho rege, quique eius sectam secuti essent, bellum iniri; si ea perlata rogatio esset, tum, si ita uideretur consulibus, rem integram ad senatum referrent. (6) P. Cornelius eam rogationem pertulit; tum senatus decreuit, ut consules Italiam et Graeciam prouincias sortirentur; ...

2

(1) Acilio Graecia, Cornelio Italia euenit. ...

3

(7) consul deinde M'. Acilius ex senatus consulto ad collegium fetialium rettulit, ipsine utique regi Antiocho indiceretur bellum, an satis esset ad praesidium aliquod eius nuntiari; et num Aetolis quoque separatim indici iuberent bellum, (8) et num prius societas et amicitia eis renuntianda esset quam bellum indicendum. (9) fetiales responderunt, iam ante sese, cum de Philippo consulerentur, decreuisse nihil referre, ipsi coram an ad praesidium nuntiaretur; (10) amicitiam renuntiatam uideri, cum legatis totiens repetentibus res nec reddi nec satisfieri aequum censuissent; (11) Aetolos ultro sibi bellum indixisse, cum Demetriadem, sociorum urbem, per uim occupassent, Chalcidem terra marique oppugnatum issent, (12) regem Antiochum in Europam ad bellum populo Romano inferendum traduxissent.

4

(1) Sub idem tempus legati ab duobus regibus, Philippo et Ptolomaeo, [Aegypti rege,] Romam uenerunt, Philippo pollicente ad bellum auxilia et pecuniam et frumentum; (2) ab Ptolomaeo etiam

定询问人民的意见；（5）人民是否希望，是否命令与安提奥科斯及其支持者进行战争。如果请求被人民通过，如果执政官也这样认为，那就把整个事情提交元老院。（6）普·科尔涅利乌斯照办了；这时元老院命令执政官按阄签分配行省意大利和希腊；……

2

（1）结果阿基利乌斯分得希腊，科尔涅利乌斯分得意大利。

3

（7）尔后执政官曼·阿基利乌斯按照元老院决议询问战和祭司团，是否可以对安提奥科斯国王宣战，或者只是向某个卫队发布通告；（8）此外要不要命令对埃托利亚人单独宣战，要不要在宣布战争之前断绝与他们的同盟和友谊[1]。（9）战和祭司团答称，先前同他们商量关于腓力的事情时即已约定，是向腓力本人或是向他的某个卫队宣战之间没有什么区别；（10）友谊关系显然已经断绝，既然那么多次向他们派出代表提出要求，但始终没有得到答复，也未得到足够的平等确认；（11）埃托利亚人自己对自己宣布了战争，既然他们用武力占领了与罗马结盟的城市得墨特里阿斯，从陆地和海上包围了卡尔基斯，（12）把国王安提奥科斯送来欧洲与罗马进行战争。

4

（1）在同一时间里，来自两个国王的代表团，来自腓力和来自托勒密（埃及国王）[2]的代表团来到罗马，腓力请求战争帮助，提供金钱和粮食；（2）托勒密甚至送来1千磅黄金和2

---

〔1〕 罗马与埃托利亚人曾经于公元前211年订立过同盟友好条约，这时显然并不清楚，该条约是否仍然有效。

〔2〕 托勒密在成为安提奥科斯的女婿后，并没有完全放弃亲罗马政策。

mille pondo auri, uiginti milia pondo argenti adlata. (3) nihil eius acceptum; gratiae regibus actae; ... (5) item ab Carthaginiensibus et Masinissa rege legati uenerunt. ... (9) de frumento utrisque responsum, ita usurum eo populum Romanum, si pretium acciperent;

Programmazione e preparativi di Antioco: superficialità regia

5

(1) Cum haec Romae agebantur, Chalcide Antiochus, ne cessaret per hibernorum tempus, partim ipse sollicitabat ciuitatium animos mittendis legatis, partim ultro ad eum ueniebant, sicut Epirotae communi gentis consensu et Elei e Peloponneso uenerunt.

11

(1) Rex Chalcidem a Demetriade, amore captus uirginis Chalcidensis, Cleoptolemi filiae, cum patrem primo allegando, deinde coram ipse rogando fatigasset, (2) inuitum se grauioris fortunae condicioni illigantem, tandem impetrata re tamquam in media pace nuptias celebrat et relicum hiemis, oblitus, quantas simul duas res suscepisset, bellum Romanum et Graeciam liberandam, omissa omnium rerum cura, in conuiuiis et uinum sequentibus uoluptatibus ac deinde ex fatigatione magis quam satietate earum in somno traduxit. (3) eadem omnis praefectos regios, qui ubique, ad Boeotiam maxime, praepositi hibernis erant, cepit luxuria; in eandem et milites effusi sunt, nec quisquam eorum aut arma induit aut stationem aut uigilias seruauit (4) aut quicquam, quod militaris operis aut muneris esset, fecit. (5) itaque principio ueris, cum per Phocidem

万磅银子。(3) 没有接受任何东西并对两位国王表示了谢意。
(5) 迦太基人和马栖尼萨国王也派来使节。……(9) 对双方提供粮食的回答是罗马人民按其价值使用它们。

安提奥科斯的规划和准备：王朝的表面性。
5
(1) 罗马正在进行这些事情的时候[1]，安提奥科斯不想在卡尔基斯的冬营里[2]偷闲，他或是派出使节激励其他城邦的士气，或是有使节来访，例如由埃皮里亚各部族共同派出的使节，从伯罗奔尼撒人中由埃勒伊人派来的使节。

11
(1) 国王从得墨特里阿斯[3]去到卡尔基斯，陷入对卡尔基斯一女子，克勒奥普托勒墨斯的女儿的爱情。[4] 起初他派使者去见其父，后来亲自前去恳求，备受苦恼，(2) 因为其父不愿意让自己与身份崇高之人有牵连；安提奥科斯最终仍然获得成功，如同在和平时代一样举行了婚礼，度过了余下的冬时，忘记了曾经从事的两项事业，罗马战争和解放希腊，抛弃了对一切事务的关注，在饮宴的美酒之中寻找享乐，最终由于困倦，而非在事务忙碌之中沉浸于梦眠。(3) 这样的境况囊括了国王所有的将领，无处不在，特别是在波奥提亚，弥漫于冬营，奢侈盛行；兵士们也被感染，没有人再披挂武装，或是站岗放哨，(4) 或是完成其他任何应该履行的军务职责。(5) 就这样，初

---

[1] 李维返回来叙述发生在希腊的事情，见前第35卷。
[2] 指公元前192/191年冬季。
[3] 得墨特里阿斯是希腊特萨利亚城市。
[4] 据波利比奥斯叙述，安提奥科斯称呼她为尤卑娅。该女子美貌绝伦，其父亲是显贵的卡尔基斯人。安提奥科斯时年已约五十，战争失利后，丢下希腊俘虏和反罗马人的战争，带着该女子逃往以弗所。参阅波利比奥斯，XX, 8。

Chaeroneam, quo conuenire omnem undique exercitum iusserat, uenisset, facile animaduertit nihilo seueriore disciplina milites quam ducem hibernasse.

Sconfitta degli Etoli (alleati greci di Antioco) e iter decisionale conseguente

27

(1) Ceterum Heraclea capta fregit tandem animos Aetolorum, (2) et paucos post dies, quam ad bellum renouandum acciendumque regem in Asiam miserant legatos, abiectis belli consiliis pacis petendae oratores ad consulem miserunt. ...

(8) haec una uia omnibus ad salutem uisa est, ut in fidem se permitterent Romanorum; ita enim et illis uiolandi supplices uerecundiam se imposituros, et ipsos nihilo minus suae potestatis fore, si quid melius fortuna ostendisset.

28

(2) id consul ubi audiuit, ... (3) 'quando ergo' inquit 'ita permittitis, postulo, ut mihi Dicaearchum ciuem uestrum et Menestam Epirotam' —Naupactum is cum praesidio ingressus ad defectionem compulerat— 'et Amynandrum cum principibus Athamanum, quorum consilio ab nobis defecistis, sine mora dedatis.' ... (7) Phaeneas [legationis princeps] se quidem et qui adsint Aetolorum scire facienda esse, quae imperentur, dixit, sed ad decernenda ea concilio Aetolorum opus esse; ad id petere ut decem dierum indutias daret. (8) petente Flacco pro Aetolis indutiae datae, et Hypatam reditum

春到来[1]安提奥科斯经过福基斯来到克罗尼亚,他曾经命令他的所有军队都前去那里集中,这时他非常容易地发现,军士们并不比他们的统帅丝毫严格地度过了冬营。

打败埃托利亚人(背叛安提奥科斯的希腊人)和决定结果的路线

27

(1)赫拉克勒亚的陷落使埃托利亚人的志气彻底崩溃,(2)在向亚洲派出使者激励国王恢复战争后没过几天,他们自己便放弃了战争计划,向执政官派出使者请求和平。……(8)人们意识到,这是通向拯救的唯一出路:因为他们这样作为请求宽恕者,把自己交给罗马人,可以免遭迫害,而他们自己则尽自己所能,或许命运会展现某种比较好的结果。

28

(3)……执政官听完后说道:"既然你们是这样来投靠我们,那我要求你们把你们的市民狄克阿尔霍斯和埃皮罗斯人墨涅斯塔交给我,就是那些带着卫队进入璃帕克图斯[2],唆使人们叛变的人,还有阿弥纳德罗斯和阿塔马努斯的元老们也交给我们,你们正是听从了他们的劝说而脱离了我们。"……(7)费涅阿斯(代表团首领)说,他自己和所有在场的埃托利亚人都知道应该做什么,就像盼咐他们的那样,但是为了决定这些,需要召开埃托利亚议事会;为了能这样做,需要10天的休战。(8)由于弗拉库斯竭力为埃托利亚人请求,终于给予了10天的

---

[1] 李维在本卷 III,14 中谈到执政官曼·阿基利乌斯离开罗马后在罗马发生的事情,现在他开始叙述曼·阿基利乌斯去到希腊后发生的事情。

[2] 璃帕克图斯是希腊洛克里斯地区一近海城市。

est. ubi cum in consilio delectorum, quos apocletos uocant, Phaeneas, et quae imperarentur et quae ipsis prope accidissent, exposuisset, (9) ingemuerunt quidem principes condicioni suae, parendum tamen uictori censebant et ex omnibus oppidis conuocandos Aetolos ad concilium.

Campagna contro i Galli Boi
36

(1) Alter consul P. Cornelius Scipio, Galliam prouinciam sortitus, ...

37

(6) ... in agrum Boiorum legiones induxit.

38

(5) ... P. Cornelius consul cum Boiorum exercitu signis collatis egregie pugnauit. (6) duodetriginta milia hostium occisa Antias Ualerius scribit, capta tria milia et quadringentos, signa militaria centum uiginti quattuor, equos mille ducentos triginta, carpenta ducenta quadraginta septem; ex uictoribus mille quadringentos octoginta quattuor cecidisse. (7) ubi ut in numero scriptori parum fidei sit, quia in augendo eo non alius intemperantior est, magnam tamen uictoriam fuisse apparet, quod et castra capta sunt et Boi post eam pugnam extemplo dediderunt sese....

休战，代表团返回了希帕塔。[1] 在那里的长老（人们称他们为阿波克勒托斯（apocletos））会议上，费涅阿斯叙述了对他们的要求和与他们发生的事情，（9）长老们为他们的处境哭泣，不过同意服从胜利者的要求，并且决定召集来自所有城邦的埃托利亚人会议。

与高卢波伊人的战争
36
（1）另一个执政官普·科尔涅利乌斯·斯基皮奥按阄签得到高卢行省。

37
（6）……他把军团带进波伊人的土地。

38
（5）……普·科尔涅利乌斯倾全力与波伊人的军队进行了一次出色的战斗。据安提阿斯·瓦勒里乌斯记述，敌人有28 000人被杀，夺得军旗124面，夺得马匹1230匹，夺得车辆247部；胜利者方面则有1484人被杀。（7）尽管作家提供的数字很难令人信服，因为数字可能无可比拟地夸大，不过它仍可以表明胜利是巨大的，因为敌人的营地被占领，波伊人在那次战斗后很快就投降了。

---

[1] 希帕塔位于埃托利亚西北部艾尼阿尼亚境内。

Episodio di battaglia navale e manifestazione di disprezzo dei cittadini di una repubblica nei confronti dei sudditi di un re

44

(8) Liuius ... praetoria naue in hostes tendit. ... demittere remos in aquam ab utroque latere remiges stabiliendae nauis causa iussit, et in aduenientis hostium naues ferreas manus inicere et, (9) ubi pugnam pedestri similem fecissent, meminisse Romanae uirtutis nec pro uiris ducere regia mancipia.

海战插曲和共和制市民对君主制臣民的蔑视
44

(8) 李维乌斯让裁判官舰冲向敌人,……命令桨手们把船桨从两侧放进水里,以使船只停止不动,把铁爪扔向敌船,(9) 使得战斗如同陆战一般,要他们记住罗马人的勇敢,不要把国王的奴隶视为男子。

TITI LIVI AB URBE CONDITA LIBER XXXVII

[PERIOCHA]

L. Cornelius Scipio cos. , legato Scipione Africano fratre (qui se legatum fratris futurum dixerat, si ei Graecia prouincia decerneretur, cum C. Laelio, qui multum in senatu poterat, ea prouincia dari uideretur), profectus ad bellum aduersus Antiochum regem gerendum, primus omnium Romanorum ducum in Asiam traiecit.

Regillus aduersus regiam classem Antiochi feliciter pugnauit ad Myonnesum Rhodiis iuuantibus.

Filius Africani captus ab Antiocho patri remissus est. Victo deinde Antiocho ab L. Cornelio Scipione adiuuante Eumene, rege Pergami, Attali filio, pax data est ea condicione ut omnibus prouinciis citra Taurum montem cederet. L. Cornelius Scipio, qui cum Antiocho debellauerat, cognomine fratri exaequatus Asiaticus appellatus.

Colonia deducta est Bononia.

Eumenis, quo iuuante Antiochus nictus erat, regnum ampliatum. Rhodiis quoque, qui et ipsi iuuerant, quaedam ciuitates concessae.

Aemilius Regillus, qui praefectos Antiochi nauali proelio deuicerat, naualem triumphum deduxit. M'. Acilius Glabrio de Antiocho, quem Graecia expulerat, et de Aetolis triumphauit.

第三十七卷

内容提要（公元前 190 年）

执政官卢·科尔涅利乌斯·斯基皮奥以兄弟斯基皮奥·阿非利加努斯作为副手（后者曾自称愿作为兄长未来的副手，如果决定把希腊行省交给前者，与卡·莱利乌斯一起，此人在元老院很有影响，若是把该行省分配给他）出征，与安提奥科斯国王作战，在罗马统帅中第一个前往亚洲。

瑞古卢斯在罗得斯岛人的帮助下，在弥奥涅索斯顺利地与安提奥科斯的舰队战斗。

阿非利加努斯之子被安提奥科斯俘虏，不过被释放给了他父亲。后来卢·科尔涅利乌斯·斯基皮奥在帕伽马国王阿塔洛斯之子欧墨诺斯的帮助下，打败了安提奥科斯；与安提奥科斯缔结了和平，条件是国王退出陶鲁斯山这边的所有土地。卢·科尔涅利乌斯·斯基皮奥在战胜安提奥科斯后如同他的兄弟那样，获得"亚洲征服者"称号。

在波诺尼亚建立移民地。

欧墨尼斯由于曾经帮助打败安提奥科斯，领土得到扩大。罗得岛人也由于这种帮助，一些城市交给了他们。

艾弥利乌斯·瑞古卢斯在海战中打败了安提奥科斯的舰队，首领们获得了海上凯旋。曼·阿基利乌斯·格拉布里奥由于战胜安提奥科斯，并且把他赶出希腊，以及战胜埃托利亚人而获得凯旋。

37

(4) Regia castra circa Thyatiram erant.

La grande battaglia che decide la guerra tra il re Antioco e i Romani

38

(1) Consul circa Thyatiram esse regem ratus, continuis itineribus quinto die ad Hyrcanum campum descendit. (2) inde cum profectum audisset, secutus uestigia citra Phrygium amnem, quattuor milia ab hoste posuit castra.

39

(7) Romana acies unius prope formae fuit et hominum et armorum genere. duae legiones Romanae, duae socium ac Latini nominis erant; quina milia et quadringenos singulae habebant. (8) Romani mediam aciem, cornua Latini tenuerunt; hastatorum prima signa, dein principum erant, triarii postremos claudebant. (9) extra hanc uelut iustam aciem a parte dextra consul Achaeorum caetratis immixtos auxiliares Eumenis, tria milia ferme peditum, aequata fronte instruxit; ultra eos equitum minus tria milia opposuit, ex quibus Eumenis octingenti, reliquus omnis Romanus equitatus erat; (10) extremos Trallis et Cretensis— quingentorum utrique numerum explebant— statuit. (11) laeuum cornu non egere uidebatur obiectis talibus auxiliis, quia flumen ab ea parte ripaeque deruptae claudebant; quattuor tamen inde turmae equitum oppositae. (12) haec summa copiarum erat Romanis, et duo milia mixtorum Macedonum Thracumque, qui uoluntate secuti erant; hi praesidio castris relicti sunt. (13) Sedecim elephantos post triarios in subsidio locauerunt; nam praeterquam quod

37

(4)国王的营寨位于提阿得拉附近。

安提奥科斯国王与罗马人之间的战争的决定性巨大战役
38

(1)执政官认为,国王身在提阿提拉[1],于是连续不断地行军,于第5天下午到达希尔卡努斯平原[2]。(2)他得知国王已经离去后,便跟踪追击至弗律基亚河岸,在距敌人4里地方扎营。

39

(7)罗马军队在营地形式、人员和武器种类方面都比较统一。每个营地包括两个罗马军团,两个同盟者-拉丁人军团[3]。每个军团包括5400人。罗马军队处于阵线中央,两侧是拉丁军队,阵线首列是枪矛兵,然后是一等兵,由精锐部队殿后。(9)在这样规范性地列队之后,执政官在右侧布置了欧墨尼斯的辅助军队,混合有阿开亚人的轻武装兵,约有3000名步兵。在他们之后布置了约3000名骑兵,其中800名是欧墨尼斯的骑兵,其余的是罗马骑兵。(10)执政官在最侧翼安排了特拉勒斯人[4]和克里特人,各为500人满员。(11)左侧显然无需如此安排军队,因为从旁流过的河流和陡峭的河岸将其封堵了;不过那里仍然布置了4支骑队[5]。(12)这些是罗马人的军队,此外还有2千马其顿人和色雷斯人的混合军队,他们被留下守卫营栅。(13)16头大象安排在第三阵线后面作为后备;而且

---

〔1〕 提阿提拉是小亚细亚西部吕底亚境内城市。
〔2〕 希尔卡努斯平原位于提阿得拉南边。
〔3〕 当时罗马同盟军队一般不作军团建制,因此此处可视为近似概念。
〔4〕 此处的特拉勒斯人指伊利里亚部落。
〔5〕 每支骑兵队由30人组成。

multitudinem regiorum elephantorum—erant autem quattuor et quinquaginta —sustinere non uidebantur posse, ne pari quidem numero Indicis Africi resistunt, siue quia magnitudine—longe enim illi praestant—siue robore animorum uincuntur.

40

(1) Regia acies uaria magis multis gentibus, dissimilitudine armorum auxiliorumque erat. decem et sex milia peditum more Macedonum armati fuere, qui phalangitae appellabantur. (2) haec media acies fuit, in fronte in decem partes diuisa; partes eas interpositis binis elephantis distinguebat; a fronte introrsus in duos et triginta ordines armatorum acies patebat. (3) hoc et roboris in regiis copiis erat, et perinde cum alia specie tum eminentibus tantum inter armatos elephantis magnum terrorem praebebat. (4) ingentes ipsi erant; addebant speciem frontalia et cristae et tergo impositae turres turribusque superstantes praeter rectorem quaterni armati. (5) ad latus dextrum phalangitarum mille et quingentos Gallograecorum pedites opposuit. his tria milia equitum loricatorum—cataphractos ipsi appellant—adiunxit. addita his ala mille ferme equitum; agema eam uocabant; (6) Medi erant, lecti uiri, et eiusdem regionis mixti multarum gentium equites. continens his grex sedecim elephantorum est oppositus in subsidiis. (7) ab eadem parte, paulum producto cornu, regia cohors erat; argyraspides a genere armorum appellabantur; (8) Dahae deinde, equites sagittarii, mille et ducenti; tum leuis armatura, trium milium, pari ferme numero, pars Cretenses, pars Tralles; duo milia et quingenti Mysi sagittarii his adiuncti erant. (9) extremum cornu claudebant quattuor milia,

它们显然无法与国王的象队对抗，国王的象队有 54 头大象，不仅数量不相等，而且这些大象也不能与非洲大象对抗，因为后者不仅身躯巨大，而且争斗气盛。

40

（1）国王的军队要复杂得多，不仅由于部族众多，而且还由于武装和补助军队的繁杂。16 000 名步兵按照马其顿样式武装，被称为方阵兵。（2）他们位于队列中心，前列分为 10 部分，各部分之间安排两只大象把他们分开；由前列至纵深共有 32 列武装兵士构成阵线展开。（3）这正是国王军队中的精华，令人生畏，尤其是象队能引起武装的兵士们的巨大恐惧。（4）它们自身便很高大，外加额前的皮带样式装饰物和缨穗，以及背上载着的塔楼和塔楼里除了驭者外的四个武装兵士。（5）在方阵士兵的右侧，国王布置了 1500 名高卢－希腊步兵。随即布置了 3000 名小铠甲骑兵，他们自称是鳞状铠甲兵。随即还补充安排约 3000 名骑兵作为侧翼；人们称其为"精锐之师"[1]。（6）还有米狄人，遴选的壮勇，以及由那一地区许多部族混合组成的骑兵。与其相配合的还有 16 头大象，作为后备。（7）由这个方面还稍许延伸一支军队，那是皇家卫队；按照他们的武装被称为银盾兵。（8）然后是达赫人，1200 名弓箭骑兵；接着是轻武装兵，一共 3000 人，由差不多相等数量的克里特人和特拉勒斯人组成，有 2500 名密西亚弓箭手配合。[2] 然后是 2500 名密西亚弓箭手与他们相配合。（9）这一翼以由部分库尔媞伊人和部分埃吕迈伊

---

〔1〕 这是马其顿和其他一些希腊化王国的卫戍部队，其组成通常包括步兵和骑兵。

〔2〕 密西亚位于小亚细亚西北部，位于特特亚、吕底亚和弗律基亚之间。密西亚人属于色雷斯人，欧洲族源，古希腊人的传说中多次提及密西亚英雄，帕伽马王朝的国王们便视自己源于其中的英雄特勒福斯（Telephos）。在安提奥科斯的来源复杂的雇佣军中可以见到密西亚人，基尔提伊人（居住在米底亚北部和佩尔西得人）。斯特拉博在谈到游牧和抢劫部落时提到他们。

mixti Cyrtii funditores et Elymaei sagittarii. (10) ab laeuo cornu phalangitis adiuncti erant Gallograeci pedites mille et quingenti et similiter his armati duo milia Cappadocum—ab Ariarathe missi erant regi—; (11) inde auxiliares mixti omnium generum, duo milia septingenti, et tria milia cataphractorum equitum et mille alii equites, regia ala leuioribus tegumentis suis equorumque, alio haud dissimili habitu; Syri plerique erant Phrygibus et Lydis immixti. (12) ante hunc equitatum falcatae quadrigae et cameli, quos appellant dromadas. his insidebant Arabes sagittarii, gladios tenuis habentes longos quaterna cubita, ut ex tanta altitudine contingere hostem possent. (13) inde alia multitudo, par ei, quae in dextro cornu erat: primi Tarentini, deinde Gallograecorum equitum duo milia et quingenti, inde Neocretes mille et eodem armatu Cares et Cilices mille et quingenti et totidem Tralles et quattuor milia caetratorum: (14) Pisidae erant et Pamphylii et Lycii; tum Cyrtiorum et Elymaeorum paria in dextro cornu locatis auxilia, et sedecim elephanti modico interuallo distantes.

41

(1) Rex ipse in dextro cornu erat; Seleucum filium et Antipatrum fratris filium in laeuo praeposuit; media acies tribus permissa, Minnioni et Zeuxidi et Philippo, magistro elephantorum.

44

(1) Ad quinquaginta milia peditum caesa eo die dicuntur, equitum tria milia; mille et quadringenti capti et quindecim cum rectoribus elephanti. Romanorum aliquot uulnerati sunt; (2) ceciderunt non plus

人的弓箭手混合组成的4000人军队殿后。[1]（10）属于方阵左翼的是1500名高卢-希腊步兵和与他们类似武装的2000名卡帕多基亚人[2]，由阿里阿拉特斯国王派来。（11）然后是由各个部族混合组成的辅助军队，一共2700人，还有300名卡塔色雷斯人的护甲骑兵和1000名其他骑兵；然后是国王的马队，骑手和马匹披的铠甲较通常的要轻，其他方面没有差别；他们主要是叙利亚人，混合有弗律基亚人和吕底亚人。（12）在这些骑兵前面布置的是装备弯月刀型的四马二轮战车和被称为善奔跑的骆驼队。骑坐着骆驼的是阿拉伯弓箭手，佩剑窄而长，约合四肘，以便能居高砍杀敌人。（13）接着排列着许多其他的步兵，与右翼的配置相等：首先是塔伦图姆人，高卢-希腊人骑兵，接着是1000名克里特新兵，1500名相同武装的卡里亚人和基里基亚人，同样人数的特拉勒斯人[3]和4000名轻武装兵：（14）包括皮西底亚人、潘弗利人和吕西亚人；最后是如同右翼那样，由基尔提伊人和埃吕迈人组成的辅助军队，如同右翼那样，另有16头大象适当间隔地分开布置。

41

（1）国王本人在右翼；他把儿子塞琉古和侄子安提帕特尔安排在左翼；把阵线中央委托给三个人：弥尼昂、泽克西斯和象队指挥腓力普斯。

44

（1）据说那天一共杀死了50 000名步兵，3000名骑兵；俘虏1040人和50头大象及其驭者。（2）有一些罗马人受伤，死亡不超

---

〔1〕 库尔媞伊人和部分埃吕迈伊人是居住在米底亚和波斯北部的部落。
〔2〕 卡帕多基亚人居住在小亚细亚。
〔3〕 特拉勒斯人是小亚细亚城市，位于卡里亚北部。

trecenti pedites, quattuor et uiginti equites et de Eumenis exercitu quinque et uiginti.

(3) Et illo quidem die uictores direptis hostium castris cum magna praeda in sua reuerterunt; postero die spoliabant caesorum corpora et captiuos contrahebant. (4) legati ab Thyatira et Magnesia ab Sipylo ad dedendas urbes uenerunt. (5) Antiochus cum paucis fugiens, in ipso itinere pluribus congregantibus se, modica manu armatorum media ferme nocte Sardis concessit. (6) inde, cum audisset Seleucum filium et quosdam amicorum Apameam progressos, et ipse quarta uigilia cum coniuge ac filia petit Apameam. (7) Xenoni tradita custodia urbis, Timone Lydiae praeposito; quibus spretis consensu oppidanorum et militum, qui in arce erant, legati ad consulem missi sunt.

Richiesta di pace senza condizioni del re Antioco ai Romani

45

(4) ...caduceator ab Antiocho per P. Scipionem a consule petit impetrauitque, ut oratores mittere liceret regi. Paucos (5) post dies Zeuxis, qui praefectus Lydiae fuerat, et Antipater, fratris filius, uenerunt. ... (19) cum iis mandatis ab rege missi erant legati, ut omnem pacis condicionem acciperent; itaque Romam mitti legatos placuit.

Interessante contesa giuridica tra il pretore e pontefice massimo P. Licinio e il console e flamine Q. Fabio Pittore

51

(1) Priusquam in prouincias praetores irent, certamen inter P. Licinium pontificem maximum fuit et Q. Fabium Pictorem flaminem

过 300 名步兵，24 名骑兵和来自欧墨尼斯军队的 25 人。（3）在那一天，胜利者摧毁了敌人的营地，把大量战利品运到自己的营里；第二天，剥取被杀敌人的铠甲，聚集俘虏。（4）提阿提拉和马格涅西亚的代表由西皮洛斯前来，交出提阿提拉和马革涅西亚。（5）安提奥科斯带着不多的随从逃跑，沿途有许多人与他会合，带着一支不大的武装队伍于约半夜时分到达萨狄。[1]（6）他在那里得知，他的儿子塞琉古及一些朋友去到阿帕墨亚[2]，他自己约在四更时分带着妻子和女儿也一起前往阿帕墨亚。（7）守卫都城的任务交给了克塞诺，提蒙被任命为吕底亚长官；不过他们受到城市民众和留在城堡里的军队的共同蔑视，向执政官派出了代表。

安提奥科斯国王与罗马人商量无条件和平。
45

（4）安提奥科斯派出的使节通过普·斯基皮奥求得执政官允许国王派遣使节和谈。（5）没有过几天，曾担任吕底亚总督的泽克西斯及其兄弟之子安提帕特尔到来。……（19）由国王派出的使节得到授权，达成和平协议；于是要求使节前去罗马。

裁判官、大祭司普·利基尼乌斯与执政官、弗拉门祭司昆·法比乌斯·皮克托尔之间有趣的法权争论
51

（1）在派遣裁判官们去行省之前，大祭司普·利基尼乌斯和奎利纳尔祭司-大祭司昆·法比乌斯·皮克托尔之间发生了

---

[1] 萨狄是小亚细亚吕底亚的都城。
[2] 阿帕墨亚是叙利亚南部城市。

Quirinalem, quale patrum memoria inter L. Metellum et (2) Postumium Albinum fuerat. consulem illum cum C. Lutatio collega in Siciliam ad classem proficiscentem ad sacra retinuerat Metellus, pontifex maximus; (3) praetorem hunc, ne in Sardiniam proficisceretur, P. Licinius tenuit. et in senatu et ad populum magnis contentionibus certatum, (4) et imperia inhibita ultro citroque, et pignera capta, et multae dictae, et tribuni appellati, et prouocatum ad populum est. (5) religio ad postremum uicit; ut dicto audiens esset flamen pontifici iussus; et multa iussu populi ei remissa. (6) ira prouinciae ereptae praetorem magistratu abdicare se conantem patres auctoritate sua deterruerunt et, ut ius inter peregrinos diceret, decreuerunt.

La distinzione, operata dalla delegazione dei Rodi alleati dei Romani, tra sudditi del re e cittadini dell'impero

54

(2) ... introducti Rhodii sunt. (3) quorum princeps legationis expositis initiis amicitiae cum populo Romano meritisque Rhodiorum Philippi prius, deinde Antiochi bello... (4) inquit ... (23) terminus est nunc imperii uestri mons Taurus; quidquid intra eum cardinem est, nihil longinquum uobis debet uideri; quo arma uestra peruenerunt, eodem ius hinc profectum perueniat. (24) barbari, quibus pro legibus semper dominorum imperia fuerunt, quo gaudent, reges

激烈的争论，有如在先辈们的记忆里卢·墨特卢斯和波斯图弥乌斯·阿尔比努斯之间发生过的争论那样。[1] （2）波斯图弥乌斯·阿尔比努斯作为执政官，与自己的同僚盖·卢塔提乌斯一起前去西西里统率舰队，大祭司墨特卢斯则阻留准备出发的他，要求他应首先尽宗教义务；（3）普·利基尼乌斯阻止裁判官前去撒丁岛。在元老院，在市民大会上都发生了激烈的争论：（4）双方都发出了命令，打了赌，约定了罚金，向保民官呼吁，向人民请求。（5）最后宗教观念获得胜利，要求大祭司服从最高祭司；然而按照人民命令，罚金被取消。[2] （6）裁判官由于行省被剥夺而气愤无比。[3] 裁判官企图拒绝任职，但是元老院凭借自己的威望使他放弃了念头，并决定把外族人事务的审判权交给他。

区别，罗得斯同盟代表团在罗马的活动，事务臣民和帝国市民

54

（2）……然后受到元老们接待的是罗得斯岛人。（3）他们的代表团首领由他们与罗马人的友谊谈起，然后谈到罗得斯岛人起初在反腓力战争，尔后在反对安提奥科斯战争中的功劳……（4）继续说道：……（23）现在你们的统治边界是陶罗斯山，在这一界限里的任何地方对于你们来说都不应该是遥远的。凡你们的武器达到的地方，你们那完美的法规便也应该达到。（24）让蛮族人们拥有国王吧，他们乐于永远以主人的命令

---

[1] 公元前240年，执政官奥·波斯图弥乌斯同时兼任马尔斯大祭司，计划率军出征，但最高祭司不同意，要求他返回来履行宗教义务。

[2] 裁判官是按自己的职务权力行事，最高祭司是按照自己对下级祭司的权力行事。这里指双方交出抵押，交给人民裁决，对裁决必须服从。

[3] 总管行省事务与作为祭司在罗马履行职务不可同一。偏离职务体系是不允许的，因此元老院为了留住法比乌斯，恢复了原告司法裁判在两个裁判官之间分配的制度。

habeant; Graeci suam fortunam, uestros animos gerunt. (25) domesticis quondam uiribus etiam imperium amplectebantur; nunc imperium, ubi est, ibi ut sit perpetuum, optant; libertatem uestris tueri armis satis habent, quoniam suis non possunt.

Stipulazione della pace tra Antioco e i Romani
55

(1) Post Rhodios Antiochi legati uocati sunt. ii uulgato petentium ueniam more errorem fassi regis obtestati sunt patres conscriptos, ut suae potius clementiae quam regis culpae qui satis superque poenarum dedisset, memores consulerent; (2) postremo pacem datam a L. Scipione imperatore, quibus legibus dedisset, confirmarent auctoritate sua. (3) et senatus eam pacem seruandam censuit, et paucos post dies populus iussit. foedus in Capitolio cum Antipatro principe legationis et eodem fratris filio regis Antiochi est ictum.

Fondazione della città di Bologna
57

(7) eodem anno ante diem tertium Kal. Ianuarias Bononiam Latinam coloniam ex senatus consulto L. Ualerius Flaccus M. Atilius Serranus L. Ualerius Tappo triumuiri deduxerunt. tria milia hominum sunt deducta; (8) equitibus septuagena iugera, ceteris colonis quinquagena sunt data. ager captus de Gallis Bois fuerat; Galli Tuscos expulerant.

替代法律；希腊人有他们的命运，但心灵同你们一样。（25）他们那里曾经也是建立在统治力量上的权力；现在他们希望现行的权力能够永远存在；他们认为有你们的武装保护的自由就足够，因为他们自己的武装已经不可能。

安提奥科斯与罗马人之间的和平协议
55

（1）在罗得岛人之后被召唤的是安提奥科斯的使者。按照请求宽恕的通常习惯，他们证明国王承认自己的过错，恳切地请求元老们讨论处罚时更多地想到他们的仁慈，而不是过往的过错，国王已经承受了足够的惩罚，甚至已经超过；（2）希望最后能按照卢·斯基皮奥统帅提出的条件依法。（3）元老院也认为，这一和平应该得以保持，几天后人民也同意这样做。于是在卡皮托利乌姆同代表团团长安提帕特罗斯，即国王的兄弟之子，签订了和约。

波洛尼亚城的建立
57

（7）在那一年元月初前三日[1]，由卢·瓦勒利乌斯·弗拉库斯、马·阿提利乌斯·塞拉努斯和卢·瓦勒里乌斯·塔帕按照元老院的决议，建立了波诺尼亚拉丁移民地。有3000人移居那里；（8）每个骑兵给予70尤格罗姆土地[2]，其他移民按每人50尤格罗姆分配。这些土地是从高卢人中的波伊人那里夺得的；高卢人从那里赶走了图斯基人。

---

[1] 即公元前189年的12月29日。
[2] 尤格罗姆是古代罗马土地面积单位，长240步，宽120步，合28800方步。

Dopo Scipione l'Africano, Scipione l'Asiatico
58

(6) ... L. Scipio ad urbem uenit; qui ne cognomini fratris cederet, Asiaticum se appellari uoluit. (8) in Asia totius Asiae steterunt uires ab ultimis Orientis finibus omnium gentium contractis auxiliis.

Regola romana di cercare e liberare i propri soldati prigionieri
60

(3) captiuorum Romanorum atque Italici generis magnus numerus in seruitute esse per totam insulam dicebatur. classe ab Epheso profectus cum primum Cretae litus attigit, nuntios circa ciuitates misit, ut armis absisterent captiuosque in suis quaeque urbibus agrisque conquisitos reducerent. (5) Ualerius Antias. (6) quattuor milia captiuorum, quia belli minas timuerint, ex tota insula reddita scripsit.

斯基皮奥·阿非利加努斯及其后的斯基皮奥·阿非利加努斯

58

(6)……卢·斯基皮奥来到城市,为了使自己不逊色于兄长,希望获得"亚洲征服者"称号。……(8)他统率军队征服了整个亚洲,从最遥远的东方征募由各个部族组成的军队。

寻找和解放被俘的兵士的罗马规则

60

(3)传闻称,有数量巨大的罗马人和各意大利部族的人在整个岛上处于奴隶状态。(法比乌斯)率领舰队离开以弗所,一抵达克里特海岸,便派遣使节前往各个城市,要求停止战斗,在所有城市和乡村寻找被俘者,把他们带回来,……(5)……瓦勒里乌斯·安提阿斯曾经写道,(6)由于以战争相威胁,有4000名被俘者从岛屿各处被带领回来。

XXXVIII

PERIOCHA

M. Fuluius cos. in Epiro Ambracienses obsessos in deditionem accepit, Cephalloniam subegit, Aetolis perdomitis pacem dedit.

Cn. Manlius cos. , collega eius, Gallograecos, Tolostobogios et Tectosagos et Trocmos, qui Brenno duce in Asiam transierant, cum soli citra Taurum montem non apparerent, uicit. Eorum origo, et quo modo ea loca, quae tenent, occupauerint, refertur.

Exemplum quoque uirtutis et pudicitiae in femina traditur. Quae cum regis Gallograecorum uxor fuisset, capta centurionem, qui ei uim intulerat, occidit.

Lustrum a censoribus conditum est. Censa sunt ciuium capita CCLVIII milia CCCX.

Cum Ariarathe, Cappadociae rege, amicitia iuncta est.

Cn. Manlius contradicentibus X legatis, ex quorum consilio foedus cum Antiocho conscripserat, de Gallograecis acta pro se in senatu causa triumphauit.

Scipio Africanus die ei dicta, ut quidam tradunt a Q. Petilio tr. pl. , ut quidam a Naeuio, quod praeda ex Antiocho capta aerarium fraudasset, postquam is dies uenit, euocatus in rostra: "hac die,

第三十八卷

内容提要（公元前 189 年—前 187 年）

执政官马·孚尔乌斯在埃皮罗斯接受了被围困的安布拉基亚（Ambracio）人的投降[1]，征服了克法洛尼亚[2]，把和平赋予了被制服的埃托利亚人。

他的执政官同僚格奈·曼利乌斯战胜了高卢-希腊人——托洛斯托波吉伊人、特克托萨吉人和特罗克弥人，他们在布瑞努斯率领下，迁移来亚细亚，当时在陶鲁斯这边唯有他们没有出现。叙述了他们的起源，他们是怎样占有那地区。

叙述了女性在英勇和贞操方面的典范。她本是高卢希腊国王的妻子，被俘后杀死了对她施暴的百人队长。

监察官们举行了祭祀。登记市民为 258 310 人。与卡帕多基亚人的国王阿里阿拉图斯建立了友谊。

尽管格奈·曼利乌斯遭到十人代表的反对，但他在与他们协商后，仍然与安提奥科斯签订了协约，在元老院关于高卢希腊人进行答辩后举行了凯旋。

斯基皮奥·阿非利加努斯被指定开庭受审，据一些人说是被平民保民官昆·佩提利乌斯指控，据另一些人说是被奈维乌斯指控，称他没有把从安提奥科斯那里得到的战利品全部上交国库。开庭日期到来后，他被召唤登上演说台，说道："奎里努

---

[1] 安布拉基亚位于古代希腊埃皮罗斯地区南部。
[2] 克法洛尼亚是希腊西部一海岛。

inquit, Quirites, Carthaginem uici", et prosequente populo Capitolium escendit. Inde ne amplius tribuniciis iniuriis uexaretur, in uoluntarium exilium Liternum concessit. Incertum ibi an Romae defunctus sit; nam monumentum eius utrobique fuit.

L. Scipio Asiaticus, frater Africani, eodem crimine peculatus accusatus damnatusque cum in uincula et carcerem duceretur, Tib. Sempronius Gracchus tr. pl. , qui antea Scipionibus inimicus fuerat, intercessit et ob id beneficium Africani filiam duxit.

Cum quaestores in bona eius publice possidenda missi essent, non modo in his ullum uestigium pecuniae regiae apparuit, sed ne quaquam tantum redactum, quantae summae erat damnatus. Conlatam a cognatis et amicis innumerabilem pecuniam accipere noluit; quae necessaria ei erant ad cultum, redempta.

Campagna contro i Galli trasferitisi in Grecia e in Asia e già alleati del re Antioco
16

(1) Galli, magna hominum uis, seu inopia agri seu praedae spe, nullam gentem, per quas ituri essent, parem armis rati, Brenno duce in Dardanos peruenerunt. (4) Cupido inde eos in Asiam transeundi, audientis ex propinquo, quanta ubertas eius terrae esset, cepit; et Lysimachia fraude capta Chersonesoque omni armis possessa ad Hellespontum descenderunt. (9) Profecti ex Bithynia in Asiam processerunt. Non plus ex uiginti milibus hominum quam decem armata erant.

斯人，这一天我战胜了迦太基人。"然后在人民的追随下，登上卡皮托利乌姆。后来为了避免继续遭受平民保民官们的侮辱，他去到利特尔努姆自动放逐。不知道他是在那里还是在罗马去世的，因为两处地方都有他的雕像。

卢·斯斯皮奥·亚细亚征服者是阿非利加努斯的兄弟，同样受到盗窃国库指控，并被判处，但当他被戴着镣铐送进监牢时，平民保民官提贝·森普罗尼乌斯·格拉古尽管曾经是斯基皮奥的反对者，却进行阻止，并且由于这一善举，娶了阿非利加努斯的女儿。

财务官们受遣把他的财产纳入国库时，当时在其中不仅没有发现任何皇帝财富的痕迹，这些财产甚至都不足以交纳罚款。亲人和朋友们给送来的钱无法胜计，但他分文不取；购置的只是为维护生活所必须的东西。

反对高卢人的运动传到希腊、亚洲，以及与安提奥科斯结盟。

16

（1）高卢人[1]，一个人口众多的民族，或者是由于土地缺乏，或者是由于贪图劫掠，认为世上没有哪个民族能与他们比较武力，若是他们经过那些民族的地域；他们就这样在布瑞努斯的率领下，经过达尔达尼亚人的居地，[2] ……（4）贪欲使他们开始从那里来到亚细亚，因为他们从邻人那里听说，这里的土地是那样肥沃；吕西马科斯受到蒙骗，他们凭借武力占领了整个赫尔索涅斯，直至赫勒斯滂托斯。……（9）……高卢人由比提尼亚[3]出发，进入亚洲。在两万人中武装人员不超过一万。

---

〔1〕 李维由此开始叙述高卢人于公元前278年开始向小亚细亚迁移。

〔2〕 按照史地学家斯特拉博的说看法（VII, 316），达尔达尼亚人属于伊利里亚种族，马其顿北方的邻族。

〔3〕 比提尼亚指小亚细亚西北部沿海地区。

(10) Tamen tantum terroris omnibus quae cis Taurum incolunt gentibus iniecerunt, ut quas adissent quasque non adissent, pariter ultimae propinquis, imperio parerent. (11) Postremo cum tres essent gentes, Tolostobogii Trocmi Tectosages, in tris partis, qua cuique populorum suorum uectigalis Asia esset, diuiserunt. (12) Trocmis Hellesponti ora data; Tolostobogii Aeolida atque Ioniam, Tectosages mediterranea Asiae sortiti sunt. (13) Et stipendium tota cis Taurum Asia exigebant, sedem autem ipsi sibi circa Halyn flumen cepere.

17

(1) Cum hoc hoste, tam terribili omnibus regionis eius, quia bellum gerendum erat, pro contione milites in hunc maxime modum adlocutus est consul: (2) non me praeterit, milites, omnium quae Asiam colunt gentium Gallos fama belli praestare. (3) Inter mitissimum genus hominum ferox natio peruagata bello prope orbem terrarum sedem cepit. Procera corpora, promissae et rutilatae comae, uasta scuta, praelongi gladii; (4) ad hoc cantus ineuntium proelium et ululatus et tripudia, (5) et quatientium scuta in patrium quendam modum horrendus armorum crepitus, omnia de industria composita ad terrorem. Sed haec, quibus insolita atque insueta sunt, Graeci et Phryges et Cares timeant; Romanis Gallici tumultus adsueti, etiam uanitates notae sunt.

18

(15) ex campestribus uicis agrisque frequentes demigrare et cum

(10) 但是他们却引起了居住在陶罗河这一边的人们的恐惧,以至于那些高卢人还未到来,其中甚至包括居住最为遥远的人们都准备服从高卢人的权力。(11) 最后,高卢人由此分为三个部族——托洛斯托波吉伊人、特罗克弥人和特克托萨革斯人,亚洲成了分配给他们的那部分高卢人的纳税区。(12) 赫勒斯滂托斯沿岸地区分配给了特罗克弥人;埃奥利斯和伊奥尼亚分配给了托洛斯托波吉伊人,亚洲中部地区分配给了特克托萨革斯人。他们从陶罗斯河这边的整个亚细亚地区收取税赋。(13) 他们自己则居住在哈利斯河沿岸地区。[1]

17

(1) 由于必须同这样一个敌人,而且是令那个地区所有的人如此恐惧的敌人进行战争,执政官召开兵士大会,在会上非常相似地这样说道:(2)"兵士们,我很清楚,高卢人以战争声誉超过居住在亚洲的所有民族。(3) 在最为温和的人们中间居住着这样一个疯狂的民族,把战争几乎打遍了世界各地。他们身材高大,披散着火红色的头发,持巨大的盾牌,超长的佩剑;(4) 此外还有战斗开始前的歌唱和放声嚎叫、三节拍舞蹈,(5) 按照某种祖传方式抖动盾牌,让武器发出令人惊恐的拍击声,所有这一切都是为了激起人们心灵的恐惧。这些可以使不习惯、不常见的人们感到惧怕,希腊人、弗律基亚人和克里亚人会感到害怕;不过罗马人已经习惯于高卢人的喧嚣,甚至知道他们好夸口吹嘘。"

18

(15) 高卢人成群结队地离开平原上的乡村和田野同妻儿一

---

[1] 哈利斯河即今克泽尔河,小亚细亚最长的河流,位于小亚细亚中部,起初向西,然后向北,再向西北曲折地流淌,注入黑海。参阅斯特拉博,XII, 546。

coniugibus ac liberis, quae ferre atque agere possint, prae se agentis portantisque Olympum montem petere, ut inde armis locorumque situ sese tueantur.

19

(1) Tolostobogiorum ciuitatem Olympum montem cepisse; diuersos Tectosagos alium montem, Magaba qui dicatur, petisse; (2) Trocmos coniugibus ac liberis apud Tectosagos depositis armatorum agmine Tolostobogiis statuisse auxilium ferre.

20

(6) sacrificio facto, cum primis hostiis litasset, trifariam exercitum diuisum ducere ad hostem pergit. (7) Ipse cum maxima parte copiarum, qua aequissimum aditum praebebat mons, ascendit.

21

(1) Galli [et] ab duobus lateribus satis fidentes inuia esse, ab ea parte, quae in meridiem uergeret, ut armis clauderent uiam, quattuor milia fere armatorum ad tumulum imminentem uiae minus mille passuum a castris occupandum mittunt, eo se rati ueluti castello iter impedituros. (2) Quod ubi Romani uiderunt, expediunt sese ad pugnam. Ante signa modico interuallo uelites eunt et ab Attalo Cretenses sagittarii et funditores et Tralli ⟨et⟩ Thraeces; (3) signa peditum ut per arduum, leni gradu ducuntur, ita prae se habentium scuta, ut missilia tantum uitarent, pede collato non uiderentur pugnaturi. (4) Missilibus ex interuallo loci proelium commissum est, primo par, Gallos loco adiuuante, Romanos uarietate et copia telorum;

起，前面赶着牲畜，带着可以带走财物，向奥林波斯山出发，[1]以便在那里不仅有武器，而且还有地形保护他们。

19

（1）……托洛斯托波革伊部落占据了奥林波斯山；特克托萨基人在他们对面，占据了另一座山，那座山叫马伽巴山；（2）特罗克弥人决定把妻子和孩子留在特克托萨基人那里，派军队去帮助托洛斯托波革伊人。

20

（6）……（执政官）行完祭礼，由第一批祭品牺牲便显示了吉兆，于是他把军队分成三部分，带着他们冲向敌人。（7）他自己率领军队的大部分，从山势显得最为平缓的地方开始攀登。

21

（1）高卢人充分相信，山冈两侧，没有上山的路，除非南向的那一面，于是他们派军队封锁道路，派了约4000人的军队占领突出的山岳，山岳俯视道路，道路距营寨不足一里，他们想以山岳为要寨，堵住道路。（2）罗马人看见这种形势，便准备战斗。在与旗帜有一定距离的地方是轻武装兵和阿塔洛斯派遣来的克里特弓箭手、投石兵，还有特拉利人和色雷斯人。[2]（3）步兵旗帜由于山路崎岖，行进缓慢，人们把盾牌举在面前，有如躲避投掷武器，迈着不像是要投入战斗地行进的步伐。（4）以这种克服战斗双方距离困难的武器开始了战斗，起初双方势均力敌，高卢人有地势相助，罗马人凭借各种各样且数量

---

[1] 此处并非指小亚细亚比提尼亚境内的奥林波斯山，今称乌都达格山，如同古罗马历史学家阿皮安曾经认为的那样（阿波安：《叙利亚战争》，42，219），而是位于距安卡拉三天程程的某座山。

[2] 特拉里斯人居住在小亚细亚卡里亚地区北部。

repetunt pauoris et tumultus iam plena, ut ubi feminae puerique et alia imbellis turba permixta esset. (15) Romanos uictores deserti fuga hostium acceperunt tumuli.

23

(8) Claudius, qui bis pugnatum in Olympo monte scribit, ad quadraginta milia hominum auctor est caesa, Ualerius Antias, qui magis immodicus in numero augendo esse solet, non plus decem milia. (9) Numerus captiuorum haud dubie milia quadraginta expleuit, quia omnis generis aetatisque turbam secum traxerant demigrantium magis quam in bellum euntium modo.

24

(8) Supererat bellum integrum cum Tectosagis. Ad eos profectus consul tertiis castris Ancyram, nobilem in illis locis urbem, peruenit, unde hostes paulo plus decem milia aberant.

27

(1) Galli et memoria Tolostobogiorum cladis territi et inhaerentia corporibus gerentes tela fessique et stando et uulneribus ne primum quidem impetum et clamorem Romanorum tulerunt. (2) Fuga ad castra inclinauit; sed pauci intra munimenta sese recepere; pars maior dextra laeuaque praelati, qua quemque impetus tulit, fugerunt. (3) Victores usque ad castra secuti ceciderunt terga; (6) per aliquantum spatium secuti non plus tamen octo milia hominum in fuga—nam pugna nulla fuit—ceciderunt; reliqui flumen Halyn traiecerunt.

起后，便转身逃跑，惊恐地奔向营地。军营里已是一片惊慌，陷入了混乱，因为那里只有妇女和孩子，还有一些无作战能力的人。（15）敌人逃跑后，留下山岳接受获胜的罗马人。

23

（8）克劳狄乌斯写道，在奥林波斯山上发生了两场战斗，有40 000人被杀，瓦勒利乌斯·安提阿斯通常惯于过分夸大数目，但却认为不超过10 000人。（9）被俘者无疑有40 000人[1]，这是因为高卢人随身带领着整个民族和各种年龄的人迁徙，而不是为了投入战斗。

24

（1）当时还面临着与特克托萨基人的战争。执政官命令向他们进发，经过三天行军来到安卡拉，一座当时非常著名的城市，敌人距离那里约10多里。

27

（1）高卢人为托洛斯托吉伊人的失败遭遇所惊恐，射进身体的敌方箭矢仍在折磨着他们，长时间的站立和残杀使他们的身体感到困倦，以至于使他们都未能挺住罗马人的第一次冲击和呐喊。（2）他们奔向自己的营地，不过只有很少的人得以躲进寨墙里，大部分人或是向左，或是向右奔跑，取决于陷入这种突发行为的人及其所处的方位。（3）胜利者从后面尾追他们，一直追至营寨前。……（6）他们追击了一段距离，不过杀死了不超过8000人，因为没有发生任何战斗；其他的人渡过了哈吕斯河。[2]

---

[1] 按照阿庇安在《叙利亚战争》中记述，有40 000敌人被俘，被杀死者无法胜计。

[2] 哈吕斯河是小亚细亚中部主要河流，起初由东向西流淌，然后成半弧形向西北方向，在小亚细亚北部注入地中海。

Scontro con Sparta e fine della costituzione di Licurgo

30

(6) Sollicitam eam ciuitatem exules maxime habebant, quorum magna pars in maritimis Laconicae orae castellis, quae omnis adempta erat, habitabant. (7) nocte adorti uicum maritimum nomine Lan improuiso occupauerunt.

32

(1) Id ubi legati ad Achaeos rettulerunt, omnium ciuitatium, quae eius concilii erant, consensu bellum Lacedaemoniis indictum est.

34

(1) Hoc metu iniecto Lacedaemoniis imperatum primum, uti muros diruerent; deinde, ut omnes externi auxiliares, qui mercede apud tyrannos militassent, terra Laconica excederent; (2) tum uti quae seruitia tyranni liberassent—ea magna multitudo erat—ante diem certam abirent; qui ibi mansissent, eos prendendi abducendi uendendi Achaeis ius esset; (3) Lycurgi leges moresque abrogarent, Achaeorum adsuescerent legibus institutisque: ita unius eos corporis fore et de omnibus rebus facilius consensuros. . (9) Per haec uelut eneruata ciuitas Lacedaemoniorum diu Achaeis obnoxia fuit; nulla tamen res tanto erat damno quam disciplina Lycurgi, cui per octingentos annos adsuerant, sublata.

与斯巴达发生接触，吕库尔戈斯法的终结

30

（6）主要是被放逐者使这个国家陷入动乱，他们大部分人居住在拉科尼克沿海的堡垒里，那些堡垒是被夺来的。（7）……夜里他们突然占据了叫做拉斯的沿海村庄。[1]

32

（1）使节们向阿开亚人报告了这一情况，所有参加这一同盟的城市[2]一致决定向拉克戴蒙人宣战。

34

（1）拉克戴蒙人陷入巨大的恐惧，阿开亚人要求他们首先毁掉城墙，然后把所有受国王雇佣的外邦补助军队全部解散，离开拉科尼克土地；（2）被暴君释放的奴隶——其数量非常巨大，必须在一定期限之前离开；至于留下来的人，阿开亚人有权抓住他们，把他们带走，出售；（3）取消吕库尔戈斯的法律和规定[3]，由阿开亚法律和规定予以替代：将使它们变成一个统一体，以便在各项事情上较容易地达成一致。……（9）由于这些措施，拉克戴蒙人的国家犹如被抽了筋一样，长时期屈服于阿开亚人。其中没有哪个方面比吕库尔戈斯法规被取消造成了更大的损害，那法规存在了约800年。

---

[1] 该村庄位于拉科尼克南部半岛海滨。
[2] 指阿开亚同盟。
[3] 吕库尔戈斯生活在约公元前11至前8世纪，斯巴达传说中的立法者。斯巴达加入阿开亚同盟时，传统的斯巴达法规被允许保留。

L'impero romano va dall'Oceano Atlantico all'Asia Minore comprendendo la costa mediterranea dell'Africa ma, la estensione della cittadinanza romana (ad alcuni Municipi) resta, proporzionalmente, estremamente ridotta; il censimento conta soltanto 258. 318 cittadini romani

36

(5) Campani, cum eos ex senatus consulto, quod priore anno factum erat, censores Romae censeri coegissent—nam antea incertum fuerat, ubi censerentur—, (6) petierunt, ut sibi ciues Romanas ducere uxores liceret, et, si qui prius duxissent, ut habere eas, et nati ante eam diem uti iusti sibi liberi heredesque essent. Vtraque res impetrata. De Formianis Fundanisque municipibus et Arpinatibus (7) C. Valerius Tappo tribunus plebis promulgauit, ut iis suffragii latio— nam antea sine suffragio habuerant ciuitatem—esset. (8) Huic rogationi quattuor tribuni plebis, quia non ex auctoritate senatus ferretur, cum intercederent, edocti, populi esse, non senatus ius suffragium, quibus uelit, impertire, destiterunt incepto. (9) Rogatio perlata est, ut in Aemilia tribu Formiani et Fundani, in Cornelia Arpinates ferrent; atque in his tribubus tum primum ex Ualerio plebiscito censi sunt. (10) M. Claudius Marcellus censor sorte superato T. Quinctio lustrum condidit. Censa sunt ciuium capita CCLVIIIC-CCXVIII. Lustro perfecto consules in prouincias profecti sunt.

罗马帝国的范围由大西洋至小亚细亚，还包括非洲的地中海海岸地区，罗马市民范围（包括一些自治地区）虽然保留了下来，但是成比例地大大缩小；人口统计仅有 258 318 罗马市民。

36

（5）坎佩尼亚人，按照元老院的决议，上一年的规定，其人口登记必须在罗马进行，此前不清楚是在哪里进行人口登记的，他们要求允许其市民婚娶罗马女子[1]。（6）对于那些娶了罗马女子的人，则允许他们继续保留妻子，而在此前生育的孩子也被认为是他们的合法孩子和继承人[2]。两项请求均获得允准。（7）平民保民官盖·瓦勒里乌斯·塔波提出关于自治市福尔弥艾和丰代，以及关于阿尔皮诺自治市的法案[3]，赋予它们投票权——它们以前享有的是没有投票权的罗马市民权。（8）有九个保民官反对这一提案，把它视为未经元老院同意的提案，不过他们在得到是人民，而非元老院有权赋予选举权的解释后，放弃了自己的意见。（9）还有人提议，让福尔弥艾居民如丰代人那样参加艾弥利乌斯特里布斯投票，而阿尔皮努姆人则参加科尔涅利乌斯特里布斯投票，这时按瓦勒里乌斯法，第一次在那些特里布斯里进行了财产登记。（10）监察官马·克劳狄乌斯·马尔克卢斯按阉签胜过提·昆克提乌斯，举行了赎罪祭。登记结果市民数为 250 318 人。在举行完祭祀后，执政官们去了行省。

---

　　[1] 这里涉及因移民坎佩尼亚而失去市民权的人。元老院承认他们的罗马市民资格，人口登记也必须在罗马进行。

　　[2] 在公元前 211 年进行重新登记市民之前，既然坎佩尼亚人的市民权并不是完整的，因此重新登记并非是不必要的。

　　[3] 自治市（municipium）一词源自 munus，本意为责任、义务，以及礼物。这里指被赋予罗马市民权的意大利城市，这种权利有时是完全的，有时是不完全的。全权的自治市出现于公元前 4 世纪，起初数量不多，并且只在拉丁地区。非全权的罗马市民权主要指无选举权，有时还包括无通婚权，给予的城市比较多，特别是在坎佩尼亚。这些城市不仅享有了自治权力，而且保留了原有的地方语言（如奥斯基地区的奥斯基方言，希腊移民城市的希腊语）。从赋予福尔弥艾和丰代人罗马全权开始，出现了所有自治市转变成全权罗马市民的过程。

Estremi dell'accordo di pace dei Romani con il re Antioco (ivi richiesta di consegnare Annibale)

38

(1) foedus in haec uerba fere cum Antiocho conscriptum est: (2) 'amicitia regi Antiocho cum populo Romano his legibus et condicionibus esto: ne quem exercitum, qui cum populo Romano sociisue bellum gesturus erit, rex per fines regni sui eorumue, qui sub dicione eius erunt, transire sinito, neu commeatu neu qua alia ope iuuato; (3) idem Romani sociique Antiocho et iis, qui sub imperio eius erunt, praestent. Belli gerendi ius Antiocho ne esto cum iis, qui insulas colunt, neue in Europam transeundi. (7) seruos seu fugitiuos seu bello captos, seu quis liber captus aut transfuga erit, reddito Romanis sociisque. (8) Elephantos tradito omnis neque alios parato. Tradito et naues longas armamentaque earum, neu plures quam decem naues ⟨tectas neue plures quam naues⟩ actuarias, quarum nulla plus quam triginta remis agatur, habeto, neue monerem [ex] belli causa, quod ipse illaturus erit. (9) Ne nauigato citra Calycadnum neu Sarpedonium promunturia, extra quam si qua nauis pecuniam ⟨in⟩ stipendium aut legatos aut obsides portabit. (10) Milites mercede conducendi ex iis gentibus, quae sub dicione populi Romani sunt, Antiocho regi ius ne esto, ne uoluntarios quidem recipiendi. (18) De Hannibale Poeno et Aetolo Thoante et Mnasilocho Acarnane et Chalcidensibus Eubulida et Philone dedendis in hoc quoque foedere adscriptum est, et ut, si quid postea addi demi mutariue placuisset, ut id saluo foedere fieret.

罗马与安提奥科斯国王和平协商的要点（要求交出汉尼拔）

38

（1）……拟就的与国王安提奥科斯的和平协议文本基本如下：

（2）"对于国王安提奥科斯与罗马人民缔结友谊的基本条件和规定如下：国王必须禁止任何企图与罗马人民及其同盟者进行战争的军队经过他的以及其附属者的土地，不给这样的军队提供粮食和其他帮助；（3）罗马人民及其同盟者也对安提奥科斯及归其治下的各个民族承担同样的义务。安提奥科斯不得对居住在海岛上的居民及居住在欧洲的居民发动战争。……（7）……（国王）必须把奴隶，或逃跑奴隶，或俘虏，或被俘的自由人，或倒戈者，归还给罗马人民及其同盟者。（8）必须交出所有的战象，不得拥有新战象。必须交出所有战船及其装备，拥有不得超过 10 艘带顶篷的战船或者多于战船的快艇，任何一条船上都不得拥有超过 30 名桨手，不得拥有即使是单排桨的战船，哪怕是他自己乘坐。（9）（国王）航行不得超过卡吕卡德努斯海岬或萨尔佩冬海岬，〔1〕除了是载运战争赔款或者使节或者人质的船只。（10）安提奥科斯不得从由罗马人民辖治的民族中招募雇佣兵，也不得接受志愿者。……"（18）在该条约里还规定交出布匿人汉尼拔、埃托利亚人托阿斯、阿卡尔纳尼亚人姆纳西洛科斯、卡尔基得斯人欧布利斯和斐洛，条约还注明，可以视需要进行增补、删除或改变，以使条约完善。

---

〔1〕 卡吕卡德努姆和萨尔佩冬都是小亚细亚半岛南岸基里基亚境内的海滨城市，相距不远。

I Romani consegnano ai Cartaginesi propri concittadini rei di avere infratto il diritto feziale

42

(7) Eo anno L. Minucius Myrtilus et L. Manlius, quod legatos Carthaginienses pulsasse dicebantur, iussu M. Claudii praetoris urbani per fetiales traditi sunt legatis et Carthaginem auecti.

La persecuzione giudiziaria, promossa da due fratelli Tribuni della plebe, contro i due Scipioni (l'Africano e l'Asiatico) sospettati di voler eccedere i limiti della uguaglianza repubblicana tra cittadini

50

(5) P. Scipioni Africano, ut Ualerius Antias auctor est, duo Q. Petillii diem dixerunt. Id, prout cuiusque ingenium erat, interpretabantur. (6) Alii non tribunos plebis, sed uniuersam ciuitatem, quae id pati posset, incusabant: (7) duas maximas orbis terrarum urbes ingratas uno prope tempore in principes inuentas, Romam ingratiorem, si quidem uicta Carthago uictum Hannibalem in exilium expulisset, Roma uictrix uictorem Africanum expellat. (8) Alii, neminem unum ciuem tantum eminere debere, ut legibus interrogari non possit; nihil tam aequandae libertatis esse quam potentissimum quemque posse dicere causam. (9) Quid autem tuto cuiquam, nedum summam rem publicam, permitti, si ratio non sit reddenda? Qui ius aequum pati non possit, in eum uim haud iniustam esse.

51

(1) Tribuni uetera luxuriae crimina Syracusanorum hibernorum

罗马人把自己的市民由于违犯祭司法而交给迦太基人。
42

(7) 在这一年[1],卢·弥努基乌斯·弥尔提卢斯和卢·曼利乌斯被控鞭打迦太基使节,按照城市裁判马·克劳狄乌斯的命令,由战和祭司把他们交给迦太基使节带往迦太基。[2]

司法迫害,由两兄弟平民保民官发起,反对两斯基皮奥(阿非利加努斯和亚细亚努斯),被怀疑企图超越市民间的共和平等界限。
50

(5) 据瓦勒里乌斯·安提阿斯说,普·斯基皮奥·阿非利加努斯被两个昆·佩提利乌斯告上法庭。关于这件事各个人按自己的理解进行推测。(6) 有些人不是指责平民保民官,而是指责整个国家体制竟然允许这样做:(7) 世界上两个最强大的国家几乎在同一时间里不知感激自己的伟大首领,其中罗马更为不知感激:如果迦太基是因为战败而把汉尼拔放逐,那么罗马则是作为胜利者放逐获得胜利的阿非利加努斯。(8) 另一些人则认为任何一个市民都不应该如此突出,以至于都不可以按照法律受责询。这怎么也不符合平等和自由原则,既然可以指控任何一个最有权威的人。(9) 那时还怎么能安全地把事务委托于一个人,更不用说是国家最高事务,如果其行为可以不被审察?凡不能接受法权平等者,对其施用暴力并非不公正。

51

(1) 平民保民官回忆了关于对叙拉古札冬营奢侈的旧有指

---

[1] 指公元前188年。
[2] 参阅瓦勒里乌斯·马克西穆斯,VI,6,3。战和祭司是古代罗马一种历史久远的祭司组织,监督符合规定地宣战、签订和约及其执行。

et Locris Pleminianum tumultum cum ad fidem praesentium criminum retulissent, suspicionibus magis quam argumentis pecuniae captae reum accusarunt: (2) filium captum sine pretio redditum, omnibusque aliis rebus Scipionem, tamquam in eius unius manu pax Romana bellumque esset, ab Antiocho cultum; (3) dictatorem eum consuli, non legatum in prouincia fuisse; nec ad aliam rem eo profectum, quam ut, id quod Hispaniae Galliae Siciliae Africae iam pridem persuasum esset, hoc Graeciae Asiaeque et omnibus ad orientem uersis regibus gentibusque appareret, (4) unum hominem caput columenque imperii Romani esse, sub umbra Scipionis ciuitatem dominam orbis terrarum latere, nutum eius pro decretis patrum, pro populi iussis esse. Infamia intactum inuidia, qua possunt, urgent. (5) Orationibus in noctem perductis prodicta dies est. (6) Vbi ea uenit, tribuni in Rostris prima luce consederunt; citatus reus magno agmine amicorum clientiumque per mediam contionem ad Rostra (7) subiit silentioque facto 'hoc' inquit 'die, tribuni plebis uosque, Quirites, cum Hannibale et Carthaginiensibus signis collatis in Africa bene ac feliciter pugnaui. (8) Itaque, cum hodie litibus et iurgiis supersederi aequum sit, ego hinc extemplo in Capitolium ad Iouem optimum maximum Iunonemque et Mineruam ceterosque deos, qui Capitolio atque arci praesident, salutandos ibo, (9) hisque gratias agam, quod mihi et hoc ipso die et saepe alias egregie gerendae rei publicae mentem facultatemque dederunt. (10) Vestrum quoque quibus commodum est, Quirites, ite mecum, et orate deos, ut mei similes principes habeatis, (11) ita, si ab annis septemdecim ad senectutem semper uos aetatem

控和洛克里斯人由于普勒弥尼乌斯而发生的骚乱,为的是希望能更好地观察突然出现的指控。[1] 他们以猜测,而不是证据指控他受贿:(2) 他的儿子被俘后,没有交赎金便被放回来,并且在所有其他事情上安提奥科斯都很敬重斯基皮奥,好像与罗马是和平还是战争,全在他的掌握之中。(3) 对于执政官来说,他在行省是独裁官,而不是代表;如果他去到那里,那不是为了别的,而是要让人们,让希腊、亚细亚,以及为所有的国王和各个民族都相信在西班牙、高卢、西西里、阿非利加已经发生的事情。(4) 有一个人既是罗马国家的首脑,又是它的支柱,一个统治世界各地的国家处于斯基皮奥的荫庇下,他一点头便可代替元老院的决定,代替人民的决议。控告者们尽可能用鄙陋的恶行沾污他。(5) 发言直至夜晚,审判延期。(6) 当那一天到来时,保民官们一大早便来到演讲台上[2];受传唤的被告在大批友人和门客的簇拥下,来到会场中央,走向演讲台,会场一片寂静,他开始说道:(7)"平民保民官们,还有你们,奎里努斯的臣民们,今天是周年纪念日,当时我与汉尼拔和迦太基人在非洲顺利而幸运地进行了大会战。(8) 因此,今天应该搁置诉讼和争执,我现在就前去卡皮托利乌姆,朝拜至高无上的尤皮特和尤诺,以及弥涅尔瓦和其他众神明,是他们保卫着卡皮托利乌姆和城堡,(9) 我要前去向他们致敬,表示感谢,因为是他们在这一天,并且经常地在其他日子里赋予我智慧和能力,以便出色地为国家服务。(10) 奎里特斯人,如果你们中间有人觉得合适,我请你们同我一起前去请求神明,好让你们继续拥有如同我一样的首领;(11) 就这样,从十七岁直至老年,

---

〔1〕 昆图斯普勒弥尼乌斯在第二次布匿战争期间作为统帅斯基皮奥的代表,占领了希腊洛克里斯人的一座城堡,但不知是由于什么原因,发生了对庙宇的抢劫和对居民的暴行,结果被指控,受审期间死亡。参阅 XXIX, 19, 11—13。

〔2〕 "演讲台"的拉丁文是 Rosta,位于罗马广场中央,以俘获的敌舰舰首作装饰。

meam honoribus uestris anteistis, ego uestros honores rebus gerendis praecessi.' (12) Ab Rostris in Capitolium ascendit. Simul se uniuersa contio auertit et secuta Scipionem est,

52

(1) Hic speciosus ultimus dies P. Scipioni illuxit. Post quem cum inuidiam et certamina cum tribunis prospiceret, die longiore prodicta in Literninum concessit certo consilio, ne ad causam dicendam adesset.

53

(7) Silentium deinde de Africano fuit. (8) Vitam Literni egit sine desiderio urbis; morientem rure eo ipso loco sepeliri se iussisse ferunt monumentumque ibi aedificari, ne funus sibi in ingrata patria fieret. (9) Vir memorabilis, bellicis tamen quam pacis artibus memorabilior. ⟨nobilior⟩ prima pars uitae quam postrema fuit, quia in iuuenta bella adsidue gesta, cum senecta res quoque defloruere, nec praebita est materia ingenio. (10) Quid ad primum consulatum secundus, etiam si censuram adicias? Quid Asiatica legatio, et ualetudine aduersa inutilis et filii casu deformata et post reditum necessitate aut subeundi iudicii aut simul cum patria deserendi? (11) Punici tamen belli perpetrati, quo nullum neque maius neque periculosius Romani gessere, unus praecipuam gloriam tulit.

你们总是让你们给我的荣誉超过我的年龄,而我则一直努力让功业超过你们给我的荣誉。"(12)整个人群也调转方向,跟随斯基皮奥。

52

(1)如此辉煌的一天对于普·斯基皮奥来说是最后一次。在这之后,他预见到保民官们的嫉妒和竞争,当审判日期远远地推迟后,他去到勒特尔尼努姆[1],决意不再出庭受审。

53

(7)……后来关于阿非利加努斯的议论沉寂了。(8)他在勒特尔努姆度过了生命的最后时光,并不怀念罗马;据说他在乡下故去,要求就把他葬在那个地方,在那里给他立个纪念碑,不要把他埋葬在对他不知感激的都城。(9)一个值得人们怀念的人,他的战争功勋比和平时期的业绩更值得人们怀念。他的生命的前半部分比后半部分更光辉,因为他青年时期奋力进行战争,随着进入老年,事业的荣耀逐渐萎谢,不再智慧地提供养分。(10)他的第二次执政官任职又为第一次任职增加了什么光彩,即使再补上监察官任职?他的亚细亚督办,任职又怎么样?健康状况不佳于他非常不利,儿子的不幸遭遇也使他情绪忧郁,返回罗马后不得不或是出庭接受审判,或是把它连同国家一起留下?(11)布匿战争是罗马人进行的一场规模最大,也最危险的战争,结束它使他一个人获得了无比巨大的荣耀。[2]

---

[1] 勒特尔努姆是意大利坎佩尼亚西部海滨城市。
[2] 公元前205年,斯基皮奥再次当选为执政官,军队在非洲登陆,公元前202年扎玛战役,迦太基被打败,罗马与迦太基的和约于公元前201年得到元老院的批准,由此结束了布匿战争,斯基皮奥获得凯旋。

54

(1) Morte Africani creuere inimicorum animi, quorum princeps fuit M. Porcius Cato, qui uiuo quoque eo adlatrare magnitudinem eius solitus erat. (2) Hoc auctore existimantur Petillii et uiuo Africano rem ingressi et mortuo rogationem promulgasse. (3) Fuit autem rogatio talis: ' uelitis iubeatis, Quirites, quae pecunia capta ablata coacta ab rege Antiocho est quique sub imperio eius fuerunt, quod eius in publicum relatum non est, (4) uti de ea re Ser. Sulpicius praetor urbanus ad senatum referat, quem eam rem uelit senatus quaerere de iis, qui praetores nunc sunt. ' (5) Huic rogationi primo Q. Et L. Mummii intercedebant, senatum quaerere de pecunia non relata in publicum, ita ut antea semper factum esset, aequum censebant. (6) Petillii nobilitatem et regnum in senatu Scipionum accusabant... (11) M. Cato suasit rogationem—exstat oratio eius de pecunia regis Antiochi—et Mummios tribunos auctoritate deterruit, ne aduersarentur rogationi. (12) Remittentibus ergo his intercessionem omnes tribus uti rogassent iusserunt.

55

(1) Ser. Sulpicio deinde referente, quem rogatione Petillia quaerere uellent, Q. Terentium Culleonem patres iusserunt. reus factus L. Scipio.

56

(8) Alia tota serenda fabula est Gracchi orationi conueniens, et illi auctores sequendi sunt, qui, cum L. Scipio et accusatus et damnatus sit

54

（1）阿非利加努斯去世后，他的敌人们的气势很快增强，其首领是马·波尔基乌斯·卡托，此人在斯基皮奥在世时便惯于诋毁斯基皮奥的伟名。（2）人们认为，在他的鼓动下，佩提利乌斯兄弟在斯基皮奥活着时便开始行动，待斯基皮奥一去世，他们便立即提出了法案。（3）法案内容如下："奎里特斯人，愿你们希望，你们要求使有关从安提奥科斯那里夺得的、被运走的、寻得的钱财以及从他的属下那里得到的钱财，以及这些钱财中有多少没有交国库，（4）由城市裁判官塞尔维乌斯·苏尔皮基乌斯就此事向元老院提交法案，要求元老院在现任裁判官中寻找愿意侦查此事之人。"（5）这一提案被昆·和卢·穆弥乌斯兄弟否决，认为应该像以往进行的那样，由元老院查询未上交国库的款项，以便像往常那样，进行公正的监察。（6）佩提利乌斯指责新贵和斯基皮奥家族在元老院强制行动。……（11）马·卡托为提案辩护（他的演说辞《关于安提奥科斯国王的财富》流传了下来），他凭自己的威望劝阻了保民官摩弥乌斯兄弟放弃干预。（12）在他们放弃干预的情况下，所有其他保民官都赞成提案。

55

（1）然后当塞尔维乌斯·苏尔皮基乌斯把案件提交元老院，询问希望让谁处理佩提利乌斯提案时，元老们任命昆·特伦提乌斯·库勒昂。……卢·斯基皮奥终于成为被告。

56

（8）需要进行另一种叙述，以便与格拉古的叙述相符合，由此必须遵循那样一些作家，他们转述称：当卢基乌斯·斯基

pecuniae captae ab rege legatum in Etruria fuisse Africanum tradunt; (9) qua post famam de casu fratris adlatam relicta legatione cucurrisse eum Romam et, cum a porta recta ad forum se contulisset, quod in uincula duci fratrem dictum erat, reppulisse a corpore eius uiatorem, et tribunis retinentibus magis pie quam ciuiliter uim fecisse. (10) Haec enim ipsa Ti. Gracchus queritur dissolutam esse a priuato tribuniciam potestatem, et ad postremum, cum auxilium L. Scipioni pollicetur, adicit tolerabilioris exempli esse a tribuno plebis potius quam a priuato uictam uideri et tribuniciam potestatem et rem publicam esse.

60

(1) Aduersus ea Terentius praetor rogationem Petilliam et senatus consultum et iudicium de L. Scipione factum recitauit; (2) se, ni referatur pecunia in publicum, quae iudicata sit, nihil habere quod faciat, nisi ut prendi damnatum et in uincula duci iubeat. (3) Tribuni cum in consilium secessissent, paulo post C. Fannius ex sua collegarumque aliorum, praeter Gracchum, sententia pronuntiauit praetori non intercedere tribunos, quo minus sua potestate utatur. (4) Ti. Gracchus ita decreuit, quo minus ex bonis L. Scipionis quod iudicatum sit redigatur, se non intercedere praetori; (5) L. Scipionem, qui regem opulentissimum orbis terrarum deuicerit, imperium populi Romani propagauerit in ultimos terrarum fines, (6) regem Eumenem, Rhodios, alias tot Asiae urbes deuinxerit populi Romani beneficiis, plurimos duces hostium in triumpho ductos carcere incluserit, non passurum inter hostes populi Romani in carcere et uinculis esse, mittique eum se iubere. (7) Tanto adsensu auditum est decretum, adeo dimissum Scipionem laeti homines uiderunt, ut uix in eadem ciuitate uideretur factum iudicium. (8) In bona deinde L.

皮奥为从国王那里得到的钱而受控告,并被判处时,普布利乌斯·阿非利加努斯作为代表在埃特鲁里亚。[1] (9) 在他听到关于兄弟遭不幸的消息后,他立即放弃使节职责,奔赴罗马。当他听说兄弟已经被送进监牢时,他便由城门奔赴广场,从身边推开那个报信人,并且当保民官们企图阻挡他时,他更是出于亲情,而不是市民职责,使用了暴力。(10) 要知道,提贝里乌斯·格拉古正是对这一点感到不满,保民官权力遭到私人的破坏,在演说结束时一方面保证帮助卢·斯基皮奥,同时补充说,显然保民官权力和国家最好是被保民官本身,而不是被私人战胜。

60

(1) 作为回答,裁判官泰伦提乌斯朗读了佩提利乌斯的提议、元老院决议和对卢·斯基皮奥作的判决:(2) 他如果不把判决的罚款交给国库,那么就别无他法,只有命令逮捕被判处者,并把他送进监牢。(3) 保民官们离开会场,稍后盖·法尼乌斯宣布他自己和除了格拉古外其他同僚们的决定:保民官们不妨碍裁判官们行使职权。(4) 提贝里乌斯·格拉古的决定如下:"我不妨碍裁判官征收卢基乌斯·斯基皮奥财产中法庭判决的部分,但是我不允许卢基乌斯·斯基皮奥,一个战胜了世界上最富有的国王,使罗马人民的权力扩张到大地最远处边界,(6) 使得欧墨涅斯国王[2]、罗得斯岛人民以及整个亚细亚的所有各城邦人民都得以享受罗马人民的恩惠,使得敌人们的许多首领或是被迫地行走在我们的凯旋行列的人被关进监牢,我命令释放他。"(7) 他的决定被如此一致地听取,人们欣悦地见到斯基皮奥,以至于令人觉得在这样一个国家竟然会作出那样的判决。(8) 然后裁判官派遣财务官以国家名义没收卢·斯基皮

---

〔1〕 未见有其他材料叙述这件事情。
〔2〕 欧墨涅斯本是亚历山大手下著名将领,在亚历山大去世后任小亚细亚卡帕多西亚总督,去世于公元前316年,此处指其后代。

Scipionis possessum publice quaestores praetor misit. Neque in iis non modo uestigium ullum comparuit pecuniae regiae, sed nequaquam tantum redactum est, quantae summae damnatus fuerat. (9) Collata ea pecunia a cognatis amicisque et clientibus est L. Scipioni, ut, si acciperet eam, locupletior aliquanto esset, quam ante calamitatem fuerat. (10) Nihil accepit; quae necessaria ad cultum erant, redempta ei a proximis cognatis sunt; uerteratque Scipionum inuidia in praetorem et consilium eius et accusatores.

奥的财产。在那些财产里不仅没有发现任何国王财产的痕迹，而且甚至都不足够判处的罚款。（9）亲人、朋友和门客们为他聚集了许多钱，以至于若是他接受了它们，他甚至会比遭不幸之前还富有。（10）他没有从中取任何东西。他的所有生活必须品都是他的亲人为他购买。对斯基皮奥的憎恶全都转移到裁判官、裁判官参议会及控告者们身上。

TITI LIVI AB VRBE CONDITA LIBER XXXIX

PERIOCHA

M. Aemilius cos. Liguribus subactis uiam Placentia usque Ariminum productam Flaminia iunxit. Initia luxuriae in urbem introducta ab exercitu Asiatico referuntur. Ligures, quicumque citra Appenninum erant, subacti sunt. Bacchanalia, sacrum Graecum et nocturnum, omnium scelerum seminarium, cum ad ingentis turbae coniurationem peruenisset, inuestigatum et multorum poena sublatum est. A censoribus L. Valerio Flacco et M. Porcio Catone, et belli et pacis artibus maximo, motus est senatu L. Quintius Flamininus, T. frater, eo quod, cum Galliam prouinciam consul obtineret, rogatus in conuiuio a Poeno Philippo, quem amabat, scorto nobili, Gallum quemdam sua manu occiderat siue, ut quidam tradiderunt, unum ex damnatis securi percusserat rogatus a meretrice Placentina, cuius amore deperibat. Extat oratio M. Catonis in eum. Scipio Literni decessit et, tamquam iungente fortuna circa idem tempus duo funera maximorum uirorum, Hannibal a Prusia, Bithyniae rege, ad quem uicto Antiocho confugerat, cum dederetur Romanis, qui ad exposcendum eum T. Quintium Flamininum miserant, ueneno mortem consciit. Philopoemen quoque, dux Achaeorum, uir maximus, a Messeniis occisus ueneno, cum ab his in bello captus esset. Coloniae Potentia et Pisaurum et Mutina et Parma deductae sunt. Praeterea res aduersus Celtiberos prospere gestas et initia causasque belli Macedonici continet.

第三十九卷

内容提要（公元前 187 年—前 183 年）

执政官马·艾弥利乌斯征服了利古里亚人，使道路由普拉肯提亚直通阿里弥努姆，并与弗拉弥尼乌斯大道相连接。奢华风气由亚细亚军队带来罗马。居住在亚平宁山那边的利古里亚人被征服。酒神祭祀乃希腊的夜间祭祀，一切罪恶的根源，有许多人参加了秘仪后，受到追踪，不少人受到惩处。

监察官卢·瓦勒里乌斯·弗拉库斯和马·波尔基乌斯·卡托，一个无论战争时期或和平时期均以才能出众之人，把提图斯的兄弟卢·昆克提乌斯·弗拉弥尼努斯开除出元老院，原因是他在高卢行省担任执政官期间，一次在饮宴时按照他所宠爱的布匿放荡青年腓力的要求，亲手杀死了一个高卢人，或者如一些人记述，按照他所喜欢的伴妓普拉肯提娜的要求，用斧子砍杀了一个被判处的罪犯。马·卡托控告此人的演说辞流传了下来。斯基皮奥卒于利特尔涅，就好像命运有意要把两个伟大人物的葬礼安排在同一时间，汉尼拔在安提奥科斯失败后逃到普鲁西亚，投奔比提尼亚国王，罗马人派遣提·昆图斯·弗拉弥尼努斯作为使节，要求交出投奔者，汉尼拔服毒自杀。还有一个伟大的人物，阿开亚人的首领弗洛波门在战争中成为墨塞尼亚人的俘虏，被毒死。建立了波滕提亚、皮苏鲁姆、摩提纳和帕尔马移民地。这卷书中还叙述了顺利地对克尔提贝里人进

Cuius origo inde fluxit, quod Philippus aegre ferebat regnum suum a Romanis inminui et quod cogeretur a Thracibus alisque locis praesidia deducere.

Per i Romani, i territori difficili e gli avversari forti sono vantaggiosi

1

(1) consules ambo in Liguribus gerebant bellum. (2) is hostis uelut natus ad continendam inter magnorum interualla bellorum Romanis militarem disciplinam erat; nec alia prouincia militem magis ad uirtutem acuebat. (3) nam Asia et amoenitate urbium et copia terrestrium maritimarumque rerum et mollitia hostium regiisque opibus ditiores quam fortiores exercitus faciebat. (4) praecipue sub imperio Cn. Manlii solute ac neglegenter habiti sunt. itaque asperius paulo iter in Thracia et exercitatior hostis magna clade eos castigauit. (5) in Liguribus omnia erant, quae militem excitarent, loca montana et aspera, quae et ipsis capere labor erat et ex praeoccupatis deicere hostem; (6) et itinera ardua, angusta, infesta insidiis; hostis leuis et uelox et repentinus, qui nullum usquam tempus, nullum locum quietum aut securum esse sineret; oppugnatio necessaria munitorum castellorum, laboriosa simul periculosaque; inops regio, quae parsimonia astringeret milites, praedae haud multum praeberet. (7) itaque non lixa sequebatur, non iumentorum longus ordo agmen extendebat. nihil praeter arma et uiros omnem spem in armis habentes erat. (8) nec deerat umquam cum iis uel materia belli uel causa, quia propter domesticam inopiam uicinos agros incursabant. nec tamen in discrimen summae rerum pugnabatur.

行的战争；马其顿战争的原因与开始也一样，战争的原因在于腓力痛心地看到自己的王国被罗马人削弱，使他不得不从特拉克和其他地区撤出自己的卫队。

对于罗马人来说，艰难的疆域和强大的敌人都是有利条件

1

（1）两位执政官正在与利古里亚人进行战争。[1]（2）这个敌人生来好像就是为了让罗马人在长时间的战争间隙中仍然能维持军事操练；确实没有哪个其他地区如此磨炼了罗马军队的勇敢精神。（3）事实上，亚细亚及其令人神往的城市、土地和大海蕴藏的丰富的物产、柔弱的敌人、财富丰盈的王室能使军队变得更为富有，但不是更为勇敢。（4）特别是由格奈·曼利乌斯统率的军队，军纪如此松懈散漫。[2] 于是在道路稍许差一点的特拉克，敌人的军队稍许训练有素，他们便遭受了巨大的损失。（5）在利古里亚，那里具有锻炼军队的一切条件，那里的地形多山，岩石险峻，为夺得它们得付出巨大的辛苦，才能把敌人从被他们占领的山头扔下去；（6）道路陡峭崎岖，狭窄难行，到处可能遭遇敌人的埋伏；敌人轻装、灵活、好突然袭击，他们无所不在，没有一处地方能让人感到是平静的和安全的；对坚固的堡垒必须采取强攻，既艰难，又危险；地区贫困，兵士们必须生活节俭，只能提供不多的战利品。由此便没有小贩跟随，没有拉货的车队绵延。这里没有任何其他的东西，只有兵士和武器，把一切希望寄托于武器。（8）从来都不缺乏与他们进行战争的原因和口实，因为由于自己穷困，他们经常侵犯邻人的土地，但是还从来没有给予他们一次真正的回击。

---

[1] 指公元前187年。
[2] 李维在这里对格奈·曼利乌斯的军纪的指责并未见李维推荐的卢基乌斯·孚尔维乌斯和卢基乌斯·鲍卢斯著作中有叙述。

Tra una battaglia e l'altra, i soldati romani costruiscono strade

2

(5) translatum deinde ad Apuanos Ligures bellum, qui in agrum Pisanum Bononiensemque ita incursauerant, ut coli non possent. (6) his quoque perdomitis consul pacem dedit finitimis. et quia a bello quieta ut esset prouincia effecerat, ne in otio militem haberet, uiam a Bononia perduxit Arretium.

Controllo della immigrazione clandestina ed equità giuridica del Senato romano

3

(1) In Gallia M. Furius praetor insontibus Cenomanis, in pace speciem belli quaerens, ademerat arma. (2) id Cenomani conquesti Romae apud senatum reiectique ad consulem Aemilium, cui ut cognosceret statueretque senatus permiserat, magno certamine cum praetore habito obtinuerunt causam. (3) arma reddere Cenomanis, decedere prouincia praetor iussus.

Il lusso asiatico giunge a Roma

6

(7) luxuriae enim peregrinae origo ab exercitu Asiatico inuecta in urbem est. ii primum lectos aeratos, uestem stragulam pretiosam, plagulas et alia textilia, et quae tum magnificae supellectilis habebantur, monopodia et abacos Romam aduexerunt. (8) tunc psaltriae sambucistriaeque et conuiualia alia ludorum oblectamenta addita epulis;

两次战役之间,罗马军队建造道路
2

(5) 然后战争转向阿波阿尼·利古瑞斯人(Apuani Lgures)[1]。他们那么经常地蹂躏皮萨和波诺尼亚地区,以至于那些地区无法居住和耕种。(6) 执政官征服了他们,赋予相邻居民以和平。为了解决行省安全,免除战乱,军队也不至于闲逸,他修造了从波诺尼亚到阿瑞提乌姆亚的道路。[2]

监督秘密移民和罗马元老院的司法公正(衡平法)
3

(1) 在高卢,裁判官马·孚里乌斯希望也能在和平时期获得军事荣誉,于是剥夺了无罪的克诺马尼人[3]的武器。(2) 克诺马尼人来到罗马向元老院抱怨,结果被安排去见执政官艾弥利乌斯,要求执政官接见他们,并作出决定,克诺马尼人与裁判官激烈争论,努力为自己辩护。(3) 最后裁判官命令把武器还给克诺马尼人,撤出行省。

亚细亚奢侈传入罗马
4

(7) 外邦奢侈的根源正是由亚细亚传来罗马的。他们首先把镶铜的卧榻、昂贵的饮宴服装和其他纺织品引来罗马,此外还把以各种家具荣显的华贵、单腿圆桌和华丽的顶板引来罗马。(8) 此外还有各种弦琴、三角竖琴,各种带音乐演奏的饮宴,

---

[1] 阿普阿尼·利古里亚瑞斯人居住在马克里地区(今马格拉)。参阅32,2。
[2] 由此可以设想,在这之前已经建造了阿瑞提亚与罗马之间的道路,这样便缩短了由罗马至阿尔卑斯山北高卢的距离。原有的道路是由公元前220年的监察官盖·弗拉米尼乌斯在公元前220年修造的,经由阿瑞弥努姆。
[3] 克诺马尼人属高卢人,主要居住在意大利北部。

epulae quoque ipsae et cura et sumptu maiore apparari coeptae. (9) tum coquus, uilissimum antiquis mancipium et aestimatione et usu, in pretio esse, et quod ministerium fuerat, ars haberi coepta. uix tamen illa quae tum conspiciebantur, semina erant futurae luxuriae.

Repressione dei culti baccanali

Il Console illustra al Popolo le ragioni della difesa della Religione degli avi

15

(1) ... consules in rostra escenderunt, et contione aduocata cum sollemne carmen precationis, quod praefari, priusquam populum adloquantur, magistratus solent, peregisset consul, ita coepit. (2) 'nulli umquam contioni, Quirites, tam non solum apta sed etiam necessaria haec sollemnis deorum comprecatio fuit, quae uos admoneret hos esse deos, quos colere uenerari precarique maiores uestri instituissent, (3) non illos, qui prauis et externis religionibus captas mentes uelut furialibus stimulis ad omne scelus et ad omnem libidinem agerent... (11) maiores uestri ne uos quidem, nisi cum aut uexillo in arce posito comitiorum causa exercitus eductus esset, aut plebi concilium tribuni edixissent, aut aliquis ex magistratibus ad contionem uocasset, forte temere coire uoluerunt; et ubicumque multitudo esset, ibi et legitimum rectorem multitudinis censebant esse debere.

16

(8) quotiens hoc patrum auorumque aetate negotium est magistratibus datum, uti sacra externa fieri uetarent, sacrificulos uatesque

各种卧榻和珍馐佳肴;各种食品本身也开始更精心地准备,耗费也增加。(9)正是这时候,对于古代罗马人最为微贱的种类厨师成为最为有用、最有价值的行业,本来是一种服务性行业,现在却开始成为一种技艺。不过所有这些在当时只是初露端倪,成为未来奢侈的种子。[1]

抑制酒神文化
执政官向人民说明保护祖传宗教的理由
15

(1)……两个执政官登上演讲台,面向参加集会的人群,进行了隆重的祷告,那是官员们在向人民发表演说之前例行的做法,然后由执政官波斯图弥乌斯开始演讲:(2)奎里特斯们,还从来没有在哪一次集会上向神明们作这一隆重祈祷,不仅如此合适,如此必要,因为它提醒你们,你们的祖先尊敬、崇拜、祈求的正是这些神明,(3)而不是其他的神明,那些神明用丑恶的、外来的宗教如同孚里娅们[2]那样用刺棒俘获你们的思想,陷入各种罪恶和自由放纵。……(11)你们的祖辈除非或者是把军旗插上城堡之巅为了召集军队,或者是保民官召开平民会议,或者是某个官员召唤参加会议,否则不会有人冒失地召集人们;而且不管在哪里召集会议,前辈们认为其合法负责人必须到会出席。

16

(8)在我们的父辈和祖辈时代,官员们曾经多少次通过决议,以禁止外邦的圣祀流行,把祭司、预言家们赶出广场、大

---

[1] 这是古代作家的普遍看法。
[2] 孚里娅是复仇女神,形象丑陋。

foro circo urbe prohiberent, uaticinos libros conquirerent comburerentque, omnem disciplinam sacrificandi praeterquam more Romano abolerent. (9) iudicabant enim prudentissimi uiri omnis diuini humanique iuris nihil aeque dissoluendae religionis esse, quam ubi non patrio sed externo ritu sacrificaretur. (10) haec uobis praedicenda ratus sum, ne qua superstitio agitaret animos uestros, cum demolientes nos Bacchanalia discutientesque nefarios coetus cerneretis. (11) omnia diis propitiis uolentibusque [ea] faciemus; qui quia suum numen sceleribus libidinibusque contaminari indigne ferebant, ex occultis ea tenebris in lucem extraxerunt, nec patefieri, ut impunita essent, sed ut uindicarentur et opprimerentur, uoluerunt.

Disciplina futura dei culti stranieri
18

(8) in reliquum deinde senatus consulto cautum est, ne qua Bacchanalia Romae neue in Italia essent. si quis tale sacrum sollemne et necessarium duceret, nec sine religione et piaculo se id omittere posse, apud praetorem urbanum profiteretur, praetor senatum consuleret. (9) si ei permissum esset, cum in senatu centum non minus essent, ita id sacrum faceret, dum ne plus quinque sacrificio interessent, neu qua pecunia communis neu quis magister sacrorum aut sacerdos esset.

剧场和整个城市，搜寻各类预言书并焚毁，取消所有不合罗马习俗的祭祀规则。（9）须知最富有智慧、精通神界和人间的法则的人们认为，那些崇拜毫无价值，应该被取消。[1]（10）我认为有必要向你们提醒这一点，不要让某种宗教搅乱了你们的心灵，当你们决定取消酒神祭祀，驱散亵渎性的聚会时。（11）我们将会在神明们的同情和愿意下做这些事情；因为神明们早就对他们的名字被恶行和淫荡玷污而感到不满，现在把它们从昏暗的隐藏中展现于阳光下，把它们展现不是为了使它们不受惩罚，而正是为了进行惩罚和抑制。

对外邦文化的未来管理
18
（8）然后元老院决定取消酒神祭祀在罗马和意大利的所有残迹。如果有人认为那样的圣迹是久远的和必须的，无法不满怀虔诚地和不受惩罚地让自己放弃它们，那他必须向城市裁判官声明，裁判官必须征询元老院的意见。（9）若是元老院允许这样做，并且是在不少于一百人出席会议的情况下作出的决议，那么参加祭祀的人数应不超过5人，而且不得设有任何公共基金，也不得有任何祭祀首领或祭司。[2]

---

[1] 实际上从古代开始，罗马人就不断吸收外族的宗教和典仪。例如在第二次布匿战争期间就从亚洲迎接了大神母（Mater Magna）。
[2] 传下来该元老院决议原文，镌刻于铜板，是向意大利传达该决议的铜板之一。该铜板于1640年在意大利古代的布鲁提乌姆（Bruttium）乡间，在允许参加祭祀的人们中发现，规定男性不得超过两人，女性不得超过三人。

Ragioni storiche della seconda guerra macedonica (contro il figlio illegittimo ed erede del re Filippo, Perseo)

23

(5) Cum Perseo rege et Macedonibus bellum quod imminebat, non unde plerique opinantur, nec ab ipso Perseo causas cepit: inchoata initia a Philippo sunt; et is ipse, si diutius uixisset, id bellum gessisset.

24

(6) Thessalorum et Perrhaeborum querellae de urbibus suis ab eo possessis, et legatorum Eumenis regis de Thraciis oppidis per uim occupatis traductaque in Macedoniam multitudine, ita auditae erant, ut eas non neglegi satis appareret. (7) maxime mouerat senatum, quod iam Aeni et Maroneae adfectari possessionem audierant; minus Thessalos curabant. (8) Athamanes quoque uenerant legati, non partis amissae, non finium iacturam querentes, sed totam Athamaniam sub ius iudiciumque regis uenisse; (9) et Maronitarum exules uenerant, pulsi, quia libertatis causam defendissent ab regio praesidio: ii non Maroneam modo sed etiam Aenum in potestate narrabant esse Philippi. (10) uenerant et a Philippo legati ad purganda ea, qui nihil nisi permissu Romanorum imperatorum factum adfirmabant: (11) ciuitates Thessalorum et Perrhaeborum et Magnetum et cum Amynandro Athamanum gentem in eadem causa qua Aetolos fuisse; (12) Antiocho rege pulso occupatum oppugnandis Aetolicis urbibus

第二次马其顿战争的历史原因（反对国王腓力的不合法儿子和继承人佩尔修斯）

23

（5）与国王佩尔修斯和马其顿人的战争已经临近[1]，但其原因并非像许多人认为的那样，其实佩尔修斯本人并非战争的根源：战争的始因源于腓力；若是他活得再长久一些，便会发动那场战争。

24

（6）特萨利亚人和佩瑞比亚人[2]抱怨他们的城市遭受腓力侵犯，欧墨涅斯人的国王派来的使节控告特拉克的城市被国王武力侵占，把许多居民迁往马其顿。（7）元老们认真听取了他们的怨诉，表示会认真重视这些事实。特别让元老院感到不安的是听说腓力已经夺得艾诺斯和马罗尼亚[3]。对于特萨利亚人的命运他们则没有那样关心。（8）阿塔马涅斯人[4]的使节也来到，他们控诉的不是部分土地被侵占，也不是边境被破坏，而是已经使整个阿塔马尼亚处于国王的管辖之下。（9）马罗尼亚的逃亡者也到来，他们因反对国王的卫队而被驱逐；他们报告说，腓力不仅已经拥有了马罗尼亚，甚至还有艾诺斯。（10）腓力的使节也来到，力图为这些事件进行申辩，声称国王所为均得到过罗马军队统帅的允准；（11）特萨利亚、佩瑞波伊、马格涅斯人和以阿弥纳得罗斯为首的阿塔马涅西亚人由于同样的原因而支持艾托利亚人；（12）在打败国王安提奥科斯，围攻占领

---

[1] 李维在这里回叙公元前191年发生的事情。
[2] 佩瑞比亚是特萨利亚北部地区，其主要城市是戈尼（Goni），位于奥林波斯山脚下。
[3] 艾诺斯和马罗尼亚是特拉克海北岸海滨城市。
[4] 阿塔马涅斯人居住在希腊埃皮罗斯西南部地区。

consulem ad recipiendas eas ciuitates Philippum misisse; armis subactos parere. (13) senatus, ne quid absente rege statueret, legatos ad eas controuersias disceptandas misit Q. Caecilium Metellum M. Baebium Tamphilum Ti. Sempronium. (14) quorum sub aduentum ad Thessalica Tempe omnibus iis ciuitatibus, quibus cum rege disceptatio erat, concilium indictum est.

25

(1) Ibi cum Romani legati disceptatorum loco, Thessali Perrhaebique et Athamanes haud dubii accusatores, Philippus ad audienda crimina tamquam reus consedissent, (2) pro ingenio quisque eorum, qui principes legationum erant, et gratia cum Philippo aut odio acerbius leniusue egerunt. (14) haec acerbe postremi, cum priores leniter permulsissent iram eius petentes, ut ignosceret pro libertate loquentibus, (15) et ut deposita domini acerbitate adsuesceret socium atque amicum sese praestare, et imitaretur populum Romanum, qui caritate quam metu adiungere sibi socios mallet.

26

(1) Philippus, ut accusatoris potius quam rei speciem haberet, et ipse a querellis orsus (14) causa cognita pronuntiarunt legati placere deduci praesidia Macedonum ex iis urbibus, et antiquis Macedoniae terminis regnum finiri. de iniuriis, quas ultro citroque illatas querantur, quo modo inter eas gentes et Macedonas disceptetur, formulam iuris exsequendi constituendam esse.

了埃托利亚城市后，执政官派遣腓力去这些城市，现在它们理应归属腓力统治。(13) 元老院不想在国王不在场的情况下作决议，于是派遣昆·凯基利乌斯·墨特卢斯、马·贝比乌斯·腾菲卢斯和提·森普罗尼乌斯为代表，前去处理这些争论的事情。[1] (14) 在他们到来之前，要求所有希望与国王进行诉讼的城市代表前往特萨利亚的廷佩会集。

25

(1) 罗马代表占据了裁判者的位置，特萨利亚人、佩瑞比人、阿塔马涅斯人无疑是作为控告人，腓力是来听取指控，完全如同被告，这时每个代表团的首领各个凭借自己的才能，出于对腓力的好感或憎恶，或尖锐或温和地发言。……(14) 最后发言的那些人采用了这种尖锐的言辞，先前发言的人们的语言都比较温和，力图缓和国王的怒气，宽恕他们是为自由而发言，希望国王能抛弃自己的严厉，让自己学会做同盟者和朋友，并且以罗马人为榜样，像他们那样以亲近而不是以恐惧为自己争得同盟者。

26

(1) 腓力希望自己显然是个原告，而不是被告的样子，于是自己开始申诉，……(14) 听完双方的表述，罗马代表发言认为，马其顿卫队应该撤出那些城市，马其顿王国的边界以旧有的边界为限[2]，至于说到双方提出的其他种种争执，应该在各城邦与马其顿之间按照某种规则，订立依法可循的协议。

---

[1] 昆·凯基利乌斯·墨特卢斯可能是公元前206年的执政官，马·贝比乌斯·腾菲卢斯于公元前192年任裁判官，提贝里乌斯·森普罗尼乌斯可能是公元前187年保民官。

[2] 这里不清楚究竟具体指哪一时期的边界。公元前196年的条约并未足够准确地划定。

29

(3) Hae causae maxime animum Philippi alienauerunt ab Romanis, ut non a Perseo filio eius nouis causis motum, sed ob has a patre bellum relictum filio uideri possit.

Ancora sul modo di combattere dei Romani.

E i premi ai soldati più valorosi sono puramente simbolici

31

(1) Hispani postquam in citeriore ripa duo Romanorum agmina conspexerunt, ut, priusquam se iungere atque instruere possent, occuparent eos, castris repente effusi cursu ad pugnam tendunt. (2) atrox in principio pugna fuit, et Hispanis recenti uictoria ferocibus et insueta ignominia milite Romano accenso. (3) acerrime media acies, duae fortissimae legiones, dimicabant. quas cum aliter moueri loco non posse hostis cerneret, cuneo institit pugnare; et usque plures confertioresque medios urgebant. (4) ibi postquam laborare aciem Calpurnius praetor uidit, T. Quinctilium Uarum et L. Iuuentium Talnam legatos ad singulas legiones adhortandas propere mittit; (5) docere et monere iubet in illis spem omnem uincendi et retinendae Hispaniae esse: si illi loco cedant, neminem eius exercitus non modo Italiam, sed ne Tagi quidem ulteriorem ripam umquam uisurum. (6) ipse cum equitibus duarum legionum paulum circumuectus in cuneum hostium, qui mediam urgebat aciem, ab latere incurrit. (7) Quinctius cum sociis equitibus alterum hostium latus inuadit. sed longe acrius Calpurniani equites pugnabant, et praetor ante alios: (8) nam et primus hostem percussit, et ita se immiscuit mediis, ut uix, utrius partis esset, nosci posset; (9) et equites praetoris eximia

29

（3）这些事件极大地使腓力疏离了罗马人，以至于使得他的儿子佩尔修斯进行战争并非是由于其他什么新的原因，而只是他父亲由此而遗留给儿子的战争。

再谈罗马人的战斗方式，对表现勇敢的士兵的奖励是象征性的。

31

（1）西班牙人发现自己这边河岸上有两支罗马军队，为了不让他们联合起来，组成战斗阵列，他们便突然从营寨冲杀出来，发起进攻。（2）起初战斗进行得很残酷，西班牙人因不久前取得的胜利而大胆无畏，罗马军队则对先前的耻辱记忆犹新。（3）特别是在阵线中央，两个骁勇军团的战斗尤为激烈。敌人看到没有其他办法能迫使他们后退，便以楔形阵势战斗，并且一直以密集的队形和更为强大的力量向阵线中央挤压。（4）裁判官卡尔普尼乌斯看到部队在顽强战斗，便急忙派遣提·昆克提乌斯·瓦鲁斯和卢·卢涅提乌斯·塔尔纳作为代表，分别支援两个军团战斗；（5）同时命令以告诫和提醒军队，唯有这样才能获得胜利和保住西班牙；要是他们从阵线退缩，军队便不会有哪个人能再看到意大利，甚至都永远不可能再看到塔古斯河对岸。[1]（6）他自己则带着两个军团的骑兵稍许绕行，犹如楔子般进攻敌人，挤压阵线的中央，迫使敌人从侧面逃跑。（7）昆克提乌斯率领辅助骑兵从侧面进攻另一股敌人，不过卡尔普尔尼乌斯的骑兵战斗得要远为激烈，裁判官身先士卒。（8）当时他首先冲进敌人中间，使自己陷入混战，以至于难以辨认他究竟属于哪个方面。（9）裁判官超常地奋勇作战，极大

---

[1] 塔古斯河是西班牙西部的主要河流，由东向西，然后偏向西南流向，注入大西洋。

uirtute et equitum pedites accensi sunt. pudor mouit primos centuriones, qui inter tela hostium praetorem conspexerunt. itaque urgere signiferos pro se quisque, iubere inferre signa et confestim militem sequi. (10) renouatur ab omnibus clamor: impetus fit uelut ex superiore loco. haud secus ergo quam torrentis modo fundunt sternuntque perculsos, nec sustineri alii super alios inferentes sese possunt. (11) fugientes in castra equites persecuti sunt, et permixti turbae hostium intra uallum penetrauerunt; ubi ab relictis in praesidio castrorum proelium instauratum, coactique sunt Romani equites descendere ex equis. (12) dimicantibus iis legio quinta superuenit; deinde, ut quaeque potuerant, copiae adfluebant. (13) caeduntur passim Hispani per tota castra; nec plus quam quattuor milia hominum effugerunt. inde tria milia fere, qui arma retinuerant, montem propinquum ceperunt; mille semiermes maxime per agros palati sunt. (14) supra triginta quinque milia hostium fuerant, ex quibus tam exigua pars pugnae superfuit. signa capta centum triginta tria. (15) Romani sociique paulo plus sescenti et prouincialium auxiliorum centum quinquaginta ferme ceciderunt. (16) tribuni militum quinque amissi et pauci equites Romani cruentae maxime uictoriae speciem fecerunt. in castris hostium, quia ipsis spatium sua communiendi non fuerat, manserunt. (17) pro contione postero die laudati donatique a C. Calpurnio equites phaleris, pronuntiauitque eorum maxime opera hostes fusos, castra capta et expugnata esse. (18) Quinctius alter praetor suos equites catellis ac fibulis donauit. donati et centuriones ex utriusque exercitu permulti, maxime qui mediam aciem tenuerant.

地鼓舞了骑兵,骑兵又鼓舞了步兵。这使前列百人队长们感到羞愧,他们看到裁判官在敌人密集的投枪中间作战。于是他们催促走在前面的旗手加快步伐,高举旗帜,随即让兵士紧紧跟随。(10)军队重又发出巨大的呐喊,发起冲击,有如从高处猛扑下来。他们就这样完全犹如急流冲击,冲垮扑倒的一切,以至于无法自我控制,一些人冲击、扑倒另一些人。(11)骑兵追击逃跑者直至营寨,与敌人一起混乱地越过壕堑;他们与守卫营寨的敌人又重新展开战斗,迫使罗马骑兵不得不跳下马来。(12)战斗就这样激烈地进行,直至第五军团到来,然后其他军队也都急速赶到。(13)整个营寨里,西班牙人被杀得尸横遍地。得以逃跑的不足 4000 人。其中约 3000 人带着武器躲进附近的山里;最多只有千人失去武器,分散着隐藏在附近的田间。(14)一共有超过 5000 名的敌人,其中只有很小一部分人从战斗中存活了下来。共夺得 133 面旗帜。(15)罗马人及其同盟者约损失了 600 多人,行省同盟者约损失了 150 人。(16)此外还有 5 名军队指挥官和数目不大的罗马骑兵的鲜血为这次胜利增色。罗马军队没有给自己的营地设防,就驻扎在敌人的营寨里。(17)第二天,骑兵们在全军面前受到盖·卡尔普尔尼乌斯的饰物嘉奖[1]宣布完全是由于他们奋战而迫使敌人崩逃,夺得了敌人的营寨,取得了战争的胜利。(18)另一位裁判官昆克提乌斯奖励骑兵以小链条和马衔,两支军队的双方许多百人队兵士也获得奖赏,由于他们在战场核心顽强地战斗。

---

[1]"饰物嘉奖"指一种带有浮雕的金属饰牌,用来或固定于铠甲,或装饰于马具。

Tradizionale competenza delle assemblee cittadine greche in materia di rapporti sovrannazionali

33

(3) ... aliam deinde nouam legationem patres, cuius princeps Ap. Claudius fuit, in Graeciam et Macedoniam decreuerunt. (7) Achaei maxime concilii negati crimen excusabant recitando legem, quae nisi belli pacisue causa, et cum legati ab senatu cum litteris aut scriptis mandatis uenirent, uetaret indici concilium. (8) ea ne postea excusatio esset, ostendit senatus curae iis esse debere, ut legatis Romanis semper adeundi concilium gentis potestas fieret, quem ad modum et illis, quotiens uellent, senatus daretur.

Il discorso di alto profilo storico e giuridico del Pretore della Lega Achea, Licorta, e la secca risposta del capo della delegazione romana, Appio Claudio

37

(1) At enim illa certe uestra sunt, Achaei, quod leges disciplinamque uetustissimam Lycurgi sustulistis, quod muros diruistis. (2) quae utraque ab iisdem obici qui possunt, cum muri Lacedaemoniis non ab Lycurgo, sed paucos ante annos ad dissoluendam Lycurgi disciplinam exstructi sint? (3) tyranni enim nuper eos arcem et munimentum sibi, non ciuitati parauerunt; et si exsistat hodie ab inferis Lycurgus, gaudeat ruinis eorum, et nunc se patriam et Spartam antiquam agnoscere dicat. (4) non Philopoemenem exspectare nec Achaeos, sed uos ipsi Lacedaemonii, uestris manibus amoliri et diruere omnia uestigia tyrannidis debuistis. (5) uestrae enim illae

希腊城邦议会在最高民族关系方面的传统权限
33

（3）后来，元老们又决定派出另一个新的代表团，代表团以阿皮·克劳狄乌斯为首，前去希腊和马其顿。……（7）阿开亚人为对他们的指控辩护主要称引那条法律，规定除非是为了讨论战争与和平问题或者是罗马代表带着元老院的书面委托前来，否则不得召开泛阿开亚人大会。[1]（8）为了免除这样的辩解，元老院规定罗马代表可以随时前去参加泛阿开亚人会议，有如阿开亚人代表只要请求，便可以参加元老院会议。

对裁判官关于阿开亚同盟的另一种历史和司法描述的争论，Licorta，罗马代表团首领的简单回答，阿皮乌斯·克劳狄乌斯。
37

（1）"阿开亚人，然而你们无法否认这些事情，即你们取消了远古的吕库尔戈斯的法律和规定，撤毁了城墙。"（2）怎么能把这两件事混为一谈？因为拉克戴蒙人并非是按吕库尔戈斯的要求建造城墙，而是在数年之前为了废除吕库尔戈斯法。[2] 要知道，（3）从前专制者们建造城堡和护墙是为了保护他们自己，而不是为了保护城市；若是吕库尔戈斯现在能从地下返回来，他会为城墙被毁而高兴，说他又看到了古老的斯巴达。（4）不是菲洛波蒙，也不是阿开亚人，而是拉克戴蒙人自己应该亲手毁掉这些城墙，清除暴君的一切遗迹。（5）事实上，它们就像是你们的奴

---

〔1〕 不清楚这一规定是阿开亚同盟与罗马人签订的条约中一个条款，或是阿开亚人大会自己作出的决定。

〔2〕 普卢塔克称引了吕库尔戈斯的话："若城市是靠人守卫，而不是用砖护卫，那便不能认为城市是巩固的。"见《斯巴达人格言》，53，吕库尔戈斯，28。

deformes ueluti notae seruitutis erant, et cum sine muris per octingentos prope annos liberi, aliquando etiam principes Graeciae fuissetis, muris uelut compedibus circumdatis uincti per centum annos seruistis. (6) quod ad leges ademptas attinet, ego antiquas Lacedaemoniis leges tyrannos ademisse arbitror; nos non suas ademisse, quas non habebant, sed nostras leges dedisse; (7) nec male consuluisse ciuitati, cum concilii nostri eam fecerimus et nobis miscuerimus, ut corpus unum et concilium totius Peloponnesi esset. (8) tunc, ut opinor, si aliis ipsi legibus uiueremus, alias istis iniunxissemus, queri se iniquo iure esse et indignari possent. (9) scio ego, Ap. Claudi, hanc orationem, qua sum adhuc usus, neque sociorum apud socios neque liberae gentis esse, sed uere seruorum disceptantium apud dominos. (10) nam si non uana illa uox praeconis fuit, qua liberos esse omnium primos Achaeos iussistis, si foedus ratum est, si societas et amicitia ex aequo obseruatur, cur ego, quid Capua capta feceritis Romani, non quaero, uos rationem reposcitis, quid Achaei Lacedaemoniis bello uictis fecerimus? (11) interfecti aliqui sunt, finge, a nobis; quid? uos senatores Campanos securi non percussistis? (12) at muros diruimus; uos non muros tantum sed urbem agrosque ademistis. (13) specie, inquis, aequum est foedus; re apud Achaeos precaria libertas, apud Romanos etiam imperium est. (14) sentio, Appi, et, si non oportet, non indignor; sed oro uos, quantumlibet intersit inter Romanos et Achaeos, modo ne in aequo hostes uestri nostrique apud uos sint ac nos socii, immo ne meliore iure sint. (15) nam ut in aequo essent nos fecimus, cum leges iis nostras dedimus, cum, ut Achaici concilii essent, effecimus parum est uictis, quod uictoribus satis est; plus postulant hostes quam socii habent. (16) quae iureiurando, quae monumentis litterarum in lapide

役地位的可耻标志,而且你们曾经有约800年没有城墙地自由生活,并且有一段时间还曾经是希腊的首领,只是一百年来有如被战胜者由镣铐般的城墙围困受奴役。(6)至于说到那些法律的废除,我认为是那些专制首领们给拉克戴蒙人废除了那些古老的法律;我们并没有废除自己的法律,而是制定了我们的法律;(7)我们并没有提供建议危害国家,当我们把它与我们联系到一起,使它与整个伯罗奔尼撒联合为一体。(8)我认为,如果我们自己按照一种法律生活,把另一种法律加在你们身上,那时拉克戴蒙人会由于自己处于不一样的法律条件下而发出抱怨。(9)我知道,阿皮乌斯·克劳狄乌斯,我说的这一席话并不是同盟者对同盟者说话,倒像是奴隶在主人面前辩解。(10)要知道,如果宣告并不是一句空话,你们曾经宣告在所有民族中阿开亚人首先获得自由;如果认为存在协议,如果同盟和友谊是基于平等,那么为什么我不能问一问,你们罗马人是怎样对待被征服的卡普亚的,然而你们现在却要求报告,我们阿开亚人是怎样对待被战胜的拉克戴蒙人?(11)你可以设想,有一些人被我们杀死:那又怎么样?你们没有用斧子砍杀坎佩尼亚的元老们?(12)然而我们摧毁了城墙:可你们不仅夺取了城墙,还夺取了城市和土地。(13)你会说,协议显然是平等的:阿开亚人的自由实际上是请求得到的,决定权仍然在罗马人那里。(14)阿皮乌斯,我承认这一点,并且如果不是这样,我会觉得不光彩:不过我请求你们,在罗马人和阿开亚人之间还是应该有所差别,只是希望你们不会让你们的,也是我们的敌人与作为同盟者的我们处于平等地位,(15)要知道,尽管我们让他们处于与我们平等的地位,既然我们把自己的法律赋予他们,使他们有如阿开亚人群体,对于我们所做的一切,被战胜者觉得不够,但是胜利者却觉得足够;敌人的要求超出了同盟者所拥有。(16)他们正准备破坏通过誓言肯定,文字被镌刻

insculptis in aeternam memoriam sancta atque sacrata sunt, ea cum periurio nostro tollere parant. (17) ueremur quidem uos, Romani, et si ita uultis, etiam timemus: sed plus et ueremur et timemus deos immortales.' (18) cum adsensu maximae partis est auditus, et locutum omnes pro maiestate magistratus censebant, ut facile appareret molliter agendo dignitatem suam tenere Romanos non posse. (19) tum Appius suadere se magnopere Achaeis dixit, ut, dum liceret uoluntate sua facere, gratiam inirent, ne mox inuiti et coacti facerent.

Interessante esempio della complessità del diritto pubblico (repubblicano) romano: interazione tra Sacerdoti, Comizi, Tribuni, Consoli e Senato
39
(1) Hac sedata contentione alia subinde C. Decimii praetoris morte exorta est. (2) Cn. Sicinius et L. Pupius, qui aediles proximo anno fuerant, et C. Ualerius flamen Dialis et Q. Fuluius Flaccus—is quia aedilis curulis designatus erat, sine toga candida, sed maxima ex omnibus contentione—petebant; (3) certamenque ei cum flamine erat. et postquam primo aequare, mox superare etiam est uisus, pars tribunorum plebis negare rationem eius habendam esse, quod duos simul unus magistratus, (4) praesertim curules, neque capere posset nec gerere; pars legibus eum solui aequum censere, ut quem uellet praetorem creandi populo potestas fieret. (5) L. Porcius consul primo in ea sententia esse, ne nomen eius acciperet; (6) deinde, ut ex auctoritate senatus idem faceret, conuocatis patribus referre se

在石头上,以备永远记忆而被神圣化的神圣誓约,让我们成为违约者。(17)罗马人,我们尊重你们,并且若是你们希望,我们惧怕你们。(18)绝大部分出席会议的人都赞赏地听取了他的发言,认为他发言时保证了作为官员应有的尊严,以至于若是罗马人表现软弱,将难以保持自己的尊严。(19)这时阿皮乌斯发言,要求阿开亚人宽宏大量,既然他们暂时还没有被迫那样做。

罗马公法(共和政体法)的复杂性的有趣实例:祭司、民会、保民官、执政官和元老院之间的相互制约
39

(1)这场争论刚停息[1],由于裁判官盖·得基穆斯之死又引起了另一场争论。格奈·西基尼乌斯和卢·普皮乌斯,他们曾经担任上一年的裁判官,还有尤皮特祭司盖·瓦勒里乌斯和昆·孚尔维乌斯·弗拉库斯——后者由于业已被推举为高级市政官而无法作为候选人,不过他们仍然极力竞争这一职务;[2] (3)他的竞争对手是弗拉明[3],在起初的均势之后,他很快便显出优势,一部分平民保民官起来反对他的候选人资格,理由是一个人不可能同时担任两种职务,(4)特别是高级职务[4],不能既收取,又执行;部分保民官认为可以把他作为例外,使得人民可以把他们希望的人选举为裁判官。(5)执政官卢·波尔基乌斯起初同意这种意见,不把他的名字列入表决名单;(6)但后来他凭借元老院的威望,又召集了元老们会商,对他

---

〔1〕"争论"指为关于派遣军队去西班牙引起的争论。

〔2〕"无法作为候选人"的拉丁文是 sine toga candita,意为"无作为候选人标志的白色外袍",传入后代西欧语言。

〔3〕弗拉明(Flamen)指古罗马三大祭司之一,即尤皮特祭司、弥涅尔瓦祭司和罗慕卢斯祭司中的一个。

〔4〕参阅 VII, 42, 2。当时孚尔维乌斯·弗拉库斯当时尚未履高级市政官职务。

ad eos dixit, quod nec iure ullo nec exemplo tolerabili liberae ciuitati aedilis curulis designatus praeturam peteret; sibi, nisi quid aliud iis uideretur, in animo esse e lege comitia habere. (7) patres censuerunt, uti L. Porcius consul cum Q. Fuluio ageret, ne impedimento esset, quo minus comitia praetoris in locum C. Decimii subrogandi e lege haberentur. (8) agenti consuli ex senatus consulto respondit Flaccus nihil, quod se indignum esset, facturum. medio responso spem ad uoluntatem interpretantibus fecerat cessurum patrum auctoritati esse. (9) comitiis acrius etiam quam ante petebat criminando, extorqueri sibi a consule et senatu populi Romani beneficium, et inuidiam fieri geminati honoris, tamquam non appareret, ubi designatus praetor esset, extemplo aedilitate se abdicaturum. (10) consul cum et pertinaciam petentis crescere et fauorem populi magis magisque in eum inclinari cerneret, dimissis comitiis senatum uocauit. censuerunt frequentes, quoniam Flaccum auctoritas patrum nihil mouisset, ad populum cum Flacco agendum. (11) contione aduocata cum egisset consul, ne tum quidem de sententia motus gratias populo Romano egit, quod tanto studio, quotienscumque declarandae uoluntatis potestas facta esset, praetorem se uoluisset facere: (12) ea sibi studia ciuium suorum destituere non esse in animo. haec uero tam obstinata uox tantum ei fauorem accendit, ut haud dubius praetor esset, si consul accipere nomen uellet. (13) ingens certamen tribunis et inter se ipsos et cum consule fuit, donec senatus a consule est habitus decretumque: (14) quoniam praetoris subrogandi comitia ne legibus fierent, pertinacia Q. Flacci et praua studia hominum impedirent, senatum censere satis praetorum esse; (15) P. Cornelius utramque in urbe iurisdictionem haberet, Apollinique ludos faceret.

们说，在自由的城邦里，既不符合任何法规，也没有任何可容忍的先例，允许高级市政官参选裁判官；如果他们没有异议，那他便按照法律规定召开选举民会。（7）元老们决定让执政官卢·波尔基乌斯与昆·孚尔维乌斯协商，以免出现混乱，使得在盖尤斯·德基穆斯田庄举行的选举不会出现什么违规。（8）当执政官按照元老院决议进行交涉，弗拉库斯回答称不会做出什么不应有的事情。这一模棱两可的答复使得元老们作出符合他们愿望的解释。（9）但是在民会上，他甚至发出了比先前更为激烈的抱怨，声称执政官和元老院企图从他那里剥夺罗马人民，嫉妒他获得两个职位，如果他不准备在得到裁判职位后，立即辞去市政官职务。（10）执政官看到追求者越来越固执，人民对他也越来越有好感，于是解散了人民会议，召开元老院会议。元老院考虑到元老们的威望没有能对弗拉库斯起任何作用，于是决定把弗拉库斯的问题提交人民决定。（11）执政官召集的民会一召开，弗拉库斯便感情激动地感谢罗马人民如此热情，如此反复地大声表达自己的意愿，希望他能成为裁判官；（12）至于说到他自己，他不会让自己的选民们感到失望。这种顽强坚持的声音激起了如此强烈的对他的赞许，以至于毫无疑问他会当选为裁判官，若是执政官想接受他的名字。（13）保民官们又陷入激烈的争论，包括他们互相之间和与执政官之间，直到由执政官召集元老院会议，作出如下决定：（14）鉴于选举裁判官民会不符合法律规定，遭受昆·弗拉库斯的顽固阻挠和人们的错误坚持，元老院认为裁判官已经足够；由普·科尔涅利乌斯主持两种形式的城市裁判，并组织阿波罗赛会。

Deduzione di due Colonie
44

(10) eodem anno coloniae duae, Potentia in Picenum, Pisaurum in Gallicum agrum, deductae sunt. sena iugera in singulos data. diuiserunt agrum coloniasque deduxerunt iidem tresuiri, (11) Q. Fabius Labeo, et M. et Q. Fuluii, Flaccus et Nobilior.

Roma si scopre punto di equilibrio mediterraneo
46

(6) Priusquam consules in prouincias proficiscerentur, legationes transmarinas in senatum introduxerunt. nec umquam ante tantum regionis eius hominum Romae fuerat. (7) nam ex quo fama per gentes, quae Macedoniam accolunt, uulgata est crimina querimoniasque de Philippo non neglegenter ab Romanis audiri, multis operae pretium fuisse queri, (8) pro se quaeque ciuitates gentesque, singuli etiam priuatim—grauis enim accola omnibus erat—Romam aut ad spem leuandae iniuriae aut ad deflendae solacium uenerunt.

Morti parallele: dello Stratego greco Filopémene, del condottiero cartaginese Annibale e del condottiero romano Scipione l'Africano
50

(7) accepto poculo nihil aliud locutum ferunt quam quaesisse, si incolumis Lycortas— is alter imperator Achaeorum erat—equitesque euasissent. (8) postquam dictum est incolumes esse, 'bene habet' inquit et poculo impauide exhausto haud ita multo post exspirauit. (9) non diuturnum mortis eius gaudium auctoribus crudelitatis

撤除两处移民地
44

(10) 仍然是在那一年,在皮克努姆的波滕提亚和高卢的皮绍鲁姆建了两处移民地。每个移民配给 6 尤革尔土地。仍然是那个三人委员会主持分配土地和建立移民地,他们是昆·法比乌斯·拉贝奥、马·和昆·孚尔维乌斯、弗拉库斯和诺比利奥尔。

罗马显示地中海地区的均衡点
46

(6) 执政官在出发前往行省之前把外邦使团带进元老院。以前从没有那一地区的这么多人来罗马。(7) 从这时开始,在与马其顿为邻的那些民族中传说,对腓力的指控和抱怨被罗马人认真听取,有许多人的抱怨还能得到满足,(8) 不少城市、民族和氏族,单个地或者甚至以私人身份地——腓力对于所有的人都是难以忍受的邻居——来到罗马,为了或是减轻受到的不公正对待或是为哭诉求得安慰。

许多类似的事件:关于希腊战略家菲洛波蒙,关于迦太基军事统帅汉尼拔和罗马军事统帅斯基皮奥·阿非利加努斯
50

(7) ……据说他[1]接过杯子,没有说其他什么,只是询问,吕科尔塔斯是否安然无恙——这是阿开亚人的另一个将领——和骑兵是否逃脱。(8) 他在听说未受任何损失之后,说了声"事情很好",便无所畏惧地把杯里的饮料一饮而尽,不久便停止了呼吸。(9) 残忍的杀害者没有能高兴太久。墨塞涅[2]

---

〔1〕 指菲洛波蒙(公元前 253—前 83),古代希腊阿开亚人的著名将领。
〔2〕 墨塞涅是希腊伯罗奔尼撒半岛西南部地区。

fuit. uicta namque Messene bello exposcentibus Achaeis dedidit noxios, ossaque reddita Philopoemenis sunt, et sepultus ab uniuerso Achaico est concilio, adeo omnibus humanis congestis honoribus, ut ne diuinis quidem abstineretur. (10) ab scriptoribus rerum Graecis Latinisque tantum huic uiro tribuitur, ut a quibusdam eorum, uelut ad insignem notam huius anni, memoriae mandatum sit tres claros imperatores eo anno decessisse, Philopoemenem, Hannibalem, P. Scipionem: (11) adeo in aequo eum duarum potentissimarum gentium summis imperatoribus posuerunt.

51

(1) Ad Prusiam regem legatus T. Quinctius Flamininus uenit, quem suspectum Romanis et receptus post fugam Antiochi Hannibal et bellum aduersus Eumenem motum faciebat. (2) ibi seu quia a Flaminino inter cetera obiectum Prusiae erat hominem omnium, qui uiuerent, infestissimum populo Romano apud eum esse, qui patriae suae primum, deinde fractis eius opibus Antiocho regi auctor belli aduersus populum Romanum fuisset; (3) seu quia ipse Prusias, ut gratificaretur praesenti Flaminino Romanisque, per se necandi aut tradendi eius in potestatem consilium cepit; a primo colloquio Flaminini milites extemplo ad domum Hannibalis custodiendam missi sunt. (4) semper talem exitum uitae suae Hannibal prospexerat animo et Romanorum inexpiabile odium in se cernens, et fidei regum nihil sane confisus: Prusiae uero leuitatem etiam expertus erat; Flaminini quoque aduentum uelut fatalem sibi horruerat. (5) ad omnia undique infesta ut iter semper aliquod praeparatum fugae haberet, septem exitus e domo fecerat, et ex iis quosdam occultos, ne custodia saepirentur. (6) sed graue imperium regum nihil inexploratum, quod uestigari

很快被打败，犯罪者按要求被交给了阿开亚人，菲洛波蒙的骨殖被送回，整个阿开亚同盟为他举行了葬礼，汇集了人类所有最高的礼遇，甚至神明们都不一定能达到。(10) 历史学家们，包括希腊的和拉丁的，都给予了这个人很高的评价，以至于其中有些人甚至指出，似乎是为了赋予这一年特别的记忆，有三位著名的统帅在这一年去世，让人们怀念——菲洛波蒙、汉尼拔、普布利乌斯·斯基皮奥；(11) 把他归入世上无比强大的统帅之列，与世界上两位最伟大的统帅相并列。

51

(1) 提·昆克提乌斯·弗拉弥尼努斯作为使节，来见佩鲁西亚国王[1]，他令罗马人感到不安，因为他在安提奥科斯溃败后接待了汉尼拔，准备发动对欧墨涅斯[2]战争。(2) 或者不管如何，当时由于弗拉弥尼努斯可能指责普鲁西阿斯，对于罗马人来说，所有世人中最残酷的敌人藏在他那里，此人曾经首先激励自己的国家，然后鼓动国王安提奥科斯依靠他那被击溃了的军队，发动对罗马人民的战争；(3) 或者由于佩鲁西阿斯本人为了迎合前来的弗拉弥尼努斯和罗马人民的愿望，自己决定杀死汉尼拔，或者把他交到执政官的手下；在他第一次与弗拉弥尼努斯会谈后，便立即派遣军队守卫汉尼拔居住的房屋。(4) 汉尼拔早就想到自己的生命会有这样的结果，感觉到罗马人对他的不可求赎的憎恨，并且知道国王们完全不可信任；甚至感觉到普佩鲁西阿斯的不坚定性，因此弗拉弥尼努斯的到来有如他的命运，令他发颤。(5) 为了应付各种可能的不测，他已经事先准备好逃跑的路线，准备了七条离开住屋的出口，其中有几条是隐蔽的，用以瞒过守卫。(6) 然而国王们命令调查

---

〔1〕 佩鲁西亚是小亚细亚比提尼亚国王。
〔2〕 欧墨涅斯原是亚历山大手下名将。

uolunt, efficit. totius circuitum domus ita custodiis complexi sunt, ut nemo inde elabi posset. (7) Hannibal, postquam est nuntiatum milites regios in uestibulo esse, postico, quod deuium maxime atque occultissimi exitus erat, fugere conatus, (8) ut id quoque occursu militum obsaeptum sensit et omnia circa clausa custodiis dispositis esse uenenum, quod multo ante praeparatum ad tales habebat casus, poposcit. (9) 'liberemus' inquit 'diuturna cura populum Romanum, quando mortem senis exspectare longum censent. (10) nec magnam nec memorabilem ex inermi proditoque Flamininus uictoriam feret. mores quidem populi Romani quantum mutauerint, uel hic dies argumento erit. (11) horum patres Pyrrho regi, hosti armato, exercitum in Italia habenti, ut a ueneno caueret praedixerunt: hi legatum consularem, qui auctor esset Prusiae per scelus occidendi hospitis, miserunt.' (12) exsecratus deinde in caput regnumque Prusiae, et hospitales deos uiolatae ab eo fidei testes inuocans, poculum exhausit. hic uitae exitus fuit Hannibalis.

La narrazione della morte di Scipione è occasione, per Livio, di descrivere i suoi scrupoli e controlli storiografici

52

(1) Scipionem et Polybius et Rutilius hoc anno mortuum scribunt. ego neque his neque Ualerio adsentior, his, quod censoribus M. Porcio L. Ualerio ⟨L. Ualerium⟩ principem senatus ipsum

的东西,必定会受到严格的检查。整个房屋周围布满了警卫,使得任何人都不可能从那里逃脱。(7)国王的兵士们进入住屋前厅宣布命令时,汉尼拔立即企图从屋子最后面非常隐蔽的出口逃跑;当他感到这条逃跑路线也被堵住时,他服下了很久以前便为类似情况准备的毒药。(9)说道:"我们让被长久的忧虑困扰的罗马人得以解脱,既然他们觉得期待老人死去太久远"。[1](10)弗拉弥尼努斯从一个无力自卫的、被出卖的人那里不会获得什么巨大的、值得铭记的胜利。罗马人的道德发生了多么大的变化,这一天或许可以为证。(11)当今的罗马人的祖辈们曾经警告过武装的敌人,国王皮罗斯,率领军队来到意大利。要他提防毒药:这些人派卸任执政官作为使节去见佩鲁西阿斯,让佩鲁西阿斯罪恶地杀死客人。(12)他召唤诅咒佩鲁西阿斯和他的王国,请求作为客人的保护神的神明们惩罚明显的罪恶——举起酒杯一饮而尽。这就是汉尼拔的生命的终结。

核实叙述斯基皮奥之死和原因,按照李维的描述,描写他的犹豫和历史著作考证

52

(1)波利比奥斯和鲁提利乌斯都记述斯基皮奥在这一年去世。[2] 不过我既不同意他们的意见,也不同意瓦勒利乌斯的意见[3],因为在马·波尔基乌斯和卢·瓦勒利乌斯任监察官年[4]

---

[1] 涅波斯在《汉尼拔》,13 中写道:迦太基统帅死去时 70 岁,并且指出了三个不同的年代(按照执政官纪年),按阿提库斯为公元前 183 年,按利比奥斯为公元前 182 年,按一位无从确考的作家为公元前 181 年。

[2] 指公元前 183 年。

[3] 瓦勒利乌斯·安提帕特尔把普·斯基皮奥之死归结为公元前 187 年发生的事情。参阅 XXXVIII, 53, 8;革利乌斯, VI(VII)19, 8。

[4] 指公元前 184—183 年。

censorem lectum inuenio, cum superioribus duobus lustris Africanus fuisset, (2) quo uiuo, nisi ut ille senatu moueretur, quam notam nemo memoriae prodidit, alius princeps in locum eius lectus non esset. (3) Antiatem auctorem refellit tribunus plebis M. Naeuius, aduersus quem oratio inscripta P. Africani est. (4) hic Naeuius in magistratuum libris est tribunus plebis P. Claudio L. Porcio consulibus, sed iniit tribunatum Ap. Claudio M. Sempronio consulibus ante diem quartum idus Decembres. (5) inde tres menses ad idus Martias sunt, quibus P. Claudius L. Porcius consulatum inierunt. (6) ita uixisse in tribunatu Naeuii uidetur, diesque ei dici ab eo potuisse, decessisse autem ante L. Ualerii et M. Porcii censuram. (7) trium clarissimorum suae cuiusque gentis uirorum non tempore magis congruente comparabilis mors uidetur esse, quam quod nemo eorum satis dignum splendore uitae exitum habuit. (8) iam primum omnes non in patrio solo mortui nec sepulti sunt. ueneno absumpti Hannibal et Philopoemen; exsul Hannibal, proditus ab hospite, captus Philopoemen in carcere et in uinculis exspirauit: (9) Scipio etsi non exsul neque damnatus, die tamen dicta, ad quam non adfuerat reus, absens citatus, uoluntarium non sibimet ipse solum sed etiam funeri suo exsilium indixit.

两监察官之一，即卢·瓦勒利乌斯，据我读到的材料，曾经被推举为首席元老，而在此前两个 5 年，是阿非利加努斯[1]。(2) 在他活着时，除非他被逐出元老院，谁也不可能提供这样的记忆。[2] (3) 安提阿斯的看法受到平民保民官马·奈维乌斯的批驳，普·阿非利加努斯有篇演说辞正是针对后者。按照官员册录，这位奈维乌斯在普·克劳狄乌斯和卢·波尔基乌斯执政官年任平民保民官[3]，履行保民官职务不过是在阿皮·克劳狄乌斯和马·森普罗尼乌斯任执政官年 12 月伊代日前 4 天，[4] (5) 即 3 月伊代日的前 3 个月，那时由普·克劳狄乌斯和卢·波尔基乌斯任执政官。[5] (6) 因此在奈维乌斯担任保民官期间，斯基皮奥显然还活着，从而能够被他告上法庭，而去世则在卢·瓦勒里乌斯和马波·尔基乌斯任监察官之前。(7) 这三个人都是各自民族非常杰出的人物，若不是生活在同一个时期，也就不可能对他们的死亡进行比较，而且他们谁也不可能使自己的生命结束得如此光辉闪烁。(8) 首先，他们三个人都不是去世和被埋葬在自己唯一的祖邦。汉尼拔和菲洛佩蒙死于毒药；汉尼拔处于被放逐状态，被敌人出卖，菲洛佩蒙被捕，死于监狱，戴着镣铐；(9) 尽管斯基皮奥没有被放逐，也没有被判罪，但是确定了庭审时期，受到缺庭传唤，自愿让自己不仅活着时，甚至在死后，也一直遭放逐。

---

〔1〕 参阅 XXXVIII，28，2 及注 67。上面并未提到选举瓦勒利乌斯·弗拉库斯为首席元老。

〔2〕 李维的意思是只有斯基皮奥去世了，才可能进行这样的增选。

〔3〕 该年为公元前 184 年。

〔4〕 即 12 月 10 日。

〔5〕 即 12 月 10 日和 3 月 15 日。第一个日期是开始履职的日期，第二个日期是执政官和其他官员履职的日期，其中包括监察官。不过如果奈维乌斯确实是在公元前 185 年担任平民保民官，并且是斯基皮奥的控告者，那么他便不可能死于公元前 187 年。

TITI LIVI AB VRBE CONDITA LIBER XL

PERIOCHA

Cum Philippus liberos eorum quos in uinculis habebat nobilium hominum conquiri ad mortem iussisset, Theoxena, uerita pro liberis suis admodum pueris regis libidinem, prolatis in medium gladiis et poculo in quo uenenum erat, suasit his ut imminens ludibrium morte effugerent et cum persuasisset, et ipsa se interemit. Certamina inter filios Philippi, Macedoniae regis, Persen et Demetrium, referuntur; et ut fraude fratris sui Demetrius fictis criminibus, inter quae accusatione parricidii et adfectati regni, primum petitus, ad ultimum, quoniam populi R. amicus erat, ueneno necatus est, regnumque Macedoniae mortuo Philippo ad Persen uenit. Item res in Liguribus et Hispania contra Celtiberos a compluribus ducibus feliciter gestas continet. Colonia Aquileia deducta est. Libri Numae Pompili in agro L. Petilli scribae sub Ianiculo a cultoribus agri arca lapidea clusi inuenti sunt et Graeci et Latini. In quibus cum pleraque dissoluendarum religionum praetor, ad quem delati erant, legisset, iurauit senatui contra rem p. esse ut legerentur seruarenturque. Ex S. C. in comitio exusti sunt. Philippus aegritudine animi confectus, quod Demetrium filium falsis Persei, alterius fili, in eum delationibus impulsus ueneno sustulisset, et de poena Persei cogitauit uoluitque Antigonum potius, amicum suum, successorem regni sui relinquere, sed in hac cogitatione morte raptus est. Perseus regnum excepit.

第四十卷

内容提要（公元前 182—前 179）

在腓力命令把那些被他处死的贵族子弟们关进监牢后，特奥克塞娜[1]担心自己的那些孩子也会成为国王的欲望的对象，便把佩剑和带毒的酒杯放到他们面前，劝说他们用死亡来躲避即将面临的耻辱，并且在她劝说成功之后，她自己也自杀了。传说在马其顿国腓力的儿子佩尔修斯和得墨特里奥斯之间发生过竞争；得墨特里奥斯对自己的兄弟编造罪名进行诬告，其中首先是企图毒死父亲并夺取政权，然后与罗马人民结盟，因此在他被毒死后，腓力死后的马其顿王位便归于佩尔修斯。书中然后叙述了与利古里亚人的战事和多位军事将领在西班牙对克尔提贝里人顺利进行的战事。在阿克维勒亚建立移民地。在文书卢·佩提利乌斯的地段里，位于雅尼库卢姆附近，耕作的农人们发现了努马·蓬皮利乌斯镌刻在石板上的文字，采用希腊文和拉丁文。人们把它们交给了裁判官，裁判官在其中读出了许多可能消解宗教情感的内容，元老院认为它们有害于国家，要求把它们集中保管起来。根据元老院决议，在广场上把它们焚毁了。腓力忧郁成疾，由于次子佩尔修斯的诬陷，受诬告怂恿，用毒药杀死了得墨特里奥斯，准备惩罚佩尔修斯，宁可让自己的朋友安提戈诺斯作为王权继承人，但是他在这样的思绪中亡故了，佩尔修斯继承了王位。

---

[1] 特奥克塞娜是希腊特萨利亚地区贵族革罗狄科斯（Gerodices）的儿媳，腓力杀死了革罗狄科斯本人及其女婿。

Deduzione di Colonia
29

(1) Colonia Grauiscae eo anno deducta est in agrum Etruscum, de Tarquiniensibus quondam captum. quina iugera agri data; tresuiri deduxerunt C. Calpurnius Piso P. Claudius Pulcher C. Terentius Istra.

Dubbio ritrovamento 'archeologico' dei "Libri di Numa Pompilio" e drastici provvedimenti pubblici, nel rispetto dei diritti dei privati

(3) eodem anno in agro L. Petilii scribae sub Ianiculo, dum cultores [agri] altius moliuntur terram, duae lapideae arcae, octonos ferme pedes longae, quaternos latae, inuentae sunt, operculis plumbo deuinctis. (4) litteris Latinis Graecisque utraque arca inscripta erat, in altera Numam Pompilium Pomponis filium, regem Romanorum, sepultum esse, in altera libros Numae Pompilii inesse. (5) eas arcas cum ex amicorum sententia dominus aperuisset, quae titulum sepulti regis habuerat, inanis inuenta, sine uestigio ullo corporis humani aut ullius rei, per tabem tot annorum omnibus absumptis. (6) in altera duo fasces candelis inuoluti septenos habuere libros, non integros modo sed recentissima specie. (7) septem Latini de iure pontificum erant, septem Graeci de disciplina sapientiae, quae illius aetatis esse potuit. (8) adicit Antias Ualerius Pythagoricos fuisse, uulgatae opinioni, qua creditur Pythagorae auditorem fuisse Numam, mendacio

建立移民地

29

(1) 这一年[1]，在埃特鲁里亚的格拉维斯卡[2]建立了移民地，这片土地是以前从塔克文尼人那里夺来的。(2) 按5尤革鲁姆土地分配；由三人委员会盖·卡尔普尔尼乌斯·皮索、普·克劳狄乌斯·普尔克尔和盖·泰伦提乌斯·伊斯特拉建立。

令人质疑的《努马·蓬皮利乌斯书》的"考古"发现和社会的极端措施，对私法的回答

(3) 仍是在那一年，书记官卢·佩提利乌斯在位于雅尼库卢姆山脚下的土地上，在农人们翻耕土地时，发现了两个石柜，约8脚掌长，4脚掌宽，用铅封盖。(4) 每个石柜镌有拉丁文和希腊文，其中的一个收殓着蓬波尼斯之子努玛·蓬皮利乌斯，另一个则收藏着努马·蓬皮利乌斯的文书。(5) 在主人按照友人的建议，打开石柜后，在那个标注有国王的名字的石柜里什么也没有发现，既没有任何人躯体的痕迹，也没有其他任何物件，显然是由于陈年地腐烂，一切都消失了。(6) 在另一个石柜里，有两个分别用蜡封的书卷，不仅没有被移动过，而且看起来还很新鲜。(7) 拉丁文卷关于大祭司法[3]，希腊文七卷关于智慧学科，[4] 可能属于那个年代。[5] (8) 安提阿斯·瓦勒里乌斯认为，把它视为毕达戈拉斯的文集是为了迎合流行的看

---

[1] 指公元前181年。
[2] 格拉维斯卡位于埃特鲁里亚南部海滨。
[3] 努马被视为大祭司法的奠基人。参阅李维：I, 20, 5—7。
[4] "智慧学科"指哲学，李维在这里没有使用希腊术语。
[5] 当代学者认为，被发现的努马书卷系伪造，与当时在思想意识方面的斗争有联系。

probabili accommodata fide. (9) primo ab amicis, qui in re praesenti fuerunt, libri lecti; mox pluribus legentibus cum uulgarentur, Q. Petilius praetor urbanus studiosus legendi libros eos a L. Petilio sumpsit: (10) et erat familiaris usus, quod scribam eum quaestor Q. Petilius in decuriam legerat. (11) lectis rerum summis cum animaduertisset pleraque dissoluendarum religionum esse, L. Petilio dixit sese libros eos in ignem coniecturum esse; priusquam id faceret, se ei permittere, uti, si quod seu ius seu auxilium se habere ad eos libros repetendos existimaret, experiretur: ⟨id⟩ integra sua gratia eum facturum. (12) scriba tribunos plebis adit, ab tribunis ad senatum res est reiecta. praetor se iusiurandum dare paratum esse aiebat, libros eos legi seruarique non oportere. (13) senatus censuit satis habendum quod praetor iusiurandum polliceretur; libros primo quoque tempore in comitio cremandos esse; pretium pro libris, quantum Q. Petilio praetori maiorique parti tribunorum plebis uideretur, domino soluendum esse. id scriba non accepit. (14) libri in comitio igne a uictimariis facto in conspectu populi cremati sunt.

法，以使人们相信努马曾经是毕达戈拉斯的门生。[1]（9）首先阅读这些文字的是主人的朋友，他们当时在场。消息传开后，阅读的人便越来越多。城市裁判官昆·佩提利乌斯也很想阅读那些书卷，便从卢·佩提利乌斯那里把它们取走。（10）他们的关系很要好，因为昆·佩提利乌斯担任财政官时，曾经带领他去过文书房。[2]（11）昆·佩提利乌斯认真阅读那些书册后，认为其中大部分内容与宗教观念相佐，因此便对卢·佩提利乌斯说，他想把那些书卷焚毁；不过卢·佩提利乌斯认为他最好不要这样做，建议他在焚毁书卷之前，考虑由法庭判决或依靠其他方法得到这些书册[3]。这件事并没有改变昆·佩提利乌斯对卢·佩提利乌斯的好感。（12）卢·佩提利乌斯去求助于平民保民官，事情由保民官提交到元老院。裁判官说，他愿意发誓认为，不应该阅读和保存这些书册。（13）元老院认为，裁判官的誓言应该被接受；那些书卷应该尽快在民会上焚毁；而为那些书卷应付给主人[4]的费用，则按裁判官昆图斯·佩提利乌斯和大部分保民官的决定。卢·佩提利乌斯没有接受钱。（14）献祭时服务人员把财政官带到民会上，并且当着人民的面把书册焚毁了。[5]

---

[1] 李维追随西塞罗，认为按照生活年代，那是不可能的（试比较李维：I, 18, 2—4 及注 65, 见译本第一卷页 26 和页 510）。不过尽管如此，视努马是毕达戈拉斯的门生仍然成为流行看法。例如奥维德：《黑海书简》, III, 3, 43—46。普卢塔克的《努马》中的努马与毕达戈拉斯的争论出现了意外的转折。参阅《努马》, I。

[2] 国家文书是在职官员身边的最高服务阶层，是在职官员的辅助机构，从事公文处理，料理财务和其他秘书事宜。他们由国家招聘，并由国家付酬。这些文书划分等级，其中最高等级是财政官文书，主持国库簿记，其次是高级市政官文书，然后分别是保民官文书，平民市政官文书等。由于他们富有经验，通晓法律，因而很有影响。文书卸职后，甚至可以担任国家官职。例如公元前 173 年的裁判官盖·基泽瑞乌斯便曾经是文书（见瓦勒里乌斯·马克西穆斯, III, 5, 1; IV, 5, 3）。此处文中与裁判官文书同姓，可视为此文书系出生于该裁判官的释奴家庭。

[3] "其他办法"例如可以向保民官求助，如果他认为自己的权利受到侵犯。

[4] "主人"指土地所有者。

[5] 焚毁时有神职人员在场，从而赋予事件以神圣性。

Migrazione programmata e forzosa, di un popolo ostile, nell'àmbito del territorio romano

37

(9) P. Cornelius et M. Baebius, qui in consulatu nihil memorabile gesserant, in Apuanos Ligures exercitum induxerunt.

38

(1) Ligures, qui ante aduentum in prouinciam consulum non exspectassent bellum, improuiso oppressi ad duodecim milia hominum dediderunt se. (2) eos consulto per litteras prius senatu deducere ex montibus in agros campestres procul ab domo, ne reditus spes esset, Cornelius et Baebius statuerunt, nullum alium ante finem rati fore Ligustini belli. (3) Ager publicus populi Romani erat in Samnitibus, qui Taurasinorum ⟨ fuerat. (4) eo cum⟩ traducere Ligures Apuanos uellent, edixerunt, ⟨ut⟩ Ligures Apuani de montibus descenderent cum liberis coniugibusque, sua omnia secum portarent. Ligures saepe per legatos deprecati, ne penates, sedem in qua geniti essent, sepulcra maiorum cogerentur relinquere, arma obsides pollicebantur. (5) postquam nihil impetrabant neque uires ad bellandum erant, edicto paruerunt. (6) traducti sunt publico sumptu ad quadraginta milia liberorum capitum cum feminis puerisque. argenti data centum et quinquaginta milia, unde in nouas sedes compararent, quae opus essent. (7) agro diuidendo dandoque iidem, qui traduxerant, Cornelius et Baebius praepositi. postulantibus tamen

在罗马地域的范围内计划性和强制性的移民，人民的对立

37

（9）普·科尔涅利乌斯和马·贝比乌斯在他们的执政官任职期间没有完成任何值得引人注意的事情，因此他们便率领军队进入了利古里亚的阿普阿尼人的居住区。

38

（1）利古尔人[1]以为在执政官们到来行省之前不会有战争，但意外的强力迫使他们中的2万人投降。（2）科尔涅利乌斯和贝比乌斯首先通过书信与元老院商量，要把利古尔人从山区迁居平原地区，让他们远离家乡，以使他们失去返回故土的希望，由于科尔涅利乌斯和贝比乌斯认为除此以外没有其他任何办法能够结束利古里亚战争。（3）在萨姆尼乌姆有罗马人民的公有土地，那些土地原属于陶拉西尼人。[2]（4）科尔涅利乌斯和贝比乌斯在决定迁居利古里亚的阿普阿尼人之后，便要求利古尔-阿普阿尼人从山上下来，带着他们的妻子和儿女，以及他们的所有财物。利古尔人反复派遣使节请求，不要让他们弃下祖先神灵和世代居住的地方以及先辈的墓茔，保证交出武器和人质。（5）利古尔人在任何请求都没有得到满足，也没有任何力量进行战争之后，服从了命令。（6）他们由公费迁居，迁居的人数达4万自由人，包括他们的妻儿。罗马为他们共花费了15万塞斯特尔提乌斯并安排新居。[3]（7）土地的划界和分配由科尔涅利乌斯和贝比乌斯亲自负责。[4]不过按照他们的

---

〔1〕 利古尔人居住在意大利半岛西北部海湾地区，居住地称为利古里亚。

〔2〕 意指那里原属萨姆尼特斯人中的陶拉西尼人，但当时那里已经没有陶拉西尼人。

〔3〕 原文本身未具体指称货币材质，白银是当时流行的货币材质。

〔4〕 老普林尼称，这些利古尔人后来称为科尔涅利乌斯和贝比乌斯利古尔人，参阅老普林尼：《自然史》，III, 105。

ipsis quinqueuiri ab senatu dati, quorum ex consilio agerent. (8) transacta re cum ueterem exercitum Romam deduxissent, triumphus ab senatu est decretus. (9) hi omnium primi nullo bello gesto triumpharunt. tantum hostiae ductae ante currum, quia nec quod ferretur neque quod duceretur captum neque quod militibus daretur, quicquam in triumphis eorum fuerat.

Valutazione positiva, da parte del comandante romano, della imboscata nemica, come opportunità di gloria; ancora un esempio del modo di combattere romano
39

ubi eum saltum prima luce agmen Romanum intrauit, repente ex duabus partibus simul exorti hostes Romanos inuaserunt. quod ubi uidit [il console] Flaccus, ... (9) [esortò i soldati dicendo] ...reditum ignobilem in patriam clarum ac memorabilem eos sibi fecisse: cruentos ex recenti caede hostium gladios et manantia sanguine spolia Romam ad triumphum delaturos. plura dici tempus non patiebatur: inuehebant se hostes, et in partibus extremis iam pugnabatur. (10) deinde acies concurrerunt.

40

(2) Celtiberi ubi ordinata acie et signis collatis se non esse pares legionibus senserunt, cuneo impressionem fecerunt, (3) quo tantum ualent genere pugnae, ut quamcumque [in] partem perculere impetu suo, sustineri nequeant. tunc quoque turbatae legiones sunt, prope interrupta acies. (4) quam trepidationem ubi Flaccus conspexit, equo aduehitur ad legionarios equites, et 'ni quid auxilii in

要求，元老院派出了五人委员会，他们则按照该委员会的要求行事。(8) 在完成这项工作后，科尔涅利乌斯和贝比乌斯率领服役期满的军队返回罗马，元老院决定为他们的凯旋进行庆祝。(9) 他们是第一次没有进行任何战争就享受凯旋。让准备用来献祭的牲畜行走在战车前面。由于没有任何掳获，因此也没有任何可为作为对兵士们的馈赠东西可以在他们的凯旋行进中展示。

从罗马指挥官方面和从敌人的伏击方面进行实效评估，如何使荣誉合适；罗马人的作战方式实例

39

(6) 当罗马军在黎明时分进入了那条峡谷后，敌人立即从两个方向一起对罗马人发起进攻。(7) 执政官弗拉库斯看到这种情形，……(9) 劝告士兵们……会使他们返回祖国时由毫无光彩变得荣耀而令人难忘：他们会手持浸染着被杀死敌人鲜血的佩剑和垂滴着敌人血液的战利品返回罗马，参加凯旋。没有时间再多说，敌人开始退却，两翼开始了战斗。(10) 然后军队便厮杀到一起。

40

(2) 克尔提贝里人[1]感到，他们难以凭借正规的战斗队形和统一的信号同等地进行厮杀，于是他们采用楔形阵势进攻，(3) 结果使他们变得强大，以至于不管他们向哪个方面发起攻击，罗马人都难以坚持。罗马军团就这样陷入混乱，阵线差不多被冲垮。(4) 弗拉库斯发现了骑兵们都很惊慌失措，便立即跨上马，奔向军团的骑兵，大声喊道："如果你们不能提供一些

---

[1] 克尔提贝里人是居住在西班牙中部地区的民族。

uobis est, actum iam de hoc exercitu erit. ' cum undique acclamassent, quin ederet, quid fieri uellet: non segniter imperium exsecuturos; (5) 'duplicate turmas' inquit, 'duarum legionum equites, et permittite equos in cuneum hostium, quo nostros urgent. id cum maiore ui [equorum] facietis, si effrenatos in eos equos immittitis; (6) quod saepe Romanos equites cum magna laude fecisse sua memoriae proditum est. ' (7) dicto paruerunt detractisque frenis bis ultro citroque cum magna strage hostium, infractis omnibus hastis, transcurrerunt. dissipato cuneo, in quo omnis spes fuerat, Celtiberi trepidare et prope omissa pugna locum fugae circumspicere. (11) ...decem et septem milia hostium caesa eo die traduntur, uiui capti plus tria milia septingenti, cum signis militaribus septuaginta septem, equis prope sescentis. (12) in suis castris eo die uictor exercitus mansit. uictoria non sine iactura militum fuit: (13) quadringenti septuaginta duo milites Romani, socium ac Latini nominis mille decem et nouem, cum his tria milia militum auxiliariorum perierunt. ita uictor exercitus renouata priore gloria Tarraconem est perductus.

Permesso ai Cumani di usare la lingua latina. Deduzione di Colonia

42

(3) Cumanis eo anno petentibus permissum, ut publice Latine loquerentur et praeconibus Latine uendendi ius esset.

43

(1) Pisanis agrum pollicentibus, quo Latina colonia deduceretur,

帮助，战斗就会因为这支军队而结束。"于是立刻喊声四起，他还未及说明要求骑兵们干什么，他们便毫不犹豫地听从命令。这时弗拉库斯说道："让骑兵队伍加倍，变成两个骑兵队，你们让骑兵冲击敌人的楔形阵列，敌人正是利用这种阵势挤压我们。你们会使骑兵队的进攻更有力量，如果给马匹除去嚼铁，(6) 传统表明，罗马骑兵经常因为这样获得巨大的荣誉。"(7) 骑兵服从命令，扔掉嚼铁，反复前后左右地冲杀，杀伤大量敌人，折断了所有的投枪。(8) 楔形阵线被冲散，那是敌人的全部希望，克尔提贝里人陷入惊恐，差不多完全放弃了战斗，四处观察着哪里可以逃跑。……(11)……据说这一天罗马军队共杀死了17 000名敌人，俘虏超过3700人，缴获77面军旗和600匹马。(12) 当天，获胜的军队留在了军营里，胜利并非没有兵士倒下：472名罗马兵士、1900名同盟兵士和拉丁兵士，以及3000名补助军队兵士被杀。就这样，获胜的军队恢复了昔日的荣耀，返回塔拉科。[1]

允许库麦人使用拉丁语，建立移民地
42

(13) ……这一年库麦人[2]被允许在会议上使用拉丁语，允许宣传人用拉丁语叫卖。[3]。

43

(1) 皮萨人[4]允诺可以提供土地建立拉丁移民地，受到元

---

〔1〕 塔拉科是西班牙东北部海滨城市。

〔2〕 库麦位于坎佩尼亚西部海滨。

〔3〕 由此可以看出，不享有完整的拉丁市民权的城市只有根据特殊允许才享有这种权利，不过并未说明对那些讲希腊语或奥斯基语的城市居民为什么需要这样做。也可能库麦人对罗马的生活方式表现出特有的爱好，不过也可能是因为距库麦不远，在普特奥勒建立了拉丁移民地，吸引了大部分罗马商人，库麦企图适应业已形成的环境。

〔4〕 皮萨位于埃特鲁里亚西北部海滨。

gratiae ab senatu actae; triumuiri creati ad eam rem Q. Fabius Buteo M. et P. Popilii Laenates.

Lex Villia Annalis
44

(1) Eo anno rogatio primum lata est ab L. Uillio tribuno plebis, quot annos nati quemque magistratum peterent caperentque. inde cognomen familiae inditum, ut Annales appellarentur.

Esempio di relazioni con gli Ispanici e di conquista di una loro Città senza spargimento di sangue
47

(1) Eodem anno in Hispania L. Postumius et Ti. Sempronius propraetores comparauerunt ita inter se, ut in Uaccaeos per Lusitaniam iret Albinus, in Celtiberiam inde reuerteretur; (2) Gracchus, si maius ibi bellum esset, in ultima Celtiberiae penetraret. * * * * Mundam urbem primum ui cepit, nocte ex improuiso adgressus. acceptis deinde obsidibus praesidioque imposito castella oppugnare, [deinde] agros urere, donec ad praeualidam aliam urbem—Certimam appellant Celtiberi—peruenit. (3) ubi cum iam opera admoueret, ueniunt legati ex oppido, quorum sermo antiquae simplicitatis fuit, non dissimulantium bellaturos, si uires essent. (4) petierunt enim,

老院的感激。为此成立了由昆·法比乌斯·布特奥、马和普·波皮利乌斯·勒纳特斯组成的三人委员会。

维利乌斯·安纳利斯法
44

（1）这一年，由平民保民官卢·维利乌斯首先提出请求，规定什么年龄可以竞争和当选什么官职。[1] 他的家族由此也获得"阿纳勒斯"称号，意即"年代记家族"（Annales）。

与西班牙人的联系和征服他们一座无血缘扩散的城市
47

（1）仍然是在那一年，在西班牙，卸任了裁判官的卢·波斯图弥乌斯和提·森普罗尼乌斯互相这样商定：阿尔皮努斯[2]经过卢西塔尼亚前去瓦凯伊人的居地[3]，然后再由那里前去克尔提贝里亚[4]。（2）而格拉古，若是那里发生重大战事，则直接前去克尔提贝里人的最远处。在那里首先用武力夺取蒙达[5]，采用夜间空袭。然后接受人质，安排卫戍军队，再对城堡发起攻击，接着破坏田野，在尚未对另一座强大的城市发起进攻之前，克尔提贝里人称那座城市为克尔提马。（3）在他已经作了攻城的准备之后，城里派出的代表前来，他们的演讲体现了古代传统的纯朴风格，只要他们仍然精力充沛，他们完全会像勇士那样战斗。（4）因此，他们要求允许他们

---

[1] 这里指著名的维利乌斯法，不仅规定担任一定官职的最低年限，而且规定需间隔两年才能竞争更高一级官职，由此逐渐形成了罗马官职年限表，成为固定的法规。
[2] 即卢·波斯图弥乌斯·阿尔比努斯。
[3] 瓦凯伊人居住在西班牙北部。
[4] 克尔提贝里位于西班牙中部。
[5] 蒙达位于西班牙南部。

ut sibi in castra Celtiberorum ire liceret ad auxilia accienda; si non impetrassent, tum separatim [eos] ab illis se consulturos. permittente Graccho ierunt et post paucis diebus alios decem legatos secum adduxerunt. (5) meridianum tempus erat. nihil prius petierunt a praetore, quam ut bibere sibi iuberet dari. epotis primis poculis iterum poposcerunt, magno risu circumstantium in tam rudibus et moris omnis ignaris ingeniis. (6) tum maximus natu ex iis ' missi sumus' inquit ' a gente nostra, qui sciscitaremur, qua tandem re fretus arma nobis inferres. ' (7) ad hanc percunctationem Gracchus exercitu se egregio fidentem uenisse respondit; quem si ipsi uisere uelint, quo certiora ad suos referant, potestatem se eis facturum esse. (8) tribunisque militum imperat, ut ornari omnes copias peditum equitumque et decurrere iubeant armatas. ab hoc spectaculo legati ⟨ di ⟩ missi deterruerunt suos ab auxilio circumsessae urbi ferendo. (9) oppidani cum ignes nocte ⟨ e ⟩ turribus nequiquam, quod signum conuenerat, sustulissent, destituti ab unica spe auxilii in deditionem uenerunt. (10) nummum quater et uiciens ab iis est exactum, quadraginta nobilissimi equites, nec obsidum nomine—nam militare iussi sunt—, et tamen re ipsa ut pignus fidei essent.

Un censore che commette peculato!
51
(2) Lepidus molem ad Tarracinam, ingratum opus, quod praedia habebat ibi priuatamque publicae rei impensam ins ⟨ er ⟩ uerat;

Riforma del sistema di votazione
(9) mutarunt suffragia, regionatimque generibus hominum causisque et quaestibus tribus discripserunt.

前去克尔提贝里亚人的营地请求帮助，若是他们请求不到帮助，那他们自己会单独决定怎么做。格拉古同意放行，数天之后他们领来一个十人代表团。（5）时值中午，他们不为了其他什么请求裁判官，仅仅请求允许他们喝水。喝完一杯后，他们请求允许再喝一杯，毫不在意围观的人们对如此纯朴、天真的习性发出嘲笑。（6）然后，他们中的一位最年长者说道："我们受自己的氏族派遣，希望知道，你们依仗武器究竟想从我们这里得到什么？"（7）格拉古对这一询问答道，他们前来是基于对自己军队优势的信任；如果代表团想亲自看一看，以便能更为准确地向自己的人进行叙述，那他可以为他们提供这种可能。（8）于是格拉古命令军队指挥官，要求全军包括步兵和骑兵，披装整齐地从面前经过。在观看之后，使节们被允许离开，并且告诉使节团不要寄希望于自己的同胞帮助解除城市围困。（9）夜间市民们徒然地在城堡燃起事先约定的火炬，他们失去了获得帮助的唯一期望，不得不投降了。（10）罗马向他们征收了24万塞斯特尔提乌斯，此外还有40个最显贵的骑兵，尽管名义上不是人质——因为罗马命令他们服军役，但实际上犹如为忠诚作的抵押。

监察官——掌管公款
51
（2）……勒皮杜斯为塔拉基纳（修建了）防水堤，这是一个不该受感激的工程，因为他在那里有地产，利用公有财富满足个人需要。

投票制度改革
（9）他们改变了投票制度，按地区、人们所从事的事业和收入情况划分特里布斯。

Tragica morte del re Filippo di Macedonia, tormentato dal rimorso per avere favorito la uccisione del figlio legittimo Demetrio ad opera del figlio illegittimo Perseo, il quale gli subentrerà nel regno

56

(8) Ab Demetriade profectus [il re Filippo] Thessalonicae plurimum temporis moratus fuerat. inde cum Amphipolim uenisset, graui morbo est implicitus. (9) sed animo tamen aegrum magis fuisse quam corpore constat; curisque et uigiliis, cum identidem species et umbrae insontis interempti filii [Demetrio] agitarent, exstinctum esse cum diris exsecrationibus alterius [Perseo] .

马其顿的腓力悲剧式死亡,为同意杀死合法儿子得墨特里奥斯和非婚生子佩尔修斯将继承王位而痛苦内疚

56

(8)腓力由德墨特里阿得斯去到特萨洛尼卡,在那里滞留了很长一段时间,再从那里去到安菲波利斯后,他得了重病。(9)不过他感到更为痛苦的是心灵,而不是肉体;无辜被杀死的儿子(得墨特里奥斯)的身影反复显现,使他陷入忧虑和失眠,在他死去时,对另一个儿子(佩尔修斯)发出恶毒的诅咒。

Livio XLI

Periocha

Ignis in aede Vestae extinctus est. Tib. Sempronius Gracchus procos. Celtiberos victos in deditionem accepit, monimentumque operum suorum Gracchurim, oppidum in Hispania, constituit. Et a Postumio Albino procos. Vaccaei ac Lusitani subacti sunt. Uterque triumphavit. Antiochus, Antiochi filius, obses a patre Romanis datus, mortuo fratre Seleuco qui patri defuncto successerat, in regnum Syriae ab urbe dimissus. Qui praeter religionem, qua multa templa magnifica multis sociis fecit, Athenis Iovis Olympi et Antiochiae Capitolini, vilissimum regem egit. Lustrum a censoribus conditum est. Censa sunt civium capita CCLVIII milia CCXCIIII. Q. Voconius Saxa tr. pl. legem tulit, nequis mulierem heredem institueret. Suasit legem M. Cato. (Extat oratio eius.) Praeterea res adversus Liguras et Histros et Sardos et Celtiberos a compluribus ducibus prospere gestas et initia belli Macedonici continet, quod Perseus, Philippi filius, moliebatur. Miserat ad Carthaginienses legationem et ab his nocte audita erat. 14. Sed et alias Graeciae civitates sollicitabat.

第四十一卷

内容提要（公元前178—前174）

（1）维斯塔神庙里的火焰熄灭了。（2）卸任执政官的提贝·森普罗尼乌斯·格拉古接受被战胜的克尔提贝里人的投降，在西班牙建立格拉古里斯城堡作为对自己功业的标记。（3）卸任执政官的波斯图弥乌斯·阿尔比努斯也征服了瓦卡埃伊人和卢西塔尼人。（4）两个人都举行了凯旋仪式。（5）安提奥科斯是安提奥科斯之子，被父亲留在罗马作人质，在他继承了父亲王位的兄弟塞琉科斯亡故后，被从罗马放回叙利亚为王。（6）尽管他对宗教虔诚，在许多同盟地区建造了众多辉煌的庙宇，包括雅典的尤皮特·奥林波斯庙、安条克的尤皮特·卡皮托利乌斯庙，但他作为国王却非常微不足道。（8）安提奥科斯进行了人口普查登记，共计263 294人。（9）平民保民官昆·沃科尼乌·萨克萨立法，规定不得给妇女任何遗产。（10）马·卡托支持这项立法。（11）（他的演说流传了下来。）（12）此外，这卷书里还包括许多将领成功地对利古里人、伊斯特里人、萨丁人、克尔提贝里人进行的战事，以及对马其顿战争开始的叙述，那是由腓力之子佩尔修斯发起的。（13）佩尔修斯曾经被遣使前往迦太基，并且在夜里听取了使节们的陈述。（14）不过他对另一些希腊城市感到不安。

"belli Macedonici subibat iam cura"
19

(3) et tumultus quidem Gallicus et Ligustinus, qui principio eius anni exortus fuerat, haud magno conatu breui oppressus erat; (4) belli Macedonici subibat iam cura, miscente Perseo inter Dardanos Bastarnasque certamina. et legati, qui missi ad res uisendas in Macedoniam erant, iam reuerterant Romam renuntiauerantque bellum in Dardania esse. (5) simul uenerant et ab rege Perseo oratores, qui purgarent nec accitos ab eo Bastarnas nec auctore eo quidquam facere. (6) senatus nec liberauit eius culpae regem neque arguit; moneri eum tantum modo iussit, ut etiam atque etiam curaret, ut sanctum habere foedus, quod ei cum Romanis esset, uideri posset.

"担忧马其顿战争"
19

（3）那一年初，发生了希腊人和利古利人[1]的骚动，没有费太大精力就在短时期内便被镇压下去；（4）到了开始考虑进行马其顿战争的时候，佩尔修斯挑起了达尔达尼人和巴斯塔尔涅人之间的争执。派出了使节前往马其顿了解事态[2]，并且返回罗马，报告了达尔达尼亚的有关战况。（5）当时还有来佩尔修斯国王派遣的使节们，[3]说明并非他们挑动巴斯塔尔尼人，马斯塔尔尼人所做的一切并非出于他的鼓动。（6）元老院没有去除国王的过错，也没有指责他犯错，而只是提醒国王，要求他非常认真地关心维护他自己与罗马人之间签订的神圣协约。

---

[1] 利古利人是意大利古代居民之一，居住地在埃特鲁里亚和高卢境内。
[2] 前未见提及此事。
[3] 李维此前也未提及该使团。关于该使团的情况，可参阅阿庇安：《马其顿战争》，IX, II, 1。

TITI LIVI AB VRBE CONDITA LIBER XLII

Periocha

Q. Fulvius Flaccus censor templum Iunonis Laciniae tegulis marmoreis spoliavit, ut aedem, quam dedicabat, tegeret. ? 2. Tegulae ex S. C. reportatae. 3. Eumenes, Asiae rex, in senatu de Perseo, Macedoniae rege, questus est, cuius iniuriae in populum R. referuntur. ? 4. Ob quas bello ei indicto P. Licinius Crassus cos. , cui mandatum erat, in Macedoniam transiit levibusque expeditionibus, equestribus proeliis, in Thessalia cum Perseo [felici] eventu pugnavit. 5. Inter Masinissam et Carthaginienses de agro fuit lis. ? 6. Dies his a senatu ad disceptandum datus. 7. Legati missi ad socias civitates regesque rogandos ut in fide permanerent, dubitantibus Rhodiis. 8. Lustrum a censoribus conditum est. ? 9. Censa sunt civium capita CCLXVII milia CCXXXI. 10. Res praeterea adversus Corsos et Liguras prospere gestas continet.

Ultima assegnazione delle province consolari prima della guerra macedonica

1

(1) L. Postumius Albinus M. Popilius Laenas ⟨consules [172 a. C.]⟩ cum omnium primum de prouinciis ⟨et⟩ exercitibus ad senatum rettulissent, (2) Ligures utrique decreti sunt, ut nouas ambo, quibus eam prouinciam obtinerent, legiones – binae singulis

第四十二卷

内容提要（公元前173—前171年）

（1）监察官昆·孚尔维乌斯·弗拉库斯取下尤诺·卢基娜庙宇的顶盖，用来遮护他自己奉献的庙宇。（2）按照元老院的决议，仍把顶盖放回原处。（3）亚细亚国王欧墨涅斯在元老院控告马其顿国王，指控他污辱罗马人民。（4）为此向他宣布战争，执政官普·利基尼乌斯·克拉苏斯受命前往马其顿，在特萨利亚与佩尔修斯发生了轻微的战斗和骑兵厮杀，获得微小的胜利。（5）马西尼亚与迦太基之间发生土地争执，（6）元老院为他们指定了审判日期。（7）向同盟城邦和国王们派出了使节，要求他们保持忠诚，罗得斯岛人变得犹豫。（8）监察官进行了净罪献祭。（9）市民登记共为267 231人。（10）这卷书里还叙述了对科尔西人和利古里人成功进行的战争。

执政官行省的最终分配，第一次马其顿战争

1

（1）卢·波斯图弥乌斯·阿尔比努斯和马·波皮利乌斯·勒纳斯[1]在各项事务中首先向元老院报告了行省和军队状况，（2）决定把利古里人归他们管理，要求他们组建新的军团，每人

―――――――――――
〔1〕 公元前173年执政官。

decretae – et socium Latini nominis dena milia peditum et sescenos equites, et supplementum Hispaniae tria milia peditum Romanorum scriberent et ducentos equites. (3) ad hoc mille et quingenti pedites Romani cum centum equitibus scribi iussi, cum quibus praetor, cui Sardinia obtigisset, in Corsicam transgressus bellum gereret; (4) interim M. Atilius, uetus praetor, prouinciam obtineret Sardiniam. (5) praetores deinde prouincias sortiti sunt, A. Atilius Serranus urbanam, C. Cluuius Saxula inter ciues et peregrinos, N. Fabius Buteo Hispaniam citeriorem, M. Matienus ulteriorem, M. Furius Crassipes Siciliam, C. Cicereius Sardiniam.

Ritorno e rapporto dei legati senatori in Macedonia
2

(1) Principio huius anni legati, qui in Aetoliam et Macedoniam missi erant, renuntiarunt, sibi conueniendi regis Persei, cum alii abesse eum, alii aegrum esse, falso utrumque, fingerent, potestatem non factam. (2) facile tamen apparuisse sibi, bellum parari, nec ultra ad arma ire ⟨regem⟩ dilaturum. item in Aetolia seditionem gliscere in dies, neque discordiarum principes auctoritate sua coerceri potuisse. (3) cum bellum Macedonicum in expectatione esset, priusquam id susciperetur, prodigia expiari pacemque deum peti precationibus, qui editi ex fatalibus libris essent, placuit.

Pre – tattica del re macedone Perseo e reazione del Senato romano
5

(1) Perseus bellum iam uiuo patre cogitatum in animo uoluens omnis non gentes modo Graeciae, sed ciuitates etiam legationibus mittendis, pollicendo plura quam praestando, sibi conciliabat.

组建两个军团——每个军团包括 10 000 名拉丁同盟者步兵和 600 名骑兵,另外征集 3000 名罗马步兵补充西班牙军队,(3) 此外元老院还决定从罗马市民中征募 1500 名步兵和 200 名骑兵,让裁判官决定撒丁岛也归他管辖并率领着军队前去科西嘉岛进行战争;(4) 当时前任裁判官马·阿拉利乌斯掌管撒丁岛。(5) 然后裁判官们按阄签分配行省,阿·阿提利乌斯·塞拉努斯主管城市裁判事务,N·克卢维乌斯·萨古苏拉主持市民与相邻居民之的事务,涅·法比乌斯·布特奥主管近西班牙事务,马·马提埃努斯主管远西班牙事务,马·孚里乌斯·克拉西佩斯主管西西里事务,盖·基克瑞尤斯主持撒丁岛事务。

元老院派往马其顿的使节返回和报告工作
2

(1) 该年初,派往埃托利亚和马其顿的使节返回来报告,他们未能见到国王佩尔修斯,一些人称说国王不在,另一些人称说国王染病,两种情况都是编造,并非真实。(2) 不过很容易看出,他们在准备战争,而且国王很快就会拿起武器。在埃托利亚也一样,暴乱的可能性在一天天地增长,他们无法凭自己的威望抑制不和。(3) 趁马其顿战争尚未爆发,元老院决定预先为异象赎罪,用请求达到神明和解,按照预言书中的要求遵行如仪。

针对马其顿的佩尔修斯的预防策略和罗马元老院的实际执行
5

(1) 佩尔修斯准备发动还是其在父在世时便在心头考虑的战争,于是派遣使节前往所有的希腊部族,而且是所有的城邦,更多地是利用保证,而不是行动,企图鼓动他们站到自己一边。

(2) erant autem magnae partis hominum ad fauorem eius inclinati animi, et aliquanto quam in Eumenem propensiores, (5) intestinis externisque praeterea multis caedibus infamem nec ullo commendabilem merito ⟨Perseum⟩ praeferebant uulgo ciuitates tam pio erga propinquos, tam iusto in ciuis, tam munifico erga omnes homines regi ⟨Eumeni⟩, (6) seu fama et maiestate Macedonum regum praeoccupati ad spernendam originem noui regni, seu mutationis rerum cupidi, seu quia ⟨sua⟩ non obiecta esse Romanis uolebant. (7) erant autem non Aetoli modo in seditionibus propter ingentem uim aeris alieni, sed Thessali etiam; et contagione, uelut tabes, in Perrhaebiam quoque id peruaserat malum. (8) cum Thessalos in armis esse nuntiatum esset, Ap. Claudium legatum ad eas res aspiciendas conponendasque senatus misit. (9) qui utriusque partis principibus castigatis, cum iniusto faenore grauatum aes alienum, ipsis magna ex parte concedentibus, qui onerarant, leuasset, iusti crediti solutionem in decem annorum pensiones distribuit.

Messaggeri del re di Siria a Roma
6

(6) et ⟨ab⟩ Antiocho rege sub idem tempus legati uenerunt; quorum princeps Apollonius in senatum introductus multis iustisque causis regem excusauit, quod stipendium serius quam ad diem praestaret; (7) id se omne aduexisse, ne cuius nisi temporis gratia regi fieret. (8) donum praeterea afferre, uasa aurea quingentum pondo.

(2) 不过他发现,许多人对他更怀有善意,而不是倾向于国王(欧墨涅斯)[1],……(5) 就是这样一位由于无数的内部和外部杀戮而声名狼藉,不值得任何称赞的佩尔修斯受到许多希腊城市的称赞,超过了那个对近臣如此热爱、对自己的市民如此公正、对所有的人如此慷慨的(欧墨涅斯),(6) 或者是由于已经习惯于马其顿国王们的声望和威严,从而蔑视新产生的国王[2],或者是由于渴望事情发生变化,或者是由于不希望罗马人干涉(自己的)事务。(7) 与此同时,埃托利亚人和特萨利亚人由于沉重的税赋而发生不和,而且这一不幸情况还有如瘟疫,渗入到邻近的佩瑞比亚;(8) 在传来特萨利亚人已经拿起武器的消息后,元老院派遣阿皮·克劳狄乌斯[3]作为代表,被派去那里了解情况和安抚事态。(9) 他首先抑制了双方的首领们的争执,减轻了沉重得令人难以承受的不合理的税务负担,使债主们作出了巨大的让步,合理的债负在十年内付清。

叙利亚国王派来罗马的使节
6

(6) 这时候,由国王安提奥科斯[4]派出的使者也来到罗马,代表团首领阿波洛尼奥斯被领进元老院,以许多正当的理由为国王辩护,说明为什么稍许迟延地交付赔款;(7) 他带来整笔款项,以求宽恕国王延迟交纳。(8) 此外,他还带来许多

---

[1] 欧墨涅斯是帕伽马国王。

[2] "新产生的国王"指新出现的帕伽马王朝,由菲勒特鲁斯(Phileterus,公元前283—前263)建立。该王朝不仅比马其顿王朝年轻,而且比所有其他希腊化王朝也都年轻,并且菲勒特鲁斯本人也没什么光辉的身世。参阅斯特拉博,XIII, 623 等。

[3] 此处提到的阿皮·克劳狄乌斯·普尔克尔曾任前185 年执政官,公元前195—前194 年曾作为代表伴随提·昆克提乌斯·弗拉弥尼努斯,公元前184 年曾亲自率领代表团去希腊和马其顿。

[4] 此处指安提奥科斯六世埃皮法诺斯。

petere regem, ut, quae cum patre suo societas atque amicitia fuisset, ea secum renouaretur, imperaretque sibi populus Romanus, quae bono fidelique socio regi essent imperanda; se ⟨in⟩ nullo usquam cessaturum officio.

Preoccupata – decisiva ambasceria a Roma di Eumene, re di Pergamo e fermo alleato del Popolo romano
11

(1) Attalum, regis Eumenis fratrem, legatum uenisse Romam Ualerius Antias his consulibus [L. Postumius Albinus M. Popilius Laenas – 172 a. C.] scribit ad deferenda de Perseo crimina indicandosque apparatus belli. (2) plurium annales, et quibus credidisse malis, ipsum Eumenem uenisse tradunt. Eumenes igitur ut Romam uenit, exceptus cum tanto honore, quantum non meritis tantum eius, sed beneficiis etiam suis, ingentia quae in eum congesta erant, existimabant deberi, a praetore in senatum est introductus. (3) causam ueniendi sibi Romam fuisse dixit praeter cupiditatem uidendi deos hominesque, quorum beneficio in ea fortuna esset, supra quam ne optare quidem auderet, etiam ut coram moneret senatum, ut Persei conatis obuiam iret. (4) orsus inde a Philippi consiliis necem Demetri filii rettulit, aduersantis Romano bello; Bastarnarum gentem excitam sedibus suis, quorum auxiliis fretus in Italiam transiret. (5) haec secum uolutantem in animo, oppressum fato, regnum ei reliquisse, quem infestissimum esse sensisset Romanis. itaque Persea hereditarium ⟨a⟩ patre relictum bellum et simul cum imperio traditum, iamiam proximum alere ac fouere omnibus consiliis. (6) florere

礼物,包括各种黄金器皿,重量有 50 磅。国王希望能与他恢复昔日与其父亲建立的同盟和友谊,希望罗马人们向他索要作为一个善良的忠实的国王应该要求的东西,他永远不会迟误自己应尽的义务。

佩伽马国王欧墨涅斯的忧心忡忡的使团来罗马,继续维持与罗马人民的联盟

11

(1) 瓦勒里乌斯·安提阿斯写道:在那年[1],国王欧墨尼斯的兄弟,作为使节来到罗马[2],指控佩尔修斯的罪过,细述佩尔修斯进行的军事准备。(12) 在大部分人的年代记里,甚至是非常令人信任的年代记,都是记述欧墨涅斯亲自前来。就这样,欧墨涅斯来到罗马,受到如此荣耀的接待,那样的接待无论对于欧墨涅斯本人,或者对于他们自己先前款待他,都是应该的,他由裁判官引领,进入元老院。(3) 国王说明自己来罗马的原因,首先是渴望能见到众神明和人们,是他们的善意使他能如此幸运,幸运得都令人不敢想象;其次是想亲自说服元老院,阻止佩尔修斯的图谋。(4) 叙述从腓力的图谋开始,谈到腓力设计杀死儿子得墨特里奥斯,是因为得墨特里奥斯反对与罗马进行战争;谈到鼓动巴斯塔尔纳人[3]迁居,以便在他们的帮助下渡过海峡,进入意大利[4]。(5) 他在心头怀着这样愿望死去,把王位传给了他认为最仇视罗马人民的那个人。佩尔修斯就这样接受了父亲遗留下的战争遗产,同时还有王权,从而用尽心意滋润和抚育这场即将到来的战争。(6) 此外,他还

---

[1] 指卢·波斯图尔乌斯·阿皮比努斯和马·波皮利乌斯·勒纳斯执政年,即公元前 172 年。
[2] 李维经常称引他自己并不赞同成的消息。
[3] 巴斯塔尔纳人是日耳曼部落。
[4] 李维经常称引一些他并不赞同的传说。

praeterea iuuentute, quam stirpem longa pax ediderit, florere opibus regni, florere etiam aetate. quae cum corporis robore ac uiribus uigeat, animum esse inueteratum diutina arte atque usu belli. (7) iam inde a puero patris contubernio Romanis quoque bellis, non finitumis tantum adsuetum, missum a patre in expeditiones multas uariasque. (8) iam ex quo ipse accepisset regnum, multa, quae non ui, non dolo Philippus omnia expertus potuisset moliri, admirando rerum successu tenuisse. (9) accessisse ad uires eam, quae longo tempore multis magnisque meritis pareretur, auctoritatem.

segue
12

(1) Nam apud Graeciae atque Asiae ciuitates uereri maiestatem eius omnes. nec pro quibus meritis, pro qua munificentia tantum ei tribuatur, (2) cernere nec dicere pro certo posse, utrum felicitate id quadam eius accidat, an, quod ipse uereatur dicere, inuidia aduersus Romanos fauorem illi conciliet. (3) inter ipsos quoque reges ingentem auctoritate ⟨ esse ⟩, Seleuci filiam duxisse eum, non petentem, sed petitum ultro; sororem dedisse Prusiae precanti at ⟨que⟩ oranti; (4) celebratas esse utrasque nuptias gratulatione donis ⟨que⟩ innumerabilium legationum, et uelut auspicibus nobilissumis populis deductas esse. (5) Boeotorum gentem, captatam Philippo, numquam ad scribendum amicitiae foedus adduci potuisse; (6) tribus nunc locis cum Perseo foedus incisum litteris esse, uno Thebis, altero ad Delium, augustissumo et celeberrumo in templo, tertio Delphis. in Achaico concilio uero, nisi discussa res per paucos Romanum imperium intentantis esset, eo rem prope adductam, ut aditus ei in Achaiam daretur. (7) at Hercule suos honores, cuius merita in

拥有许多花季青年,由长时期的和平环境抚育他们长大,王朝鲜花般的财富,而且正值华年。他们身体健壮,精力旺盛,长期的训练和战争实践使他们的心灵固化。(7) 并且他从小就在父亲的军营里同罗马人进行战争,不仅惯于同相邻的部落作战,而且还受父亲派遣进行过许多各种各样的征讨。(8) 他登上王位以后,很快惊人地达到了腓力无论是采用强力或是动用计谋企图得到而未能得到的许多东西。(9) 给他提供帮助的是通常需要长时间形成,并且是完成了许多重大业绩才形成的威望。

12

(1) 事实上,希腊和亚细亚的所有古代城市都屈服于佩尔修斯的威望。他并不是由于什么恩惠或慷慨而使他享有如此高的威望;(2) 难以准确地说明,他达到这一点是由于他自己某种特有的幸运,还是由于——这一点甚至他自己都担心说出来——对罗马人的普遍憎恨激起了民众对他的好感。(3) 他甚至在国王们中间也享有巨大的威望,塞琉古的女儿嫁给了他,那并非是由于他的要求,而是由于对方的追求;他把自己的妹妹嫁给了普鲁西亚[1],那是由于对方一再请求;(4) 这两场婚姻都得到许多人的庆贺,许多代表团馈赠了数不胜数的礼物,并且是在许多著名的民族的祝福之中完成了婚娶。(5) 尽管腓力曾经一再企图博得波奥提亚人的好感,但他从未能达到建立书面的协约联盟;(6) 如今他们与佩尔修斯的同盟协约却用文字镌刻于三处地方:一处在特拜,另一处在得洛斯,在神圣的、人流密集的庙宇里,第三处在得尔斐,甚至在阿开亚人的集会上,若不是由于有一些人为维护罗马权威而进行争论,事情甚至有可能发展到允许他出席阿开亚的会议。(7) 请海格立斯作证,他

---

[1] 普鲁西亚是小亚细亚的比提尼亚国王。

eam gentem priuatim an publice sint maiora uix dici possit, partim desertos per incultum ac neglegentiam, partim hostiliter sublatos esse. iam Aetolos quem ignorare in seditionibus suis non ab Romanis, sed a Perseo praesidium petisse? (8) his eum fultum societatibus atque amicitiis eos domesticos apparatus belli habere, ut externis non egeat. triginta milibus peditum, quinque milibus equitum in decem annos frumentum praeparasse, ut abstinere et suo et hostium agro frumentandi causa possit. (9) iam pecuniam tantam habere, ut decem milibus mercennariorum militum praeter Macedonum copias stipendium in totidem annos praeparatum habeat, praeter annuum, quod ex metallis regiis capiat, uectigal. (10) arma uel tribus tantis exercitibus in armamentaria congessisse. iuuentutem, ut iam Macedonia deficiat, uelut ex perenni fonte unde hauriat, Threciam subiectam esse.

segue

13

(1) Reliquom orationis adhortatio fuit. ' non ego haec' inquit ' incertis iactata rumoribus et cupidius credita, quia uera esse de inimico crimina uolebam, adfero ad uos, patres conscripti, sed conperta et explorata, haud secus quam si speculator missus a uobis subiecta oculis referrem; (2) neque relicto regno meo, quod amplum et egregium uos fecistis, mare tantum traiecissem, ut uana ad uos adferendo fidem abrogarem mihi; (3) cernebam nobilissimas Asiae et Graeciae ciuitates in dies magis denudantis iudicia sua, mox, si permitteretur, eo processuras, unde receptum ad paenitendum non haberent; (4) cernebam Persea non continentem se Macedoniae regno, alia armis occupantem, alia, quae ui subigi non possent, fauore ac beniuolentia conplectentem; (5) uidebam, quam inpar esset sors, cum ille uobis bellum ⟨pararet⟩, uos ei securam pacem praestaretis, quamquam

（欧墨诺斯）自己甚至都难以说清，他是为自己的部族还是为个人效力，人们没有奖赏他，部分地是由于对他的敌视。有谁不知道，埃托利亚人内部纷争时不是请求罗马人，而是请求佩尔修斯的帮助。(8)（那个马其顿人）依靠这些同盟关系和友谊，对内他拥有充足的军事力量，无需外来的帮助。他武装了3万名步兵和5千名骑兵，筹备了10年的粮食，可以不用寻求自己的土地或邻居的土地保障粮食供应。(9) 他拥有如此大量的金钱，除了满足马其顿军队的需要外，还能满足1万名雇佣军的要求，这些金钱除了税收，还来自皇家矿场。(10) 武器库里的武器甚至能满足三支这样的军队的需要。若是马其顿没有足够的年轻人，那时还可以从臣服的特拉克，如同从经年不断流淌的泉源那样汲取年轻人。

13

(1) 欧墨诺斯以这样的劝诫结束自己的发言："我刚才说的这些并非是不可靠的传闻，并且更希望它们是可信无疑的，因为我认为关于敌人的这些忠告是可信的，我把它们提供给你们，在册元老们，经过面向社会和考证，我就像是受你们派遣的侦察人员，向你们报告我曾经亲眼目睹的事情，(2) 而不是弃下我的王国，你们曾经使它变得更辽阔，更强大，就这样渡过大海，为了向你们报告空洞的消息，失去你们对我的信任。(3) 我曾经观察，亚洲那些著名的国家和希腊各城邦都一天天地更袒露自己的内心，并且如果被允许，它们很快便会达到甚至失去失望的可能。(4) 我曾经观察过，佩尔修斯不满足于自己拥有马其顿王国，他用武器占领了一些（城邦），凡无法凭借武力使其屈服的城邦，他便以关怀和恩惠得到它们。(5) 我曾经看到，命签如何不相等，他为你们准备战争，你们却为他准备安逸的和平，尽管在我看来，

mihi quidem non parare, sed gerere paene bellum uidebatur. Abrupolim, socium atque amicum uestrum, regno expulit; (6) Arthetaurum Illyrium, quia scripta ab eo quaedam uobis conperit, socium item atque amicum uestrum, interfecit; (7) Euersam et Callicritum Thebanos, principes ciuitatis, quia liberius aduersus eum in concilio Boeotorum locuti fuerant delaturosque ad uos, quae agerentur, professi erant, tollendos curauit; (8) auxilium Byzantiis aduersus foedus tulit; Dolopiae bellum intulit; Thessaliam et Doridem cum exercitu peruasit, ut in bello intestino deterioris partis auxilio meliorem adfligeret; (9) confudit et miscuit omnia in Thessalia Perrhaebiaque spe nouarum tabularum, ut manu debitorum obnoxia sibi optumates opprimeret. (10) haec cum uobis quiescentibus et patientibus fecerit et concessam sibi Graeciam esse a uobis uideat, pro certo habet neminem sibi, antequam in Italiam traiecerit, armatum occursurum. (11) hoc quam uobis tutum aut honestum sit, uos uideritis: ego certe mihi turpe esse duxi, prius Persea ad bellum inferendum, quam me socium ad praedicendum, ut caueretis, uenire in Italiam. (12) functus necessario mihi officio, et quodam modo liberata atque exonerata fide mea, quid ultra facere possum, quam uti deos deasque precer, ut uos et uestrae rei publicae et nobis sociis atque amicis, qui ex uobis pendemus, consulatis?'

Primi effetti della ambasceria di Eumene
14

(1) Haec oratio mouit patres conscriptos. ceterum in praesentia

那不是准备,而差不多就是战争。阿布鲁波利斯,你们的同盟者和朋友,那人也把他赶出了自己的王国[1]。(6)他只是因为发现伊利里亚人阿尔特陶鲁斯给你们写了点什么,便把他杀了,那是你们的同盟者,同时也是朋友[2]。(7)佩尔修斯谋杀了埃维尔萨和卡利克里图斯,特拜人,城邦首领,由于他们在波奥提亚大会上比较自由地反对他,并且答应要把具体情况向你们报告。(8)他违背条约,给拜占庭人派出辅助军队,他对多洛尼亚发动战争。他率领军队蹂躏了特萨利亚和多里斯,为的是能在内部战争中,让卑劣的人们在他的帮助下摧毁优秀的部分。(9)他在特萨利亚和佩瑞比亚[3],利用人们期望签订新的债务契约搅乱和混淆了一切,企图借助负债人的罪恶力量迫使优秀的人们屈从自己。(10)在你们平静地、容忍地让他进行这一切,他从中看到你们把希腊让给他之后,他相信,在他渡海进入意大利之前,不会有人举起武器面对他。(11)这样对于你们如何会安全,或者如何会荣耀,你们自己会看到:我认为对于我自己确实是一种侮辱,若是在我作为同盟者前来这里提醒你们警惕之前,佩尔修斯便发起了战争,来到意大利。(12)现在我已经履行了自己必尽的义务,并且以某种方式使自己的诚信得到自由和解脱,此外我能够做的不就是祈求男女神灵,让你们关心你们自己的国家和我们这些依附于你们的同盟者兼朋友吗?"

欧墨诺斯出使的最初效果
14
(1)欧墨诺斯的演说感动了在册元老们,现代人谁都无法知

---

[1] 阿布鲁波利斯是特拉克(色雷斯)卡佩伊部族的首领,公元前179年夺得马其顿与色雷斯交界处潘革亚山的金矿,结果把自己王国失掉了。参阅波里比奥斯,XXII,8(18)等。

[2] 参阅阿皮安:《马其顿战争》,残段,11,2。

[3] 佩瑞比亚是特萨利亚一地区。

nihil, praeterquam fuisse in curia regem, scire quisquam potuit: eo silentio clausa curia erat. bello denique perfecto, quaeque dicta ab rege quaeque responsa essent, emanauere. (2) Persei deinde regis legatis post paucos dies senatus datus est. ceterum praeoccupatis non auribus magis quam animis ab Eumene rege, omnis et defensio et deprecatio legatorum respuebatur; (3) et exasperauit animos ferocia nimia Harpali, qui princeps legationis erat. is uelle quidem et laborare dixit regem, ut purganti, se nihil hostile dixisse aut fecisse, fides habeatur: (4) ceterum si peruicacius causam belli quaeri uideat, forti animo defensurum se. Martem communem esse et euentum incertum belli.

(5) Omnibus ciuitatibus Graeciae atque Asiae curae erat, quid Persei legati, quid Eumenes in senatu egisset; et propter aduentum eius, quem moturum aliquid rebantur, miserant pleraeque ciuitates alia in speciem praeferentis legatos. (6) et legatio Rhodiorum ~ erat hac falsa iturus princeps, haud dubius, quin Eumenes ciuitatis quoque suae ⟨crimina⟩ Persei criminibus iunxisset. (7) itaque omni modo per patronos hospitesque disceptandi cum rege locum in senatu quaerebat. (8) quod cum ⟨non⟩ contigisset, libertate intemperanti inuectus in regem, quod Lyciorum gentem aduersus Rhodios concitasset grauiorque Asiae esset, quam Antiochus fuisset, (9) popularem quidem ⟨neque Asiae⟩ ingratam populis—nam eo quoque iam fauor Persei uenerat—orationem habuit, ceterum inuisam senatui inutilemque sibi et ciuitati suae. (10) Eumeni uero conspiratio aduersus eum fauorem ⟨maiorem⟩ apud Romanos fecit. ita omnes ei honores habiti donaque quam amplissima data cum sella curuli atque eburneo scipione.

Tentativo di Perseo di fare assassinare Eumene
15

(1) Legationibus dimissis cum Harpalus, quanta maxima celeritate

道任何其他细节，除了知道国王也曾经参加会议，库里亚会议曾经如此神秘。只是在战争结束之后，才传开国王在会议上说了些什么。（2）过了几天，国王佩尔修斯的代表也被领进元老院。然而由于元老们的听觉和心灵已经被国王欧墨诺斯预先占据，代表们的所有辩护和请求没有被接受。（3）代表团首领哈尔帕洛斯的过分猖狂激怒了元老们。他声称，国王希望和要求人们相信他那自作聪明的辩解，他没有说或做任何敌对的事情。（4）不过如果国王看到有人仍然坚持为战争寻求理由，那么他会意志坚定地保护自己。马尔斯是公共的神，战争的结局是不定的。

（5）所有的希腊城邦和亚细亚城邦都很关心佩尔修斯的代表和欧墨诺斯的代表分别在元老院的作为。人们认为，由于他的到来，必然会促使发生某种事情，许多国家都相继以不同的方式遣来使者。（6）罗得斯岛的代表团也来到，曾经传称国王会前来，毫无疑问，是因为担心欧墨诺斯会联合起来反对佩尔修斯，抨击他们的国家。（7）于是他采用一切手法，通过其保护人和友人，寻求能同国王一起参加元老院会议。（8）当他未能达到目的时，他便自由放任地抨击国王，指控国王鼓动吕西亚人反对罗得斯人，他的统治会比安提奥科斯令亚洲更难承受，（9）他的演说受到欢迎，特别受到一些亚洲民族的感激，由此对佩尔修斯产生了好感，——但是引起了元老院的不满，因为这没有对他自己和他的国家带来任何好处。（10）然而欧墨诺斯针对他的密谋却得到罗马人的赞赏。[1] 就这样，他们给予了国王一切可能的荣誉和礼物，其中包括荣誉座椅和象牙权杖。

以暗杀欧墨诺斯考验佩尔修斯。
15

（1）代表团被遣走后，哈尔帕洛斯尽可能迅速地返回马其

---

[1] 指在罗马人看来，他们的演说表明他们正在进行密谋。

poterat, regressus in Macedoniam nuntiasset regi, nondum quidem parantis bellum reliquisse se Romanos, (2) sed ita infestos, ut facile appareret, non dilaturos, et ipse, praeterquam quod et ita credebat futurum, iam etiam uolebat, in flore uirium se credens esse. (3) Eumeni ante omnis infestus erat; a cuius sanguine ordiens bellum, Euandrum Cretensem, ducem auxiliorum, et Macedonas tres adsuetos ministeriis talium facinerum ad caedem regis subornat litterasque eis dat ad Praxo hospitam, principem auctoritate et opibus Delphorum. (4) satis constabat, Eumenem, ut sacrificaret Apollini, Delphos escensurum. praegressi cum Euandro insidiatores nihil aliud ad peragendum inceptum quam loci opportunitatem, omnia circumeuntes, quaerebant. (8) ubi ad eum locum uentum est, qua singulis eundum erat, primus semitam ingressus Pantaleon, Aetoliae princeps, cum quo institutus regi ⟨Eumenis⟩ sermo erat. (9) tum insidiatores exorti saxa duo ingentia deuoluunt, quorum altero caput ictum est regi, altero umerus; (10) sopitusque ex semita procidit in decliue, multis super prolapsum iam saxis congestis. et ceteri quidem, etiam amicorum et satellitum ⟨turba⟩.

segue
16

(2) ad corpus regis primo amici, deinde satellites ac serui concurrerunt; (3) tollentes sopitum uolnere ac nihil sentientem, uiuere tamen ex calore et spiritu remanente in praecordiis senserunt: uicturum exigua ac prope nulla spes erat.

(6) conpotem iam sui regem amici postero die deferunt ad nauem; inde Corinthum, ab Corintho per Isthmi iugum nauibus traductis, Aeginam traiciunt. (7) ibi adeo secreta eius curatio fuit, admittentibus neminem, ut fama mortuum in Asiam perferret ... (9) Romam quoque fama de morte Eumenis perlata est.

顿,向国王报告,罗马人暂时还未准备战争,(2)但是他们怀有如此强烈的敌意,很快就会准备就绪,不会拖延,佩尔修斯本人也相信会这样,并且希望能这样,因为他自己正精力旺盛。(3)特别是他对欧墨诺斯最为仇视,决定以他的流血开始,为此他雇用了补助军队首领,克里特人埃万德罗斯和三个惯于做这种事情的马其顿人去谋杀国王,他附信一封让他们转交女门客普拉克索,此人在得尔斐人中间以威望和财富闻名。(4)人们已经准确地知道,欧墨诺斯为了给阿波罗献祭,会登得尔斐,阴谋者们赶在国王前面,同埃万德罗斯一起四处查看,不为别的,只为了能寻找一处适宜于实现计划的地点。……(8)他们来到一处地方,只能单个人依次攀登,第一个顺小道攀登的是潘塔勒昂,埃托利亚首领,国王同他边攀登边交谈。(9)这时设伏的人们站起来抛下两块巨大的石头,其中一块砸中了国王的脑袋,另一块砸中了肩膀;(10)国王陷入昏迷,从小路向前倒向斜坡,继续有许多石块从高处坠下。其他人甚至包括他的朋友们和随从卫队,都混乱地逃跑了。

16

(2)向国王的躯体跑过来的首先是他的朋友,然后是护卫,此外还有许多奴隶。(3)人们把因受伤而昏迷,完全失去知觉的国王扶起来,不过根据体温和留在胸腔的气息,他们认为他还活着,但继续活下去的可能很微小,几乎没有任何希望。……(6)……第二天,朋友们把仍有知觉的国王抬上船,然后把他送到科林斯,由科林斯把船拖过伊斯特弥斯地峡,到达艾吉纳[1]。(7)在那里,国王在极度保密中接受治疗,不允许任何人接近,以免国王的死讯传到亚洲。……(9)……关于欧墨诺斯死亡的消息传到罗马。

---

[1] 艾吉纳是希腊伯罗奔尼撒半岛东部海中一小岛。

Conferma delle accuse di Eumene
17

(1) Sub idem tempus C. Ualerius ex Graecia, quo legatus ad uisendum statum regionis eius speculandaque consilia Persei regis ierat, rediit, congruentiaque omnia criminibus ab Eumene adlatis referebat.

Decisione 'politica' del Senato romano di dichiare guerra al re macedone
18

(1) Haec ad ea, quae ab Eumene delata erant, accessere, quo maturius hostis Perseus iudicaretur, quippe quem non iustum modo apparare bellum regio animo, sed per omnia clandestina grassari scelera latrociniorum ac ueneficiorum cernebant. (2) belli administratio ad nouos consules reiecta est; in praesentia tamen Cn. Sicinium praetorem, cuius inter ciues et peregrinos iurisdictio erat, scribere milites placuit, (3) qui Brundisium ducti primo quoque tempore Apolloniam in Epirum traicerentur ad occupandas maritimas urbes, ubi consul, cui prouincia Macedonia obuenisset, classem appellere tuto et copias per commodum exponere posset. (4) Eumenes, aliquamdiu Aeginae retentus periculosa et difficili curatione, cum primum tuto potuit, profectus Pergamum, praeter pristinum odium recenti etiam scelere Persei stimulante ⟨summa⟩ ui parabat bellum. (6) Cum Macedonicum bellum in annum dilatum esset.

Sondaggi romani per capire su quali alleati potere contare
19

(3) Cum ⟨in⟩ expectatione senatus esset bello etsi non indicto, tamen iam decreto, qui regum suam, qui Persei secuturi amicitiam

确认欧墨涅斯的死讯
17

（1）与此同时，盖·瓦勒里乌斯由希腊返回来，他是作为使节前去那里了解该地区的状况和观察国王佩尔修斯的意图。[1] 他报告的一切均与对欧墨涅斯的指控相吻合。

罗马元老院宣布进行马其顿战争的"政治"决定
18

（1）这一叙述与欧墨涅斯的告密完全相合，从而加快了宣布佩尔修斯为敌人，因为他不仅在准备与国王的心意相合的合法战争，而且决定采用一切秘密的欺诈和毒杀的罪恶手法。（2）战争行动后延至新的执政官任职，不过决定由负责市民与外邦人司法事务的裁判官格奈·西基尼乌斯进行兵士登记，（3）然后率领他们前往布伦狄栖乌姆，再尽快前去埃皮罗斯的阿波洛尼亚，占领那里的海滨城市，以便被授命管理马其顿的执政官能够安全地率领舰队前往，顺利地让部队登陆。（4）欧墨诺斯在埃吉纳逗留了一些时间，进行了危险而困难的治疗，刚一恢复，便出发前去帕迦马，由于旧有的憎恨和佩尔修斯新近的罪恶的刺激，欧墨涅斯准备进行战争。

（6）就这样，马其顿战争后移到下一年。

罗马通过试探知道那些同盟者可以依靠
19

（3）尽管已经决定战争，但没有宣布，元老院还在等待。元老院需要确定，哪些国王会追求罗马人的友谊，哪些国王会追求

---

[1] 参阅前 IV, 5。

essent, legati Ariarathis puerum filium regis secum adducentes Romam uenerunt; (4) quorum oratio fuit, regem educendum filium Romam misisse, ut iam inde a puero adsuesceret moribus Romanis hominibusque. (5) petere, ut eum non sub hospitum modo priuatorum custodia, sed publicae etiam curae ac uelut tutelae uellent esse. (6) ea legatio grata senatui fuit; decreuerunt, ut Cn. Sicinius praetor aedis instruendas locaret, ubi filius regis comitesque eius habitare possent. et Threcum legatis, Maedis Cepnatisque et Astis societatem amicitiamque petentibus et, quod petebant, datum est, et munera ⟨binum⟩ milium aeris [summae] in singulos missa. (7) hos utique populos, quod ab tergo Macedoniae Threcia esset, adsumptos in societatem gaudebant. sed ut in Asia quoque et insulis explorata omnia essent, Ti. Claudium Neronem M. Decimium legatos miserunt. (8) adire eos Cretam et Rhodum iusserunt, simul renouare amicitiam, simul speculari, num sollicitati animi sociorum ab rege Perseo essent.

Rientro e rapporto dei legati romani inviati in Macedonia

25

(1) Cn. Seruilius Caepio Ap. Claudius Cento T. Annius Luscus legati ad res repetendas in Macedoniam renuntiandamque amicitiam regi missi redierunt; qui iam sua sponte infestum Persei senatum insuper accenderunt, (2) relatis ordine, quae uidissent quaeque audissent: uidisse se per omnes urbes Macedonum summa ui parari bellum. (3) cum ad regem peruenissent, per multos dies conueniendi eius potestatem non factam; postremo, cum desperato iam conloquio profecti essent, tum demum se ex itinere reuocatos et ad eum introductos esse. (4) suae orationis summam fuisse: foedus cum Philippo ictum ⟨es⟩ se, cum ipso eo post mortem patris renouatum, in quo

佩尔修斯的友谊。这时阿里阿拉特斯[1]的使者来到罗马,随身带来国王的儿子。(4)使节们这样说,他们受国王派遣,把王子带来罗马,为的是能使王子从小就熟悉罗马风俗和人民。(5)国王希望,孩子不只是处于好客朋友的私人监管之下,更希望他们能处于国家的安全监管之下。(6)这一请求令元老院感到满意。元老们决定,裁判官格奈·西基尼乌斯安排负责进行指导的家庭,使得王子及其傅保可以去居住。特拉克人的使节,包括迈狄人、克尔纳提人和阿斯提人[2]的使节,也来追求同盟和友谊,他们的要求也得到满足,每个人还得到价值两千阿斯的礼物。(7)由于特拉克位于马其顿后方,因而罗马人很乐意与这些人民结成同盟。不过为了了解亚洲和各岛屿的情况,罗马派出了克劳狄乌斯·尼禄和马·得基弥乌斯作为使节。(8)要求他们前去克里特和罗得斯,既恢复友谊,又认真观察,他们有没有由于国王佩尔修斯而陷入不安。

前往马其顿的罗马代表返回及报告
25

(1)……格奈·塞尔维乌斯·凯皮奥、阿普·克劳狄乌斯·肯托、提·安尼乌斯·卢斯库斯作为使节前往马其顿,要求赔偿损失[3],宣布与国王断绝友谊。(4)他们依次报告了所见所闻:他们在所有的马其顿城市都看到了人们在非常紧张地准备战争。(3)在使节们前去会见国王时,连续数天没有安排他们会见。在他们对安排会谈感到失望后,便准备离开返回。只是在这时候他们才被召回,被领去见国王。(4)其谈话的主要方面如下:国王与腓力签订的条约,是在他父亲去世之后,又与他本人重新签署,

---

[1] 小亚细亚卡帕多西亚的国王。
[2] 这些特拉克部族居住在马其顿东部,罗马人视那里是马其顿的后方。
[3] 这是罗马宣布战争的第一步。

diserte prohiberi eum extra fines arma efferre, prohiberi socios populi Romani lacessere bello. (5) exposita deinde ab se ordine, quae ipsi nuper in senatu Eumenen uera omnia et conperta referentem audissent. (6) Samothracae praeterea per multos dies occultum consilium cum legationibus ciuitatium Asiae regem habuisse. (7) pro his iniuriis satisfieri senatum aecum censere, reddique sibi res sociisque suis, quas contra ius foederis habeat. (8) regem ad ea primo accensum ira inclementer locutum, auaritiam superbiamque Romanis obicientem frementemque, quod alii super alios legati uenirent speculatum dicta factaque sua, quod se ad nutum imperiumque eorum omnia dicere ac facere aecum censerent; (9) postremo multum ac diu uociferatum reuerti postero die iussisse: scriptum se responsum dare uelle. (10) tum ita sibi scriptum traditum esse: foedus cum patre ictum ad se nihil pertinere; id se renouari, non quia probaret, sed quia in noua possessione regni patienda omnia essent, passum. (11) nouom foedus si secum facere uellent, conuenire prius de condicionibus debere; si in animum inducerent, ut ex aequo foedus fieret, et se uisurum, quid sibi faciundum esset, et illos credere e re publica consulturos. (12) atque ita se proripuisse, et summoueri e regia omnes coeptos. tum se amicitiam et societatem renuntiasse. qua uoce eum accensum restitisse atque uoce clara denuntiasse sibi, ut triduo regni sui decederent finibus. (13) ita se profectos; nec sibi aut manentibus ⟨aut abeuntibus⟩ quidquam hospitaliter aut benigne factum. Thessali deinde Aetolique legati auditi. (14) senatui, ut scirent quam primum, quibus ducibus usura res publica esset, litteras mitti consulibus placuit, ut, uter eorum posset, Romam ad magistratus creandos ueniret.

条约明确禁止其在境外进行战争，禁止其发动战争进攻罗马人民的同盟者。（5）然后（使节们）依次说明了他们自己曾经亲自在元老院里听到欧墨诺斯叙述的所有真实、可靠的事件。（6）除了这些，他们还谈到国王曾经连续数天地与亚洲国家的使节们进行秘密会商。（7）元老院认为，应该为这些不公正进行应有的赔偿，把违背协约侵占的一切归还给罗马人民和他的同盟者。（8）起初国王对此很生气，回答很严厉，指责罗马人贪婪而傲慢，声称（罗马）使节一批接一批地前来窥探他的言论和行动，认为他的一切言论和行动都必须得到他们的首肯并符合他们的要求。（9）他大喊大叫地说了很长时间，然后要求使节们第二天返回，声称他想提供书面答复。（10）当时他提供了这样的答复：同他的父亲签订的条约与他没有任何关系，重复声称条约并不是因为他而形成，而是因为在新王权初期理应承担一切。（11）如果罗马人希望与他签订新的条约，那么就应该首先谈定条件。如果罗马人认为，条约应该基于平等，那时他自己也会考虑他该做些什么，并且相信，他们也会从自己国家的利益考虑。（12）然后他就离开，把所有其他人也从王朝一起带走。当时使节们宣布断绝友谊和同盟。他听到这样说，立即疯狂地停住脚步，大声命令使节们三天之内离开他的王国。（13）使节们就这样离开了，并且无论是在他们逗留期间，或者是在他们离开时，都未见对方有什么好客表示或友善之举。在这之后，元老院听取了前去特萨利亚和埃托利亚的使节们的报告。（14）元老院希望能尽快地知道，国家将由怎样的军事首领掌管，于是决定给两位执政官写信，要求他们两个中的一个能返回罗马，组织官员选举。

Ancora ricerca e verifica romane delle alleanze
26

... (2) cum Macedonicum bellum expectaretur, Gentium quoque, Illyriorum regem, suspectum Issaei legati fecerunt, simul questi fines suos eum depopulatum, simul nuntiantes uno animo uiuere Macedonum atque Illyriorum regem; communi consilio parare Romanis bellum; (3) et specie legatorum Illyrios speculatores Romae esse Perse auctore missos, ut, quid ageretur, scirent. (4) Illyrii uocati in senatum; qui cum legatos se esse missos ab rege dicerent ad purganda crimina, si qua de rege Issaei deferrent, quaesitum est, (5) quid ita non adissent magistratum, ut ex instituto loca, lautia acciperent, sciretur denique uenisse eos et super qua re uenissent? haesitantibus in responso, ut curia excederent, dictum; (6) responsum tamquam legatis, qui ut adirent senatum non postulassent, dari non placuit; mittendosque ad regem legatos censuerunt, qui nuntiarent, quid socii quererentur; senatum existumare non aecum eum facere, qui ab sociis suis non abstineret iniuriam. (7) in hanc legationem missi A. Terentius Uarro C. Plaetorius C. Cicereius. ex Asia, qui circa socios reges missi erant, redierunt legati, qui rettulerunt Eumenen ⟨Aeg⟩ inae, Antiochum in Syria, Ptolemaeum Alexandriae sese conuenisse. (8) omnes sollicitatos legationibus Persei, sed egregie ⟨in⟩ fide permanere pollicitosque omnia, quae populus Romanus imperasset, praestaturos. et ciuitates socias adisse: ceteras satis fidas, Rhodios fluctuantis et inbutos Persei consiliis inuenisse. (9) uenerant Rhodii legati ad purganda ea, quae uolgo iactari de ciuitate sciebant; ceterum senatum iis non ⟨prius dari, quam no⟩ ui consules magistratum inissent, placuit.

罗马再次检验和核实同盟关系
26

(2) 正当人们期待开始进行马其顿战争的时候，伊萨[1]使节激起了对伊利里亚国王的猜疑，他们一方面指控国王蹂躏他们的海岸地区，同时还报告，称马其顿与伊利里亚国王串通一气，共同谋划，准备对罗马进行战争。(3) 并还以使节的样子，按照佩尔修斯的建议，向罗马派出了侦察人员，了解那里在进行什么。(4) 伊利里亚人被召唤到元老院，他们声称自己是受国王派遣的使节，以免除指控。若是伊萨人对国王有什么指控，这时就询问他们，(5) 为什么不去见官员，以便安排住处和获得津贴，为什么不让知道他们的到来和为什么前来，他们吞吞吐吐地回答，然后离开了元老院。(6) 就这样，没有给予他们作为使节应有的接待，没有把他们请进元老院，未作出决定向国王派去使节，以便告诉他同盟者们对他的怨诉。元老院认为他行为不公正，因为他不能公正地对待同盟者。(7) 作为代表团成员受派遣的有：阿·泰伦提乌斯·瓦罗、盖·普勒托里乌斯、盖·基泽瑞尤斯。使节们在会见了同盟国王们后，从亚洲返回来，他们在埃吉纳会见过欧里诺斯，在叙利亚会见过安提奥科斯，在亚历山大里亚会见过托勒密。(8) 他们都受到过佩尔修斯的使节们的贿赂，不过他们都保持了极大的忠诚，并保证会完成罗马人民的一切指示。他们还去过同盟城邦：所有的城邦都非常忠诚，唯有罗得斯岛人动摇，受到影响而听从国王。(9) 罗得斯岛的使节也来了，企图为关于他们城邦的使团辩护。不过元老院认为，待新的执政官履职后再会见他们。

---

[1] 伊萨是希腊西部亚得里亚海中靠近伊利里亚的一小岛。

Preparativi materiali per la guerra
27

(1) Belli apparatum non differendum censuerunt. C. Licinio praetori negotium datur, ut ex ueteribus quinqueremibus in naualibus Romae subductis, quae possent usui esse, reficeret pararetque naues quinquaginta. (2) si quid ad eum numerum explendum deesset, C. Memmio collegae in Siciliam scriberet, ut eas, quae in Sicilia naues essent, reficeret atque expediret, ut Brundisium primo quoque tempore mitti possent. (3) socios nauales libertini ordinis in uiginti et quinque naues exciuibus Romanis C. Licinius praetor scribere iussus; in quinque et uiginti parem numerum Cn. Sicinius sociis imperaret; idem praetor peditum octo milia, quadringentos ⟨equites⟩ ab sociis Latini nominis exigeret. (4) hunc militem qui Brundisi acciperet atque in Macedoniam mitteret, A. Atilius Serranus, qui priore anno praetor fuerat, deligitur. (5) Cn. Sicinius praetor ut exercitum paratum ad traiciendum haberet, C. Popilio consuli ex auctoritate senatus C. Licinius praetor scribit, ut et legionem secundam, quae maxume ueterana in Liguribus erat, et ⟨ex⟩ sociis Latini nominis quattuor milia peditum, ducentos equites idibus Februariis Brundisi adesse iuberet. (6) hac classe et hoc exercitu Cn. Sicinius prouinciam Macedoniam obtinere, donec successor ueniret, iussus, prorogato in annum imperio. ea omnia, quae senatus censuit, inpigre facta sunt. (7) duodequadraginta quinqueremes ex naualibus deductae; qui deduceret eas Brundisium, L. Porcius Licinus praepositus; duodecim ex Sicilia missae. (8) ad frumentum classi exercituique coemendum in Apuliam Calabriamque tres legati missi, Sex. Digitius T. Iuuentius M. Caecilius. ad omnia praeparata Cn. Sicinius praetor, paludatus ex urbe profectus, Brundisium uenit.

进行战争物资准备

27

(1) 决定不延迟战争准备。让裁判官利基尼乌斯负责修理 50 艘尚能使用的旧五排桨船,另新造战船。(2) 要是达不到这个数目,那他可以致函在西西里的同僚盖·墨弥乌斯,让他修理和装备在西西里的船只,要能在第一时间发航到布伦狄西乌姆。(3) 命令裁判官盖·利基尼乌斯从罗马市民中为 25 条战船征募获释奴隶阶层的同盟水手。[1] 要求格奈·西基尼乌斯在同盟者中为 25 条船征募同样数目的水手。那位裁判官还应从拉丁人同盟中间征招 8000 名步兵。(4) 由奥·阿提利乌斯·塞拉努斯在布伦狄西乌姆接受这支军队,然后率领它前往马其顿,此人曾担任上一年度的裁判官。(5) 为了使裁判官格奈·西基尼乌斯能有装备完整的军队渡海,裁判官盖·利基尼乌斯便以元老院的名义致函执政官盖·波尼利乌斯,要求他命令在利古里亚服役时间最长的第二军团,以及由拉丁同盟者组成的 4000 名步兵和 200 名骑兵在 2 月伊代日[2]之前到达布伦狄西乌姆。(6) 格奈·西基尼乌斯受命带着这支舰队和军队留驻马其顿,直到继任者到来,为此允许他延长一年任期。元老院的这些命令都得到认真地执行。(7) 38 艘五排桨战船离开船坞下水,卢·波尔基乌斯·利基努斯受命统率它们前去布伦狄西乌姆从西西里遣来 10 艘。(8) 为了给军队购买粮食,派遣了三个代表前去阿普利亚和卡拉布里亚,他们是塞克斯图斯·狄吉提乌斯、提·尤温提乌斯和马·凯基利乌斯。在一切准备就绪之后,裁判官格奈·西基尼乌斯身披军人斗篷出发,前去布伦狄西乌姆。

---

〔1〕 罗马法规定,罗马市民被解除奴籍后便成为罗马市民,这是罗马法与希腊法的重大区别。不过这类市民的权利仍受一定的限制,他们只能在舰队里服军役。罗马舰队的水手和划桨手基本都是来自获释奴隶,甚至奴隶,因此上述优待并不荣耀。

〔2〕 2 月伊代日为二月十三日。

28

(5) creati consules ⟨P.⟩ Licinius Crassus C. Cassius Longinus [per l'a. 171 a. C.]. postero die praetores facti C. Sulpicius Galba L. Furius Philus L. Canuleius Diues C. Lucretius ⟨Gallus⟩ C. Caninius Rebilus L. Uillius Annalis. (6) his praetoribus prouinciae decretae, duae iure Romae dicendo, Hispania et Sicilia et Sardinia, ut uni sors integra esset, quo senatus censuisset.

Città e Re si posizionano rispetto all'imminente conflitto romano – macedone

29

(1) P. Licinio C. Cassio consulibus [171 a. C.] non urbs tantum Roma nec terra Italia, sed omnes reges ciuitatesque, quae in Europa quaeque in Asia erant, conuerterant animos in curam Macedonici ac Romani belli. (2) Eumenen cum uetus odium stimulabat, tum recens ira, quod scelere regis prope ut uictuma mactatus Delphis esset. (3) Prusias, Bithyniae rex, statuerat abstinere armis ⟨et⟩ euentum expectare; nam neque Romanos posse aequom censere, aduersus fratrem uxoris ⟨se⟩ arma ferre, et apud Persea uictorem ueniam per sororem impetrabilem fore. (4) Ariarathes, Cappadocum rex, praeterquam quod Romanis suo nomine auxilia pollicitus erat, ex quo est iunctus Eumeni adfinitate, in omnia belli pacisque se consociauerat consilia. (5) Antiochus inminebat quidem Aegypti regno, et

28

（5）当选为执政官的是普·利基尼乌斯·克拉苏斯和盖·卡西乌斯·朗吉努斯。[1] 第二天选举了裁判官，他们是盖·苏尔皮基乌斯·伽尔巴、卢·孚里乌斯·菲卢斯、卢·卡努勒尤斯·狄维斯、盖·卢克瑞提乌斯·（伽卢斯）、盖·卡尼乌斯·瑞比乌斯、卢·维利乌斯·阿纳利斯。（6）给这些裁判官分配了行省，其中两位在罗马处理司法事务，三位分别处理西班牙、西西里和撒丁岛事务，一位没有具体确定的管辖范围，由元老院决定。

罗马和国王就罗马与马其顿迫在眉睫的冲突分别表态

29

（1）在普·利基尼乌斯和盖·卡西乌斯执政年[2]，不仅是罗马和意大利土地，而且所有的国王和王国，不管是位于欧洲或亚洲，都紧张地关注着马其顿与罗马的战争。（2）欧墨诺斯既受旧有的憎恨的刺激，又满怀新近产生的愤怒，即由于国王的阴谋，差一点在得尔斐成为牺牲品。[3]（3）普鲁西阿斯，比提尼亚皇帝，决定控制军队，等待事情的结果。在他看来，甚至罗马人也会认为，他不应该举起武器去反对妻子的兄弟，而佩尔修斯在获得胜利后，受姐妹劝说，也会宽恕他。[4]（4）阿里阿拉特斯，卡帕多基亚人的王，曾经以自己的名义保证会帮助罗马人，而他与欧墨涅斯是姻亲，因此无论是战争或媾和，与他都会有关系。[5]（5）安提奥科斯期待夺得埃及王朝，对年

---

[1] 指公元前171年。
[2] 是年为公元前171年。
[3] 参阅本卷15，3—16；波利比奥斯，XXII，8（18），5等；XXVII，6，2。
[4] 参阅本卷12，3。
[5] 关于阿里阿拉特斯倾向罗马的心理，参阅本卷19，3—6。

pueritiam regis et inertiam tutorum spernens; et ambigendo de Coele Syria causam belli se habiturum existumabat. (6) gesturumque id nullo impedimento occupatis Romanis in Macedonico bello; quod ⟨ad⟩ bellum tamen omnia et per suos legatos senatui et ipse legatis eorum enixe pollicitus erat. (7) Ptolemaeus propter aetatem alieni etiam tum arbitrii erat; tutores et bellum aduersus Antiochum parabant, quo uindicarent Coelen Syriam, et Romanis omnia pollicebantur ad Macedonicum bellum. (8) Masinissa et frumento iuuabat Romanos et auxilia cum elephantis Misagenenque filium mittere ad bellum parabat. consilia autem in omnem fortunam ita disposita habebat: (9) si penes Romanos uictoria esset, sua quoque in eodem statu mansura esse, neque ultra quidquam mouendum; non enim passuros Romanos uim Carthaginiensibus adferri; (10) si fractae essent opes Romanorum, quae tum protegerent Carthaginienses, suam omnem Africam fore. (11) Gentius, rex Illyriorum, fecerat potius, cur suspectus esset Romanis, quam satis statuerat, utram foueret partem, impetuque magis quam consilio his aut illis se adiuncturus uidebatur. (12) Cotys Thrax, Odrysarum rex, clam Macedonum partis erat.

segue e decisione legale (da parte del popolo) della guerra al re di Macedonia

30

(1) Haec sententia regibus cum esset de bello, in liberis gentibus populisque plebs ubique omnis ferme, ut solet, deterioris erat, ad regem Macedonasque inclinata; principum diuersa cerneres studia. (2) pars ita in Romanos effusi erant, ut auctoritatem inmodico fauore

幼的国王及其保护人的愚蠢持蔑视态度[1]，认为叙利亚为卡勒斯而发生内讧会给他提供发动战争的借口[2]，（6）并且不会遇到任何障碍，只要罗马陷入与马其顿人的战争。他还通过自己的使节，通过元老院，并且他也亲自保证要提供帮助。（7）托勒密由于年轻，处于他人的监管之下，监护人已经准备与安提奥科斯进行战争，要求其放弃叙利亚的凯勒斯，并且保证会尽一切可能帮助罗马人进行与马其顿的战争。（8）马西尼萨以粮食和包括象队在内的补助军队帮助罗马人，准备派遣儿子弥萨革涅斯带领军队参战。他作出这样的安排意在适应任何形势变化：（9）如果罗马人获得胜利，那时他仍可以保持现有的状态，但不可能追求更大的利益，因为罗马人不允许迦太基人动武；（10）如果罗马人的力量被摧毁，正是这种力量保护着迦太基，那时整个非洲便会属于他。[3]（11）根肯提乌斯，伊利里亚人的国王，只是激起了罗马人的猜疑，但他并未最终决定更倾向哪一方；令人觉得，他与某一方联合主要是由于一时冲动，而并非出于深思熟虑。（12）特拉克人科提斯，特拉克地区奥德律萨人的国王，秘密投靠到马其顿人一边。[4]

继续叙述关于马其顿战争的法律决定（从人民方面）
30

（1）当时国王们对战争怀着这样的想法，而在自由的部族和人民中则如通常那样，往往倾向于比较不利的一方，即倾向于国王和马其顿人。至于那些上层人士，则可以看出，倾向各异。（2）其中一部分人拜倒在罗马人面前，过分的赞许反而损

---

〔1〕 参阅波利比奥斯，XXVII，19。当时托勒密的女儿菲勒墨托尔年仅16岁。
〔2〕 卡勒斯是黎巴嫩一山谷地区。
〔3〕 此处"整个"系指狭义的非洲，即古代埃及以西的北非，主要即指迦太基及其周边地区。
〔4〕 关于奥德律萨，参阅XXXIX，注157。

corrumperent, (3) pauci ex iis iustitia imperii Romani capti, plures ita, si praecipuam operam nauassent, potentes sese in ciuitatibus suis futuros rati. (4) pars altera regiae adulationis erat; quos ⟨dam⟩ aes alienum et desperatio rerum suarum eodem manente statu praecipites ad nouanda omnia agebat; quosdam uentosum ingenium, quia ⟨ad⟩ Persea magis aura popularis ierat. (5) tertia pars, optuma eadem et prudentissima, si utique optio domini potioris daretur, sub Romanis quam sub rege malebat esse; (6) si liberum in ea re arbitrium fortunae esset, neutram partem uolebant potentiorem altera oppressa fieri, sed inlibatis potius uiribus utriusque partis pacem ex aequo manere; ita inter utrasque optimam condicionem ciuitatium fore. protegente altera semper inopem ab alterius iniuria. (7) haec sentientes certamina fautorum utriusque partis taciti ex tuto spectabant. ... (10) patres, quod bonum faustum⟩ felixque populo Romano esset, centuriatis comitiis primo ⟨quoque⟩ die ferre ad populum consules iusserunt, ut, quod Perseus Philippi filius, Macedonum rex, aduersus foedus cum patre Philippo ictum et secum post mortem eius renouatum sociis populi Romani arma intulisset, agros uastasset urbesque occupasset, (11) quodque belli parandi aduersus populum Romanum consilia inisset, arma milites classem eius rei causa comparasset, ut, nisi de iis rebus satisfecisset, bellum cum eo iniretur. haec rogatio ad populum lata est.

害了他们的威望。(3) 其中有些人成为罗马权力公正性的俘虏，大部分人则是期望热情地为罗马人效力，以求在自己的人民中间提高自己的威望。(4) 还有一部分人则奉承国王，另一些人则苦于沉重的债务，对在原有的体系下改善自己的处境感到失望，因此一心期望能发生彻底变化；还有一些人的心灵则犹豫不定，因为大众的风向主要朝向佩尔修斯。(5) 第三部分人是高尚而富有智慧的人[1]，若是他们必须选择一个较好的主人，他们会宁愿服从于罗马人，而不是国王，(6) 倘若他们在这件事情上可以自由地决定自己的命运，那么他们会希望双方都不要以另一方被压抑而使自己一方变得更强大，而是希望双方的力量均不受损伤，由于力量均衡而保护和平，那是介于他们之间的国家会处于最好的状态。双方中的每一方总是会保护受对方欺凌的一方。(7) 他们这样考虑，默默地从旁观察双方其他支持者的争斗。……(10) 元老们为了罗马人民的福祉、繁昌和幸运，要求执政官们向人民宣布，在最近的合适日子里召开百人团民会[2]：由于佩尔修斯，腓力之子，马其顿国王，违背与其父腓力签订，并在腓力去世后得到确认的协议，对罗马人民的同盟者发动战争，蹂躏土地，占领城市，并且还考虑准备对罗马人民发动战争，为此罗马已经准备好武器、军队和舰队，他若对此不能给予应有的答复，将与其进行战争。[3] (11) 这一建议交由人民讨论。

---

〔1〕 历史学家的这种均衡思想可能是受到波利比奥斯的影响。

〔2〕 在决定战争与和平的问题时，召开百人团民会讨论并作决定是最后一道议事程序。

〔3〕 流传下来古代文字，内容系罗马元老院致得尔斐部族联盟，其内容包括李维和其他历史学家提到的对腓力的这些要求。见《希腊铭文题词录》NO643。

Ulteriori preparativi di guerra; eccezionalmente: nomina consolare anzi che elezione popolare dei tribuni militari

31

(1) Senatus consultum inde factum est, ut consules inter se prouincias Italiam et Macedoniam compararent sortirenturue; cui Macedonia obuenisset, ut is regem Persea quique eius sectam secuti essent, nisi populo Romano satisfecissent, bello persequeretur. (2) legiones quattuor nouas scribi placuit, binas singulis consulibus. id praecipui prouinciae Macedoniae datum, quod, cum alterius consulis legionibus quina milia et duceni pedites ex uetere instituto darentur in singulas legiones, in Macedoniam sena milia peditum scribi iussa, equites treceni aequaliter in singulas legiones. (3) et in sociali exercitu consuli alteri auctus numerus: sedecim milia peditum octingentos equites, praeter eos, quos Cn. Sicinius duxisset, sescentos equites, in Macedoniam traiceret. (4) Italiae satis uisa duodecim milia sociorum peditum, sescenti equites. illud quoque praecipuum datum sorti Macedoniae, ut centuriones militesque ueteres scriberet, quos uellet, consul usque ad quinquaginta annos. (5) in tribunis militum nouatum eo anno propter Macedonicum bellum, quod consules ex senatus consulto ad populum tulerunt, ne tribuni militum eo anno suffragiis crearentur, sed consulum praetorumque in iis faciendis iudicium arbitriumque esset. (6) inter praetores ita partita imperia: praetorem, cuius sors fuisset, ut iret, quo senatus censuisset, Brundisium ad classem ire placuit, (7) atque ibi recognoscere socios nauales, dimissisque, si qui parum idonei essent, supplementum legere ex libertinis et dare operam, ut duae partes ciuium Romanorum, tertia sociorum esset. (8) commeatus classi legionibusque ut

对战争的最后准备；执政官名录，在人民选举军事指挥官之前协商名单

31

(1) 然后元老院决定，执政官通过互相协商分配意大利行省和马其顿行省，或者按阄签分配；被分配管理马其顿的执政官必须与国王佩尔修斯及其追随者进行战争，若是他们不能令罗马人民感到满意。(2) 决定征募四个新的兵团，每个执政官率领两个。赋予马其顿行省如下优先权：如果每个执政官兵团按旧制包括5200名步兵，那么对于马其顿兵团则规定注册6000名步兵[1]。所有兵团无区别地各配置300名骑兵。(3) 甚至还为一名执政官增加了辅助军队的人数：6000名步兵和800名骑兵，不包括由格奈·西基尼乌斯带来的600名骑兵，由执政官带往马其顿。(4) 对于意大利，1万2千名同盟者步兵和600名骑兵便足够。此外，还赋予马其顿行省一个特权，可以征募退役百人队长和老兵，年龄直至50岁。(5) 为进行马其顿战争，元老院这一年还对军事指挥官的年龄作出新的规定，执政官按照元老院的决定向人民提议：这一年的军团指挥官不由人民投票选举产生，而是由执政官和裁判官根据自己的判断和考虑决定[2]。(6) 裁判官的权力这样划分：按阄签由元老院指定地点的裁判官 (7) 应该前去布伦狄栖乌姆统率舰队；在那里必须检查同盟者的舰队，遣散不适宜服役者，以释奴进行补充，力求做到其中三分之一的人是罗马市民，三分之一的人是同盟者。(8) 舰队和军团的粮食供应从西

---

〔1〕 李维不止一次地称兵团为6000或6000多名步兵。按照波利比奥斯的说法 (III, 107, 11; VI, 20, 8)，兵团的正常编制为4200人（步兵），特殊情况下为5000名步兵。

〔2〕 起初由军团指挥官由执政官任命，两个执政官各率领两个军团，每个军团6名指挥官，共24名。从公元前361年起，由市民大会选举6名指挥官，而从公元前311年起，改为16名。从公元前207年起，由人民选举全部24名，不过人民并非总是使用这一权利。

ex Sicilia Sardinia ⟨que⟩ subueherentur, praetoribus, ⟨qui⟩ eas prouincias sortiti essent, mandari placuit, ut alteras decumas Siculis Sardisque imperarent, quod frumentum ad exercitum in Macedoniam portaretur. (9) Siciliam C. Caninius Rebilus est sortitus, L. Furius Philus Sardiniam, ⟨L. Canuleius Hispaniam,⟩ C. Sulpicius Galba urbanam iurisdictionem, L. Uillius Annalis inter peregrinos; C. Lucretio Gallo, quo senatus censuisset, sors obuenit.

Consueto sorteggio, tra i consoli, delle province: questa volta, una è l'Italia l'altra è la Macedonia
32
(4) patres sortiri consules iusserunt. P. Licinio Macedonia, ⟨C.⟩ Cassio Italia obuenit. (5) legiones inde sortiti sunt: prima et tertia ⟨ut⟩ in Macedoniam traicerentur, secunda et quarta ut in Italia remanerent.

e procedure di arruolamento
(6) dilectum consules multo intentiore, quam alias, cura habebant. Licinius ueteres quoque scribebat milites centurionesque; et multi uoluntate nomina dabant, quia locupletes uidebant, qui priore Macedonico bello aut aduersus Antiochum in Asia stipendia fecerant. (7) cum tribuni militum, qui centuriones * *, sed primum quemque citarent, tres et uiginti centuriones, qui primos pilos duxerant, citati tribunos plebis appellarunt. duo ex collegio, M. Fuluius Nobilior et M. Claudius Marcellus, ad consules ⟨rem⟩ reiciebant: (8) eorum cognitionem esse debere, quibus dilectus quibusque bellum

西里和撒丁岛运送，决定委托按阄分配获得这些行省的裁判官按时向撒丁居民和西西里居民征收第二次什一税，把粮食运送给在马其顿的军队。(9) 盖·卡尼尼乌斯·瑞比卢斯抽签得到西西里，卢·孚里乌斯·菲卢斯抽签得到撒丁岛，（卢·卡努勒尤斯得到西班牙），盖·苏尔皮基乌斯·伽尔巴享有城市司法权，卢·维利乌斯·阿纳利斯被授予与外邦人的司法权；盖·卢克瑞提乌斯·伽卢斯被授命由元老院决定前去的地方。

惯常的阄签，执政之间分配行省：这次，一个是意大利，另一个是马其顿

32

(4) ……元老们……命令执政官掷阄签。普·利基尼乌斯得到的是马其顿，（盖·）卡西奥得到的是意大利。(5) 然后按阄签分配军团：

第一军团和第三军团前往马其顿，第二军团和第四军团留在意大利。

征募军队程序

(6) 执政官们超乎寻常地认真征募军队。利基尼乌斯还招募了许多退役老兵和百人队长。其中有许多人是主动登记的，由于他们看到先前在马其顿战争或在亚洲对安提奥科斯的战争中服役获得薪饷的人变得多么富有。(7) 当军团指挥官……，召唤百人队人员均作为首次服役人员时，有二三十个曾经指挥过第一中队的百人队长[1]受召唤，人们称其为平民指挥官。有两个同僚，即马·孚尔维乌斯·诺比利奥尔和马·克劳狄乌斯·马尔克卢斯，认为应该向执政官诉讼：(8) 对他们俩进行

---

〔1〕 在百人队里，所有成员都被划分等级，首先是按年龄和中队，以及在中队里的位置，年长的称为"前排的"，年轻的称为"后排的"，百人队中等级最高的是率领第一队的百人队长。关于百人队划分详情可参阅波利比奥斯，VI, 21, 6—23。

mandatum esset; ceteri cognituros se, de quo appellati essent, aiebant, et si iniuria fieret, auxilium ciuibus laturos.

segue: Procedure di arruolamento (e connesso contenzioso dei veterani)

33

(1) Ad subsellia tribunorum res agebatur; eo M. Popilius consularis, aduocatus ⟨centurionum, et⟩ centuriones et consul uenerunt. (2) consule inde postulante, ut in contione ea res ageretur, populus in contionem aduocatus. pro centurionibus M. Popilius, qui biennio ante consul fuerat, ita uerba fecit: (3) militares homines et stipendia iusta et corpora et aetate et adsiduis laboribus confecta habere; nihil recusare tamen, quo minus operam rei publicae dent. id tantum deprecari, ne inferiores iis ordines, quam quos, ⟨cum⟩ militassent, habuissent, adtribuerentur. (4) P. Licinius consul senatus consulta recitari iussit, primum, quo bellum senatus Perseo iussisset, deinde, quo ueteres centuriones quam plurimos ad id bellum scribi censuisset, nec ulli, qui non maior annis quinquaginta esset, uacationem militiae esse. (5) deprecatus est deinde, ⟨ne⟩ in nouo bello, tam propinquo Italiae, aduersus regem potentissimum, aut tribunos militum dilectum habentis inpedirent, aut prohiberent consulem, quem cuique ordinem adsignari e re publica esset, eum adsignare. si quid in ea re dubium esset, ad senatum reicerent.

segue: Procedure di arruolamento (e risoluzione del contenzioso dei veterani)

34

(1) Postquam consul, quae uoluerat, dixit, Sp. Ligustinus ex eo numero, qui tribunos plebis appellauerant, a consule et ab tribunis

侦讯的应该是被委托征募军队和进行战争的人。其他人认为，既然个人请求庇护他人，那就应该由他们自己审理此事，若是发现有不公正之处，他们应该给同邦人提供帮助。

征募程序（和相关联的有关老兵问题的诉讼）
33

（1）案件审理在保民官们的座席前进行。卸任执政官马·波利维乌斯作为百人队长们的辩护人来到那里，百人队长们和执政官也来到那里。（2）在执政官提出该案件需要当着民会审理后，人民被召来开会。两年之前曾经担任执政官的马·波皮利乌斯这样说道：（3）他们的身体经受过岁月的煎熬，承受过无数的艰辛，然而他们什么都不拒绝，仍愿一如既往地为国家贡献力量。他们只是请求，不要让他们在低于他们从前为国家效力时享有的等级为国家效力。（4）执政官普·利基尼乌斯要求元老院通过决议：首先，元老院命令对佩尔修斯宣战。其次，尽可能多地召唤原先的百人队长参加这次战争，任何人不满50岁不得退役。（5）然后，在战争开始时，由于战争如此接近意大利，针对的是一个位如此强大的国王，既不得妨碍军事指挥官征募军队，也不得妨碍执政官从国家利益出发，把某个人安排在适当的位置。如果实际行动中产生什么疑问，可以向元老院投诉。

征兵程序（和解除对老兵的诉讼）
34

（1）在执政官发表完他想发表的意见之后，斯普里乌斯·利古斯提努斯，就是那些召唤平民保民官帮助的人中的一位，

petit, ut sibi paucis ad populum agere liceret. (2) permissu omnium ita locutus fertur: ' Sp. Ligustinus [tribus] Crustumina ex Sabinis sum oriundus, Quirites. pater mihi iugerum agri reliquit et paruom tugurium, in quo natus educatusque sum, hodieque ibi habito. (3) cum primum in aetatem ueni, pater mihi uxorem fratris sui filiam dedit, quae secum nihil adtulit praeter libertatem pudicitiamque, et cum his fecunditatem, quanta uel in diti domo satis esset. (4) sex filii nobis, duae filiae sunt, utraeque iam nuptae. filii quattuor togas uiriles habent, duo praetextati sunt. (5) miles sum factus P. Sulpicio C. Aurelio consulibus. in eo exercitu, qui in Macedoniam est transportatus, biennium miles gregarius fui aduersus Philippum regem; tertio anno uirtutis causa mihi T. Quinctius Flamininus decumum ordinem hastatum adsignauit. (6) deuicto Philippo Macedonibusque cum in Italiam ⟨re⟩ portati ac dimissi essemus, continuo miles uoluntarius cum M. Porcio consule in Hispaniam sum profectus. (7) neminem omnium imperatorum, qui uiuant, acriorem uirtutis spectatorem ac iudicem fuisse sciunt, qui et illum et alios duces longa militia experti sunt. hic me imperator dignum iudicauit, cui primum hastatum prioris centuriae adsignaret. (8) tertio iterum uoluntarius miles factus sum in eum exercitum, qui aduersus Aetolos et Antiochum regem est missus. a M'. Acilio mihi primus princeps prioris centuriae est adsignatus. (9) expulso rege Antiocho, subactis Aetolis

请求执政官和保民官允许他向人民说话。(2) 在征得大家的同意后,他开始这样说道:"我是斯普里乌斯·利古斯提努斯,来自克鲁斯图弥努斯特里布斯[1],出身于萨比尼氏族。家父遗留给我1尤革尔土地[2]和一处小小的居屋,我就出生在那里,在那里长大,直到现在。(3) 当我刚一进入青春年华,父亲便把叔伯女儿嫁给了我[3],她没有随身带来任何嫁妆,除了直率、贞洁和生育能力,这些甚至对于富裕家庭也都足够。(4) 我们有六个儿子,两个女儿,两个女儿已经结婚。有四个儿子已经穿上成年服,两个儿子仍然着少年装。(5) 我第一次应召入伍是在普·苏尔皮基乌斯和盖·奥勒利乌斯执政年。[4] 在被派往马其顿的军队里,作为一个普通兵士,与国王腓力作战两年。第三年由于作战勇敢,提·昆克提乌斯·弗拉弥尼努斯指定我成为第10列的枪矛手。[5] (6) 在战胜腓力和马其顿人之后,我们返回了意大利,并被解散,但我作为军人,立即自愿随执政官马·波尔基乌斯出发去西班牙。[6] (7) 在所有在世的指挥官中,没有哪个人比他更会发现和评价勇敢,所有经历过长时期的军旅生涯的人都知道他和其他军事首领。正是这位统帅给了我应有的评价,并且任命我为第一百人队第一列的百人队长。(8) 我曾经三次参加军队,而且完全是自愿,被派去与埃托利亚人和安提奥科斯作战。[7] 曼·阿基利乌斯让我处于第一百人团的第一列首位。(9) 我们赶走了安提奥科斯,征服了埃托利

---

[1] 该特里布斯是罗马按地区划分的35个特里布斯之一。
[2] 这样面积的土地只够移居者用来登记入册,即被接受为罗马市民。
[3] 罗马古代禁止近亲结婚,不清楚后来什么时候被取消。
[4] 即公元前200年。
[5] 在罗马军团里,所有百人队按等级和在百人队里的位置区分,等级最高的是第一列的指挥官。此人在百人队里由低级服役至最高级。关于罗马军团结构,参阅李维,VIII, 8, 5—13;波利比奥斯 VI, 21, 6—23。
[6] 此人即公元前175年执政官。
[7] 指公元前191年。

reportati sumus in Italiam; et deinceps bis, quae annua merebant legiones, stipendia feci. bis deinde in Hispania militaui, semel Q. Fuluio Flacco, iterum Ti. Sempronio Graccho praetore. (10) a Flacco inter ceteros, quos uirtutis causa secum ex prouincia ad triumphum deducebat, deductus sum; a Ti. Graccho rogatus in prouinciam ii. (11) quater intra paucos annos primum pilum duxi; quater et tricies uirtutis causa donatus ab imperatoribus sum; sex ciuicas coronas accepi. uiginti duo stipendia annua in exercitu emerita habeo, et maior annis sum quinquaginta. (12) quodsi mihi nec stipendia omnia emerita essent necdum aetas uacationem daret, tamen, cum quattuor milites pro me uobis dare, P. Licini, possem, aecum erat me dimitti. (13) sed haec pro causa mea dicta accipiatis uelim; ipse me, quoad quisquam, qui exercitus scribit, idoneum militem iudicabit, numquam sum excusaturus. (14) quo ordine me dignum iudicent tribuni militum, ipsorum est potestatis; ne quis me uirtute in exercitu praestet, dabo operam; et semper ita fecisse me et imperatores mei et, qui una stipendia fecerunt, testes sunt. (15) uos quoque aecum est, commilitones, etsi appellatione uostrum usurpatis ius, cum adulescentes nihil aduersus magistratuum senatusque auctoritatem usquam feceritis, nunc quoque in potestate consulum ac senatus esse et omnia honesta loca ducere, quibus rem publicam defensuri sitis. '

Conclusione delle procedure di arruolamento
35

(1) Haec ubi dixit, conlaudatum multis uerbis P. ⟨Licinius⟩ consul ex contione in senatum duxit. (2) ibi quoque ei ex auctoritate

亚人，返回到意大利。在这之后，我又在一年里两次在军团里服役，然后两次在西班牙作战，一次由昆·孚卢伊乌斯·弗拉库斯统帅，另一次由裁判官提·森普罗尼乌斯·格拉古统帅。[1]（10）弗拉库斯把我带回罗马属于那些由于作战英勇为举行凯旋而被从行省随身带回之人的行列。提比略·格拉古亲自召我去加入他统率的军队。（11）后来在数年里我又四次是军团第一投枪手。由于作战勇敢，获得指挥们34次奖励，获得6次战场救援同伴奖。现在我已经22年领取军队里应得的年薪，并且已经超过50岁。（12）即使我尚未完全服满应满役年限，即使我的年纪尚不会退役，但是，普布利乌斯·利基尼乌斯，当我可以给你们提供四个兵士替代我自己时，普·利基尼乌斯也应该解除我的兵役义务。（13）不过纵然在你们看来，我刚才说的这一切能为我辩护，不过只要征募军队官员认为我应该服役，我也永远不会拒绝。（14）让军事指挥官们决定吧，我该属于哪个等级，他们享有这样的权力。我会努力，使得没有人能在英勇作战方面超过我。我从来都是这样做，我的指挥官们和曾经与我共同作过战的人们都可以作证。（15）还有你们，与我共同服役的人们，我们在年轻时期从没有与官员和元老院的决定争论，因此你们即使按照法律向人民求助，也要正当地行动，如果你们现在仍也将服从元老院和执政官们，认为只要保卫国家，任何岗位都是光荣的。"

结束征募程序
35
（1）他这样说完，执政官普·（利基尼乌斯）对他赞不绝口，把他由民会带到元老院。（2）在那里，以元老院的名义对

---

[1] 指公元前181和180年，参阅李维第四十卷，35，2；40，14。关于军队随孚尔维斯·弗拉库斯返回及其凯旋，参阅43，4—7。

senatus gratiae actae, tribunique militares in legione prima primum pilum uirtutis causa ei adsignarunt. ceteri centuriones remissa appellatione ad dilectum oboedienter responderunt. (3) quo maturius in prouincias magistratus proficiscerentur, Latinae kalendis Iuniis fuere; eoque sollemni perfecto C. Lucretius praetor omnibus, quae ad classem opus erant, praemissis Brundisium est profectus. (4) praeter eos exercitus, quos consules comparabant, C. Sulpicio Galbae praetori negotium datum, ut quattuor legiones scriberet urbanas, iusto numero peditum equitumque, iisque quattuor tribunos militum ex senatu legeret, qui praeessent; (5) sociis Latini nominis imperaret quindecim milia peditum, mille et ducentos equites; is exercitus uti paratus esset, quo senatus censuisset. (6) P. Licinio consuli ad exercitum ciuilem socialemque petenti addita auxilia, Ligurum duo milia, Cretenses sagittarii—incertus numerus, quantum rogati [auxilia] Cretenses misissent—, Numidae item equites elephantique. (7) in eam rem legati ad Masinissam Carthaginiensesque missi L. Postumius Albinus Q. Terentius Culleo C. Aburius. in Cretam item legatos tres ire placuit, A. Postumium Albinum C. Decimium A. Licinium Neruam.

Respinta una delegazione del re macedone, iniziano le operazioni militari romane

36

(1) Per idem tempus legati ab rege Perseo uenerunt. eos in oppidum intromitti non placuit, cum iam bellum regi eorum et Macedonibus et senatus decresset et populus iussisset. (2) in aedem Bellonae in senatum introducti ita uerba fecerunt: mirari Persea regem, quid in Macedoniam exercitus transportati essent; (3) si impetrari a

他表示感谢,军事指挥官们按照他的英勇精神,把他安排在第一军团第一列。其他百人队放弃发言,顺从地服从命令。(3)为了能使官员们尽快地前往行省,在7月1日举行了拉丁赛会。[1]这一隆重集会结束之后,裁判官盖·卢克瑞提乌斯首先让整个舰队启行,然后自己去到布伦狄西乌姆。除了那些由执政官们率领的军队外,还授命裁判官盖·苏尔皮基乌斯·伽尔巴征募四个城市军团,按照通常数量的步兵和骑兵,从元老中间任命了四个指挥官统帅这支军队。(5)还命令拉丁同盟者提供5000名步兵和1200名骑兵;组建这支军队供元老院视情况需要使用。(6)按照执政官普·利基尼乌斯的要求,给他的由市民和同盟者组成的军队增加了补助军队:2000个利古里亚人,还有克里特射手(不清楚克里特人按要求具体派来多少补助军队),此外还有努弥底亚骑兵和象队。(7)为此,向马西尼萨[2]和迦太基派出了使节——卢·波斯图弥乌斯·阿尔比努斯、昆·特伦提乌斯·库勒奥、盖·阿比里乌斯。还决定向克里特派出三个使节:阿·波斯图弥乌斯·阿尔比努斯、盖·得基弥乌斯、阿·利基尼乌斯·涅鲁阿。

拒绝马其顿国王的代表团,罗马军队开始行动
36

(1)在这期间,由国王佩尔修斯派遣的使节到来。决定不让他们进城,由于元老院已经决定,人民也已经命令,对马其顿国王和马其顿人发动战争。(2)他们被领进战争女神庙的元老院会议,这样说道:"佩尔修斯王感到惊异,为什么向马其顿派去军队。(3)如果元老院命令把他们召回,若是国王对同盟

---

〔1〕 这是按罗马官方日历,按照太阳历,这一天应该是在4月。
〔2〕 马西尼萨是北非努弥底亚国王。

senatu posset, ut ii reuocentur, regem de iniuriis, si quas sociis factas quererentur, arbitratu senatus satisfacturum esse. (4) Sp. Caruilius, ad eam ipsam rem ex Graecia remissus ab Cn. Sicinio, in senatu erat. is Perrhaebiam expugnatam armis, Thessaliae aliquot urbes captas, cetera, quae aut ageret aut pararet rex, cum argueret, respondere ad ea legati iussi. (5) postquam haesitabant, negantes sibi ultra quidquam mandatum esse, iussi renuntiare regi, consulem P. Licinium breui cum exercitu futurum in Macedonia esse: (6) ad eum, si satisfacere in animo esset, mitteret legatos. Romam quod praeterea mitteret, non esse; nemini enim eorum per Italiam ire liciturum. (7) ita dimissis P. Licinio consuli mandatum, ut intra undecimum diem iuberet eos Italia excedere, et Sp. Caruilium mitteret, qui, donec nauem conscendissent, custodiret. (8) haec Romae acta nondum profectis in prouinciam consulibus. iam Cn. Sicinius, qui, priusquam magistratu abiret, Brundisium ad classem et ad exercitum praemissus erat, traiectis in Epirum quinque milibus peditum, trecentis equitibus, ad Nymphaeum in agro Apolloniati castra habebat. (9) inde tribunos cum duobus milibus militum ad occupanda Dassaretiorum et Illyriorum castella, ipsis accersentibus praesidia, ut tutiores a finitimorum impetu Macedonum essent, misit.

'Offensiva diplomatica' romana
37

(1) Paucis post diebus Q. Marcius ⟨et⟩ A. Atilius et P. et Ser. Cornelii Lentuli et L. Decimius, legati in Graeciam missi, Corcyram peditum mille secum aduexerunt; ibi inter se et regiones, quas

者做出了不公正的行为,愿意按照元老院的构想,进行足够的赔偿。"(4)当时斯普·卡鲁伊利乌斯奉格涅·西基尼乌斯召请,为此事从希腊返回来,参加元老院会议。国王用武力征服了佩瑞比亚,占领了特萨利亚的一些城市,对于其他地区,国王正在征服,或者已经征服。[1] 使节们受责令对这些作答。(5)使节们开始吞吞吐吐地说话,声称此外未对他们作任何委托。这时他们便被要求转告国王,执政官普·利基尼乌斯很快就会率领军队留驻马其顿;那就派人去见他。除此而外,便不要再派任何人来罗马;因为意大利对他派遣的任何人都已经关闭。(7)就这样遣走了使者,要求执政官普·利基尼乌斯在11天内率领军队离开意大利,同时派遣斯普·卡尔维利乌斯保护使者,因为他们尚未登船离开。(8)这些就是在执政官们尚未离开罗马之前发生的事情。格涅·西基尼乌斯在自己的任期尚未届满之前,便被派往布伦狄西乌姆统率舰队和军队,并且在率领5000名步兵和300名骑兵去到埃皮鲁斯后,在纽菲乌姆的阿波洛尼亚人的土地扎营。(9)他从那里派遣指挥官们率领2000名步兵去占领达萨瑞提伊人和伊利里亚人的要塞,因为他们自己请求在那里驻扎防卫部队,以防卫相邻的马其顿人的进攻。

罗马人的外交攻势
37

(1)数日后,昆·马尔基乌斯和阿·阿提利乌斯、普·和塞·科尔涅利乌斯·楞图卢斯以及卢·得基穆斯,作为被遣往希腊的使节,随身带着1000名步兵去到科尔基拉。[2] 他们在那

---

[1] 关于佩尔修斯出兵佩瑞比亚和占领其他一些城市,李维先前已有多处提到,显然认为这和那里谈的是同一些事件。只是这里谈的是执政官离开罗马时发生的事件,那里谈的是普布利乌斯·利基尼乌斯到达行省时发生的事件。

[2] 科尔基拉是希腊西部埃皮罗斯近海岛屿。

obirent, et milites diuiserunt. (2) L. Decimius missus est ad Gentium regem Illyriorum, quem si aliquem respectum amicitiae cum ⟨populo Romano⟩ habere cerneret, retentare aut etiam ad belli societatem perlicere iussus. (3) Lentuli in Cephallaniam missi, ut in Peloponnesum traicerent oramque maris in occidentem uersi ante hiemem circumirent. (4) Marcio et Atilio Epirus, Aetolia, Thessalia circumeundae adsignantur; inde Boeotiam atque Euboeam adspicere iussi, tum in Peloponnesum traicere; ibi congressuros se cum Lentulis constituunt. (5) priusquam digrederentur a Corcyra, litterae ⟨a⟩ Perseo adlatae sunt, quibus quaerebat, quae causa Romanis aut in Graeciam traiciendi copias aut urbes occupandi esset. (6) cui rescribi non placuit, nuntio ipsius, qui litteras attulerat, dici, praesidii causa ipsarum urbium Romanos facere. (7) Lentuli circumeuntes Peloponnesi oppida, cum sine discrimine omnes ciuitates adhortarentur, ut, quo animo, qua fide adiuuissent Romanos Philippi primum, deinde Antiochi bello, eodem aduersus Persea iuuarent, fremitum in contionibus mouebant, (8) Achaeis indignantibus eodem se loco esse, qui omnia a principiis Macedonici belli praestitissent Romanis, ⟨quo⟩ Messenii atque Elii, [qui] et [Macedonis] Philippi bello hostes fuissent ⟨Romanis⟩ et pro Antiocho postea arma aduersus populum Romanum tulissent ac, (9) nuper in Achaicum contributi concilium, uelut praemium belli se uictoribus Achaeis tradi quererentur.

segue: 'Offensiva diplomatica' romana
38

(1) Marcius et Atilius ad Gitana, Epiri oppidum, decem milia ⟨a⟩ mari cum escenderent, concilio Epirotarum habito cum magno omnium adsensu auditi sunt; et quadringentos iuuentutis eorum in Orestas, ut praesidio essent liberatis ab Macedonibus, miserunt.

里互相划分了应该访问的地区，分配了军队。（2）卢·得基弥乌斯被派往伊利里亚人的国王根提乌斯那里，以使他如果看重与罗马人民的友谊，便采取不干涉态度，或者甚至结成战争同盟。（3）楞图卢斯兄弟被派往克法拉尼亚，要求他们从那里前去伯罗奔尼撒，在冬天到来之前绕行西海岸。[1]（4）要求马尔基乌斯和阿提利乌斯巡行埃皮罗斯、埃托利亚、特萨利亚，然后视察波奥提亚和欧波亚，最后前往伯罗奔尼撒，让他在那里与楞图卢斯会面。（5）使节们尚未离开科尔库拉林斯，便收到来自佩尔修斯的信函，询问罗马人为什么派军队前去希腊，并占领希腊城市。（6）决定不作书面回复，但告诉持函前来的使者，罗马人这样做是为了加强对城市的防卫。（7）楞图卢斯兄弟鼓励伯罗奔尼撒各城市，要求他们像先前忠实地帮助罗马与腓力作战，后来与安提奥科斯作战那样帮助与佩尔修斯作战，他们在会议上的发言引起了普遍抱怨。（8）阿开亚人不满于自己与墨塞尼人和埃利伊人处于同等的地位，尽管他们从马其顿战争一开始，便完全站在罗马人一边，而墨塞尼人和埃利斯人[2]却站在马其顿人一边，后来则站在安提奥科斯一边反对罗马人，（9）现在他们则被归入阿开亚同盟，把战争功劳归于胜利者阿开亚人。

罗马的进攻性外交
38

（1）马尔基乌斯和阿提利乌斯去到吉塔特纳，埃皮罗斯城市，距离大海10里，他们在埃皮罗斯人的会议上的发言受到极大赞赏地被听取。400名埃皮罗斯青年被派往奥瑞斯特，防备马其顿人。

---

［1］ 指希腊西部海岸，与意大利隔海相望。
［2］ 埃利斯人指居住在伯罗奔尼撒半岛西部埃利斯的居民。

(2) inde in Aetoliam progressi ac paucos ibi morati dies, dum in praetoris mortui locum alius sufficeretur, [et] Lycisco praetore facto, quem Romanorum fauere rebus satis conpertum erat, transierunt in Thessaliam. eo legati Acarnanes et Boeotorum exules uenerunt. (3) Acarnanes nuntiare iussi, quae Philippi primum, Antiochi deinde bello, decepti pollicitationibus regiis, aduersus populum Romanum commisissent, ea corrigendi occasionem illis oblatam. (4) si male meriti clementiam populi Romani experti essent, bene merendo liberalitatem experirentur. (5) Boeotis exprobratum, societatem eos cum Perseo iunxisse. cum culpam in Ismeniam, principem alterius partis, conferrent et quasdam ciuitates dissentientis in causam deductas, appariturum id esse Marcius respondit; singulis enim ciuitatibus de se ipsis consulendi potestatem facturos. (6) Thessalorum Larisae fuit concilium. ibi ⟨et⟩ Thessalis benigna materia gratias agendi Romanis pro libertatis munere fuit, et legatis, quod et Philippi prius et post Antiochi bello enixe adiuti a gente Thessalorum essent. (7) hac mutua commemoratione meritorum accensi animi multitudinis ad omnia decernenda, quae Romani uellent.

Ambasceria di Perseo per chiedere un incontro del re macedone con i legati romani

(8) secundum hoc concilium legati a Perseo rege uenerunt priuati maxime hospitii fiducia, quod ei paternum cum Marcio erat. ab huius necessitudinis commemoratione orsi petierunt legati, in conloquium ueniendi regi potestatem faceret. (9) Marcius et se ita a patre suo accepisse dixit, amicitiam hospitiumque cum Philippo fuisse, ⟨et⟩ minime immemorem necessitudinis eius legationem eam

（2）他们由那里前往埃托利亚，在那里逗留数日，适逢埃托利亚人由于裁判官去世而举行补缺选举，吕基斯科斯当选，此人对罗马人怀有好感系众所周知。[1] 使节们此后去到特萨利亚，阿卡尔纳尼亚使节和波奥提亚人的一些被放逐者也去到那里。（3）阿卡尔纳尼亚使节受命向人们报告，阿卡尔纳尼亚人起初是在腓力战争时期受腓力诱惑，后来是在安提奥科斯战争时期受国王们诱惑，曾经反对罗马人民，现在他们为自己的行为赎罪的时候到了。（4）既然尽管他们作了错事，也能感受到罗马人民的厚待；若是有功于罗马人民，便更会感受到罗马人民的厚待。（5）波奥提亚人因与佩尔修斯建立同盟关系而受到谴责。当被驱逐者指责另一派的首领伊斯墨尼亚，一些持反对意见的城邦也被卷入了这一事件，马尔基乌斯答称，事情会被搞清楚：每个城邦会被赋予决定自己命运的机会。（6）特萨利亚人在拉里萨举行会议。[2] 在这里，特萨利亚人有了合适的机会为赋予他们自由而向罗马人表示感激，而罗马使节则对特萨利亚人在与腓力和后来在与安提奥科斯的战争中提供的帮助而表示感谢。（7）这样相互回忆对方的好处，激发了大家的心灵，使得罗马人希望的各项决议都获得通过。

佩尔修斯的使团，请求罗马使节与马其顿国王接触

（8）在这次会议后，国王佩尔修斯的使节到来，主要是凭借个人的客谊，那是父辈们与马尔基乌斯结成的，在对这一友谊进行必要的回顾之后，马其顿使节们便开始请求允许与国王进行交谈。（9）马尔克卢斯回答说，他自己也曾经从父亲那里听说过与腓力之间的友谊和客情，而且认为必须牢牢记住这一

---

〔1〕 吕基斯科斯于公元前271年任埃托利亚同盟的将军，倾向罗马，在罗马人的帮助下杀死政治对手。波利比奥斯曾经写道：在埃托利亚人吕基斯科斯——一个不安静、好动之人被杀后，埃托利亚立即恢复了和平和和睦。

〔2〕 特萨利亚同盟在罗马指导下，建于公元前196年。

suscepisse. conloquium, (10) si satis commode ualeret, non fuisse se dilaturum; nunc, ubi primum posset, ad Peneum flumen, qua transitus ab Homolio Dium esset, praemissis, qui nuntiarent regi, uenturos.

Incontro di Perseo con il legati romani ed esposizione delle reciproche posizioni

39

(1) Et tum quidem ab Dio Perseus in interiora regni recepit se, leui aura spei obiecta, quod Marcius ipsius causa suscepisse se legationem dixisset; post dies paucos ad constitutum locum uenerunt. (2) magnus comitatus fuit regius cum amicorum tum satellitum turba stipante. non minore agmine legati uenerunt et ab Larisa multis prosequentibus et legationibus ciuitatium, quae conuenerant Larisam et renuntiare domum certa, quae audissent, uolebant. (3) inerat cura insita mortalibus uidendi congredientis nobilem regem et populi principis terrarum omnium legatos. (4) ⟨ut⟩ in conspectu steterunt, dirimente amni, paulisper internuntiando cunctatio fuit, utri transgrederentur. aliquid illi regiae maiestati, aliquid ⟨hi⟩ populi Romani nomini, cum praesertim Perseus petisset conloquium, existumabant deberi. (5) ioco etiam Marcius cunctantis mouit. 'minor' inquit 'ad maiores et' —quod Philippo ipsi cognomen erat— 'filius ad patrem transeat.' (6) facile persuasum id regi est. aliud deinde ambigebatur, cum quam multis transiret. rex cum omni comitatu transire aecum censebat; legati uel cum tribus uenire iubebant uel, si tantum agmen traduceret, obsides dare, nihil fraudis fore in conloquio. (7) Hippian et Pantauchum, quos et legatos miserat, principes amicorum, obsides dedit. nec tam in pignus fidei obsides desiderati

友谊地接受了出使任务。(10) 只要他足够地健康,他绝不会让自己延迟会见。现在他正是尽可能地来到佩涅奥斯河畔[1],以便渡河,由霍摩利乌姆前往狄奥摩,并预先派出使节,向国王通报他们的到来。

佩尔修斯会见罗马使节,各自陈述立场
39
(1) 正在这时,佩尔修斯由狄奥姆回到帝国内地,怀着微弱的奢望,马尔基乌斯称是他自愿接受了这次出使。数日之后,他们来到约定的地点。(2) 国王身边是无数随从,包括友人和侍卫。(罗马)使节们也以不亚于对方的人群到来,既有许多拉里萨人跟随而来,还有许多其他城邦的代表团,他们来到拉里萨是希望返回去后能报告听到的确切消息。(3) 人们怀着人类固有的兴趣,一见著名的国王与全世界最闻名的人民的使节们的会见情形。(4) 他们站在互相可以望见的位置,以河流相隔,传令官们互相通报造成了一定的迟延,双方中谁应该渡河过去。马其顿方面认为应该对王权的威严给予尊重,罗马方面认为应该保持罗马人民这一名义的尊严,既然举行谈判是佩尔修斯提出的。(5) 这时马尔基乌斯稍作延迟,玩笑地说道:"晚辈应该尊敬长辈,他的别名是腓力,儿子应该过来见父亲。"[2] (6) 国王很容易地被说服。接着开始争论,可以带领多少人过河。国王认为,他应该带着整个随从队伍过河。罗马使节要求,他或者带着三个随从过河,或者若是他想带着那么多随从,那他得提供人质,以便谈判期间不会发生任何欺诈。(7) 国王把许皮阿斯和潘塔霍斯交出来作为人质,他们以前曾经被作为使者,

---

〔1〕 佩涅奥斯河是特萨利亚境内的主要河流。
〔2〕 马尔基乌斯的这一族姓起码于马尔基乌斯的祖父,曾任公元前 281 年执政官。

erant, quam ut appareret sociis nequaquam ex dignitate pari congredi regem cum legatis. (8) salutatio non tamquam hostium, sed hospitalis ac benigna fuit, positisque sedibus consederunt.

segue: esposizione delle reciproche posizioni
40

(1) Cum paulisper silentium fuisset, 'expectari nos' inquit Marcius 'arbitror, ut respondeamus litteris tuis, quas Corcyram misisti, in quibus quaeris, quid ita legati cum militibus uenerimus et praesidia in singulas urbes dimittamus. (2) ad hanc interrogationem tuam et non respondere, uereor, ne superbum sit, et uera respondere ne nimis acerbum audienti tibi uideatur. (3) sed cum aut uerbis castigandus aut armis sit, qui foedus rumpit, sicut bellum aduersus te alii quam mihi mandatum malim, ita orationis acerbitatem aduersus hospitem, utcumque est, subibo, sicut medici, cum salutis causa tristiora remedia adhibent. (4) ex quo regnum adeptus es, unam rem te, quae facienda fuerit, senatus fecisse censet, quod legatos Romam ad renouandum ⟨foedus miseris, quod tamen ipsum tibi non fuisse renouandum⟩ iudicat potius quam, cum renouatum esset, uiolandum. (5) Abrupolim, socium atque amicum populi Romani, regno expulisti; Arthetauri interfectores, ut caede, ne quid ultra dicam, ⟨te⟩ laetatum appareret, recepisti, qui omnium Illyriorum fidissimum Romanis regulum occiderant; (6) per Thessaliam et Maliensem agrum cum exercitu contra foedus Delphos isti; Byzantiis item contra

朋友中的首要人士。要求提交人质主要不是为了作为保持忠实的抵押，而是为了向同盟者们表明，国王与使者们的会见远非处于同等尊严的地位。（8）双方的问候并非像敌人，而是像客人那样，也很亲切，然后一起落座于安放的椅子。

继续展示各自的主张
40
（1）在经过一阵不长时间的沉默后，马尔基乌斯说道："我想，你可能期望我们对你的来信作答，那封信你发自科西嘉岛，在信里询问我们为什么这样作为使者，带着军队前来，并且在一座城市设防。（2）对于你的这个问题，我担心若不答复，会显得我们傲慢，然而若是真实回答，它们或许会让你听起来觉得很尖锐。（3）可是对于背弃条约者，应该或者用言词训斥，或者动用武器，就像该用战争对付你那样。不过我更希望这一任务交给别人，而不是交给我[1]。但是不管怎么说，我会用尖锐的言词招待客人一番，犹如医生，他们为了健康，会采用非常苦涩的药物。（4）元老院认为，你自获得王权后，只做了一件应该做的事情，那就是派遣使节去罗马恢复条约，然而对于你来说，需要的并非是恢复条约本身，而是恢复之后把它毁掉。（5）阿布罗波利斯是罗马人们的同盟者和朋友，你推翻了他的王权[2]；你隐藏了谋杀阿尔特陶罗斯的凶手，他们杀死了所有伊利里亚人中对罗马最忠实的国王；为了不说得太过分，你曾经显露欣喜。（6）你违背协约，率领军队经过特萨利亚和马勒亚[3]前去得尔斐，你同样违背协约，派遣军队去帮助拜占

---

[1] 马尔基乌斯与佩尔修斯之间的战争发生在公元前169年。
[2] 阿布鲁波利斯是特拉克一部族的首领，公元前179年因夺取了位于特拉克与马其顿交界处的一金矿，结果失去了王位。
[3] 该城位于特萨利亚东南部。

foedus misisti auxilia; cum Boeotis, sociis nostris, secretam tibi ipsi societatem, quam non licebat, iureiurando pepigisti; (7) Thebanos legatos, Euersam et Callicritum, uenientis ad nos, quaerere malo, quis interfecerit, quam arguere. in Aetolia bellum intestinum et caedes principum per quos, nisi per tuos, factae uideri possunt? (8) Dolopes a te ipso euastati sunt. Eumenes rex, ab Roma cum in regnum rediret, prope ut uictuma Delphis in sacrato loco ante aras mactatus, quem insimulet, piget referre; (9) quae hospes Brundisinus occulta facinora indicet, certum habeo et scripta tibi omnia ab Roma esse et legatos renuntiasse tuos. (10) haec ne dicerentur a me, uno modo uitare potuisti, non quaerendo, quam ob causam exercitus in Macedoniam traicerentur, aut praesidia in sociorum urbes mitteremus. quaerenti tibi superbius tacuissemus, quam uera respondimus. (11) equidem pro paterno nostro hospitio faueo orationi tuae et opto, ut aliquid mihi materiae praebeas agendae tuae apud senatum causae. '

segue: esposizione delle reciproche posizioni
41

(1) Ad ea rex: 'bonam causam, si apud iudice aequos ageretur, apud eosdem et accusatores et iudices agam. (2) eorum autem, quae obiecta sunt mihi, partim ea sunt, quibus nescio an gloriari debeam,

庭人[1],你与我们的同盟者波奥提亚人建立了秘密的同盟关系,尽管那是不允许的,但你违背誓言;(7)我不为指控,只是发点怨言:特拜使节埃维尔萨和卡利克里托斯,当时他们正前往我们那里,是谁杀害了他们?在埃托利亚,如若不是你们的支持者,还能是其他什么人挑起了内战和对显贵的市民进行杀戮?是你亲自使多洛佩斯人的田园变荒芜[2]。国王欧墨涅斯由罗马回国途中,在得尔斐,在神圣的地方,就在祭坛前被杀死,都令人羞于启齿,他会控告谁[3];(你的)布伦狄西乌姆的好客之人揭露了一些怎样的罪行[4]我知道得很清楚,你的使节曾经从罗马给你写信报告过。(10)你只有一个办法避免谈所有这些问题,那就是不再询问为什么向马其顿派遣了军队,或者我们为什么向同盟城市派遣卫戍部队。不过若是你询问,那时我们若保持沉默,那会比如实回答显得要尊重人。(11)鉴于我们的父辈之间存在过的客情,我会善待你的发言,并且希望你能给我提供一些理由,以便我能在元老院为你辩护。"

相互继续说明自己的观点。
41

(1)国王对此回答说:"如果是由公正的法官审判这个案子,事情本会很顺利,然而现在我却要面对你们,你们身兼控告者和法官于一身。(2)在对我提出的各项指控中,对有些指控或许我本可以引以为荣,或是我可以无所惭愧地承认它们,

---

[1] 预见到战争威胁。
[2] 多洛佩斯人也居住在特萨利亚境内,公元前196年宣布脱离马其顿,结果被腓力征服。
[3] 欧黑涅斯是帕伽马国王阿塔洛斯的兄弟。出使得尔斐遇害。
[4] "好客之人"指卢基乌斯·拉弥乌斯,此人交往广泛,其中包括罗马军事将领,然后向佩尔修斯报告,后来出于个人的恐惧,向罗马报告了一切。

neque quae fateri erubescam, partim quae uerbo obiecta uerbo negare ⟨satis⟩ sit. (3) quid enim, si legibus uestris hodie reus sim, aut index Brundisinus aut Eumenes mihi obiciat, ut accusare potius uere quam conuiciari uideantur? (4) scilicet nec Eumenes, cum tam multis grauis publice ac priuatim sit, alium quam me inimicum habuit; neque ego potiorem quemquam ad ministeria facinorum quam Rammium, quem neque umquam ante uideram nec eram postea uisurus, inuenire potui. (5) et Thebanorum, quos naufragio perisse constat, et Arthetauri caedis mihi reddenda ratio est; in qua tamen nihil ultra obicitur, quam interfectores eius in regno exulasse meo. (6) cuius condicionis iniquitatem ita non sum recusaturus, si uos quoque accipitis, ut, quicumque exules in Italiam aut Romam se contulerunt, his facinerum, propter quae damnati sunt, auctores uos fuisse fateamini. (7) si hoc et uos recusabitis et omnes aliae gentes, ego quoque inter ceteros ero. et hercule, quid adtinet cuiquam exilium patere, si nusquam exuli futurus locus est? (8) ego tamen istos, ut primum in Macedonia esse admonitus a uobis conperi, requisitos abire ex regno iussi et in perpetuum interdixi finibus meis. (9) et haec quidem mihi tamquam causam dicenti reo obiecta sunt; illa tamquam regi et quae de foedere, quod mihi est uobiscum, disceptationem habeant. (10) nam si est in foedere ita scriptum, ut ne si bellum quidem quis inferat, tueri me regnumque meum liceat, mihi fatendum est, quod me armis aduersus Abrupolim, socium populi Romani, defenderim, foedus uiolatum esse. (11) sin autem hoc et ex foedere licuit et iure gentium ita comparatum est, ut arma armis propulsentur, quid tandem me facere decuit, cum Abrupolis fines mei regni usque ad Amphipolim peruastasset, multa libera capita, magnam uim mancipiorum, multa milia pecorum abegisset? (12) quiescerem et paterer, donec Pellam et in regiam meam armatus peruenisset? at enim bello quidem

对另一些指控则已经申诉过，不过我也可以再次用言辞来声辩。（3）如若我今天即使按照你们的法律作为被告，或者由布鲁狄西努斯或是由欧墨涅斯对我进行控告，这时他们不会显得是诬陷者，而是诚实的控告者？（4）也就是说，无论是欧墨涅斯，尽管他令那么多人感到难以忍受，无论是在社会生活方面，还是在个人生活方面，没有其他的敌人，除了我一个。而我则不可能找到其他任何人帮助我作恶，除了拉弥乌斯，尽管我以前从未见过这个人，以后也不想见到他。（5）我还得为难船而丧命的特拜人，为阿尔特陶罗斯之子受申斥，其实这里并非由于别的什么，而是因为杀害者被放逐到我的王国领域。（6）因此，我不会对这种情势的不公正性进行抗辩，若是你们也承认，所有遭放逐去到意大利或者罗马的人其犯罪根源都在于你们。（7）若是你们和其他所有的人民都不承认是这样，那么我也会像其他人一样。请海格立斯作证，倘若没有什么地方愿意为放逐者提供居处，放逐对于一个人又有什么意义？（8）不过我在你们的提醒下得知他们逗留在马其顿后，便已经把他们找到，并且已经命令他们离开我的王国，永远不得再进入我的领土。（9）就是这样一些事情犹如罪状一样被摆出来，使我犹如被告。不妨让我们看看究竟在哪些事情上指责作为国王的我，对于我们之间的契约又有什么不满。（10）就这样，如果条约里这样写明，即使有人对我发动战争，我也不得保卫我的王国，那么我自然不得不承认我破坏了条约，因为我使用武器对抗了阿布鲁波利斯人，罗马人民的同盟者。（11）然而如果协定允许这样做，按民族权利也可以这样做，允许以武力对抗武力，那么我当时究竟应该怎样做？当时阿布鲁波利斯人使我的王国土地变荒芜，直到安菲波利斯，许多自由的人被掳获，还有数量巨大的奴隶，无数牲畜被赶走。（12）现在也应该保持安静地忍耐，在他们尚未全副武装地进入佩拉和我的王国之前？不过也许我

iusto sum persecutus, sed uinci non oportuit eum, neque alia, quae uictis accidunt, pati; quorum casum cum ego subierim, qui sum armis lacessitus, quid potest queri sibi accidisse, qui causa belli fuit? (13) non sum eodem modo defensurus, Romani, quod Dolopas armis coercuerim; quia, etsi non merito eorum, iure feci meo, cum mei regni, meae dicionis essent, uestro decreto patri adtributi meo. (14) nec, si causa reddenda sit, non uobis nec foederatis, sed iis, qui ⟨ne⟩ in seruos quidem saeua atque iniusta imperia probant, plus aequo et bono saeuisse in eos uideri possum; quippe Euphranorem, praefectum a me inpositum, ita occiderunt, ut mors poenarum eius leuissima fuerit.

segue: esposizione delle reciproche posizioni
42

(1) At cum processissem inde ad uisendas Larisam et Antronas et Pteleon, qua in propinquo Delphi s ⟨unt⟩, sacrificandi causa, ⟨ut⟩ multo ante debita uota persoluerem, Delphos escendi. (2) et his, criminis augendi causa, cum exercitu me isse adicitur; scilicet, ut, quod nunc uos facere queror, urbes occuparem, arcibus inponerem praesidia. (3) uocate in concilium Graeciae ciuitates, per quas iter feci, queratur unusquilibet militis mei iniuriam; non recusabo, quin simulato sacrificio aliud petisse uidear. (4) Aetolis et Byzantiis praesidia misimus et cum Boeotis amicitiam fecimus. haec, qualiacumque sunt, per legatos meos non solum indicata sed etiam excusata

是进行了正义的战争,只是不应该把他们打败,不应该让他们作为战败者承担一切后果。然而,既然是我受到他们的攻击,遭受了他们的进犯,他们作为战争的肇事者,怎么能抱怨自己的遭遇?(13)我同样不会这样地为自己辩护,罗马人,为我曾经用武器惩罚多洛佩斯人,因为尽管我没有像他们应得的那样对付他们,而只是按照我作为皇帝,按照我的权利行事。他们没有按照你们对我的父亲的决定去做,而是仍然生活在我的王国,在我的权力之下。(14)即使这一事件提交法庭审判,不是提交给你们,也不是提交给同盟者,而是提交给那些不赞成残忍而不公正地对待奴隶的人们,那时也不会认为我对待多洛佩斯人比公正和秩序要求的要残忍,事实上,他们如此对待由我为他们任命的首长欧弗拉诺尔,以至于死亡显得比他经受的惩罚要远远轻微得多。"

相互继续说明观点
42

"(1)当我从那里继续前行,以便访问拉里萨、安特罗涅和普特勒昂[1],而且既然它们都距离得尔斐不远,为了举行祭祀,以完成多年前的允诺,我去了得尔斐。(2)为了夸大我的罪行,说我前去那里时还带着军队。那自然是为了如同我抱怨你们现在的作为,为了占领城市,在城堡里留下卫戍部队。(3)请你们召集希腊城邦会议,就是我曾经经过的那些城邦,哪怕即使有一个人指控受到我的军队的欺凌,那时我不会拒绝承认自己也有如借口献祭而心怀他图之人。(4)我们给埃托利亚人和拜占庭人派去了卫戍部队,与波奥提亚人缔结友谊。不管这些行为如何,我们不仅通过我们的使节作过报告,而且还常常得到

---

[1] 这些城市都位于特萨利亚东南部。其中拉里萨指拉里萨·克瑞马斯特(Chremaste)。安特罗涅位于尤卑亚海峡岸边,普特勒昂位于帕伽斯海峡入口附近。

sunt saepe in senatu uestro, ubi aliquos ego disceptatores non tam aequos quam te, ⟨ Q. ⟩ Marci, paternum amicum et hospitem, habebam. (5) sed nondum Romam accusator Eumenes uenerat, qui calumniando omnia detorquendoque suspecta et inuisa efficeret et persuadere uobis conaretur, non posse Graeciam in libertate esse et uestro munere frui, quoad regnum Macedoniae incolume esset. (6) circumagetur hic orbis; erit mox, qui arguat nequiquam Antiochum ultra iuga Tauri emotum; grauiorem multo Asiae, quam Antiochus fuerit, Eumenen esse; conquiescere socios uestros non posse, quoad regia Pergami sit; eam arcem supra capita finitimarum ciuitatium impositam. (7) ego haec, Q. Marci et A. Atili, quae aut a uobis obiecta aut purgata a me sunt, talia esse scio, ut aures, ut animi audientium sint, nec tam referre, quid ego aut qua mente fecerim, quam, quomodo id uos factum accipiatis. (8) conscius mihi sum nihil me scientem deliquisse, et, si quid fecerim inprudentia lapsus, corrigi me et emendari castigatione hac posse. (9) nihil certe insanabile nec, quod bello et armis persequendum esse censeatis, commisi; aut frustra clementiae grauitatisque uestrae fama uolgata per gentes est, si talibus de causis, quae uix querella et expostulatione dignae sunt, arma capitis et regibus sociis bella infertis. '

Decisione di non precipitare gli eventi, di sottoscrivere una tregua e di cercare ancora l'accordo a Roma
43

(1) Haec dicenti ei sum adsensum esset, Marcius auctor fuit mittendi Romam legatos; cum experienda omnia ad ultimum nec praetermittendam spem ullam censuisset ⟨ rex ⟩, reliqua consultatio erat, quonam modo tutum iter legatis esset. (2) ad id ⟨ cum ⟩ necessaria petitio indutiarum uideretur cuperetque Marcius neque aliud conloquio

你们的元老院的谅解，在那里我的某些评判员并不像你，（昆图斯）·马尔基乌斯，我的承自父辈的朋友和客亲，那样公正。(5) 不过当时控告者欧墨涅斯尚未去罗马，通过诬陷和歪曲，使得你们都觉得可疑，感到憎恶，希腊无法享受你们馈赠的自由礼物，既然马其顿仍然存在。(6) 还会这样循环，很快会出现一个人，并且揭示，徒然把安提奥科斯赶过了陶鲁斯山脊，出现了欧墨涅斯。你们的同盟者们无法再安静，你们的同盟者们无法再继续安静存在，只要帕伽马王国仍然存在。因为这一城堡处于所有相邻的城邦之上。(7) 昆·马尔基乌斯和阿·阿提利乌斯，我清楚地知道，不管你们有什么指控或者我作怎样的辩护，全都有赖于你们如何认真地、以怎样的心境听取，并且重要的不在于我做了什么和为什么那样做，而在于你们是如何理解它们。(8) 我不承认有什么事情是我故意所为，而如果我有什么不合适的作为，那是由于考虑不周而失误，可以通过这种指责进行修正和改进。(9) 我认为，我确实没有什么事情是无法补救的，从而使你们觉得必须用战争和武器来进行矫正。或者各族人民间是徒然传播你们的仁慈和庄严，若是你们基于一些勉强的抱怨和申诉，便发动战争对付被武器征服的人们和你们的同盟国王们。"

协议减少事件冲突，同意停战和谋求与罗马签订协定
43

(1) 他的发言获得赞许，马尔基乌斯建议他派遣使节去罗马。国王认为应该尝试一切可能的手段，不应该轻易放弃任何希望，于是最后讨论的问题是如何保证使节们的安全。(2) 为此显然需要休战，并且尽管马尔基乌斯认为通过谈判也达不到

petisset, grauate et in magnam gratiam petentis concessit. (3) nihil enim satis paratum ad bellum in praesentia habebant Romani, non exercitum, non ducem, cum Perseus, ni spes uana pacis occaecasset consilia, omnia praeparata atque instructa ⟨haberet⟩, et suo maxime tempore atque alieno hostibus incipere bellum posset.

Utilizzazione della tregua, da parte dei legati romani, per attrarre nuovi alleati

44

(4) ab hoc conloquio, fide indutiarum interposita, legati Romani in Boeotiam ~ comparati sunt. (5) ibi iam motus coeperat esse discedentibus a societate communis concilii Boeotorum quibusdam populis, ex quo renuntiatum erat respondisse legatos appariturum, quibus populis proprie societatem cum rege iungi displicuisset. (6) primi a Chaeronia legati, deinde a Thebis in ipso itinere occurrerunt, adfirmantes non interfuisse se, quo societas ea decreta esset, concilio; quos legati, nullo in praesentia responso dato, Chalcidem se sequi iusserunt. (7) Thebis magna contentio orta erat ex alio certamine. comitiis praetoris ⟨et⟩ Boeot ⟨arch⟩ arum uicta pars iniuriam persequens coacta multitudine decreuit, ne Boeotarchae urbibus reciperentur. (8) exules Thespias uniuersi concesserunt; inde—recepti enim sine cunctatione erant—Thebas iam mutatis animis reuocati decretum faciunt, ut duodecim, qui priuati coetum et concilium habuissent, exilio multarentur. (9) nouus deinde praetor—Ismenias is erat, uir nobilis ac potens— capitalis poenae absentis eos decreto damnat. Chalcidem fugerant; inde ad Romanos Larisam profecti causam cum Perseo societatis in Ismeniam contulerant; ex ⟨ea⟩ contentione ortum certamen. utriusque [tamen] partis legati ad Romanos uenerunt, et exules accusatoresque Ismeniae et Ismenias ipse.

什么，不过他还是勉强地，并且怀着巨大的赞赏同意了对方的请求。（3）事实上，罗马人当时尚未做好立即开战的准备，既没有准备好军队，也没有准备好统帅，而佩尔修斯对和平的空洞希望模糊了自己的心智，一切都已经准备就绪，安排妥当，完全可以在对自己最为合适，而对于敌人不合适的时候开战。

（4）由于上述谈判，产生了休战的期望，罗马使节立即去到波奥提亚。（5）那里已经开始出现社会动荡，因为一些城邦听说罗马使节将会说明，具体有哪些城邦不愿意与马其顿国王建立同盟关系，从而被排除在波奥提亚同盟的共同决定之外。（6）还在途中，他们便遇上了首先是来自克罗尼亚的使节，尔后是来自特拜的使节，他们都确认自己的城邦没有参加决定与马其顿结盟的会议。（罗马）使节们当时没有给予任何回答，而是要求他们一起前往哈尔基斯。（7）在特拜，由于另一种争论引起了紧张。在选举裁判官和波奥提亚首领[1]中失败的一方为报复遭受的失败而召集民会，决定不让领导者们返回城里。（8）所有被放逐者去到特斯皮埃，那里毫无疑虑地接待了他们。随着人们的心里发生变化，又决定把他们召回特拜。他们返回后决定，12个以个人身份聚会并召开民会的人被责令遭放逐。（9）后来，新任裁判官，具体说来就是伊斯墨尼阿斯，一个显贵而富有影响之人，在那些人缺席的情况下通过决议，把他们处死。那些人逃到卡尔基斯，再从那里前去拉里萨投奔罗马人，把与佩尔修斯结盟的罪责归于伊斯墨尼阿斯。由这一争论发展成为激烈的争吵。（10）最后，双方的代表来找罗马人，包括驱逐伊斯墨尼阿斯的人和控告者，以及伊斯墨尼阿斯本人。

---

〔1〕"波奥提亚首领"（Boeotarchae）是波奥提亚同盟的最高领导者，人数在7至11人之间，任期一年，可以连任，由各城邦自己选出，其职权包括统率军队。

segue: **Utilizzazione della tregua, da parte dei legati romani, per attrarre nuovi alleati**

44

(1) Chalcidem ut uentum est, aliarum ciuitatium principes, id quod maxume gratum erat Romanis, suo quique proprie decreto regiam societatem aspernati Romanis se adiungebant; Ismenias gentem Boeotorum in fidem Romanorum permitti aecum censebat. (2) inde certamine orto, nisi in tribunal legatorum perfugisset, haud multum afuit, quin ab exulibus fautoribusque eorum interficeretur. (3) Thebae quoque ipsae, quod Boeotiae caput est, in magno motu erant, aliis ad regem trahentibus ciuitatem, aliis ad Romanos; (4) et turba Coronaeorum Haliartiorumque conuenerat ad defendendum decretum regiae societatis. sed constantia principum docentium cladibus Philippi Antiochique, quanta esset uis et fortuna imperii Romani, uicta tandem multitudo et, ut tolleretur regia societas, decreuit, et eos, qui auctores paciscendae amicitiae fuerant, ad satisfaciendum legatis Chalcidem misit fideique legatorum commendari ciuitatem iussit. (5) Thebanos Marcius et Atilius laeti audierunt auctoresque et his ⟨et⟩ separatim singulis fuerunt ad renouandam amicitiam mittendi Romam legatos. (6) ante omnia exules restitui iusserunt et auctores regiae societatis decreto suo damnarunt. ita, quod maxume uolebant, discusso Boeotico concilio ⟨ in Pelo ⟩ ponnesum proficiscuntur Ser. Cornelio Chalcidem accersito. (7) Argis praebitum est iis concilium; ubi res * * * aliud a gente Achaeorum petierunt, quam ut

利用停战派出罗马使团,为了吸收新的同盟者

44

(1) 大家都聚集到哈尔基斯[1],各个城邦的首领都相继作出自己的决议,取悦于罗马人民,蔑视与国王的结盟,与罗马人民联合。伊斯墨尼阿斯认为,正确的做法是波奥提亚各部族都把自己托付给罗马人民。[2] (2) 由此发生了争执,若不是他逃往使节们的高台,他差一点被他们的遭放逐者和支持者打死。[3] (3) 特拜本身作为波奥提亚地区的首府,也陷入极大的混乱,一些人主张城邦投靠国王,另一些人主张投靠罗马人。(4) 当时还来了许多科罗涅亚人和哈利阿尔托斯人[4],他们主张维持与国王的同盟关系,不过由于首要人士们信念的坚持,强调腓力和安提奥科斯的失败和罗马国家的强大和幸运[5],普通民众被说服,决定解除与国王的同盟关系,那些主张(与罗马)建立同盟关系的人派遣使节前去卡尔基斯致歉,把城邦托付给罗马使节们保护。(5) 马尔基乌斯和阿提利乌斯高兴地听取了他们的请求,并且规劝他们以及其他城市,分别派遣使节去罗马恢复友谊。(6) 他们首先要求恢复被放逐者们的权利,并且惩罚那些主张与国王结盟的人。[6] 就这样,也是他们最为期望的,波奥提亚同盟被瓦解,他们出发前去伯罗奔尼撒,把塞尔维乌斯·科尔涅利乌斯也召来卡尔基得斯。(7) 在阿尔戈斯召开了民会,决定为他们提供。(……) 他们未向阿开亚人要

---

[1] 哈尔基斯是希腊尤卑亚岛西部海滨城市。

[2] 波利比奥斯认为,罗马人并不认为这是可以接受的,因为罗马更希望波奥提亚同盟分裂为单个的城邦。参阅波利比奥斯,XXVII,I,2—3。

[3] "高台"指官员们通常坐着履行职责时的高台。参阅波利比奥斯,XXVII,1,6。

[4] 科罗涅亚和哈利阿尔托斯位于波奥提亚西部。

[5] 参阅波利比奥,XXVII,1,9。

[6] 其结果是伊斯墨尼奥斯和狄克特斯被关进监牢,并且自杀而死。涅昂继续支持亲马其顿,结果逃往了马其顿。参阅波利比奥斯,XXVII,2,8—9。

mille milites darent. (8) id praesidium ad Chalcidem tuendam, dum Romanus exercitus in Graeciam traiceretur, missum est. Marcius et Atilius peractis, quae agenda in Graecia erant, principio hiemis Romam redierunt.

Ulteriore e parallela ambasceria romana, sempre alla ricerca di alleati

45

(1) Inde legatio sub idem tempus in Asiam ⟨et⟩ circum insulas missa. (2) tres erant legati, Ti. Claudius Sp. Postumius M. Iunius. ii circumeuntes hortabantur socios ad suscipiendum aduersus Persea ⟨pro⟩ Romanis bellum; et, quo quaeque opulentior ciuitas erat, eo accuratius agebant, quia minores secuturae maiorum auctoritatem erant. (3) Rhodii maximi ad omnia momenti habebantur, quia non fouere tantum, sed adiuuare etiam uiribus suis bellum poterant, quadraginta nauibus auctore Hegesilocho praeparatis; (4) qui cum in summo magistratu esset—prytanin ipsi uocant—, multis orationibus peruicerat Rhodios, ut omissa, quam saepe uanam experti essent, regum fouendorum spe Romanam societatem, unam tum in terris uel uiribus uel fide stabilem, retinerent. (5) bellum imminere cum Perseo; desideraturos Romanos eundem naualem apparatum, quem nuper Antiochi, quem Philippi ante bello uidissent. (6) trepidaturos tum repente paranda classe, cum mittenda esset, nisi reficere naues, nisi instruere naualibus sociis coepissent. ⟨id⟩ eo magis enixe faciundum esse, ut crimina delata ab Eumene fide rerum refellerent. (7) his incitati quadraginta nauium classem instructam ornatamque legatis Romanis aduenientibus, ut non expectatam adhortationem esse appareret, ostenderunt. (8) et haec legatio magnum ad conciliandos animos

求什么其他东西，只是要求他们提供1000名士兵。（8）他们被派去守卫卡尔基斯，[1] 等待罗马军队前来希腊。马尔基乌斯和阿提利乌斯在希腊完成这些事情后，于初冬返回到罗马。

罗马进一步的并行使命，继续谈同盟关系
45

（1）差不多与此同时，由罗马派遣的使团前往亚洲及其附近岛屿。（2）派出了三位使节，即提·克劳狄乌斯、斯普·波斯图弥乌斯和马·尤尼乌斯。他们巡行各处，鼓励同盟者支持罗马人反对佩尔修斯的战争。城市愈是强大，他们愈是努力争取，因为较小的城邦会遵循较强大的城邦作为行事。（3）罗得斯岛人被认为在所有方面都是最重要的，因为他们不只是能够给予一般支持，而且能够以自己的军队支持战争，按照赫革西洛科斯的提议，备有40条战船。（4）此人当时担任城邦最高职务，他们称其为普里塔尼斯[2] 他曾经反复劝说罗得斯岛人不要寄希望于与国王结盟，而是不止一次地经受失望地提议与罗马人结盟，世界上在力量和诚信方面最为可靠的盟友。（5）与佩尔修斯的战争已经临近，罗马人肯定会希望建造一支舰队，就是他们新近在与安提奥科斯，先前与腓力进行的战争中见到的那样的舰队。（6）当需要派出舰队时，匆忙建造舰队将会很忙乱，除非事先建造妥当，现在就开始建造同盟舰队。这件工作应该更加勤厉地进行，以否定欧墨涅斯对他们的指控，表明他们的忠心。（7）按照这一劝告，建造和装备了由40条战船组成的舰队，等待罗马使节的到来，表明不需要任何劝勉便已经准备就绪。（8）就这样，这一使团提议在激励亚细亚各城邦的心

---

〔1〕 卡尔基斯是希腊东部尤卑亚岛的主要城市，对于罗马向希腊和西亚扩张具有重要战略意义。参阅李维XXXI, 23, 11; XXXII, 37, 3。

〔2〕 普里塔尼斯（Prytanis）是小亚细亚西部沿海地区和附近岛屿的许多希腊城邦的最高行政职位。在罗得斯岛设两个普里塔尼斯，任期一年。

ciuitatium Asiae momentum fuit. Decimius unus sine ullo effectu, captarum etiam pecuniarum ab regibus Illyriorum suspicione infamis, Romam redit.

Anche Perseo manda ambascerie per cercare alleati
46

(1) Perseus, cum ab conloquio Romanorum in Macedoniam recepisset sese, legatos Romam de incohatis cum Marcio condicionibus pacis misit; et Byzantium et Rhodum et * * legatis ferendas dedit. (2) in litteris eadem sententia ad omnis erat, conlocutum se cum Romanorum legatis; quae audisset quaeque dixisset, ita disposita, ut superior fuisse in disceptatione uideri posset. (3) apud Rhodios legati adiecerunt confidere pacem futuram; auctoribus enim Marcio atque Atilio missos Romam legatos. si pergerent Romani contra foedus mouere bellum, tum omni gratia, omni ope adnitendum fore Rhodiis, ut reconcilient pacem; (4) si nihil deprecando proficiant, id agendum, ne omnium rerum ius ac potestas ad unum populum perueniat. cum ceterorum id interesse, tum praecipue Rhodiorum, quo plus inter alias ciuitates dignitate atque opibus excellant; quae serua atque obnoxia fore, si nullus alio sit quam ad Romanos respectus. (5) magis et litterae et uerba legatorum benigne sunt audita, quam momentum ad mutandos animos habuerunt; potentior esse partis melioris auctoritas coeperat. (6) responsum ex decreto est optare pacem Rhodios; si bellum esset, ne quid ab Rhodiis speraret aut peteret rex, quod ueterem amicitiam, multis magnisque meritis pace belloque partam, diiungeret sibi ac Romanis. (7) ab Rhodo redeuntes Boeotiae quoque ciuitates, [et] Thebas et Coroneam et Haliartum, adierunt, quibus expressum inuitis existimabatur, ut relicta regia societate Romanis

理方面起了重要作用。只有得基穆斯毫无成就地返回罗马。而且还被怀疑接受了伊利里亚国王们的贿赂而丧失声誉。[1]

佩尔修斯也派出使节寻找同盟者。
46

（1）佩尔修斯同罗马使节会谈返回马其顿后，派出使节去罗马，继续与马尔基乌斯开始的和平谈判，甚至还派出使节持信函前去拜占庭和罗得斯。[2]（2）致所有人的信函具有相同的内容：他自己与罗马使节进行的交谈，他听到了什么，他说了什么，叙述本身以求能让人产生他在辩论中占有上风的印象。（3）在罗得斯岛，使节们力求让人们相信未来会是和平，按照马尔基乌斯和阿提利乌斯的建议，已经派出使节去罗马。若是罗马人继续违背协议发动战争，那时罗得斯人应该充分利用自己的影响和能力，以便恢复和平。（4）若是他们的请求不起任何作用，那就应该努力做到使支配世界事务的权利和权力不会归属于一个人民。这一点对于所有的人都很重要，特别是对于罗得斯人，因为罗得斯人无论凭尊严或财富，都超出所有其他民族之上。否则他们便会陷于受奴役和屈从的地位，如果所有的人都得服从罗马人。（5）信函和使节的谈话都被认真听取，但是并未能改变人们的心灵。社会优秀阶层的影响力增强。（6）按照通过的决议回答称：罗得斯人希望和平。如果发生战争，愿国王不要期望或渴求从罗得斯人那里得到可能破坏他们同罗马人的友谊的东西，那是他们在战争年代和和平时期基于许多重要的互相效力而建立起来的。（7）在由罗得斯返回途中，国王的使节还访问了波奥提亚城市特拜、科罗涅亚和哈利阿尔图姆，认为终止与国王的同盟而与罗马人联合是违背他们的心

---

[1] 卡·得基穆斯是当时罗马派出的使团成员之一，被派往伊利里亚地区。
[2] 抄本此处有空缺，可能还有另外两个城市的名字。

adiungerentur. (8) Thebani nihil moti sunt, quamquam et damnatis principibus et restitutis exulibus suscensebant Romanis. (9) Coronaei et Haliartii, fauore quodam insito in reges, legatos in Macedoniam miserunt praesidium petentes, quo se aduersus inpotentem superbiam Thebanorum tueri possint. (10) cui legationi responsum ab rege est, praesidium se propter indutias cum Romanis factas mittere non posse; tamen ita suadere ab Thebanorum iniuriis, qua possent, ut se uindicarent, ne Romanis praeberent causam in se saeuiendi.

La prima ambasceria rientra a Roma e fa rapporto in Senato: approvazione ma anche critiche per la astuzia del ricorso strumentale alla tregua

47

(1) Marcius et Atilius Romam cum uenissent, legationem in Capitolio ita renuntiarunt, ut nulla re magis gloriarentur quam decepto per indutias et spem pacis rege. (2) adeo enim apparatibus belli fuisse instructum, ipsis nulla parata re, ut omnia opportuna loca praeoccupari ante ab eo potuerint, quam exercitus in Graeciam traiceretur. (3) spatio autem indutiarum sumpto aecum ⟨bellum⟩ futurum: illum nihilo paratiorem, Romanos omnibus instructiores rebus coepturos bellum. Boeotorum quoque se concilium arte distraxisse, ne coniungi amplius ullo consensu Macedonibus possent. (4) haec ut summa ratione acta magna pars senatus adprobabat; ueteres et moris antiqui memores negabant se in ea legatione Romanas agnoscere artes. (5) non per insidias et nocturna proelia, nec simulatam fugam inprouisosque ad incautum hostem reditus, nec ut astu magis quam uera uirtute gloriarentur, bella maiores gessisse: indicere prius quam gerere solitos bella, denuntiare etiam interdum ⟨pugnam et locum⟩ finire, in quo dimicaturi essent. (6) eadem fide indicatum Pyrrho regi

愿而强加的。(8) 特拜人从此心里不再牵挂什么，尽管因罗马人判处他们的首领和送回被放逐者而恼怒。(9) 科罗奈亚人和哈利阿尔提人由于对国王们怀有某种好感，因此遣使前往马其顿，请求派卫戍部队，以保护他们免于忍受特拜人的极度傲慢。(10) 国王这样回答代表团：由于与罗马处于休战状态，因而不能派遣卫戍军队，但建议他们尽可能依靠自己的力量免除特拜人的欺凌，以免给罗马提供发怒的口实。

第一个使团回到罗马，向元老院报告：称赞和批评以休战作为求援手段

47

（1）马尔基乌斯和阿提利乌斯返回到罗马，在卡皮托利乌姆报告出使的情形，最令他引以为傲的是以休战和希望和平把国王蒙骗了。（2）须知因为他们自己对于战争没有任何准备，而对方在罗马军队登陆之前完全预先占领了有利地势。（3）由于确定了和平期限，未来的战争将是均衡的：对方没有作任何更多的准备，而罗马人则会开始更充分地准备战争。他们还预先瓦解了波奥提亚同盟，使其不能更加团结地支持马其顿人。（4）元老院大部分人赞赏这一非常明智之举，但一些保持古代风俗的老年元老们却宣称他们在使节的活动中看不出罗马规则。（5）先辈们进行战争，不设伏，不进行夜间战斗，不假装逃跑，不意外地返回进攻不加提防的敌人。他们不采用狡诈，而是主张凭真正的勇敢获得荣誉，先辈们总是首先宣战，然后才进行战争，而且甚至明确划定战争区域。[1]（6）他们正是以这样的

---

[1] 当代罗马道德堕落是李维经常议论的主题。波利比奥斯也称：希腊历史学家也像罗马历史学家一样描写罗马古代。

medicum uitae eius insidiantem; eadem Faliscis uinctum traditum proditorem liberorum; (7) religionis haec Romanae esse, non uersutiarum Punicarum neque calliditatis Graecae, apud ⟨quos⟩ fallere hostem quam ui superare gloriosius fuerit. (8) interdum in praesens tempus plus profici dolo quam uirtute; sed eius demum animum in perpetuum uinci, cui confessio expressa sit se neque arte neque casu, sed collatis comminus uiribus iusto ac pio esse bello superatum. (9) haec seniores, quibus noua ac nimis ⟨callida minus⟩ placebat sapientia; uicit tamen ea pars senatus, cui potior utilis quam honesti cura erat, ut conprobaretur prior legatio Marci, et eodem rursus in Graeciam cum * quinqueremibus remitteretur iubereturque cetera, uti e re publica maxime uisum esset, agere. (10) A. quoque Atilium miserunt ad occupandam Larisam in Thessaliam timentes, ne, si indutiarum dies exisset, ⟨Perseus⟩ praesidio eo misso caput Thessaliae in potestate haberet. (11) duo milia peditum Atilius ab Cn. Sicinio accersere ad eam rem agendam iussus. (12) et P. Lentulo, qui ex Achaia redierat, trecenti milites Italici generis dati, ut Thebis daret operam, ut in potestate Boeotia esset.

Ovvio fallimento della nuova ambasceria macedone a Roma e avvio delle operazioni militari

48

(1) His praeparatis, quamquam ad bellum consilia erant destinata, senatum tamen praeberi legatis placuit. (2) eadem fere, quae in

诚信通报国王皮罗斯其医生企图伤害他的性命的信息[1],也正是由于这一原因,他们把背叛自己的孩子们的人捆绑着交给了法利斯基人;[2] (7) 这就是罗马人的笃诚,如此有别于布匿人的狡猾和希腊人的机巧,在他们那里,欺骗敌人比以力量征服敌人更为荣耀。(8) 有时候在当时的条件下,欺骗比英勇可以实现更多的东西,但是要使一个人的心灵永远被征服,唯有使他承认,他不是被机巧,不是被偶然性,而是面对面地在合法的、虔诚的战斗中被勇力战胜。(9) 这就是年迈的元老们的想法,他们不太赞赏过分机巧的智慧;但是更关心利益而非荣誉的那部分元老占了上风,使得马尔基乌斯的那次出使受到称赞,并且重新被派往希腊,率领……[3]四层桨战船,并且吩咐他们最大限度地根据国家利益行事。(10) 同时派遣阿提利乌斯去占领特萨利亚的拉里萨,担心停战结束后,(佩尔修斯)会派军队去占领特萨利亚的这座主要城市。(11) 阿提利乌斯被授命向格奈·西基尼乌斯要求2000步兵。(12) 此外,在普布利乌斯·楞图卢斯从阿开亚返回来后,分配给他300意大利籍步兵,让他守卫特拜,尽可能控制住波奥提亚。

新遣来罗马的马其顿使团显然遭到失败,明显的军事行动

48

(1) 在完成这些准备之后,尽管已经确定计划进行战争,但元老院仍然决定接待使团。(2) 使节们谈的差不多仍然是皇

---

〔1〕 故事见李维《罗马史》,XIII 的内容提要,该卷正文失佚。奥·革利乌斯也提到瓦勒利乌斯·安提阿斯和克劳狄乌斯·奎德里伽里乌斯谈到这一故事,并作简要称引。

〔2〕 参阅李维,V,27,1—9;XXIV,45,3。

〔3〕 此处原文有空缺,可能是具体的四层桨船数目。

conloquio ab rege dicta erant, relata ab legatis. insidiarum Eumeni factarum crimen et maxima cura et minime tamen probabiliter—manifesta enim res erat—defensum; cetera deprecatio erat. (3) sed non eis animis audiebantur, qui aut doceri aut flecti possent. denuntiatum, extemplo moenibus urbis Romae, Italia intra tricesimum diem excederent. (4) P. Licinio deinde consuli [171 a. C.], cui Macedonia prouincia obuenerat, denuntiatum, ut exercitui diem primam quamque diceret ad conueniendum. (5) C. Lucretius praetor, cui classis prouincia erat, cum quadraginta quinqueremibus ab urbe profectus; nam ex refectis nauibus alias in alium usum retineri ad urbem placuit. (6) praemissus a praetore est frater ⟨M.⟩ Lucretius cum quinqueremi una, iussusque ab sociis ex foedere acceptis nauibus ad Cephallaniam classi occurrere. (7) ab Reginis triremi una ⟨sumpta⟩, ab Locris duabus, ab Uritibus quattuor, praeter oram Italiae superuectus Calabriae extremum promunturium [in] Ionio mari Dyrrhachium traicit. (8) ibi decem ipsorum Dyrrhachinorum, duodecim Issaeorum, quinquaginta quattuor Genti regis lembos nanctus, simulans se credere eos in usum Romanorum conparatos esse, omnibus abductis die tertio Corcyram, inde protinus in Cephallaniam traicit. (9) C. Lucretius praetor ab Neapoli profectus, superato freto, die quinto in Cephallaniam transmisit. (10) ibi stetit classis, simul opperiens, ut terrestres copiae traicerentur, simul ut onerariae ex agmine suo per altum dissipatae consequerentur.

帝在会谈中说明的那些内容。他们特别对谋害欧墨涅斯的指控进行辩护，但是非常没有说服力，因为事实非常清楚。（3）事实上人们也不是怀着那样的心理听他们发言，为使自己或是得到某种解释，或是可能改变看法。向代表团发出指令：他们必须立即离开罗马，允许在意大利逗留30天。[1]（4）接着执政官普·利基尼乌斯[2]被授命管理马其顿行省，告知他尽快地征募军队。（5）裁判官盖·卢克瑞提乌斯被授命统帅舰队，带着40条五层桨船离开罗马[3]，余下的其他船只则留在罗马备用。（6）裁判官派遣他的兄弟（马·）卢克瑞提乌斯乘坐一艘五层桨船先行，授命其按协议征集同盟舰队，并率领舰队前往克法勒尼亚。（7）他从瑞吉尼人那里得到一艘三层桨船，从洛克里人那里得到两艘，从乌里亚人[4]那里得到四艘，顺着意大利海岸外侧航行，绕过卡拉布里亚海角顶端，到达伊奥尼亚海的狄拉基乌姆。（8）他在那里发现了狄拉基乌姆人的10条船，伊塞伊人的两条船，根提乌斯王的54条船，好像它们无疑是为罗马人使用而筹备它们的，在第三天率领它们全都去到科尔基拉，然后从那里直接去到克法拉尼亚。（9）裁判官盖·卢克莱提乌斯由那波里出发，顺着海峡航行，第五天到达克法拉尼亚。[5]（10）舰队在那抛锚，同时等待陆军渡海，等待舰队中在海上被打散的运输船只跟上。

---

〔1〕李维显然利用的是波利比奥斯的著作 XXVII, 6 中的材料，该卷仅保留下来提要，不过略去了一个重要的情节：罗马要求离开意大利的禁令不仅针对代表团，而且也针对所有的马其顿人。

〔2〕普·利基尼乌斯是公元前171年的执政官。

〔3〕参阅本卷35，3。

〔4〕乌里亚（Uuia）是南意大利城市，位于布伦狄西乌姆与塔伦图姆之间，从罗马有阿皮乌斯大道相通，因此它并非海滨城市，但是可能有地区出海口。

〔5〕"海峡"指麦希尼海峡。

segue: avvio delle operazioni militari
49

(1) Per hos forte dies P. Licinius consul uotis in Capitolio nuncupatis paludatus ab urbe profectus est. (10) Brundisium ad exercitum atque inde cum omnibus copiis transuectus ad Nymphaeum in Apolloniatium agro posuit castra.

Consultazioni, in campo macedone, tra il re e i suoi consiglieri e decisione di affrontare il rischio della guerra
50

(1) Paucos ante dies Perseus, postquam legati ab Roma regressi praeciderant spem pacis, consilium habuit. (2) ibi aliquam ⟨diu⟩ diuersis sententiis certatum est. erant, quibus uel stipendium ⟨pendendum⟩, si iniungeretur, uel agri parte cedendum, si multarent, quidquid denique aliud pacis causa patiendum esset, non recusandum uideretur, nec committendum, ut in aleam tanti casus se regnumque daret. . (4) ceterum multo maior pars ferocioris sententiae erat. quidquid cessisset, cum eo simul regno protinus cedendum esse adfirmabant. . (6) Carthaginiensium opes fregisse sese, et ceruicibus eorum praepotentem finitimum regem inposuisse; Antiochum progeniemque eius ultra iuga Tauri emotum; (7) unum esse Macedoniae regnum, et regione propincum, et quod, sicubi populo Romano sua fortuna labet, antiquos animos regibus suis uideatur posse facere. (11) postremo ita ⟨de⟩ bello et pace quaeri, ut inter omnes conueniat, nec turpius quicquam esse quam sine certamine cessisse regno nec praeclarius quam pro dignitate ac maiestate omnem fortunam expertum esse.

开始军事行动
49

(1) 正是在这些日子里,执政官普·利基尼乌斯在卡皮托利乌姆庄严宣誓后,身披军氅,离开城市。(10) ……前去布伦狄栖乌姆与军队会合,……然后从那里率领整个军队前往努菲乌姆,在阿波洛尼亚人的土地上扎营。

协商,在马其顿土地上,在国王及其顾问之间,决心迎击战争危险
50

(1) 数日前,在使节们从罗马返回来对和平失去希望之后,佩尔修斯召开了参政会议。(2) 会上不同意见之间发生了相当长时间的争论。一些人认为:若是需要交付罚款,那就交付,或者如果他们要进行处罚,那就割让一部分土地;最后,为了和平,显然应该忍受一切。不能拒绝,不能触犯,使国王自己或王国本身在这种情势下都免于遭受赌博。……(4) 有相当大的一部分人持傲慢得多的意见。他们认为只要作出任何一点让步,那时一步步地整个王国都会失去。……(6)(罗马人)在摧毁迦太基的势力后,把相当强大的邻居国王驾到迦太基人的脖子上,[1] 他们把安提奥科斯及其继承人们赶过了陶罗斯山脊。(7) 剩下唯一的马其顿王国,地域上彼此毗邻,只要罗马人民的福祉有所变化,显然就激励它的国王们固有的心灵。……(11) 最后他们这样评价战争与和平,按照人们的普遍观念:没有什么比不经过战斗便对王国退让更耻辱,没有什么比为了尊严和神圣而使全部幸运经受考验更光辉。

---

[1]"邻居"指摩尔人的国王马西尼萨。

Conseguenti preparativi militari da parte di Perseo: il più grande esercito macedone dopo Alessandro Magno

51

(1) Pellae, in uetere regia Macedonum, hoc consilium erat. 'geramus ergo' inquit, 'dis bene iuuantibus, quando ita uidetur, bellum'; litterisque circa praefectos dimissis, Citium—Macedoniae oppidum est— copias omnis contrahit. (2) ipse centum hostiis sacrificio regaliter Mineruae, quam uocant Alcidemon, facto cum purpuratorum et satellitum manu profectus Citium est. eo iam omnes Macedonum ⟨et⟩ externorum auxiliorum conuenerant copiae. (3) castra ante urbem ponit omnisque armatos in campo ⟨in⟩ struxit; summa omnium quadraginta ⟨tria⟩ milia armata fuere; quorum pars ferme dimidia phalangitae erant; (4) Hippias Beroeaeus praeerat. delecta deinde et uiribus et robore aetatis ex omni caetratorum numero duo ⟨milia⟩ erant: agema hanc ipsi legionem uocabant; praefectos habebat Leonnatum et Thrasippum Eulyestas. (5) ceterorum caetratorum, trium ferme milium hominum, dux erat Antiphilus Edessaeus. Paeones et ex Paroria et Parastrymonia—sunt autem ea loca subiecta Thraciae—et Agrianes, admixtis etiam Threcibus incolis, trium milium ferme et ipsi expleuerant numerum. (6) armauerat contraxeratque eos Didas Paeon, qui adulescentem Demetrium occiderat. (7) et armatorum duo milia Gallorum erant; praefectus Asclepiodotus

佩尔修斯随即进行战争准备：亚历山大大帝之后规模最大的马其顿军事训练

51

（1）在佩勒，在马其顿旧王宫，召开了这次会议。"那就让我们进行战争，"佩尔修斯说道："愿神明们保佑，既然你们这样认为。"于是给各个军事长官令函，他自己则率领整个军队前往马其顿的一座不大的设防城市基提乌姆[1]（2）他亲自以皇家的豪华形式，用一百头牲畜向弥涅尔瓦，他们称其为阿尔基得蒙献祭[2]，然后率领朝臣和卫队出发，前去基提乌姆。在那里聚集了所有的马其顿军队和外邦补助军队。（3）国王把营栅就建在城市前面，把全部军队驻扎在平原上。军队总数达4万3千人；其中差不一半多是"法兰吉特"[3]，（4）贝罗埃人希皮阿斯统率他们。然后是由所有轻武装兵中挑选出来的2000名年轻力壮的精兵：马其顿人称这支军队为"阿革马"[4]，他们由欧吕埃斯特人勒奥纳托斯和特拉西普斯率领。[5]（5）其他的轻武装兵约有3000人，他们的首领是安提菲洛斯·埃得塞奥斯。[6] 佩奥尼亚人有的来自派罗里亚和帕拉斯特律马尼亚——它们与特拉克接壤，有的是阿格里阿涅斯人，它们与特拉克居民相混，共约3000人，人数由他们自己补充。（6）他们由狄达斯·佩昂武装和率领，此人曾经杀死年轻的得赫墨特里奥斯。[7]（7）此外还有2000高卢军人[8]，他们的首领阿斯克勒皮奥多

---

〔1〕 基提乌姆是马其顿都城佩勒西南部不远的一座小城。
〔2〕 "阿尔基得蒙"意为"人民的保卫者"，用来代指雅典娜仅见于此处。
〔3〕 安提奥科斯属下的"法兰吉特"是一种持轻盾军队，因不大的圆形轻盾而得名，其他装备包括头盔，投枪和佩剑，战斗时是军队中活动比较灵便的部分。
〔4〕 在马其顿军队中，"阿革马"类似于近卫军。
〔5〕 在整部李维的历史里，这一部族仅见此处提及。
〔6〕 埃得塞奥斯意为埃德萨人。埃德萨位于美索不达米亚境内。
〔7〕 狄达斯是派奥尼亚人的首领。
〔8〕 这里指来自小亚细亚或潘托尼亚的高卢希腊人。

ab Heraclea ex Sintis; tria milia Threcum liberorum suum ducem habebant. Cretensium par ferme numerus suos duces sequebatur, Susum Phalasarnaeum et Syllum Gnosium. (8) et Leonides Lacedaemonius quingentis ex Graecia, mixto generi hominum, praeerat. regii is generis ferebatur, exul, damnatus frequenti concilio Achaeorum litteris ad Persea deprensis. (9) Aetolorum et Boeotorum, qui non explebant plus quam quingentorum omnes numerum, Lyco Achaeus praefectus erat. ex his mixtis tot populorum, tot gentium auxiliis duodecim milia armatorum ferme efficiebantur. equitum ex tota Macedonia contraxerat ⟨tria⟩ milia. (10) uenerat eodem Cotys, Seuthis filius, rex gentis Odrysarum, cum mille delectis equitibus, pari ferme peditum numero. (11) ita summa totius exercitus triginta nouem milia peditum erant, quattuor equitum. satis constabat, secundum eum exercitum, quem magnus Alexander in Asiam traiecit, numquam ullius Macedonum regis copias tantas fuisse.

Discorso di Perseo alle proprie truppe
52

(1) Sextus et uicesimus annus agebatur, ex quo petenti Philippo data pax erat; (2) per id omne tempus quieta Macedonia et progeniem ediderat, cuius magna pars matura militiae esset, et leuibus bellis Thracum accolarum, quae exercerent magis quam fatigarent, sub adsidua tamen militia fuerat. (3) et diu meditatum Philippo primo, deinde et Persei Romanum bellum, omnia ut instructa parataque essent, effecerat. (4) mota parumper acies, non iusto decursu tamen, ne stetisse tantum in armis uiderentur; armatosque, sicut erant, ad contionem uocauit. (5) ipse constitit in tribunali, circa se habens filios duos, quorum maior Philippus natura frater, adoptione

托斯来自辛图斯的赫拉克勒亚[1]。3000 特拉克志愿兵拥有自己的首领。约同样数目的克里特人跟随自己的首领——来自法拉萨尔涅的劳苏斯和来自克诺索斯的绪洛斯[2]。(8) 拉克戴蒙人勒奥尼得斯率领来自希腊的一支 500 人的军队，部族混杂。据说他本人被从王族放逐，在阿开亚人的民众大会上被判放逐，由于发现了致佩尔修斯的信函。(9) 埃托利亚人和波奥提亚人一共不超过 500 人，由阿开亚人吕科率领。所有这些由不同民族、不同部族混合组成的辅助军队约有 12 000 人。从整个马其顿召集的骑兵约有 3000 人。(10) 塞提斯之子，奥德律塞部族的首领，科提斯来到那里，带来 1000 名精选的骑兵和差不多同样数量的步兵。(11) 就这样，整个军队的总数达到 39 000 名步兵和 4000 名骑兵。众所周知，在亚历山大大帝率领军队进入亚洲后，还从来没有哪个马其顿国王统率过如此庞大的军队。

佩尔修斯对自己的军队发表演讲
52

(1) 业已过去 26 年，自从按照腓力的请求，给予了和平。(2) 在整个这段时期里，马其顿处于平静之中，生育了后代，其中大部分人已到了服军役的年龄，而由于同相邻的特拉克人进行的是比较轻松的战争，结果使他们得到锻炼，而不是陷入疲惫，并且使他们处于经常性的军旅生活之中。(3) 起初是腓力的长期思考，尔后是佩尔修斯与罗马进行战争的意图，所有这些使得一切都得到谋划和准备。(4) 阵列稍许有所移动，不过并不像正规训练时那样，而只是不要显得军队就这样全副武装地站在那里，随后军队像通常那样集合起来。(5) 这时国王本人站到演讲台上，在他两侧站着他的两个儿子，对其中年龄

---

[1] 辛图斯的赫拉克勒亚是马其顿东部城市，在斯特律蒙河右岸。
[2] 法拉扎尔涅位于克里特岛东北角，克诺索斯位于克里特岛北部海岸。

filius, minor, quem Alexandrum uocabant, naturalis erat. (6) cohortatus est milites ad bellum; iniurias populi Romani in patrem seque commemorauit: (7) illum omnibus indignitatibus conpulsum ad rebellandum, inter apparatum belli fato oppressum; ad se simul legatos, simul milites ad occupandas Graeciae urbes missos. (8) fallaci dein conloquio per speciem reconciliandae pacis extractam hiemem, ut tempus ad conparandum haberent; consulem nunc uenire cum duabus legionibus Romanis, quae ⟨singulae sena milia peditum⟩, trecenos equites habeant, et pari ferme numero sociorum peditum equitumque. (9) eo ut accedant regum auxilia, Eumenis et Masinissae, non plus ⟨triginta⟩ septem milia peditum, duo equitum futura. (10) auditis hostium copiis respicerent suum ipsi exercitum, quantum numero, quantum genere militum praestarent tironibus raptim ad id bellum conscriptis ipsi, a pueris eruditi artibus militiae, tot subacti atque durati bellis. (11) auxilia Romanis Lydos et Phrygas et Numidas esse, sibi Thracas Gallosque, ferocissimas gentium. arma illos habere ea, quae sibi quisque parauerit pauper miles, Macedonas prompta ex regio apparatu, per tot annos patris sui cura et inpensa facta. (12) commeatum illis cum procul, tum omnibus sub casibus maritimis fore; se et pecuniam et frumentum, praeter reditus metallorum, in decem annos seposuisse. (13) omnia, quae deorum indulgentia, quae regia cura praeparanda fuerint, plena cumulataque habere Macedonas; (14) animos habendos esse, quos habuerint maiores eorum, qui Europa omni domita transgressi in Asiam incognitum famae aperuerint armis orbem terrarum nec ante uincere desierint, quam Rubro mari inclusis, quod uincerent, defuerit. (15) at hercule nunc ⟨non⟩ de ultimis Indiae oris, sed de ipsius Macedoniae

大点的，腓力按自然法则应为兄长，是过继儿子，年龄小一点的名叫亚历山大，是他的亲生儿子。[1]（6）他召唤军人进行战争，（7）回忆罗马人对他的父亲和对他自己的不义行为，其父由于罗马人的各种不义行为而被迫不得不进行反击，在进行战争准备期间去世。而对他自己，罗马人一方面遣来使节，同时又派军队去占领希腊城市。（8）然后他们又虚假地装作进行谈判，装作恢复和平的样子，拖延了整个冬季，以便争取时间准备战争；现在又派遣执政官前来，带着两个罗马军团，每个军团有6000步兵和300骑兵，此外还有差不多相同数量的同盟军队步兵和骑兵。（9）外加欧墨诺斯国王[2]和马栖尼萨国王[3]的补助军队，共得不超过37 000名步兵和2000名骑兵。（10）在听过对敌人军队的叙述后，他让他们亲自看看自己的军队，在军队的数量和民族构成方面如何超过敌人那为进行这场战争而匆促征集的军队，马其顿人从小就学习军事技术，经历和承受过多少次战斗。（11）罗马人那里的辅助军队有吕底亚人、弗律基亚人、努弥底亚人，帮助他们作战的有特拉克人和高卢人，是一些最强悍的民族。他们使用的武器是那些最穷困的兵士们使用的武器，而马其顿人则由国王支出筹备，多少年来都由我父亲操心，由他花费。（12）罗马军队来去路途遥远，任何情况下都得依靠海路。他自己广积钱粮，此外还有矿藏收入，足够供应十年。（13）由于神明们的宽仁，国王的关怀，马其顿人一切都丰满富足。（14）马其顿人还拥有他们的先辈们拥有的精神，先辈们凭借这种精神征服了整个欧洲，穿行于整个亚洲，用武器打开了甚至传闻都不知道的世界上许多地方，直至没有地方再可以征服，红海阻隔了道路。（15）可现在，天哪，命运要求已经不是为印度的遥远边界，而是要为马其顿的所有权而战

---

[1] 参阅普卢塔克:《埃弥利乌斯》, 33, 3—4; 37, 3。
[2] 此处指帕伽马国王欧墨诺斯二世，公元前197—前159年在位。
[3] 马栖尼萨是北非努弥底亚国王。

Primi successi dell'esercito macedone

(7) haec tria oppida paulisper cunctati, quia obsides Larisaeis dederant, uicti tamen praesenti metu in deditionem concesserunt. (8) benigne his appellatis, haud dubius Perrhaebos quoque idem ⟨facturos⟩, * * urbem nihil cunctatis, qui incolebant, primo aduentu recipit. (9) Cyretias oppugnare coactus primo [etiam] die acri concursu ad portas armatorum est repulsus; postero die omnibus copiis adortus in deditionem omnes ante noctem accepit.

segue
54

(1) Mylae, proximum oppidum, ita munitum, ut inexsuperabilis munimenti spes incolas ferociores faceret, non portas claudere regi satis habuerunt, sed probris quoque in ipsum Macedonasque procacibus iaculati sunt. (6) ita capta urbs ac direpta est; libera quoque corpora, quae caedibus superfuerunt, uenum data. diruto magna ex parte et incenso oppido profectus ad Phalannam castra mouit, inde postero die Gyrtonem peruenit. (7) quo cum T. Minucium Rufum et Hippiam, Thessalorum praetorem, cum praesidio intrasse accepisset, ne temptata quidem oppugnatione praetergressus, Elatiam et Gonnum perculsis inopinato aduentu oppidanis recepit. (8) utraque oppida in faucibus sunt, qua Tempe adeun⟨tur⟩, magis Gonnus. itaque et firmiore id praesidio tutum equitum peditumque, ad hoc fossa triplici ac uallo munitum reliquit.

马其顿军队的最初成就

(7) 这三座城市稍许有些摇摆，因为它们给拉里萨[1]交付了人质，但是被面临的恐惧征服，让步投降了。(8) 他们受到国王的宽待，相信佩瑞比人也会仿效他们，……城市居民没有任何延迟，他一到达便把它夺回了。[2] (9) 但是对库瑞提埃[3]他不得不发起进攻，而且第一天的进攻在城门前甚至被打退。在第二天，在军队的全力进攻下，在夜色来临之前，城市居民终于投降了。

54

(1) 摩勒是距离最近的城市，防御如此坚固，对不可超越的防御能力的信赖使得城市居民更为狂妄，以至于不满足于仅仅对国王紧闭城门，而且还对国王和马其顿人民恣意侮辱谩骂。……(6) 就这样，城市被攻陷，遭到劫掠。在疯狂屠戮中存活下来的市民被卖为奴。城市的大部分被摧毁，并被付之一炬之后，国王出发前往法拉涅，[4] 再由那里于次日到达古尔同。[5] 在他得知提·弥努基乌斯·鲁孚斯和特萨利亚裁判官希皮阿斯已经带领卫戍部队进入城市后，便未发起任何攻击地从旁边经过，突然来到埃拉提亚和戈努斯，利用市民们的惊慌失措，夺取了城市。(8) 这两座城市都位于山谷里，由那里通向廷佩，特别是戈努斯。因此，国王留下得到步兵和骑兵加强的卫队保卫城市，此外还为城市修造了三道壕堑。

---

〔1〕 拉里萨是希腊特萨利亚境内城市。
〔2〕 文中此处残损，未见城市名称。
〔3〕 库瑞提埃是希腊特萨利亚地区城市。
〔4〕 法拉涅在希腊佩瑞比伊境内，距廷佩谷地不远，参阅斯特拉博，IX, 440。
〔5〕 古尔同是希腊特萨利亚东北部城市。

e suo stanziamento per attendere l'esercito romano

(9) ipse ad Sycurium progressus opperiri ibi hostium aduentum statuit; simul et frumentari passim exercitum iubet in subiecto hostium agro. (10) namque Sycurium est sub radicibus Ossae montis. ⟨is⟩, qua in meridiem uergit, subiectos habet Thessaliae campos, ab tergo Macedoniam (11) atque Magnesiam. ad has opportunitates accedit summa salubritas et copia pluribus circumiectis fontibus perennium aquarum.

Anche l'esercito romano muove per terra e per mare
55

(1) Consul Romanus, per eosdem dies Thessaliam cum exercitu petens, iter expeditum primo per Epirum habuit; deinde, (2) postquam in Athamaniam est transgressus, asperi ac prope inuii soli, cum ingenti difficultate paruis itineribus aegre Gomphos peruenit; (3) cui si uexatis hominibus equisque tironem exercitum ducenti acie instructa et loco suo et tempore obstitisset rex, ne Romani quidem abnuunt magna sua cum clade fuisse pugnaturos. (4) postquam Gomphos sine certamine uentum est, praeter gaudium periculosi saltus superati, contemptus quoque hostium adeo ignoruntium opportunitates suas accessit. (5) sacrificio rite perfecto consul et frumento dato militibus paucos ad requiem iumentorum hominumque moratus dies, cum audiret uagari Macedonas effusos per Thessaliam uastarique sociorum agros, satis iam refectum militem ad Larisam ducit. (6) inde cum tria milia ferme abesset, ad Tripolim—Scaeam uocant—, super Peneum amnem posuit castra. (7) per idem tempus Eumenes ad Chalcidem nauibus accessit cum Attalo atque Athenaeo fratribus, Philetaero fratre relicto Pergami ad tutelam regni. Chalcide cum Attalo et quattuor milibus peditum, mille equitum ad consulem uenit; (8) Chalcide relicta duo milia peditum, quibus Athenaeus praepositus. et alia eodem auxilia

驻扎等待罗马军队

(9) 他自己来到西库里乌姆,等待敌人到来,同时命令军队在投向敌方的土地上四处征集粮食。(10) 其实叙库里昂就位于奥萨山脚下,它的面向南方的一侧正对特萨利亚平原,其背面面向马其顿以及马格涅西亚。(11) 这些合适的地理条件使得当地的气候非常有益于健康,到处是常年水量充盈的泉流。

罗马军队陆海兼程地行进
55

(1) 同是在那些日子里,罗马执政官率领军队来到特萨利亚后,起初顺利地经过了埃皮罗斯,(2) 然后穿过了阿塔曼尼亚,山道崎岖,几乎无路可寻,艰难跋涉,道路狭窄,终于来到戈菲。(3) 如果国王能够针对这位率领着一支由新兵组成,而且人员和马匹均已疲乏的军队的统帅,在合适的时间和地点进行一次会战,那时罗马人将会无可否认,战斗的结果对于参战的他们会是一场巨大的灾难。(4) 在他们未经战斗地到达戈菲之后,他们除了为顺利通过如此险峻的山隘而高兴外,还嘲笑敌人竟然不知道利用对自己有利的形势。(5) 在进行了允诺的献祭和给兵士分发粮食之后,执政官让牲畜和人员稍许休息了几天。在听说马其顿人劫掠特萨利亚,使同盟者们的土地变荒芜后,便率领得到足够休整的军队前往拉里萨。(6) 在距离城市约3千步,在被称之为三城——斯克阿[1]附近,在佩涅乌斯河畔建起了营寨。(7) 与此同时,欧墨诺斯乘船去到哈尔基斯,连同兄弟阿塔洛斯和阿特奈奥斯,另一个兄弟菲勒泰罗斯留下来监管帕伽马王朝。欧墨诺斯和阿塔洛斯由哈尔基斯来见执政官,同时带来4000名步兵和1000名骑兵;(8) 在卡尔基斯留下2000名步兵,交由阿特奈奥斯统率。还有许多其他军队

---

〔1〕"斯克埃"意为"西方的"(希腊文)。

Romanis ex omnibus undique Graeciae populis conuenerunt, quorum pleraque—adeo parua erant—in obliuionem adducta. (9) Apolloniatae trecentos equites, centum pedites miserunt. Aetolorum alae unius instar erat, quantum ab tota gente equitum uenerat, (10) et Thessalorum, ⟨quorum⟩ omnis equitatus speratus erat, non plus quam trecenti erant equites in castris Romanis. Achaei iuuentutis suae, Cretico maxime armatu, ad mille quingentos dederunt.

segue
56

(1) Sub idem tempus et C. Lucretius praetor, qui nauibus praeerat ad Cephallaniam, M. Lucretio fratre cum classe super Maleum Chalcidem iusso petere, ipse triremem conscendit, sinum Corinthium petens ad praeoccupandas in Boeotia res. (2) tardior ei nauigatio propter infirmitatem corporis fuit.

Il primo scontro militare è favorevole ai Macedoni
57

(1) Sub idem deinde tempus consilium et consul et rex habuerunt, unde bellum ordirentur. (2) regiis creuerant animi uastatione concessa sibi ab hoste Pheraei agri; itaque eundum inde ad castra nec dandum ultra spatium cunctandi censebant. (3) et Romani sentiebant cunctationem suam infamem apud socios esse, maxume indigne ferentis non latam Pheraeis opem. (4) consultantibus, quid agerent—aderant autem Eumenes et Attalus in consilio—, trepidus nuntius adfert hostem magno agmine adesse. consilio dimisso signum extemplo datur, ut arma capiant. (5) interim placet ex regiis auxiliis centum equites et parem numerum iaculatorum peditum exire. (6) Perseus ⟨hora⟩ ferme diei quarta, cum paulo plus mille passus

前来帮助罗马人,来自希腊各地所有的城邦,其中大部分由于人数太少而被遗忘。(9)阿波洛尼亚人派来300骑兵和100步兵。埃托利亚人派来一支马队[1],到来的是整个部族的马队。(10)原本期望特萨利亚人派来整个马队,但在罗马军营里他们的马队不超过300匹。[2]阿开亚人派来约1500名青年,主要是克里特装备。[3]

56

(1)大约在这期间,裁判官盖·卢克莱提乌斯在克法拉尼亚统率舰队,命令其兄弟马·卢克莱提乌斯率领舰队经过马勒亚,前往卡尔基斯,而他自己则乘坐三层桨船前往科林斯湾,预先处理波奥提亚事务。由于身体不佳,他的航行有所延迟。

第一次军事冲突有利于马其顿

57

(1)然后在同一时间里,执政官和国王都召开会议磋商,从什么时间开始军事行动。(2)国王方面的人心里充满自信,由于敌人让他们破坏了费赖地区的田野。由此他们认为,应该立即对敌营发起进攻,不给对方提供延宕的机会。(3)罗马人则认为,迟疑会让他们在同盟者面前蒙羞,特别不应该的是未给费赖人提供帮助。(4)当他们正在商量该采取什么行动,——当时欧墨涅斯和阿塔洛斯也参加了会议,——报信人急匆匆地前来报告,敌人的大部队正在接近。会议立即被解散,随即发出信号,要求拿起武器。(5)当时决定,由(帕伽马)国王的辅助军队派出100名骑兵和同样数量的弓箭手步兵。(6)约在白天4时许,佩尔修斯在距罗马营寨稍许超过一里的

---

[1] 马队起初为300人,后来增加至500人。
[2] 在后面58,14中称为400。
[3] 克里特装备主要指投石器和弓箭。

abesset a castris Romanis, consistere signa peditum iussit; praegressus ipse cum equitibus ac leui armatura; et Cotys cum eo ducesque aliorum auxiliorum praecesserunt. (7) minus quingentos passus ab castris aberant, cum in conspectu fuere hostium equites; duae alae erant magna ex parte Gallorum— Cassignatus praeerat—et leuis armaturae centum fere et quinquaginta Mysi et Cretenses. (8) constitit rex, incertus, quantae ⟨hostium copiae⟩ essent. duas inde ex agmine turmas Threcum, duas Macedonum cum binis Cretensium cohortibus et Threcum misit. (9) proelium, cum pares numero essent neque ab hac aut illa parte noua auxilia subuenirent, incerta uictoria finitum est. Eumenis ferme triginta interfecti, inter quos Cassignatus dux Gallorum cecidit. et tunc quidem Perseus ad Sycurium copias reduxit; (10) postero die circa eandem horam in eundem locum rex copias admouit plaustris cum aqua sequentibus; nam duodecim milium passuum ⟨uia⟩ omnis sine aqua et plurimi pulueris erat; aduectosque siti, si primo in conspectu dimicassent, pugnaturos fuisse apparebat. (11) cum Romani quiessent, stationibus etiam intra uallum reductis, regii quoque in castra redeunt. hoc per aliquot dies fecerunt, sperantes fore, ut Romani equites abeuntium nouissimum agmen adgrederentur; (12) inde certamine orto, cum longius a castris eos elicuissent, facile, ubiubi essent, se, qui equitatu et leui armatura plus possent, conuersuros aciem.

segue: **prima vittoria macedone**
58

(1) Postquam inceptum non succedebat, castra propius hostem mouit rex et a quinque milibus passuum communiuit. (2) inde luce prima in eodem, quo solebat, loco peditum acie instructa, equitatum

地方,命令步兵停止前进,而他自己则带着骑兵和轻武装兵向前走,科提斯同他在一起,此外还有其他辅助军队的首领,一起走向前。(7) 他们距罗马营寨不足500步,可以看见敌方的骑兵,两翼则大部分是高卢军队[1],——由卡西革纳托斯统率——和由密西亚人和克里特人组成的约150名轻武装兵。(8) 国王停住脚步,心中筹措,敌人的军队究竟有多少人。然后他从前列派出两个特拉克骑兵分队[2],两个马其顿骑兵分队,此外还有由克里特人和特拉克人组成的两个大队[3]。(9) 在这次冲突中,双方人数相等,这一方或哪一方也没有辅助军队参加,结果胜负难分。欧墨诺斯方面损失了约30人,其中包括高卢人的首领卡西格纳图斯。然后佩尔修斯率领军队去到叙库里昂。(10) 第二天,国王约在同一时间率领军队向同一地点进发,有许多运水大车随后。事情是这样,12里行程沿途没有水,而且还尘土飞扬;如果双方一遭遇便投入战斗,战斗人员显然会感到非常口渴。(11) 罗马人则处于安静之中,甚至把岗哨都撤回到营地里,而国王的军队则是返回营地。连续数日马其顿人都这样做,寄希望于罗马骑兵会追赶精力充沛的回撤军队;(12) 开始战斗时,如果能够把敌人引诱离开营地越远的地方,战斗便会越容易,因为他们有骑兵和轻武装兵优势,很容易回身展开成战斗阵势。

第一次战胜马其顿人
58

(1) 在这一谋划未能成功之后,国王把自己的营地向敌人移近了一些,在相距5里的地方固定下来。(2) 然后在拂晓时,他命令步兵仍然在那个地方列阵,同时率领所有的骑兵和轻武

---

[1] 即小亚细亚的高卢–希腊人。
[2] 一个骑兵分队约由30人组成。
[3] 罗马军队中的大队约由300—600人组成。

omnem leuemque armaturam ad castra hostium ducit. (3) uisus et plurium et propior solito puluis trepidationem in castris Romanis fecit. et primo uix creditum nuntianti est, quia prioribus continuis diebus numquam ante horam quartam hostis apparuerat; tum solis ortus erat. (4) deinde ut plurium clamore et cursu a portis dubitatio exempta est, tumultus ingens oboritur. tribuni praefectique et centuriones in praetorium, miles ad sua quisque tentoria discurrit. (5) minus quingentos passus a uallo instruxerat Perseus suos circa tumulum, quam Callinicum uocant. (6) laeuo cornu Cotys rex praeerat cum omnibus suae gentis; equitum ordines leuis armatura interposita distinguebat. in dextro cornu Macedones erant equites, intermixti turmis eorum Cretenses; (7) huic armaturae Midon Beroeaeus, equitibus et summae partis eius Meno Antigonensis praeerat. (8) proximi cornibus constiterant regii equites, et, mixtum genus, delecta plurium gentium auxilia; Patrocles Antigonensis his et Paeoniae praefectus Didas erant praepositi. (9) medius omnium rex erat; circa eum agema quod uocant, equitumque sacrae alae. (10) ante se statuit funditores iaculatoresque: quadringentorum manus utraque numerum explebat; Ionem Thessalonicensem et Artemona Dolopem iis praefecit. sic regii constiterant. (11) consul intra uallum peditum acie instructa et ipse equitatum omnem cum leui armatura emisit; pro uallo instructi sunt. (12) dextro cornu praepositus C. Licinius Crassus, consulis frater, cum omni Italico equitatu, uelitibus intermixtis; sinistro M. Ualerius Laeuinus sociorum ex Graecis populis equites habebat ⟨et⟩ eiusdem gentis leuem armaturam; (13) mediam autem aciem cum delectis equitibus extraordinariis tenebat Q. Mucius. ducenti equites Galli ante signa horum instructi et de auxiliis Eumenis Cyrtiorum gentis

装兵来到敌人的营前。（3）出现了比通常更浓密、更接近的尘云，在罗马军营里引起不安。起初人们难以相信报信人的报告，因为在先前的日子里敌人从来没有在四点钟以前出现过，而当时太阳才刚刚升起。（4）然后，巨大的呐喊声和从港口奔跑回来的人们彻底打消了人们的疑惑，出现了巨大的混乱。军团指挥官分别指挥，百人队长纷纷来到司令营帐，兵士们则纷纷返回自己的帐篷。（5）佩尔修斯在距离营地不足500步的地方建起了自己的阵地，就在被称为卡利尼库姆的山脚下。（6）阵线左翼是国王科提斯及其所有的同部族人。在骑兵队列之间配置了轻武装步兵。阵线右翼是马其顿骑兵，其间混杂排列着克里特人及其骑兵，（7）他们由贝瑞埃人[1]弥冬率领，而骑兵及其侧翼则由墨诺·安提戈嫩西斯率领。（8）阵线两翼立即排列了国王的骑兵和混合类型的、精选于各个民族的辅助军队，它们由来自安提戈尼亚的帕特罗克勒斯和派奥尼亚人首领狄达斯率领。（9）国王站在整个阵线中央，他的周围是被称之为阿革马的部队和骑兵中的神圣马队[2]。（10）在他前面配置的是投石兵和弓箭手，每支队伍为400人。他们由特萨洛尼利亚人伊奥涅斯和多洛佩斯人安特摩纳率领。国王的军队就是这样列阵。（11）执政官让步兵在壕堑内列阵，他亲自把所有的骑兵和轻武装兵调出营外。（12）被安排在阵线右侧的是盖·科基尼乌斯·克拉苏斯，执政官的兄弟，率领整个意大利骑兵，轻武装兵与其混编。左翼马·瓦勒里乌斯·勒维努斯统率由希腊各族组成的同盟者骑兵以及他们的轻武装兵。阵线中央及其经过特别挑选的骑兵由昆·穆基乌斯指挥。在他们的旗帜前面配置了200名高卢骑兵和从库尔提伊族的欧墨涅斯指挥的辅助军队中挑选

---

〔1〕 贝瑞埃（Beroea）是马其顿城市，今称韦里亚。

〔2〕 "阿革马"（agema），原意为"分队"，在马其顿军队里则近似于近卫军，由经过挑选的步兵和骑兵组成。"神圣马队"（equitum sacrae alae）用来称呼马其顿马队仅见于此处，可能指归国王指挥的重骑兵。

trecenti. (14) Thessali quadringenti equites paruo interuallo super laeuum cornu locati. Eumenes rex Attalusque cum omni manu sua ab tergo inter postremam aciem ac uallum steterunt.

segue: **prima vittoria macedone**
59

(1) In hunc modum maxime instructae acies, par ferme utrimque numerus equitum ac leuis armaturae, concurrunt, a funditoribus iaculatoribusque, qui praecesserant, proelio orto. (2) primi omnium Thraces, haud secus quam diu claustris retentae ferae, ita concitati cum ingenti clamore in dextrum cornu, Italicos equites, incurrerunt, ut (3) usu belli et ingenio inpauida gens turbaretur * * ⟨gla⟩ diis hastas petere pedites * * nunc succidere crura ⟨equ⟩is, nunc ilia suffodere. (4) Perseus, in mediam inuectus aciem, Graecos primo impetu auertit; quibus ⟨fus⟩ is cum grauis ab tergo instaret hostis, Thessalorum equitatus, ⟨qui a laeuo⟩ cornu breui spatio diiunctus in subsidiis fuerat extra concursum, primo spectator certaminis, deinde inclinata re maxumo usui fuit. (5) cedentes enim sensim integris ordinibus, postquam se Eumenis auxiliis adiunxerunt, et cum eo tutum inter ordines suos receptum sociis fuga dissipatis dabant et, cum minus conferti hostes instarent, progredi etiam ausi multos fugientium obuios exceperunt. (6) nec regii, sparsi iam ipsi passim sequendo, cum ordinatis et certo incedentibus gradu manus conserere audebant. (7) cum uictor equestri proelio rex * * * paruo momento si adiuuisset debellatum esse, et opportune adhortanti superuenit phalanx, quam sua sponte, ne audaci coepto deessent, Hippias et Leonnatus raptim adduxerant, postquam prospere pugnasse equitem acceperunt. (8) fluctuante rege inter spem metumque tantae

的200名骑兵。（14）400名特萨利亚骑兵稍许距离地布置在左侧前面。国王欧墨涅斯和阿塔洛斯率领他们的全部军队布置在后面，在最后一排战列与壕堑之间。

继续：马其顿的第一次胜利
59

（1）两支军队就这样对阵，双方的骑兵数量和轻武装兵数量基本相同，投石手和弓箭手挑起厮杀，冲杀到一起，开始了战斗。（2）其中首先是特拉克人，他们完全有如长时间被囚于笼子里的野兽，激烈地发出狂吼，冲向战线的右翼，那里是意大利骑兵，以至于他们经受过战争考验，天生无所畏惧，但也使他们陷了混乱。（3）……[1]步兵回击投枪的打击，……[2]现在用小腿催促马匹，或是触击马腹。（4）佩尔修斯去到阵线中央，在第一次冲击后他让希腊人后撤。当敌人顽强地进攻从后阵逃跑的人们时，特萨利亚骑兵作为后备力量留在左翼稍后的地方，起初旁观战斗的进行，现在看到了事情发生逆转，便提供了最大的帮助。（5）当时他们以固有的队形缓慢后撤，在与欧墨诺斯的辅助军队联合之后，便把混乱溃逃的军队安全地接进自己的队列之间。在敌人的进攻势头减弱之后，他们甚至还胆敢向前推进，接收了许多迎面逃过来的人。（6）国王的兵士们由于自己被四散地追赶，便不敢与这些整齐列队的、坚定行进的军队作战。（7）国王在骑兵对罗马人的战斗中取得胜利之后，在很短的时间里……[3]，如果能得到帮助，他将获胜，并且正当他这样激励兵士的时候，到来了希腊方阵，那是希皮阿斯和勒奥纳托斯得知骑兵在战斗中获得胜利之后按照自己的想法迅速带来的。（8）正当国王面对如此重要的事情内心既怀希

---

[1]　原文此处残损。
[2]　同前。
[3]　原文此处残损。

rei conandae Cretensis Euander, quo ministro Delphis ad insidias Eumenis regis usus erat, postquam agmen peditum uenientium sub signis uidit, (9) ad regem accurrit et monere institit, ne elatus felicitate summam rerum temere in non necessariam aleam daret; (10) si contentus bene re gesta quiesset eo die, uel pacis honestae condicionem habiturum uel plurimos belli socios, qui fortunam sequerentur, si bellare mallet. (11) in hoc consilium pronior erat animus regis. itaque conlaudato Euandro signa referri peditumque agmen redire in castra iubet, equitibus receptui canere.

segue: **prima vittoria macedone**
60

(1) Cecidere eo die ab Romanis ducenti equites, duo milia haud minus peditum; capti sescenti ferme. ex regiis autem uiginti equites, quadraginta pedites interfecti. (2) postquam rediere in castra uictores, omnes quidem laeti, ante alios Thracum insolens laetitia eminebat; cum cantu enim superfixa ⟨hastis⟩ capita hostium portantes redierunt. (3) apud Romanos non maestitia tantum ex male gesta re, sed pauor etiam erat, ne extemplo castra hostis adgrederetur. Eumenes ⟨consuli⟩ suadere, ut trans Peneum transferret castra, ut pro munimento amnem haberet, dum perculsi milites animos colligerent. (4) consul moueri flagitio timoris fatendi; uictus tamen ratione, silentio noctis transductis copiis, castra in ulteriore ripa communiuit. (5) rex postero die ad lacessendos proelio hostes progressus, postquam trans amnem in tuto posita castra animaduertit, fatebatur quidem peccatum, quod pridie non institisset uictis, sed aliquanto maiorem culpam esse, quod nocte foret cessatum; (6) nam, ut neminem alium suorum moueret, leui armatura inmissa, trepidantium in transitu fluminis hostium deleri magna ex parte copias potuisse.

望,又感到恐惧而摇摆不定时,克里特人埃万得尔,就是在其帮助下在得尔斐对欧墨尼斯设伏的那个人[1],看到步兵在军旗下正在向前推进,(9)立即来到国王面前,提醒说,不能由于一时的幸运便不加认真考虑地拿整个事业进行不必要的冒险。(10)如果国王对业已取得的胜利感到满意,那就停止当天的行动,那时他会或者得到光荣的和平协议,或者得到许多战争同盟者。若是他继续进行战争,他会跟随他追求幸运。(11)国王内心更倾向于这样的决定。于是他称赞埃万得尔的意见,发出信号,命令步兵返回军营,同时对骑兵鸣号返回。

继续:马其顿人的第一次胜利
60

(1)这一天,罗马人损失了200骑兵和不少于2000的步兵;被俘约600人。国王的军队则只有20骑士、40步兵。(2)胜利者回到营地后,全都兴高采烈,其中特别是特拉克人,显得异常地兴奋。他们歌唱着,扛着刺穿了敌人脑袋的投枪回营。(3)罗马人不只是由于战斗失利而伤心苦闷,而且心情紧张,担心敌人会突然前来劫营。欧墨诺斯劝说(执政官)把营盘移过佩涅奥斯河,以便用河流作防御,使余悸未消的兵士们得以恢复精神。(4)执政官为不得不承认恐惧而感到羞耻,但他不得不屈服于理智。趁夜间寂静,把军队渡过了河,把营寨立于河流的另一侧。(5)次日国王准备发起与敌人的战斗,发现敌人已经渡过河,在安全的地方扎营,他只好承认自己犯了错误,昨天没有追击被打败者,不过或许更大的错误是在夜间迟疑了。(6)其实他不用动用自己的其他任何军队,只要派遣轻武装兵,便能使渡河的敌人陷入惊恐,得以消灭大部分敌人。

---

[1] 参阅本卷15,3。

(7) Romanis quidem praesens pauor demptus erat, in tuto castra habentibus; damnum inter cetera praecipue famae mouebat. (8) et in consilio apud consulem pro se quisque in Aetolos conferebant causam: ab iis fugae terrorisque principium ortum; (9) secutos pauorem Aetolorum et ceteros socios Graecorum populorum. quinque principes Aetolorum, qui primi terga uertentes conspecti dicebantur, ⟨Romam missi⟩. Thessali pro contione laudati, ducesque eorum etiam uirtutis causa donati.

segue: prima vittoria macedone
61

(1) Ad regem spolia caesorum hostium referebantur. (2) [dona] ex his aliis arma insignia, aliis equos, quibusdam captiuos dono dabat. scuta erant supra mille quingenta; loricae thoracesque mille amplius summam explebant; galearum gladiorumque et missilium omnis generis maior aliquanto numerus. (3) haec per se ampla laetaque multiplicata uerbis regis, quae ad contionem uocato exercitu habuit. ' praeiudicatum euentum belli habetis. (4) meliorem partem hostium, equitatum Romanum, quo inuictos se esse gloriabantur, fudistis. (5) equites enim illis principes iuuentutis, equites seminarium senatus; inde lectos in patres consules, inde imperatores creant: horum spolia paulo ante diuisimus inter uos. (6) nec minorem de legionibus peditum uictoriam habetis, quae nocturna fuga uobis subtractae naufragorum trepidatione passim natantium flumen compleuerunt. (7) sed facilius nobis sequentibus uictos Peneum superare erit, quam illis trepidantibus fuit; transgressique extemplo castra oppugnabimus, quae hodie cepissemus, ni fugissent; (8) aut si acie decernere uolent, eundem pugnae pedestris euentum expectate, qui equitum in certamine fuit. ' (9) et qui uicerant, alacres, spolia

(7) 而对于罗马人来说,虽然排除了存在的恐惧,在安全的地方立营,但是战斗中的损失,特别是丧失荣誉使他们感到不安。(8) 在军事会议上,当着执政官的面,每个人都为自己辩护,把过错归责于埃托利亚人:正是他们首先逃跑,从而引起了恐慌,(9) 其他的希腊人同盟军队也随埃托利亚人陷入恐慌。据说5个埃托利亚首领被列入首先逃跑者之列(结果被送往罗马)。(10) 特萨利亚人在大会上受到称赞,他们的首领甚至由于作战勇敢而受到奖赏。

继续:马其顿人的第一次胜利
61

(1) 人们把从杀死的敌人那里缴获的东西陈列在国王面前,其中奖赏给一些人的是精心装饰的武器,奖赏给另一些人的是马匹,给有些人则是以俘虏作为奖品。缴获的盾牌超过 15 000 面,而铠甲和胸甲则远超过 1000 套,至于盔帽、佩剑和各种投掷武器则多得无法计算。这么多携获本身便令人高兴,国王在召开的全军大会上的演说更使大家兴奋不已。(4) "你们看到,这场战争的结局已经预先决定。敌人的优秀部分——罗马骑兵已经被你们打垮,他们自称是不可战胜的。(5) 要知道,骑兵是他们的青年中的精华,是元老院的苗圃,正是从他们中间成长出元老和执政官,由他们中间成长出军事统帅。我们刚才正是把他们的铠甲分配给了你们。(6) 你们对步兵军团取得的胜利也不亚于此,他们趁黑夜从你们那里逃脱,像难船的人们那样颤抖着,四散游泳,充斥了河流。(7) 不过我们会比那些颤抖的被战胜者要容易渡过佩涅乌斯河。待我们一渡过河,便立即发起进攻,让我们今天就把他们拿下来,不让他们逃跑。(8) 或者如果敌人希望以战斗来决定事情,那你们可以期待步兵的战斗也会获得骑兵战斗那样的结果。"(9) 胜利者们肩披被

caesorum hostium umeris gerentes, decora sua audiuere, ex eo, quod acciderat, spem futuri praecipientes, (10) et pedites aliena gloria accensi, praecipue qui Macedonum phalangis erant, sibi quoque et nauandae regi operae et similem gloriam ex hoste pariendi occasionem ⟨optabant. (11) contione⟩ dimissa, postero die profectus inde ad Mopselum posuit castra. tumulus hic ante Tempe eminet et Larisa medius abest Gonnum ⟨eunti⟩ .

segue: prima vittoria macedone
62

(1) ⟨Romani⟩ non abscedentes ab ripa Penei transtulerunt in locum tutiorem castra. (2) eo Misagenes Numida uenit cum mille equitibus, pari peditum numero, ad hoc elephantis duobus et uiginti. (3) per eos dies consilium habenti regi de summa ⟨rerum⟩, cum iam consedisset ferocia ab re bene gesta, ausi sunt quidam amicorum consilium dare, ut secunda fortuna in condicionem honestae pacis uteretur potius, quam spe uana euectus in casum inreuocabilem se daret. (4) modum inponere secundis rebus nec nimis credere serenitati praesentis fortunae, prudentis hominis et merito felicis esse. (5) mitteret ad consulem, qui foedus in easdem leges renouarent, quibus Philippus pater eius pacem ab T. Quinctio uictore accepisset. (6) neque finiri bellum magnificentius quam ab tam memorabili pugna ⟨posse, neque⟩ spem firmiorem pacis perpetuae dari, quam quae perculsos aduerso proelio Romanos molliores factura sit ad paciscendum. (7) quodsi Romani tum quoque insita pertinacia aequa aspernarentur, deos hominesque et moderationis Persei et illorum peruicacis superbiae futuros testes. (8) numquam ab talibus consiliis abhorrebat regis animus. itaque ⟨ut⟩ plurium adsensu conprobata est sententia, legati ad consulem missi; (9) adhibito frequenti consilio auditi sunt.

杀死的敌人的铠甲，非常欣喜地听完对自己的赞扬，他们从发生的事情中看到对未来的期望。（10）步兵受他人的荣誉的鼓舞，特别是马其顿重甲方阵兵，希望自己也能够这样为国王服务，有机会从敌人那里获得同等的荣誉。（11）会议就这样结束，第二天从那里出发，在摩普塞拉扎营，这一山冈矗立于在由拉里萨至戈努斯的半道上的廷佩山谷。

继续：马其顿的第一次胜利
62

（1）罗马军队没有离开佩涅奥斯河岸，不过营地移到更为安全的地方。（2）努弥底亚人弥萨革涅斯率1000骑兵来到，还有相同数量的步兵，此外还有22头大象。（3）在这些日子里，国王一直在与人们商量（战事）状态，战事顺利进行后的疯狂已经平息。一些朋友大胆地提出建议，最好是利用有利的时机商谈荣誉和和平，而不是被空洞的希望引向不可挽回的灾难。（4）智慧和幸运之人在于处于顺境时保持适度，不过分相信现有幸运之常在。（5）不妨派使节去见执政官，让他们按其父亲腓力从胜利者提·昆克提乌斯那里等到和平那样的条件恢复协约。[1]（6）不可能有什么比这样结束战争更光辉。尽管进行了许多值得记忆的战斗，但并未能给长久的和平提供可靠的希望。罗马人进行了一场不顺利的战斗，使得他们在和谈时不得不让步。（7）若是罗马人甚至现在也仍然以不应有的固执蔑视合理的建议，那么神明和凡人都可以见证佩尔修斯的温和和罗马人的顽固的傲慢。（8）类似的理由一直搅动着国王的心境。于是建议获得大部分人的赞同，向执政官派出了使节。（9）执政官在人数众多的会议上听取了使节们的提议。

---

[1] 条约规定，所有位于希腊本土和亚洲的希腊城邦获得自由，享有立法权，腓力从处于他统治下的城市撤走卫戍部队等。

segue: prima vittoria macedone (i Macedoni sfruttano la vittoria per proporre la pace ma i Romani, nonostante la propria sconfitta, chiedono la resa die nemici)

(10) pacem petiere, uectigal, quantum Philippus pactus esset, daturum Persea Romanis pollicentes; urbibus, agris locisque, quibus Philippus cessisset, cessurum ⟨quam⟩ primum. (11) haec legati. summotis his cum consultarent, Romana constantia uicit in consilio. ita tum mos erat, in aduers ⟨is reb⟩ us uoltum secundae fortunae gerere, moderari animo in secundis. (12) responderi placuit, ita pacem dari, si de summa rerum liberum senatui permittat rex de se deque uniuersa Macedonia statuendi ius. (13) haec cum renuntiassent legati, miraculo ignaris ⟨Romani⟩ moris pertinacia esse, et plerique uetare amplius mentionem pacis facere; ultro mox quaesituros, quod oblatum fastidiant. (14) Perseus hanc ipsam superbiam—quippe ex fiducia uirium esse—timere, et summam pecuniae augens, si pretio pacem emere posset, non destitit animum consulis temptare. (15) postquam nihil ex eo, quod primo responderat, mutabat, desperata pace ad Sycurium, unde profectus erat, redit, belli casum de integro temptaturus.

segue: prima vittoria macedone (diffusa soddisfazione greca)

63

(1) Fama equestris pugnae uulgata per Graeciam nudauit uoluntates hominum. non enim solum qui partis Macedonum erant, sed plerique ingentibus Romanorum obligati beneficiis, quidam uim superbiamque experti ⟨Persei⟩, (2) laeti eam famam accepere, non ob aliam causam quam prauo studio, quo etiam in certaminibus ludicris uulgus utitur, deteriori atque infirmiori fauendo.

继续：马其顿人的第一次胜利（马其顿人希望利用胜利缔结和平，而罗马人尽管遭受了失败，但仍然要求敌人投降）。

（10）他们求得了和平，答应佩尔修斯交给罗马人腓力曾经交纳过的数目，让出腓力曾经答应让出的城市、土地、地区，如同第一次让出。（11）使节们这样说。在他们离开之后，召开了会议，罗马人的坚定在会议占了上风。当时就是这样的习惯：败不绥，胜不骄。[1]（12）决定作如何答复。缔结和平必须满足以下条件：如果国王允许元老院对一切事务进行自由决策，包括对他本人和对整个马其顿事务决策的权利。（13）使节们转达了这样的答复后，他们不知道罗马人的执着性格，对此感到惊异，结果许多人不愿意再提及和谈问题，声称他们会找到现在遭人蔑视的东西。（14）佩尔修斯害怕的正是这种源于对自己的力量的自信的傲慢气质，于是不断增加赔款数额，只要能用金钱买得和平，感动执政官的心理。（15）当执政官丝毫不改变自己当初的答复时，佩尔修斯对和平失望了，返回到叙库里昂，企图将来从那里出发，重新进行战争。

继续：马其顿的第一次胜利（令希腊人欣悦）
63

（1）骑兵战斗的消息传遍希腊，暴露出人们的愿望。不仅拥护马其顿的一方，而且还有许多受惠于罗马人的那些人，甚至还有那些感受过佩尔修斯的暴力和傲慢的人，对这一消息也都感到兴奋。究其原因不为其他，只是由于一种扭曲的情感，民众甚至在竞技会上也表现出那种情感：同情较不顺和较弱小的一方。[2]

---

[1] 这句话的拉丁文直译是：事情不顺时保持幸运的脸色，幸运时控制心理。
[2] 李维的这一思想源于波利比奥斯，参阅波利比奥斯，XXVII, 9, 那里对这一思想阐述得很详尽。

I Romani espugnano la città beota di Aliarta

(4) Eodem tempore in Boeotia summa ui Haliartum Lucretius praetor oppugnabat. (10) in primo tumultu captae urbis seniores inpubesque, quos casus obuios obtulit, passim caesi; armati in arcem confugerunt; et postero die, cum spei nihil superesset, deditione facta sub corona uenierunt. (11) fuerunt autem duo milia ferme et quingenti. ornamenta urbis, statuae et tabulae pictae, et quidquid pretiosae praedae fuit, ad naues delatum; urbs diruta a fundamentis. (12) inde Thebas ductus exercitus; quibus sine certamine receptis urbem tradidit exulibus et qui Romanorum partis erant; aduersae factionis hominum fautorumque regis ac Macedonum familias sub corona uendidit. his gestis in Boeotia ad mare ac naues redit.

Nuovo scontro tra i due eserciti e modesto successo romano

64

(1) Cum haec in Boeotia gererentur, Perseus ad Sycurium statiua dierum aliquot habuit.

segue: nuovo scontro e modesto successo romano

65

(1) Inde offensus longinquitate itineris rex ad Mopselum castra mouit; et Romani demessis Crannonis segetibus in Phalannaeum agrum transeunt. (2) ibi cum ex transfuga cognosset rex sine ullo armato praesidio passim uagantis per agros Romanos metere, cum ⟨mille⟩ equitibus, duobus milibus Thracum et Cretensium profectus, cum, quantum adcelerare poterat, effuso agmine isset, inprouiso adgressus est Romanos. (3) iuncta uehicula, pleraque onusta, mille admodum capiuntur, sescenti ferme homines. (4) praedam custodiendam ducendamque

罗马人攻克波奥提亚城市哈利阿尔图姆

（3）与此同时，裁判官费了很大的努力，终于攻陷了上波奥提亚的哈利阿尔图斯。……（10）在城市陷落后开始出现的混乱中，最初被杀的是那些偶然迎面遇上的老人和儿童，武装人员业已逃进了城堡。第二天，已经不存在任何希望，他们投降了，从轭下走过。（11）他们约有2500人。城市的饰品，包括雕像、绘画，以及一切珍贵的战利品都被装上船，城市本身被彻底摧毁。[1]（12）然后军队被带往特拜。未经战斗便占领了城市，裁判官把它交给了被放逐者和支持罗马的人。凡属于另一派、支持国王和马其顿的家庭都被卖为奴。在波奥提亚完成了这些事情后，裁判官回到海上的船舰上。

两支军队之间新的冲突和罗马人不大的成果
64

（1）在波奥提亚发生这些事情期间，佩尔修斯在西西里休息了数日。……

继续：新的冲突和罗马人的微小战果
65

（1）然后，国王不满于远途跋涉，便移营于墨普塞洛斯。罗马人在收割了克拉诺[2]的庄稼后，便转移到法拉涅乌姆地区。（2）国王由逃跑者那里得知，罗马人已经没有任何武装保卫地分散在各处收割庄稼，于是便带上1000骑兵、2000特拉克和克里特步兵出发，队伍散乱，力求尽快地赶路，以便突然对罗马人发起进攻。（3）俘获约有1000辆满载的辕车，装载的马车，此外还有600多人。（4）他把战利品交给克里特兵守护，把它

---

[1] 参阅斯特拉博 IX, 411 (2, 30)。
[2] 克拉诺是特萨利亚城市。

in castra trecentis Cretensium dedit; (5) ipse reuocato ab effusa caede equite et reliquis peditum ducit ad proximum praesidium, ratus haud magno certamine opprimi posse. (6) L. Pompeius tribunus militum praeerat, qui perculsos milites repentino hostium aduentu in propinquum tumulum recepit, loci se praesidio, quia numero et uiribus impar erat, defensurus. (12) nam cum ex frumentatoribus refugientes quidam in castra nuntiassent consuli circumsideri praesidium, motus periculo tot ciuium—nam octingenti ferme et omnes Romani erant—cum equitatu ac leui armatura (accesserant noua auxilia, Numidae pedites equitesque et elephanti) castris egreditur et tribunis militum imperat, ut legionum signa sequantur. (13) ipse uelitibus ad firmanda leuium armorum auxilia adiectis ad tumulum praecedit. consulis latera tegunt Eumenes ⟨et⟩ Attalus et Misagenes, regulus Numidarum.

segue: nuovo scontro e modesto successo romano
66

(4) consul anteueniens extemplo proelium conseruit. (5) primo resistere Macedones; deinde, ut nulla re pares erant, amissis trecentis peditibus, uiginti quattuor primoribus equitum ex ala, quam sacram uocant, inter quos Antimachus etiam praefectus alae cecidit, abire conantur. (6) ceterum iter prope ipso proelio tumultuosius fuit. phalanx trepido nuntio accita cum raptim duceretur, primo in angustiis captiuorum agmini oblata uehiculisque frumento onustis haesit. (8) uix ab incondito agmine captiuorum expedierant sese, cum regio agmini perculsisque equitibus occurrunt. ibi uero clamor iubentium referre signa ruinae [quoque] prope similem trepidationem fecit, ut, ⟨si⟩ hostes intrare angustias ausi longius insecuti essent, magna clades accipi potuerit. (9) consul recepto ex tumulo praesidio

们搬进营里。(5) 他召回仍然在四散屠戮的骑兵和余下的步兵，进攻邻近的守卫部队，认为无需太大的努力便可以打败他们。(6) 这一部分军队由军事指挥官卢·庞培尤斯率领。面对突然出现的敌人，他带领兵士们返回到附近的丘冈，利用地势保护自己，因为无论在人数方面或是力量方面，他们都无法与敌人相比。……(12) 事情是这样，一些征集粮食的人逃进了营地，向执政官报告营地被包围，执政官为如此众多的人的安危而担忧，——因为约有 800 人，而且都是罗马市民——于是率领骑兵和轻武装兵冲出营寨（当时正好到来新的增援力量——努弥底亚步兵、骑兵和象队），同时命令军队指挥官们率领兵士跟随他。(13) 执政官用弓箭手加强轻武装部队，自己首先冲向山冈。(14) 执政官侧面有欧墨涅斯（和）阿塔洛斯和努曼底亚王子弥萨革涅斯护卫。

继续：新的冲突和罗马人的有限胜利
66

(4) ……执政官首先到来，立即宣布开始战斗。(5) 起初马其顿人进行抵抗，后来由于各方面都不对等，他们损失了 300 个步兵，24 个来自神圣阶层的一流骑兵，其中甚至分队首领安提马科斯也倒下了，人们不得不后撤。(6) 但是后撤的道路比战斗本身还混乱。辎重队被车夫驱赶，急促地行驶，在狭窄的山间起初迎面遇上俘虏队伍，后来又碰上满载粮食的运输大队。……(8) 好不容易从混乱的俘虏队伍中摆脱出来，又迎面遇上了国王的卫队和被击溃的骑兵。这时响起呐喊，要求调转旗帜回退的呐喊立即激起了犹如溃败时引起的慌乱类似的惊慌，当时如若人们能继续追击，直至进入峡谷，那时敌人定会遭受巨大的损失。(9) 但是执政官却满足于已有的不大成就，从丘

contentus modico successu in castra copias reduxit. sunt, qui eo die magno proelio pugnatum auctores sint; octo milia hostium caesa, in his Sopatrum et Antipatrum, regios duces; uiuos captos circiter duo milia octingentos, signa militaria capta uiginti septem. (10) nec incruentam uictoriam fuisse; supra quattuor milia et trecentos de exercitu consulis cecidisse; signa sinistrae alae quinque amissa.

segue: nuovo scontro e modesto successo romano
67

(1) Hic dies et Romanis refecit animos et Persea perculit, ut dies paucos ad Mopselum moratus sepulturae maxume militum amissorum cura, praesidio satis ualido ad Gonnum relicto, in Macedoniam reciperet copias.

Acquartieramento invernale dei due eserciti
68

(6) Consul postquam profectum Persea audiuit, ad Gonnum castra mouet, si potiri oppido posset. ante ipsa Tempe in faucibus situm Macedoniae claustra tutissima praebet et in Thessaliam opportunum Macedonibus decursum. (7) cum et loco et praesidio ualido inexpugnabilis urbs esset, abstitit incepto. in Perrhaebiam flexis itineribus Malloea primo impetu capta ac direpta, Tripoli aliaque Perrhaebia recepta, Larisam redit. (8) inde Eumene atque Attalo domum remissis, Misageni Numidisque hiberna in proxumis Thessaliae urbibus distribuit, et partem exercitus ita per totam Thessaliam diuisit, ut et hiberna commoda omnes haberent et praesidio urbibus essent. (9) Q. Mucium legatum cum duobus milibus ad obtinendam Ambraciam misit. Graecarum ciuitatium socios omnes praeter Achaeos dimisit. cum exercitus parte profectus in Achaiam Pthiotim Pteleum

冈撤退军队，返回营地。也有作家认为，那一天发生了大规模的战斗，有 8000 个敌人被杀死，其中包括国王军队的指挥官索帕特罗斯和安提帕特罗斯。有约 2800 人被俘，夺得 27 面军旗。(10) 也并非不流血便获得了胜利，执政官军队约有 4300 人丧生，有 5 面左翼军旗丢失。

继续：新的冲突和罗马人的微小战绩
67

(1) 这一天鼓励了罗马军队的士气，佩尔修斯则陷入沮丧，以至于在摩普塞卢姆滞留了数日，主要是为了埋葬战斗中丧生的兵士。在戈努姆留下一定的卫队后，佩尔修斯便自己率领军队返回了马其顿。

两支军队的冬营
68

(6) 执政官得知佩尔修斯离开后，便把营寨移动到戈努斯，希望能占领城市。这座设防城市位于廷佩谷地前边，在马其顿的咽喉处，是马其顿的可靠门栓，是马其顿人前去特萨利亚的合适通道。(7) 合适的位置和强大的守卫，使得城市难以被攻陷，于是执政官放弃了开始的行动。他沿着曲折的道路前往佩瑞比亚，首先进攻马洛埃，占领和抢劫了城市，在占领了特里波利斯和其他佩瑞比亚地区后，他回到拉里萨。(8) 他让欧墨诺斯和阿塔洛斯从这里返回去，让弥萨革努斯和他的努弥底亚人在距离最近的特萨利亚城市过冬营，而部分军队则分配到整个特萨利亚地区，使得军队能一方面享受冬季的舒适，另一方面又能保卫城市。(9) 他派遣昆·穆基乌斯作为代表，率领 2000 兵士前去占领安布拉基亚。他宽赦了希腊各城邦的所有同盟者，阿开亚人除外。他率领部分军队来到阿开亚人的普提奥提斯，彻底摧毁了城市居民逃跑后弃下的普特勒乌姆，按照居

desertum fuga oppidanorum diruit a fundamentis, Antronas uoluntate incolentium recepit. (10) ad Larisam deinde exercitum admouit. urbs deserta erat; in arcem omnis multitudo concesserat; eam oppugnare adgreditur. (11) primi omnium Macedones, regium praesidium, metu excesserant: a quibus relicti oppidani in deditionem extemplo ueniunt. dubitantem inde, utrum Demetrias prius adgredienda foret, an in Boeotia aspiciendae res, (12) Thebani uexantibus eos Coronaeis in Boeotiam arcessebant. et ⟨ad⟩ horum preces ⟨et⟩ quia hibernis aptior regio quam Magnesia erat, in Boeotiam duxit.

民的愿望占领了安特罗纳。(10) 然后执政官率领军队去到拉里萨。城市被放弃,所有居民都躲进城堡。罗马人对城堡发起攻击。(11) 首先惊慌地弃城而逃的是国王卫队中的马其顿人,被他们弃下的城市居民立即全部投降了。然后执政官犹疑是首先进攻得墨特里亚,还是观察波奥提亚的情势,(12) 特拜人由于遭受科罗涅伊人的欺凌,召请他们前去。除了这些原因外,还由于这里比马格涅西亚[1]更宜于立冬营,于是他便率领军队去到波奥提亚。

---

〔1〕 马格涅西亚指特萨利亚东部沿海地区。

TITI LIVI AB VRBE CONDITA LIBER XLIII

Periocha
1. Praetores aliquot eo quod avare et crudeliter provincias administraverant, damnati sunt. 2. P. Licinius Crassus procos. complures in Graecia urbes expugnavit et crudeliter corripuit. 3. Ob id captivi qui ab eo sub corona venierant ex S. C. postea restituti sunt. 4. Item a praefectis classium Romanarum multa impotenter in socios facta. 5. Res a Perse rege in Thracia prospere gestas continet victis Dardanis et Illyrico, cuius rex erat Gentius. 6. Motus, qui in Hispania ab Olonico factus erat, ipso interempto consedit. 7. M. Aemilius Lepidus a censoribus princeps senatus lectus

Nulla di nuovo sul fronte occidentale
1
(4) consul C. Cassius nec in Gallia, quam sortitus erat, memorabile quicquam gessit et per Illyricum ducere legiones in Macedoniam uano incepto est conatus.

non c'era guerra da nessuna parte all'infuori della Macedonia
9
(1) In Liguribus eo [anno] nihil memorabile gestum. Nam nec hostes mouerunt arma, neque consul in agrum eorum legiones induxit;

第四十三卷

内容提要（公元前 171—前 169）
（1）一些裁判官因管理行省时贪婪和残忍而被判刑。（2）卸任执政官普·利基尼乌斯·克拉苏斯在希腊降服了许多城市，并且残忍地把它们劫掠了。（3）由此而被他出售为奴的俘虏根据元老院的决议恢复了自由。（4）罗马舰队指挥同样也对同盟者残暴地做了许多这样的事情。（5）卷中还包括国王佩尔修斯在特拉克顺利进行的许多事情，达尔达尼亚人和伊利里亚人被战胜，他们的国王是根提乌斯。（6）发生在西班牙由奥洛尼科斯领导的动乱由于其本人死亡而沉寂。（7）马·艾弥利乌斯被监察官们推举为首席元老。

西北没有发生任何新鲜事情
1
（4）执政官盖·卡西乌斯在他受命管理的高卢没有做出什么值得记忆的事情，他徒然地率领军团经由伊利里亚进入马其顿。

除了马其顿外，没有发生其他任何战事。
9
（1）在利古里亚人那里，这一年没有什么值得记忆的事件。事实上，敌人没有动用武器，执政官也没有率领军队进入他们的土地；

(2) et satis explorata pace eius anni milites duarum legionum Romanarum intra dies sexaginta, quam in prouinciam uenit, dimisit. (3) Sociorum nominis Latini exercitu mature in hiberna Lunam et Pisas deducto ipse cum equitibus Galliae prouinciae pleraque oppida adit. (4) Nusquam alibi quam in Macedonia bellum erat. Suspectum tamen Gentium, Illyriorum regem, habebant. (5) Itaque et octo nauis ornatas a Brundisio senatus censuit mittendas ad C. Furium legatum Issam, qui cum praesidio duarum Issensium nauium insulae praeerat— (6) duo milia militum in eas naues sunt inposita, quae M. Raecius praetor ex senatus consulto in ea parte Italiae, quae obiecta Illyrico est, conscripsit—, et consul Hostilius Ap. Claudium in Illyricum [cum] quattuor milibus peditum misit, ut accolas Illyrici tutaretur. (7) Qui non contentus iis, quas adduxerat, copiis auxilia ab sociis conrogando ad octo milia hominum [ex] uario genere armauit peragrataque omni ea regione ad Lychnidum Dassaretiorum consedit.

Eletti i consoli per Il 169 A. c.
11

(6) comitia consularia ante diem quintum kal. Febr. fuere. Creati consules sunt Q. Marcius Philippus iterum et Cn. Seruilius Caepio. (7) Post diem tertium praetores sunt facti C. Decimius,

(2) 在这一年里，和平经受了考验，执政官在到达行省后第60天遣散了两个罗马军团。(3) 执政官提前率领拉丁同盟军队前去卢纳和皮塞[1]的冬营，他自己则率领骑兵巡行了高卢行省的许多城市。(4) 除了马其顿外，各处都没有战争。不过人们对伊利里亚国王根提乌斯有猜疑。[2] (5) 因此元老院决定，派遣8条满载的船只去布伦狄西乌姆，前去伊萨岛的盖·孚里乌斯那里。[3] 他统领两条伊萨岛战船，管辖岛屿。(6) 随同船队派去由裁判官马·瑞基乌斯按照元老院决定，在意大利面对伊利里亚的那个地区征募2000军队。执政官霍斯提利乌斯派遣阿皮·霍斯提利乌斯带着4000步兵前去伊利里亚，以保证迁居与伊利里亚相邻的意大利地区的安全。(7) 克劳狄乌斯对他统率这些军队并不感到满足，他又向同盟者要求辅助军队，数量达8000人，由不同部族的人组成，由他率领着他们穿过整个地区，在达萨瑞提伊人的居住地区吕赫尼杜斯停驻下来。[4]

选举公元前169年执政官
11

(6) 执政官选举民会在2月1日前5天[5]举行。被选举为执政官的是昆·马尔基乌斯·腓力（第二次担任）[6] 和格奈·塞尔维利乌斯·凯皮奥。(7) 第三天选举了裁判官盖·得基弥乌斯、

---

[1] 卢纳和皮塞均位于埃特鲁里亚境内。

[2] 人们早就还疑根提乌斯从事海上抢劫，曾尝试把他吸引到罗马人一边，但没有成功。佩尔修斯曾去过根提乌斯那里。

[3] 此盖·孚里乌斯可能即公元前178年舰队双司令之一者。伊萨岛位于伊利里亚西部近海，与意大利隔海相望。

[4] 吕赫尼杜斯该城位于伊利里亚东部，罗马卫队一年前便开始在那里驻守。

[5] 即1月28日。

[6] 此人曾经担任公元前186年的执政官，后来在与佩尔修斯开始战争前曾经被遣往希腊会见佩尔修斯。

M. Claudius Marcellus, C. Sulpicius Gallus, C. Marcius Figulus, Ser. Cornelius Lentulus, P. Fonteius Capito. (8) Designatis praetoribus praeter duas urbanas quattuor prouinciae sunt decretae: Hispania et Sardinia et Sicilia et classis. (9) Legati ex Macedonia exacto admodum mense Februario redierunt. Hi, quas res ea aestate prospere gessisset rex Perseus, referebant, quantusque timor socios populi Romani cepisset tot urbibus in potestatem regis redactis. (10) Exercitum consulis infrequentem commeatibus uulgo datis per ambitionem esse; culpam eius rei consulem in tribunos militum, contra illos in consulem conferre. (12)

Consules designati ubi primum magistratum inissent, de Macedonia referre ad senatum iussi; destinataeque prouinciae iis sunt Italia et Macedonia.

Programmazione per la guerra macedonica, si ritorna alla elezione popolare die Tribuni militari
12

(1) Principio insequentis anni cum consules noui Q. Marcius et Cn. Seruilius de prouinciis rettulissent, primo quoque tempore aut conparare eos inter se Italiam et Macedoniam aut sortiri placuit; (2) priusquam id sors cerneret, in incertum, ne quid gratia momenti faceret, in utramque prouinciam, (3) quod res desideraret supplementi decernunt in Macedoniam peditum Romanorum sex milia, sociorum nominis Latini sex milia, equites Romanos ducentos quinquaginta, socios trecentos; (4) ueteres milites dimitti, ita ut in singulas Romanas legiones ne plus sena milia peditum, treceni equites essent. (5) Alteri consuli nullus certus finitus numerus ciuium Romanorum, quem in supplementum legeret. id modo finitum, ut duas legiones

马·克劳狄乌斯·马尔克卢斯、盖·苏尔皮基乌斯·伽卢斯、盖·马尔基乌斯·菲古卢斯、塞尔·科尔涅利乌斯·楞图卢斯和普·丰特伊乌斯·卡皮托。(8)除了两个城市裁判官外,为其他四个裁判官指定的行省是:西班牙、撒丁、西西里和舰队。(9)派出的使节于2月末由马其顿返回。他们报告了国王佩尔修斯于当年夏季取得的成就,以及在那么多城市重新回归到国王的统治下后罗马人民的同盟者们陷入了怎样的恐惧。(10)他们说,执政官的军队都放假了,纵容他们在民间自由走动。执政官把这一罪责归于军事指挥官,军事指挥官们则归责于执政官。……(12)新当选的执政官受命,他们开始任职后便得向元老院报告马其顿的情况,指定给他们的行省是意大利和马其顿。

计划马其顿战争,重新决定选举军事保民官的日期。
12

(1)下一年初,新任执政官昆·马尔基乌斯和格奈·塞尔维乌斯提出行省问题,元老院起初决定他们或是相互约定,或是按阄签分配意大利和马其顿。(2)认为有必要首先决定,免得一开始就出现什么偏袒,需要为这两个行省补充军队。(3)认为马其顿需要补充6000罗马步兵,拉丁同盟者6000,罗马骑兵2500,同盟者300;(4)让老兵退役,使得每个罗马军团的人数步兵不超过6000和骑兵300。(5)对于另一个执政官,关于罗马市民人数未作任何规定。只是规定为两个军团,每个

scriberet, quae quina milia peditum et ducenos haberent, equites trecenos. (6) Latinorum maior quam collegae decretus numerus, peditum decem milia et sescenti equites. Quattuor praeterea legiones scribi iussae, quae, si quo opus esset, educerentur. (7) Tribunos iis, non permissum, ut consules facerent: populus creauit. Sociis nominis Latini sedecim milia peditum et mille equites imperati. (8) Hunc exercitum parari tantum placuit, ut exiret, si quo res posceret. Macedonia maxime curam praebebat. (9) In classem mille socii naualis ciues Romani libertini ordinis, ex Italia [quingenti] scribi iussi; totidem ut ex Sicilia scriberentur; et cui ea prouincia euenisset, mandatum, ut eos in Macedoniam, ubicumque classis esset, deportandos curaret. (10) In Hispaniam tria milia peditum Romanorum in supplementum, trecenti equites decreti. Finitus ibi quoque in legiones militum numerus, peditum quina milia duceni et treceni equites. (11) Et sociis imperare praetor, cui Hispania obuenisset, iussus quattuor milia peditum et trecentos equites.

Movimenti di truppe macedoni
18

(1) Perseus principio hiemis egredi Macedoniae finibus non ausus, ne qua in regnum uacuum inrumperent Romani, sub tempus brumae, cum inexsuperabilis ab Thessalia montes niuis altitudo facit, (2) occasionem esse ratus frangendi finitimorum spes animosque, ne quid auerso se in Romanum bellum periculi ab iis esset, cum a Threcia pacem Cotys, ab Epiro Cephalus repentina defectione ab Romanis praestarent, Dardanos recens domuisset bellum, (3) solum infestum esse Macedoniae latus, quod ab Illyrico pateret, cernens, neque ipsis quietis Illyriis et aditum praebentibus Romano, si domuisset proximos

军团 5000 步兵，300 骑兵。（6）还决定拉丁人的数目比同行要多，为步兵 1000，骑兵 600。此外还决定征召 4 个军团，需要时作为补充。（7）不允许执政官任命军团指挥官；要由人民选举；要求拉丁同盟者提供 1600 步兵和 1000 骑兵。（8）决定准备好这么多军队，以备随时需要。马其顿最令人担忧。（9）命令为舰队挑选 1000 水兵，来自罗马市民中的获释奴隶阶层，由意大利征召 500 人；由西西里征召同样的数目；凡承担征召者有责任把他们运送到马其顿，不管舰队驻扎在哪里。（10）向西班牙补充 3000 罗马步兵和 300 骑兵。同样为西班牙军队规定了满员人数：每个军团 5200 步兵和 300 骑兵。（11）管理西班牙的裁判官命令同盟者提供 4000 步兵和 300 骑兵。

马其顿军队的活动
18

（1）佩尔修斯在冬季开始时仍未下决心离开马其顿，担心罗马人会突入其被丢下的王国。需待冬至日到来，皑皑白雪使得山峰从特萨利亚一侧不可攀登[1]。（2）于是他认为，摧毁邻居的希望和心灵的时机到来了，使得在他与罗马人进行战争时，他们不会构成对他的威胁。而且特别是特拉克方面的科提斯和埃皮罗斯方面的克法洛斯突然背叛了罗马人，从而保证了边境地区的和平，而达尔达尼亚人则在不久前被战争征服[2]。（3）因此马其顿惟一不安全的边界部分是对伊利里亚敞开的部分，而且伊利里亚人不但不安静，还准备给罗马人敞开通道，

---

[1] 当时马其顿有军队驻守廷佩谷地附近，扼守山道。
[2] 李维对在埃皮罗斯发生的事件和与达尔达尼亚人的战争的叙述失佚了。据普罗塔克说，佩尔修斯彻底打垮了 1000 达尔达尼亚人，并获得大量的战利品。参阅普卢塔克：《鲍卢斯·埃弥利阿努斯》，9，3。

Illyriorum, Gentium quoque regem iam diu dubium in societatem perlici posse, (4) cum decem milibus peditum, quorum pars phalangitae erant, et duobus milibus leuium armorum et quingentis equitibus profectus Stuberram uenit.

segue
19

(13) Stuberram inde reuertens ad Gentium legatos Pleuratum Illyrium, exulantem apud se, et Adaeum Macedonem a Beroea mittit; (14) iis mandat, ut exponerent aestatis eius hiemisque acta sua aduersus Romanos Dardanosque; adicerent recentia in Illyrico hibernae expeditionis opera; hortarentur Gentium in amicitiam secum et cum Macedonibus iungendam.

Il re Genzio non è convinto da Perseo
20

(1) Lissi rex Gentius erat. Eo acciti legati, qui mandata exponentes benigne auditi sunt; responsum sine effectu tulerunt, uoluntatem sibi non deesse ad bellandum cum Romanis; ceterum ad conandum id, quod uelit, pecuniam maxime deesse. (4) Ancyram inde populatus Perseus in Penestas rursus exercitum reducit firmatisque Uscanae et circa eam per omnia castella, quae receperat, praesidiis in Macedoniam sese recipit.

如果能征服最邻近的伊利里亚人,那么便可以使早就动摇的根提伊人的国王结盟。(4)于是佩尔修斯派出 10 000 步兵,其中包括一部分法兰吉特人,和 2000 轻武装兵,以及 500 骑兵,出发去进攻斯图贝拉。[1]

19

(13)(佩尔修斯)回到斯图贝拉,……向根提乌斯派出使节——被驱逐者、伊利里亚人普勒拉图斯和来自贝罗埃的马其顿人阿代奥斯,[2](14)他委托(他们)向根提乌斯说明自己在夏季和冬季对罗马人和达尔达尼亚人取得的成就,以及不久前他对伊利里亚进行的冬季战事,鼓励根提乌斯与他以及马其顿人结盟。

根提乌斯没有被佩尔修斯说服
20

(1)国王根提乌斯在利苏斯[3],(2)使节受邀前去那里,叙述了自己的使命,国王认真聆听,但回答并无实质效果,他并不缺少与罗马人作战的愿望,可是要实现这个愿望,非常缺少金钱。……(4)佩尔修斯在劫掠了安基拉[4]后,率领军队回到佩涅斯特拉,并且在增强乌斯卡纳及其周围被占据的市镇的防御能力后,返回了马其顿。[5]

---

〔1〕 斯图贝拉位于马其顿西部,在伊利里亚东邻的派奥尼亚境内。
〔2〕 贝罗埃(今称贝里亚)是马其顿中部城市。
〔3〕 利苏斯(Lissus)位于伊利里亚西北部,海滨城市。
〔4〕 这座城市无可考。
〔5〕 乌斯卡纳位于伊利里亚北部。

Perseo fallisce il tentativo di conquistare la strategica Città di Stratos; volta – faccia continui degli alleati

21

(5) Et Perseus, Elimeam profectus et circa eam exercitu lustrato ad Stratum uocantibus Epirotis ducit. (6) Stratus ualidissima tum urbs Aetoliae erat; sita est super Ambracium sinum prope amnem Inachum. (9) obuium Archidamum, principem Aetolorum, per quem ei Stratus tradebatur, habuit.

22

(1) Eo die ad finem agri Aetolici castra posita; inde altero die ad Stratum peruentum; (2) ubi prope Inachum amnem castris [positis], cum expectaret effusos omnibus portis Aetolos in fidem suam uenturos, clausas portas atque ipsa ea nocte, qua uenerat, receptum Romanum praesidium cum C. Popilio legato inuenit. (3) Principes, qui praesentis Archidami auctoritate conpulsi regem arcessierant, obuiam egresso Archidamo segniores facti locum aduersae factioni dederant ad Popilium cum mille peditibus ab Ambracia accersendum. (4) In tempore et Dinarchus, praefectus equitum gentis Aetolorum, cum sescentis peditibus et equitibus centum [uenit]. (5) Satis constabat eum tamquam ad Persea tendentem Stratum uenisse, mutato deinde cum fortuna animo Romanis se, aduersus quos uenerat, iunxisse. (6) Nec Popilius securior, quam debebat esse, inter tam mobilia ingenia erat. Claues portarum custodiamque murorum suae extemplo potestatis fecit; (7) Dinarchum Aetolosque cum iuuentute Stratiorum in arcem per praesidii speciem amouit.

佩尔修斯试图征服战略城市斯特拉图斯失败；转而又与其继续结盟。

21

（5）……佩尔修斯去到埃利墨亚[1]，在那里视察了军队，行了净罪祭，然后受埃皮罗斯人邀请，去了斯特拉托斯。（6）斯特拉托斯是当时埃托利亚境内最强大的城市。它位于安布拉基亚海湾，在伊纳科斯河附近。[2]……（9）……遇到埃托利亚强有力的首领阿尔基达摩斯，他准备把斯特拉托斯交给佩尔修斯。

22

（1）这一天在埃托利亚边界扎营，第二天军队到达斯特拉托斯。（2）佩尔修斯在伊纳科斯河旁扎营，等待埃托利亚人从各座城门奔逃出来，寻求他的保护。然而城门却一直紧闭，并且就在那天夜幕晚降临，当他亲自来到城门前时，以盖·波皮利乌斯为首的罗马卫队被放进了城里。（3）城市贵族在阿尔基达摩斯的影响下，已经邀请国王，但当阿尔基达摩斯前去迎接国王时，贵族动摇了，阿尔基达摩斯的反对者们允许波皮利乌斯由安布拉基亚率领1000步兵进城。（4）就在这时，埃托利亚骑兵首领狄纳尔科斯率领600步兵和100骑兵到来。（5）毫无疑问，他赶来斯特拉图姆是来帮助佩尔修斯。但是随着命运的变化，他与本来是前来要反对的罗马人联合了起来。（6）不过波皮利乌斯对于这种秉性摇摆不定的人并非像常见的那样不经心，他立即把城门钥匙和城墙守卫掌握到自己手里，（7）同时把狄纳尔科斯和埃托利亚人与当地的年轻人一起遣往城堡，好像是为了守卫。

---

[1] 埃利墨亚位于马其顿西南部。
[2] 伊纳科斯河指阿克洛亚河上游。

Perseo torna in Macedonia e Appio Claudio a Roma
23

(1) Rex cum [non] minore uexatione iumentorum hominumque, quam uenerat, in Macedoniam redit; (6) Appius nequiquam in his locis terens tempus, dimissis Chaonum [Thesprotorum] que et si qui alii Epirotae erant praesidiis, cum Italicis militibus in Illyricum regressus, per Parthinorum socias urbes in hiberna militibus diuisis, ipse Romam sacrificii causa redit.

佩尔修斯返回马其顿，阿皮乌斯·克劳狄乌斯返回罗马。
23

（1）国王再一次使驮牲和人像通常那样忍受折磨后，返回了马其顿。……（6）阿皮乌斯并非无所事事地在这些地方耽误了时间，他遣散了卡奥尼亚人、特斯普罗提人和其他的埃皮罗斯人的军队，率领意大利军队返回到伊利里亚，在帕尔提尼人的同盟城市安排军队度冬营，他自己则返回罗马献祭。

TITI LIVI AB VRBE CONDITA LIBER XLIV

PERIOCHA [169 a. C.]

Q. Marcius Philippus per invios saltus penetravit Macedoniam et complures urbem occupavit. Rhodii miserunt legatos Romam minantes ut Perseo auxilio essent, nisi populus Romanus cum illo pacem atque amicitiam iungeret. Indigue id latum. Com id bellum L. Aemilio Paulo, sequentis anni consuli iterum, mandatum esset Paulus in contione precatus, ut quidquid diri popolo Romano immineret, in suam domum converteretur, et in Maccedoniam profectus vivet Persen totamque Macedoniam in potestatem redegit. Antequam confligeret, praedixit exercitui ne miraretur quod luna proxima nocte defectura erat. Gentius quoque, rex Illyricorum, cum rebellesset, a L. Anicio praetore victus venit in deditionem et cum uxore ac liberis et propinquis Romam missus est. Legati Alexandrini a Cleopatre et Ptolemaeo regibus venerunt querentes de Antiocho rege Syriae, quod is bellum inferret. Perseus sollicitatis in auxilium Eumene rege Pergami et Gentio rege Illyricorum, quia iis pecuniam quam promiserat non dabat, relictus ab his est.

1

(1) Principio ueris, quod hiemem eam, qua haec gesta sunt, insecutum est, ab Roma profectus Q. Marcius Philippus consul cum quinque milibus * * * , quod in supplementum legionum secum traiecturus erat, Brundisium peruenit. (2) M. Popilius consularis et

第四十四卷

内容提要（公元前 169—168 年）

昆·马尔基乌斯·腓力经过无路可循的地区进入马其顿，占领了许多城市。罗得斯岛人派遣使团去罗马，威胁要帮助佩尔修斯，如果罗马人不与他们缔结友好的和平。元老院很气愤。委托下一年度的执政官（第二次）卢·艾弥利乌斯·鲍卢斯进行战争；他请求市民会议把所有对罗马的威胁转移给威胁者本身。他去到马其顿，打败了佩尔修斯，建立了对整个马其顿的统治。在决战前，军事指挥官盖·苏尔皮基乌斯·伽卢斯提醒军队，若是在第二天夜里发生月食，不要感到惊异。伊利里亚国王根提乌斯发动起义，但是被裁判官卢·阿尼基乌斯打垮，根提乌斯被打垮投降，与妻儿及亲友一起被遣往罗马。由国王克勒奥帕特拉和托勒密派遣的亚历山大里亚使节到来，控告叙利亚国王安提奥科斯发动战争。佩尔修斯得到帕伽马国王欧墨涅斯和伊利里亚国王根提乌斯的帮助，但被抛弃，因为没有支付允诺的钱。

1

（1）初春在发生所有这些事件的冬季之后到来，执政官昆·马尔基乌斯·腓力普斯率领 5000 军队由罗马出发，来到布伦狄西乌姆。（2）担任过执政官的马·波皮利乌斯和其他一些

alii pari nobilitate adulescentes tribuni militum in Macedonicas legiones consulem secuti sunt. (3) per eos dies et C. Marcius Figulus praetor, cui classis prouincia euenerat, Brundisium uenit; et simul ex Italia profecti Corcyram altero die, tertio Actium, Acarnaniae portum, tenuerunt. (4) inde consul ad Ambraciam egressus itinere terrestri petit Thessaliam; praetor superato Leucata Corinthium sinum inuectus et Creusae relictis nauibus terra et ipse per mediam Boeotiam—diei unius expedito iter est—Chalcidem ad classem contendit. (5) castra eo tempore A. Hostilius in Thessalia circa Palaepharsalum habebat, sicut nulla re bellica memorabili gesta, ita ad intentam militarem disciplinam ab effusa licentia formato milite et sociis cum fide cultis et ab omni genere iniuriae defensis. (6) Audito successoris aduentu cum arma uiros equos cum cura inspexisset, ornato exercitu obviam uenienti consuli processit. (7) Et primus eorum congressus ex dignitate ipsorum ac Romani nominis, et in rebus deinde gerendis—proconsul (8) enim ad exercitum ⟨mansit⟩ – ⟨summa concordia fuit⟩. (9) paucis post diebus consul contionem apud milites habuit. (10) Orsus a parricidio Persei perpetrato in fratrem, cogitato in parentem, adiecit post scelere partum regnum ueneficia, caedes, latrocinio nefando petitum Eumenen, iniurias in populum Romanum, direptiones sociarum urbium contra foedus;

Ea omnia quam diis quoque inuisa essent, sensurum in exitu rerum suarum: (11) fauere enim pietati fideique deos, per quae populus Romanus ad tantum fastigii uenerit. (12) uires deinde populi Romani, iam terrarum orbem conplectentis, cum uiribus Macedoniae, exercitus cum exercitibus conparauit: quanto maiores Philippi Antiochique opes non maioribus copiis fractas esse?

同样显贵的年轻人跟随他,以补充马其顿军团。(3) 在那些日子里,裁判官盖·马尔基乌斯·菲古卢斯——此人受命指挥舰队,也来到布伦狄西乌姆;他们一起从意大利出发,第二天到达科尔基拉[1],第三天到达阿克提乌姆,那是阿卡尔纳尼亚的港口。(4) 由那里,执政官在安布拉基亚登陆后,沿陆路前往特萨利亚;裁判官则绕过琉卡斯,到达科林斯海湾,把舰队留在克瑞乌萨,自己经过波奥提亚——步行一天的路程,到达卡尔基斯,与舰队会合。(5) 当时,奥·霍斯提利乌斯扎营于特萨利亚的帕勒法尔萨卢姆,虽然他军事方面没有什么值得记忆的业绩,但是他使军队兵士们由自由放纵变为严格遵守纪律,对同盟者以诚心相待,使他们免遭任何不公正对待。(6) 在得知继任者即将到来后,他认真检查了武器、兵士和马匹,武装整齐地迎接执政官的到来。(7) 他们的第一次会见符合他们自己的身份和作为罗马人的名义,而且以后也是这样。(8) 卸任执政官留在军队里,他们仍然高度和睦地相处。(9) 过了几天,执政官向军队发表演说。(10) 首先谈到佩尔修斯的逆伦凶杀,杀死兄弟,企图弑亲,[2],在一系列暴行之后,他企图夺取王权,投毒,杀戮,抢劫,针对欧墨涅斯设置阴谋,欺凌罗马人民,违背协约地掠夺同盟城市;所有这些行为都引起神明们的憎恶,他自己也会知道他的所作所为会有什么结果:(11) 要知道,神明们赞赏虔敬和诚信,罗马人民正是凭借它们达到如此强盛。(12) 尔后,昆图斯·马尔基乌斯把业已怀抱整个世界的罗马人民的力量与马其顿的力量相比较,他把军队与军队相比较,腓力和安提奥科斯的那么强大的力量不是被远非更强大的军队摧毁?

---

〔1〕 科尔基拉是希腊埃皮罗斯西部近海岛屿。
〔2〕 关于佩尔修斯谋杀兄长,参阅 XL, 5—6, 20—24。关于腓力五世之死,李维没有直接指责佩尔修斯策划阴谋,不过腓力的医生曾经被佩尔修斯收买,参阅 XL, 56, 9 等。

Elezione dei nuovi consoli: la gestione della guerra in Macedonia spetta a Lucio Emilio Paolo, uomo di riconosciuta esperienza militare.

17

(1) Iam in exitu annus erat, et propter Macedonici maxime belli curam in sermonibus homines habebant, quos in annum consules ad finiendum tandem id bellum crearent. (2) itaque senatus consultum factum est, ut Cn. Seruilius primo quoque tempore ad comitia habenda ueniret. (3) senatus consultum Sulpicius praetor ad consulem ⟨misit, litterasque allatas a consule⟩ post paucos dies recitauit, quibus ⟨in⟩ ante diem * * ⟨comitia edixit: se ante eum diem⟩ in urbem uenturum. et consul maturauit et comitia eo die, qui dictus erat, sunt perfecta. (4) consules creati L. Aemilius Paulus iterum, quarto decumo anno postquam primo consul fuerat, et C. Licinius Crassus. (5) praetores postero die facti Cn. ⟨Baebius⟩ Tampilus, L. Anicius Gallus, Cn. Octauius, P. Fonteius Balbus, M. Aebutius Helua, C. Papirius Carbo. (6) omnia ut maturius agerentur, belli Macedonici stimulabat cura. (7) itaque designatos extemplo sortiri placuit prouincias, ut, cum, utri Macedonia consuli cuique praetori classis euenisset, sciretur, ii iam inde cogitarent pararentque, quae bello usui forent, senatumque consulerent, si qua ⟨de⟩ re consulto opus esset. Latinas, (8) ubi magistratum inissent, quod per religiones posset, primo quoque tempore fieri placere, ne quid consulem, cui eundum in Macedoniam esset, teneret. (9) his decretis, consulibus Italia et Macedonia, praetoribus praeter duas iurisdictiones in urbe classis et Hispania et Sicilia et Sardinia prouinciae nominatae sunt. (10) consulum Aemilio Macedonia, Licinio Italia euenit. praetores Cn. Baebius urbanam, L. Anicius peregrinam et si quo senatus censuisset,

新的执政官选举：马其顿战争归卢基乌斯·艾弥利乌斯·鲍卢斯掌管，一个受公认的富有战争经验之人。

17

（1）已近年末，人们谈论得最多的是关于马其顿战争，由谁担任这一年的执政官以便最终结束这场战争。（2）于是元老院决定，让格奈·塞尔维利乌斯尽快回来召开选举民会。（3）裁判官苏尔皮基乌斯把元老院的决定送交执政官，数日后读到执政官的复函称。……[1]前1日将举行市民大会，在这前一天他会返回到罗马。执政官匆匆赶回来，于指定的那一天召开了市民大会。（4）当选为执政官的是：卢·艾弥利乌斯·鲍卢斯再次当选，在他第一次担任执政官4年后，另一个当选执政官是盖·利基尼乌斯·克拉苏斯。（5）第二天选举了裁判官：格奈·（贝比乌斯）·泰姆皮卢斯、卢·阿尼基乌斯·伽卢斯、格奈·奥克塔维乌斯、普·丰特尤斯·巴尔波斯、马·艾布提乌斯·赫尔瓦、盖·帕皮里乌斯·卡尔博。（6）人们对马其顿战争的关心促使一切都尽快地进行。（7）于是决定立即让当选者按阄签确定受管辖的行省，以便在明了两个执政官中哪一个管理马其顿，哪一个裁判官管理舰队后，他们便可立即考虑和准备战争需要的一切，并且如果有什么需要讨论，那就提交元老院。（8）决定在官员们履职后便立即举行拉丁节，只要宗教规则允许，以免阻碍执政官前往马其顿。（9）所有官员的职责如下：两个执政官管理意大利和马其顿事务，裁判官中除两个留在罗马管理审判职务外，其他的则分别管理舰队、西班牙、西西里和撒丁行省。（10）执政官中，马其顿交给艾弥利乌斯管理，意大利交给利基尼乌斯管理。城市裁判事务归裁判官格奈·贝比乌斯，外邦人裁判事务和元老院交办的特别事务归

---

〔1〕 此处原文残缺。

Cn. Octauius classem, P. Fonteius Hispaniam, ⟨ M. Aebutius Siciliam,⟩ C. Papirius Sardiniam est sortitus.

18

(1) Extemplo apparuit omnibus non segniter id bellum L. Aemilium gesturum, praeterquam quod ~ aliis uir erat, etiam quod dies noctesque intentus ea sola, quae ad id bellum pertinerent, animo agitabat. (2) iam omnium primum a senatu petit, ut legatos in Macedoniam mitterent ad exercitus uisendos classemque et conperta referenda, quid aut terrestribus aut naualibus copiis opus esset; (3) praeterea ut explorarent copias regias, quantum possent, qua prouincia nostra, qua hostium foret; utrum intra saltus castra Romani haberent, an iam omnes angustiae exsuperatae, et in aequa loca peruenissent; (4) qui fideles nobis socii, qui dubii suspensaeque ex fortuna fidei, qui certi hostes uiderentur; quanti praeparati commeatus, et unde terrestri itinere, unde nauibus subportarentur; quid ea aestate terra marique rerum gestum esset: ex his bene cognitis certa in futurum consilia capi posse. (5) senatus Cn. Seruilio consuli negotium dedit, ut tris in Macedoniam, quos L. Aemilio uideretur, legaret. legati biduo post profecti Cn. Domitius Ahenobarbus, A. Licinius Nerua, L. Baebius.

Ascoltate le ultime notizie dall fronte macedone, si prepara la campagna per il nuovo anno sotto il comando di Lucio Emilio Paolo

20

(1) legati ex Macedonia quinquatribus ultimis adeo expectati uenerunt, ut, nisi uesper esset, extemplo senatum uocaturi consules fuerint. (2) postero die senatus fuit legatique auditi sunt.

卢基乌斯·安尼基乌斯；格奈·奥克塔维乌斯管理舰队，普布利乌斯·丰特乌斯管理西班牙，马·艾布提乌斯管理西西里，盖·帕皮里乌斯管理撒丁岛的裁判事务。

18

（1）事情很清楚，卢·艾弥利乌斯不会怠慢这场战争，这不仅是因为他对战争非常在行，而且大家都看到，他昼思苦索的只是与这场战争有关的事情。（2）他操办的第一件事情就是让元老院派代表去马其顿视察军队和舰队，回报他们发现陆军和海军需要什么帮助；（3）此外，还要他们尽可能地侦查，国王有多少军队，我们的军队在干什么，敌人在干什么；罗马军营是否仍然驻扎在山间，或者已经通过狭窄的山道，到达平原地区；（4）同盟者中谁对我们忠诚，谁对未来犹豫不定，谁确凿无疑是敌人；已经准备了多少粮草，沿陆路怎么运输，走海路怎么运输；这个夏季在陆上和海上做了些什么。知道所有这一切后，便可以确定未来应采取什么措施。（5）元老院委托执政官格奈·塞尔维乌斯按照艾弥利乌斯的需要，派遣三人去马其顿。两天后，使节出发，他们是格奈·多弥提乌斯·阿赫诺巴尔布斯、阿·利基尼乌斯·涅尔瓦和卢·贝比乌斯。

听取来自马其顿前线的最新报告，新的一年里在卢基乌斯·艾弥利乌斯·鲍卢斯的统率下，准备开辟战场。

20

（1）……在昆克瓦特里节的最后一天[1]，为人们久久期待的代表们终于回来，若不是时间已是傍晚，两位执政官都准备召开元老院会议，由此改在第二天举行。第二天召开了元老院会议，听取使节们的报告。

---

〔1〕 昆克瓦特里节原是马尔斯的节日，后来成为纪念弥涅尔瓦的节日，每年3月19-23日举行。参阅奥维德：《岁时记》，III, 809 等。

21

(1) Legatis auditis tunc de bello referre sese L. Aemilius dixit. (2) senatus decreuit, ut in octo legiones parem numerum tribunorum consules et populus crearent; creari autem neminem eo anno placere, nisi qui honorem gessisset. (3) tum ex omnibus tribunis militum uti L. Aemilius in duas legiones in Macedoniam, quos eorum uelit, eligat, et ut sollemni Latinarum perfecto L. Aemilius consul, Cn. Octauius praetor, cui classis obtigisset, in prouinciam proficiscantur. (4) additus est his tertius L. Anicius praetor, cuius inter peregrinos iurisdictio erat; eum in prouinciam Illyricum circa Lychnidum Ap. Claudio succedere placuit. (5) dilectus cura C. Licinio consuli inposita. is septem milia ciuium Romanorum et (6) equites ducentos scribere iussus et sociis nominis Latini septem milia peditum imperare, quadringentos equites, (7) et Cn. Seruilio Galliam obtinenti prouinciam litteras mittere, ut sescentos equites conscriberet. (8) hunc exercitum ad collegam primo quoque tempore mittere in Macedoniam iussus; neque in ea prouincia plus quam duas legiones esse; eas repleri, ut sena milia peditum, trecenos haberent equites; ceteros pedites ⟨equites⟩ que in praesidiis disponi. (9) qui eorum idonei ad militandum non essent, dimitti. decem praeterea milia peditum imperata sociis et octingenti equites. (10) id praesidii additum Anicio praeter duas legiones, quas portare in Macedoniam est iussus, quina milia peditum et ducenos habentes, trecenos equites. et in classem quinque milia naualium socium sunt scripta. (11) Licinius consul duabus legionibus obtinere prouinciam iussus; eo addere sociorum decem milia peditum et sescentos equites.

21

（1）人们听取了使节们的战况报告后，卢·艾弥利乌斯发言。（2）元老院决定，两位执政官和人民为8个军团派遣同等数量的指挥官。不过这一年决定，除了那些担任过高级职务的人外，不得选举其他任何人任职。[1]（3）然后，在所有的军事指挥官中，卢·艾弥利乌斯确定希望其中哪些人担任派往马其顿的两个军团的指挥官；此外，在拉丁节庆祝结束之后，执政官卢·艾弥利乌斯和被授命指挥舰队的裁判官格奈·奥克塔维乌斯立即出发去行省。（4）与他们一起的还有裁判官卢·阿尼基乌斯，由他主管与外邦人的司法事务。元老院决定，由他前去伊利里亚行省，替代阿皮·克劳狄乌斯处理在吕赫尼杜斯的事务。（5）组建军队的事务由执政官盖·利基尼乌斯负责。他被授命组建7000罗马市民的军队和征召200骑兵。（6）以拉丁同盟者的名义组建7000步兵和400骑兵，（7）致函管理高卢行省的格奈·塞尔维利乌斯，让他征召600骑兵。（8）要求利基尼乌斯尽可能迅速地把这支军队派往马其顿他自己的同僚那里；在这个行省里要保持不超过两个军团，包括6000步兵，300骑兵；其他的步兵和骑兵按卫队分配。（9）凡其中不适宜于服役者，便把他们解散。此外，还要求同盟者提供10 000步兵和800骑兵。（10）这些军队交给阿尼基乌斯，除了另外两个曾经要求他带来马其顿的两个军团，每个军团有5200步兵和300骑兵。为舰队征集了5000同盟水手。执政官利基尼乌斯被授命以两个军团保卫行省；另外给他补充10 000同盟步兵和600骑兵。

---

[1] 参阅 XLIII, 12, 7。这一措施的主要目的在于避免军队中的徇私现象。

Duro discorso di partenza per la guerra, da parte di Lucio Emilio Paolo.

22

(1) Senatus consultis perfectis L. Aemilius consul e curia in contionem processit orationemque talem ⟨habuit⟩: (2) 'animaduertisse uideor, Quirites, maiorem mihi sortito Macedoniam prouinciam gratulationem factam, quam cum aut consul sum creatus, (3) aut quo die magistratum inii, neque id ob aliam causam, quam quia bello in Macedonia, quod diu trahitur, existimastis dignum maiestate populi Romani exitum per me inponi posse. deos quoque huic fauisse sorti spero eosdemque in rebus gerendis adfuturos esse. (4) haec partim ominari, partim sperare possum; illud adfirmare pro certo audeo, me omni ope adnisurum esse, ⟨ne⟩ frustra uos hanc spem de me conceperitis. (5) quae ad bellum opus sunt et senatus decreuit, et, quoniam extemplo proficisci placet neque ego in mora sum, C. Licinius collega, uir egregius, aeque enixe parabit ac si ipse id bellum gesturus esset. (6) uos quae scripsero senatui ac uobis, ⟨iis modo credite et cauete ru⟩mores credulitate uestra alatis, quorum auctor nemo extabit. (7) nam nunc quidem, quod uulgo fieri, hoc praecipue bello, animaduerti, nemo tam famae contemptor est, cuius non debilitari animus possit. (8) in omnibus circulis atque etiam, si dis placet, in conuiuiis sunt, qui exercitus in Macedoniam ducant, ubi castra locanda sint sciant, quae loca praesidiis occupanda, quando aut quo saltu intranda Macedonia, ubi horrea ponenda, qua terra, mari subuehantur commeatus, quando cum hoste manus conserendae, quando quiesse sit melius. (9) nec, quid faciendum sit, modo statuunt, sed, quidquid aliter, quam ipsi censuere, factum est, consulem ueluti dicta die accusant. (10) haec magna impedimenta res gerentibus ⟨sunt:⟩ neque enim omnes tam firmi et constantis animi

卢基乌斯·埃弥利乌斯·鲍卢斯出征时发表激烈演讲。

22

（1）元老院作出决定后，执政官卢·艾弥利乌斯由库里亚来到市民会场，发表了这样的演说：（2）"奎里特斯们，我感到，你们对按阄签把马其顿行省分配给了我表现出比我被宣布为执政官或者开始履职那一天更大的喜悦，（3）这不是由于其他什么原因，而是由于马其顿战争，这场战争已经进行很久，你们认为我能够像罗马人民的伟大要求的那样，结束这场战争。我希望，是神明们希望这一命运降临于我，在你们以后的事业中神明们也会继续同在。（4）我可以认为，这部分是预兆，部分是希望，不过有一点我可以坚定地认为，我会竭尽全力，以使你们不至于徒然地把这样的希望寄托于我。（5）为进行战争需要准备什么，元老院已经作出决定。由于我已经决定立即出发，因而我不可能迟延，同僚盖·利基尼乌斯，一个杰出的人物，将会认真地进行准备，并且会就像他自己进行这场战争那样。（6）请你们只相信我将会写给元老院和你们的报告，不要轻信传来的谁也不知道出自何人的流言。（7）要知道，这是普遍现象，特别是在这场战争中，谁也不可能鄙视传言，使他的心不为流言所动。（8）在一切小型聚会上，蒙神明恩赐，甚至在那些准备统率军队前去马其顿的人们的饮宴上，但愿他们知道在哪里扎营，在哪些地方布置守卫，在什么时候，经过哪处山隘进入马其顿，在哪里建粮仓，哪里利用陆路，哪里利用海路运输，什么时候适宜于与敌人进行战斗，什么时候适合于休战。（9）如果有什么做得不像决定的那样，而是如他们感到稍有另样，他们便会控告执政官，指定开庭日期。（10）这样会极大地阻碍事情的进行：因为并非所有的人的心灵都能这样坚定

contra aduersum rumorem esse possunt, ⟨quam⟩ Q. Fabius fuit, qui suum imperium minui per uanitatem populi maluit, quam secunda fama male rem publicam gerere. (11) non sum is, Quirites, qui non existumem admonendos duces esse: immo eum, qui de sua unius sententia omnia gerat, superbum iudico magis quam sapientem. (12) quid ergo est? primum a prudentibus et proprie rei militaris peritis et usu doctis monendi imperatores sunt; deinde ab iis, qui intersunt gerendis ⟨rebus, qui⟩ loca, qui hostem, qui temporum opportunitatem uident, qui in eodem uelut nauigio participes sunt periculi. (13) itaque si quis est, qui, quod e re publica sit, suadere se mihi in eo bello, quod gesturus sum, confidat, is ne deneget operam rei publicae et in Macedoniam mecum ueniat. naue, equo, tabernaculo, uiatico etiam a me iuuabitur; (14) si quem id facere piget ⟨et⟩ otium urbanum militiae laboribus praeoptat, e terra ne gubernauerit. (15) sermonum satis ipsa praebet urbs; ⟨iis⟩ loquacitatem suam contineat: nos castrensibus consiliis contentos futuros esse sciat. '

(16) ab hoc contione, Latinis, quae pridie kal. Apriles fuerunt, in monte sacrificio rite perpetrato protinus inde et consul et praetor Cn. Octauius in Macedoniam profecti sunt. (17) traditum memoriae est maiore quam solita frequentia prosequentium consulem celebratum, ac prope certa spe ominatos esse homines, finem esse Macedonico bello maturumque reditum cum egregio triumpho consulis fore.

Perseo cerca alleati: in particolare, Genzio re degli Illiri ... 23

(1) Dum haec in Italia geruntur, Perseus quod iam inchoatum perficere, quia inpensa pecuniae facienda erat, non inducebat in animum, ut Gentium Illyriorum regem sibi adiungeret.

...

不移地对待流言，有如昆·法比乌斯那样，他宁可允许人们用空洞的言词贬抑他的权力，但不允许为求好的名声而损害国家利益。（11）奎里努斯人，我并不是那种认为军官统领不需要听取劝告的人。不，我认为，凡以自己一个人的意见处理一切事务的人，我认为那是傲慢，而不是睿智。（12）那么我为什么要说这些？首先，军队统帅应该接受睿智之人，特别是精通军事、对军事富有实践经验之人，然后是那些参与过战争的人的指导，他们知道地理、知道敌人、知道时间的机遇性，一句话，就是那些犹如曾经同舟共济的人。（13）因此，如果有哪位认为自己从国家利益出发，能够就我将要进行的这场战争对我提供规劝，那就请他不要拒绝为国家效力，同我一起前往马其顿。船只、马匹、帐篷、伴随人员，我都会帮助提供；（14）要是有人对这样做感到为难，更喜欢城市生活，而不是军旅生涯，那就请他不要驾船出海。（15）城市生活有充分的谈话可能，他可以充分地健谈。我们会记住他的军旅劝告。"

（16）大会结束后，执政官立即前往于 4 月前一日在圣山举行的拉山节，然后便与裁判官格奈·奥克塔乌斯一起，从那里出发前去马其顿。（17）据说伴送执政官的人群密集得超过往常，人们以自己的期望差不多已经预测，执政官很快就会返回，享受光辉的凯旋。

佩尔修斯寻求同盟者，特别是伊利里亚国王根提奥斯。
23
（1）正当意大利发生这些事情时，佩尔修斯终于决定实行他业已开始的事情，尽管他不愿意，因为需要花钱，那就是让自己与伊利里亚国王根提乌斯结盟。

ma anche di Eumene re di pergamo e di Antioco re di Siria: *reges* **contro** *liberae civitates.*

24

(1) Eodem tempore et ad Eumenen et ad Antiochum communia mandata, quae subicere condicio rerum poterat: natura inimica inter se esse liberam ciuitatem et regem. (2) singulos populum Romanum adgredi et, quod indignum sit, regum uiribus reges oppugnare. (3) Attalo adiutore patrem suum oppressum; Eumene adiuuante et quadam ex parte etiam Philippo, patre suo, Antiochum oppugnatum; in se nunc et Eumenen et Prusian armatos esse. (4) si Macedoniae regnum sublatum foret, proxumam Asiam esse, quam iam ex parte sub specie liberandi ciuitates suam fecerint, deinde Syriam. (5) iam Prusiam Eumeni honore praeferri, iam Antiochum uictorem ab Aegypto, praemio belli, arceri. (6) haec cogitantem prouidere iubebat, ut aut ad pacem secum faciendam conpelleret Romanos aut perseuerantes in bello iniusto communes duceret omnium regum hostes. (7) ad Antiochum aperta mandata erant; ad Eumenen per speciem captiuorum redimendorum missus legatus erat; ⟨re⟩ uera occultiora quaedam agebantur,

ma senza esito.

28

(1) Perseus post reditum ab Eumene Herophontis spe deiectus Antenorem et Callippum praefectos classis cum quadraginta lembis— adiectae ad hunc numerum quinque pristes erant—Tenedum mittit, (2) ut inde sparsas per Cycladas insulas naues, Macedoniam cum frumento petentes, tutarentur.

...

甚至还有帕伽马国王欧墨诺斯、叙利亚国王安提奥科斯：国王们反对自由城邦。

24

（1）与此同时，佩尔修斯对欧墨诺斯和安提奥科斯提出同样的建议，情势促使这样：自由国家与王权按其本性互相敌对。（2）罗马人民一个个地进攻国王，更为可鄙的是让国王们互相攻击。（3）他们借助阿塔洛斯，征服了他的父亲[1]；他们借助欧墨诺斯，甚至还有佩尔修斯的父亲腓力的帮助，打败了安提奥科斯；现在是欧墨诺斯与普鲁西亚联合起来，反对佩尔修斯。（4）若是马其顿王国被摧毁，那他们就会到达邻近的亚细亚，其中有一部分他们已经借口解放城市将其征服，然后便是叙利亚。（5）罗马人已经把佩鲁西亚置于欧墨诺斯的尊荣之上，夺取了安提奥科斯作为战胜埃及者的荣誉。（6）这些情况要求人们认真考虑，怎样使罗马人或者与佩尔修斯缔结和平，或者如果罗马人一定要坚持不义的战争，那就使他们成为国王们的共同敌人。（7）佩尔修斯对安提奥科斯说得很直截了当，对欧墨诺斯则是以赎俘为借口派去使节，不过实际上他们可能有某种更为隐蔽的交易。

没有成功。

28

（1）赫罗丰[2]从欧墨涅斯那里返回来后，佩尔修斯陷入失望，派遣安特诺尔和卡利帕斯为首，率领 40 条快船，此外还有 5 条轻舟[3]，前往特涅多斯，（2）以便从那里保护经由基克拉得斯群岛分散航行的船只，那些船只给马其顿运送粮食。

---

〔1〕 "父亲"指腓力。
〔2〕 赫罗丰是佩尔修斯派往欧墨诺斯那里的使者。
〔3〕 "轻舟"的原文为 pristes，本意为一种凶猛危险的鱼，此处指多桨快船。

I nemici, Romani e Macedoni, insieme nell'isola di Delo sacra ad Apollo.
29

(1) Dum haec geruntur, legati Romani, C. Popilius et C. Decimius et C. Hostilius, a Chalcide profecti tribus quinqueremibus Delum cum uenissent, lembos ibi Macedonum quadraginta et quinque regis Eumenis quinqueremis inuenerunt. (2) sanctitas templi insulaeque inuiolatos praestabat omnes. itaque permixti Romanique et Macedones et Eumenis nauales socii [et] in templo indutias religione loci praebente uersabantur.

Inizia il nuovo comando militare.
30

(1) Iam ueris principium erat nouique duces in prouincias uenerant, consul Aemilius in Macedoniam, Octauius Oreum ad classem, Anicius in Illyricum, cui bellandum aduersus Gentium ⟨ erat. ... (10) iam et Ap. Claudius adsumptis ad eum exercitum, quem habebat, Bullinorum et Apolloniatium et Dyrrachinorum auxiliis profectus ex hibernis circa Genusum amnem castra habebat.

Il pretore Anicio, in trenta giorni, sottomette Genzio e gli Illiri.

(12) Anicius praetor eo tempore Apolloniae auditis, quae in Illyrico gererentur, praemissisque ad Appium litteris, ut se ad Genusum opperiretur, triduo et ipse in castra uenit et ad ea, quae habebat, (13) auxilia ⟨e⟩ Parthinorum iuuentute ⟨adiunctis⟩ duobus

作为敌人的罗马人和马其顿人,一同前往罗得斯岛给阿波罗献祭。

29

(1) 在这期间,罗马使节盖·波皮利乌斯、盖·得基弥乌斯和盖·霍斯提利乌斯从卡尔基斯出发,乘三艘五层桨船到达得洛斯,在那里发现有 40 艘马其顿快船和 5 艘欧墨涅斯国王的五层桨船。(2) 神庙和岛屿的神圣性保证所有的人都是安全的。由此罗马人、马其顿人和欧墨涅斯的水手们在神庙里混杂一起,地点的神圣性促成了休战。

开始新的军事指挥体系。

30

(1) 春天开始到来[1],新的军事首领来到行省:执政官艾弥利乌斯去到马其顿,奥克塔维乌斯来到奥柔斯[2],阿尼基乌斯来到伊利里库姆,他在那里将与根提乌斯人交战。……(10) 这时阿皮·克劳狄乌斯给他的军队征召布利尼人、阿波洛尼阿提斯人和狄拉基尼人使人数得以补充后,便从冬营出发,在革努苏斯河畔扎营。[3]

裁判官阿尼基乌斯 30 天内打败了根提奥斯和伊利里亚人。

(12) 裁判官阿尼基乌斯当时在阿波洛尼亚听到伊利里亚人中发生的事情,致函阿皮乌斯,要求阿皮乌斯在革努苏斯河畔[4]等待他,3 天后他自己便到达了营地,(13) 给自己的军队补充了由帕尔提尼人的青年组成的辅助军队,计 2000 步兵和

---

[1] 按罗马历是四月末,实际上是 2 月初。
[2] 奥柔斯位于希腊尤卑亚岛北部海滨。
[3] 革努苏斯河是伊利里亚境内河流,由东向西流,注入伊奥尼亚海。
[4] 革努苏斯河是伊利里亚境内河流。

milibus peditum et equitibus ducentis—peditibus Epicadus, equitibus Algalsus praeerat—parabat ducere in Illyricum,

segue
31
(2) ad Scodram inde uentum est, quod belli caput erat, non eo solum, quod Gentius eam sibi ceperat uelut regni totius arcem, sed etiam quod Labeatium gentis munitissima longe est et difficilis aditu. ... (9) pulsi enim et fuga conglobati, cum ducenti amplius in ipsis faucibus portae cecidissent, tantum intulerunt terrorem, ut ... Gentius (12) ...

praemissisque nuntiis, ut sibi appellandi praetoris potestas fieret, copia facta in castra uenit. et principium orationis ab accusatione stultitiae orsus suae, postremo ad preces lacrimasque effusus, genibus praetoris accidens in potestatem sese dedit.

segue
32
(4) Anicius bello Illyrico intra triginta dies perfecto nuntium uictoriae Perpennam Romam misit et post dies paucos Gentium regem ipsum cum parente, coniuge ac liberis ac fratre aliisque principibus Illyriorum. (5) hoc unum bellum prius perpetratum quam coeptum Romae auditum est.

Quibus diebus haec agebantur, Perseus quoque in magno terrore erat propter aduentum simul Aemili noui consulis, quem cum ingentibus minis aduentare audiebat, simul Octaui praetoris. (6) nec minus terroris a classe Romana et periculo maritumae orae habebat.

200骑兵——步兵由埃皮卡杜斯统领,骑兵由阿尔伽尔苏斯统领,——准备率领军队前去伊利里库姆。

31

(2)罗马人从这里向斯科德拉行进[1],那里是这场战争的中心。这不仅是因为它有如整个王国的堡垒,而且还因为它是拉贝阿特斯人最坚固又难以攻破的城市。……(9)但是他们被击溃,成群地溃逃,有200多人被砍杀在城门边,以至于引起巨大的恐惧,使得根提奥斯……(12)……首先派出使者,请求裁判官允许与其谈判,在得到允准后,他来到营寨。(13)谈话中他首先责备自己愚蠢,然后泪水涌流地请求,扑倒在裁判官的膝前,把自己交给裁判官处置。

32

(4)就这样,阿尼基乌斯在三十天内结束了伊利里亚战争,并派遣佩尔佩纳前往罗马报告胜利,数天后国王根提乌斯本人及其母亲、妻子、儿女、兄弟以及许多其他伊利里亚人的显贵被遣发随后。(5)这是唯一一次战争,其结束远远早于在罗马开始听说它之前。在这里发生这些事情期间,佩尔修斯也处于巨大的恐惧之中,皆因新任执政官埃弥利乌斯的同时到来,他听说带着巨大的威胁同时到来的还有裁判官奥克塔维乌斯。(6)令他感到不安的还有罗马舰队和沿海地区的安全。

---

〔1〕 斯科德拉是伊利里亚地区的主要城市。

Il console Lucio Emilio Paolo introduce innovazioni militari.
33

(5) illa quoque ⟨nouauit;⟩ primum, ut ordine ac sine tumultu omnia in agmine ad nutum imperiumque ducis fierent, prouidit: (6) ubi omnibus simul pronuntiaretur, quid fieret, neque omnes exaudirent, incerto imperio accepto alios ab se adicientes plus eo, quod imperatum sit, alios minus facere; clamores deinde dissonos oriri omnibus locis, et prius hostes quam ipsos, quid paretur, scire. (7) placere igitur tribunum militum primo pilo legionis secretum edere imperium, illum et dein singulos proximo cuique in ordine centurioni dicere, quid opus facto sit, siue a primis signis ad nouissimum agmen, siue ab extremis ad primos perferundum imperium sit. (8) uigiles etiam nouo more scutum in uigiliam ferre uetuit: non enim in pugnam uigilem ire, ut armis utatur, sed ad uigilandum, ut, cum senserit hostium aduentum, recipiat se excitetque ad arma alios. (9) scuto prae se erecto stare galeatos; deinde, ubi fessi sint, innixos pilo, capite super marginem scuti posito sopitos stare, ut fulgentibus armis procul conspici ab hoste possint, ipsi nihil prouideant. (10) stationum quoque morem mutauit. armati omnes, et frenatis equis equites, diem totum perstabant; id cum aestiuis diebus urente adsiduo sole fieret, tot horarum aestu et languore ipsos equosque fessos integri saepe adorti hostes uel pauci plures uexabant. itaque ex matutina statione ad meridiem decedi et in postmeridianam succedere alios iussit; ita numquam fatigatos recens hostis adgredi poterat.

执政官卢·艾弥利乌斯进行军事改革。
33

（5）作出这些指示，执政官首先关心的是在征战中一切都要井然有序地、不发生任何混乱地按照指挥官的命令和要求进行；（6）当对所有的人发出同一个行为命令时，并非所有的人都能听到，结果对命令理解不一样，一些人比所要求的更为奋发努力，另一些人则会行动不足；随即呐喊声四起，传遍各处，使得敌人甚至比我们自己知道的还要多。（7）由此作出这样的决定：军事指挥官秘密地把命令传达给第一列的百夫长，然后把命令一一传达给按队列邻近的百夫长，说明需要做什么，这样把命令或者从第一列传至最后一列，或者从最后一列传至第一列。（8）按照新规，夜间警卫在夜里值勤时不得携带盾牌[1]；因为他们不是去投入战斗，因此不需要武器，他们的职责是当他们刚一发觉有敌人前来，他们要立即返回来，叫醒其他人拿起武器。（9）若不是这样，夜间警卫者会把盾牌立在面前，戴上头盔；然后，当困倦来袭时，他会倚着投枪，头靠盾牌上沿，昏昏欲睡，以至于由于武器的闪光，远远地便可能被敌人发现，而他们自己则远远地什么也看不见。（10）执政官还改变了岗哨制度。通常岗哨全副武装，骑兵骑着戴辔头的马匹，整个白天都得站立。在炎热的夏日里，被灼热的太阳持续暴晒那么多时辰，自己会变得很弱，马匹也会很疲惫，而敌人则精力充沛，常常立即发起攻击，并且尽管常常人数不多，但却能使人数众多者陷入不安。（11）于是由早晨岗位延至午间岗位，规定中午时由另一些人换岗，使得永远不可能发生精力充沛的人向疲惫的人们发起攻击。

---

[1] 据普卢塔克的《埃弥利乌斯·鲍卢斯》，13，5：“他命令夜间值勤者不持投枪履职，这样可以敏锐地观察和更成功地抵抗睡意。”

Discorso del console Lucio Emilio paolo all'esercito e suo effetto positivo.

34

(1) Haec cum ita fieri placere contione aduocata pronuntiasset, adiecit urbanae contioni conuenientem orationem: (2) unum imperatorem in exercitu prouidere et consulere, quid agendum sit, debere, nunc per se, nunc cum iis, quos aduocauerit in consilium; qui non sint aduocati, eos nec palam nec secreto iactare consilia sua. (3) militem haec tria curare debere, corpus ut quam ualidissimum et pernicissimum habeat, arma apta, cibum paratum ad subita imperia; (4) cetera scire de se dis immortalibus et imperatori suo curae esse. in quo exercitu milites consultent, imperator rumoribus uulgi circumagatur, ibi nihil salutare esse. (5) se, quod sit officium imperatoris, prouisurum, ut bene gerendae rei occasionem iis praebeat: illos nihil, quid futurum sit, quaerere, ubi datum signum sit, tum militarem nauare ⟨operam debere⟩. (6) ab his praeceptis contionem dimisit, uolgo etiam ueteranis fatentibus se illo primum die, tamquam tirones, quid agendum esset in re militari, didicisse. (7) non sermonibus tantum his, cum quanto adsensu audissent uerba consulis, ostenderunt, sed rerum praesens effectus erat. (8) neminem totis mox castris quietum uideres: acuere alii gladios, alii galeas bucculasque [scutorum], alii loricas tergere, alii aptare corpori arma experirique sub his membrorum agilitatem, quatere alii pila, alii micare gladiis mucronemque intueri, (9) ut facile quis cerneret, ubi primum conserendi manum cum hoste data occasio esset, aut uictoria egregia aut morte memorabili finituros bellum. (10) Perseus quoque, cum aduentu consulis simul et ueris principio strepere omnia mouerique apud hostes uelut nouo bello cerneret, mota a Phila castra

执政官卢基乌斯·艾弥利乌斯·鲍卢斯与军队争论及其可能的结果。

34

（1）执政官召开全军大会，宣布了这些决定，然后就像在市民大会上那样发表相关的演说：（2）在军队里，唯有部队统帅有权预谋和决定应该做什么，并且他可以独自地，或者与他所召集的人商量，凡未被召集者不得公开地或者暗地里发表自己的意见。（3）普通兵士只应该考虑三件事：使身体尽可能地健康和灵活，使武器准备就绪，使粮食准备足以应对突然的命令；（4）至于其他一切事务，神明和统帅会为他操心。在军队里，兵士们讨论，统帅按照人们的议论去执行，这样绝不会有什么好结果。（5）他说道，自己作为统帅的职责在于为兵士提供很好地表现自己的合适机遇，他们丝毫不用考虑将要干什么，只要一发出信号，兵士的职责在于努力去完成（应该做的）事情。（6）他在发表了这些指令后，解散了大会，甚至那些老兵也像新兵一样公开地承认，他们那天是第一次学会应该如何执行军规。（7）当时不只是这些话表明他们会如何赞赏地听从执政官的讲话，而且可以立即见到现实效果。（8）现在你不可能看到谁安静地坐在营帐里：有些人在磨佩剑，有些人在清理头盔和牛皮盾牌，有些人在试戴胸甲，有些人在调整武器，使其与身体相适应或是保持关节灵敏，有些人在挥动投枪，有些人在挥舞佩剑，认真观察锋刃，以至于每个人都很清楚，只要一与敌人投入战斗，将会以或是取得辉煌的胜利，或是以值得人们记忆的死亡结束战斗。（10）佩尔修斯发现，随着新当选的执政官和春季的到来，敌人的营寨里充斥着响声和活动，犹如要发动一场新的战斗，而且罗马人的营寨现在不是扎在菲拉，而

in aduersa ripa posita, nunc ad contemplanda opera sua circumire ducem haud dubie transitus speculant ⟨em, nunc * * * * * Roma⟩ norum esse.

I soldati romani, comandati dal console lucio Emilio Paolo giungo in prossimità dell'esercito di Perseo.

36

(1) ⟨tempus⟩ anni post circumactum solstitium erat; hora diei iam ad meridiem uergebat; iter multo puluere et incalescente sole factum erat. (2) lassitudo et sitis iam sentiebatur et meridiem aestum magis accensurum cum mox adpareret, statuit sic adfectos recenti atque integro hosti non abicere;

Il console schiera i suoi soldati, ma anziché attaccare battaglia fa preparare, dietro di essi, l'accampamento.

37

(1) Paulus postquam metata castra impedimentaque conlocata animaduertit, ex postrema acie triarios primos subducit, (2) deinde principes, stantibus in prima acie hastatis, si quid hostis moueret, postremo hastatos, ab dextro primum cornu singulorum paulatim signorum milites subtrahens. (3) ita pedites equitibus cum leui armatura ante aciem hosti oppositis sine tumultu abducti, nec ante, quam prima frons ualli ac fossa perducta est, ex statione equites reuocati sunt. (4) rex quoque, cum sine detractatione paratus pugnare eo die fuisset, contentus eo, quod per hostem moram fuisse scirent, et ipse in castra copias reduxit.

(5) Castris permunitis C. Sulpicius Gallus, tribunus militum secundae legionis, qui praetor superiore anno fuerat, consulis permissu

是与马其顿的营寨隔河相对,现在敌人的首领循行视察自己的工程,无疑在寻找渡口,现在……[1]

执政官卢·艾弥利乌斯·鲍卢斯统率的罗马军队到达佩尔修斯的军队附近。

36

(1) 当时为夏至过后,时间临近中午;道路尘土飞扬,阳光灼热。部队感到疲惫和干渴,中午的炎热变得更强烈,执政官决定,不让备受如此折磨的军队去进攻精力充沛、未受损失的敌人。

执政官要求自己的军队,宁可连续战斗,然后扎营。

37

(1) 鲍卢斯注意到,营寨已经建成,辎重也已经安顿好,他从战阵首先调出排在最后的第三列,(2) 然后是第一列,站在阵线最前面的是投枪兵,若是敌人有什么变动,在投枪兵之后,从右侧开始逐渐按照信号,把兵士们一个个地调整。(3) 就这样,不出任何声响地把步兵、骑兵和轻武装兵置于与敌人迎面的阵前,直至壕堑成为第一线时,才会把骑兵调出来。(4) 而国王,当时也统率着自己的军队,显然那一天也毫无延迟地准备战斗。然而令他感到高兴的是人们知道,延迟战斗的是敌人,他亲自带领军队返回营地。(5) 营地巩固后,盖·苏尔皮基乌斯·伽卢斯,第二军团军事指挥官,曾任前一年裁判官,在得到执政官的允许后,召集

---

[1] 此处原文失佚。

ad contionem militibus uocatis pronuntiauit, (6) nocte proxima, ne quis id pro portento acciperet, ab hora secunda usque ad quartam horam noctis lunam defecturam esse. id quia naturali ordine statis temporibus fiat, et sciri ante et praedici posse. (7) itaque quem ad modum, quia certi solis lunaeque et ortus et occasus sint, nunc pleno orbe, nunc senescentem exiguo cornu fulgere lunam non mirarentur, ita ne obscurari quidem, cum condatur umbra terrae, trahere in prodigium debere. (8) nocte, quam pridie nonas Septembres insecuta est dies, edita hora luna cum defecisset, Romanis militibus Galli sapientia prope diuina uideri; Macedonas ut triste prodigium, occasum regni perniciemque gentis portendens, mouit nec aliter uates. clamor ululatusque in castris Macedonum fuit, donec luna in suam lucem emersit.

suo discorso ai soldati, di spiegazione della propria condotta.

Postero die ... talem consul orationem habuit.

segue discorso
38

(1) ... 'P. Nasica, egregius adulescens, ex omnibus unus, quibus hesterno die pugnari placuit, denudauit mihi suum consilium; ... non grauabor reddere dilatae pugnae rationem. (5) ... iam omnium primum, quantum numero nos praestent, neminem uestrum nec ante ignorasse et hesterno die explicatam intuentis aciem animaduertisse certum habeo.

军队开会，宣布说，（6）当天夜里，在 2~4 时之间，但愿没有人会重视这一异兆，月亮将会从空中消失。[1] 因为这是一种自然秩序、规定、有时间性，因此是可以预知、预告的。（7）既然太阳和月亮的升起与降落是既定的，因此月亮有时是满圆，有时衰减成微微闪亮的弯角，都不足为奇。月亮由于地球的阴影而变阴暗也是一样，不应该把它视为什么异象。（8）一次夜里，9 月诺纳日前夜[2]，在指出的时间里确实发生了月食，伽卢斯的智慧让罗马人觉得似乎是神性的。（9）马其顿人把这一异象视为悲哀的，预示王朝的覆没和家族的灭亡，甚至预言者也无不是这样认为。哭喊和嚎叫充斥马其顿军营，直至月亮重新显现光亮。

兵士们争论，解释自己的行为。
（10）第二天……执政官发表了这样的演说。

38

（1）……惟有普·纳西卡，一个无比杰出的青年，在昨天参加战斗的人中，惟有他一个人向我说出了自己的想法。……（3）……我不会为让人们知道延迟战斗的原因感到难堪。……（5）首先，他在兵士的人数方面如何超过我们，在这之前你们中间没有哪个人知道，而昨天仔细观察展开的阵线，我终于弄明白。

---

[1] 老普林尼也曾经叙述过这一天象（见其《自然史》，Ⅱ，12，53），此外还有其他一些古代作家也都提到过。

[2] 9 月诺纳日即 9 月 4 日。由于日历计法的异议，后人很难推算出这一天的确切日期。

segue discorso
39

(1) ... an nihil nostri habentes praeter nudum campum, in quo pugnaremus * * *. (2) maiores uestri castra munita portum ad omnis casus exercitus ducebant esse, unde ad pugnam exirent, quo iactati tempestate pugnae receptum haberent. (3) ideo, cum munimentis ea saepsissent, praesidio quoque ualido firmabant, quod, qui castris exutus erat, etiamsi pugnando acie uicisset, pro uicto haberetur. castra sunt uictori receptaculum, uicto perfugium. (4) quam multi exercitus, quibus minus prospera pugnae fortuna fuit, intra uallum conpulsi tempore suo, interdum momento post, eruptione facta uictorem hostem pepulerunt? (5) patria altera militaris est haec sedes, uallumque pro moenibus et tentorium suum cuique militi domus ac penates sunt. sine ulla sede uagi dimicassemus, ut quo ⟨uicti, quo⟩ uictores nos reciperemus?

Lo scontro tra i due eserciti inizia quasi per caso ... ⟨lacuna⟩
40

(1) Post hanc orationem silentium fuit ... (2) ac ne illo ipso quidem die aut consuli aut regi ⟨pugnare placebat, regi,⟩ quod nec fessos, ut pridie, ex uia neque trepidantis in acie instruenda et uixdum compositos adgressurus erat, consuli, quod in nouis castris non ligna, non pabulum conuectum erat, ad quae petenda ex propinquis agris magna pars militum e castris exierat. (3) neutro imperatorum uolente fortuna, quae plus consiliis humanis pollet, contraxit certamen. (4) flumen erat haud magnum propius hostium castra, ... cum otium ad flumen esset neutris lacessentibus, hora circiter nona iumentum e manibus curantium elapsum in ulteriorem ripam effugit.

39

（1）……我们什么都没有，除了光秃秃的平川，在那里展开了战斗……[1]（2）我们的祖辈认为，坚固的营地是军队应对一切变化的港湾，可以从那里发起战斗，遭遇战斗不测时又可以退回到那里。由此，人们把它们用壕堑围绕，再安排坚强的警戒加以护卫，因为有人虽然在战斗中获胜，但是却被赶出营寨，这仍然被认为是被战败。营寨对于胜利者是容身之处，对于被战胜者是避难之所。（4）有多少支军队，他们在战斗中命运不顺，被赶进营寨暂时躲避，有时仅是稍待，突然发起的出击不是往往把获得胜利的敌人赶走？（5）这一居处，就是我们的第二军事城邦，壕堑替代了城墙，帐篷对于任何一个军人就是住屋和家灶。难道我们不需要任何居所地漫游战斗，以便作为被战胜者或者胜利者返回？

两支军队似乎是偶然地发生冲突。

40

（1）这一讲话后是沉默。……（2）不过在这一天，无论是执政官或是国王，都不想战斗。对于国王来说敌人已经并非是疲惫不堪，犹如前一天刚刚行军到来，不是那样慌乱地建立营寨，勉强地搭建；对于执政官来说是新建立的军营里尚未运来柴薪和粮食，为此已经派出大部分军队出营去附近的田地里获取。（3）然而命运强过双方统帅的意愿，比人的谋划更有力量，引起了争斗。（4）有一条不大的河流邻近敌对双方的营寨。……（7）河边很平静，双方都未进行攻击，但时约9点，一头驼牲挣脱管理人员们的约束，向河的对岸奔逃。[2]

---

[1] 此处原文有残缺。
[2] 普卢塔克在《埃弥利乌斯·鲍卢斯》，18 中称引了另外两个细节。

(8) quod cum per aquam ferme genu tenus altam tres milites sequerentur, Threces duo id iumentum ex medio alueo in suam ripam trahentes ⟨caperent, hos persecuti illi⟩ altero eorum occiso receptoque [eo] iumento ad stationem suorum ⟨se⟩ recipiebant. (9) octingentorum Thracum praesidium in hostium ripa erat. ex his pauci primo, aegre passi popularem in suo conspectu caesum, ad persequendos interfectores fluuium transgressi sunt, dein plures, postremo omnes, et cum praesidio .

le legioni romane distruggono la falange macedonica.
41

(1) * * proelium ducit. mouebat imperii maiestas, gloria uiri, ante omnia aetas, quod maior sexaginta annis iuuenum munia in parte praecipua laboris periculique capessebat. interuallum, quod inter caetratos et phalanges erat, inpleuit legio atque aciem hostium interrupit. (2) a tergo caetrati erant, frontem aduersus clupeatos habebat; chalcaspides appellabantur. secundam legionem L. Albinus consularis ducere aduersus leucaspidem phalangem iussus; ea media acies hostium fuit. (3) in dextrum cornu, unde circa fluuium commissum proelium erat, elephantos inducit et alas sociorum; et hinc primum fuga Macedonum est orta. (4) nam sicut pleraque noua commenta mortalium in uerbis uim habent, experiendo, cum agi, non, quem ad modum agatur, edisseri oportet, sine ullo effectu euanescunt, ita tum elephantomachae nomen tantum sine usu fuerunt. (5) elephantorum impetum subsecuti sunt socii nominis Latini pepuleruntque laeuom cornu. (6) in medio secunda legio inmissa dissipauit phalangem. neque ulla euidentior causa uictoriae fuit, quam quod multa passim proelia erant, quae fluctuantem turbarunt primo, deinde disiecerunt phalangem, cuius confertae et intentis horrentis

(8) 河水深至膝盖，三个兵士去追赶，两个特拉克人已经把那个牲畜从河床中央拉到自己一侧岸边，把它们捉住，罗马人追赶他们，其中一个被杀死，牲口被夺得，拉回自己的一方。(9) 当时在敌方河岸有 800 人的守卫部队。起初仅是其中的一些人难以忍受自己的一个同胞被当面杀死，便跳进河流追赶杀人者，后来是许多人，最后是大家一起[1]

罗马军团击溃马其顿方阵。
41
(1) ……[2]率领战斗。鼓舞人们的既包括统帅的威严，他所获得的荣誉，不过最更重要的是他的年纪，他已年过六旬，但他承受着超过年轻人承担的危险和义务。军团穿插于敌人的半月形盾牌兵和方阵兵之间，搅乱了敌人的阵线。(2) 背后是小盾牌兵，他们的前面是轻武装兵，曾经被称为青铜盾兵。第二军团由担任过执政官的卢·阿尔比努斯率领，受命对抗白盾方阵，那是敌人阵形的中心。(3) 在右翼，就是河流曾经引发战斗的地方，鲍卢斯带领去了象队和同盟者们的骑兵队。由这里首先开始了马其顿军队的溃逃。(4) 要知道，正如人们的许多杜撰只是说来精彩，若是把它们拿到适用的地方进行试验，而不是讨论关于如何应用它们，那它们便会毫无效果而失去价值，象战也是这样，只有其名而无实际利用价值。(5) 象队攻击之后是拉丁同盟的进攻，攻击左翼。(6) 阵线的中央受第二军团的冲击，陷入混乱。胜利的主要原因已经很明显，分散各处打击，战斗分散地在各处进行，首先阵线动摇，陷入混乱，然后迫使其逃跑，因为密集的、激烈的、集中的投枪打击具有

---

[1] 抄本此处缺佚两页，显然是描写战斗场面。
[2] 此处抄本缺失。

hastis intolerabiles uires sunt; (7) si carptim adgrediendo circumagere inmobilem longitudine et grauitate hastam cogas, confusa strue inplicantur; si uero aut ab latere aut ab tergo aliquid tumultus increpuit, ruinae modo turbantur, (8) sicut tum aduersus cateruatim incurrentes Romanos et interrupta multifariam acie obuiam ire cogebantur; et Romani, quacumque data interualla essent, insinuabant ordines suos. (9) qui si uniuersa acie in frontem aduersus instructam phalangem concurrissent, quod Paelignis principio pugnae incaute congressis aduersus caetratos euenit, induissent se hastis nec confertam aciem sustinuissent.

segue
42

(1) Ceterum sicut peditum passim caedes fiebant, nisi qui abiectis armis fugerunt, sic equitatus prope integer pugna excessit. (2) princeps fugae rex ipse erat. iam a Pydna cum sacris alis equitum Pellam petebat; confestim eos Cotys sequebatur Odrysarumque equitatus. (3) ceterae quoque Macedonum alae integris abibant ordinibus, quia interiecta peditum acies, cuius caedes uictores tenebat, inmemores fecerat sequendi equites. (4) diu phalanx a fronte, a lateribus, ab tergo caesa est. postremo qui ex hostium manibus elapsi erant, inermes ad mare fugientes, quidam aquam etiam ingressi, manus ad eos, qui in classe erant, tendentes, suppliciter uitam orabant; (5) et cum scaphas concurrere undique ab nauibus cernerent, ad excipiendos sese uenire rati, ut caperent potius quam occiderent, longius in aquam, quidam etiam natantes, progressi sunt. (6) sed cum hostiliter ⟨e⟩ scaphis caederentur, retro, qui poterant, nando repetentes terram in aliam foediorem pestem incidebant; elephanti enim ab rectoribus ad litus acti exeuntis obterebant elidebantque. (7) facile conuenit ab Romanis

不可抗拒的力量。[1]（7）如果是这里那里地发起攻击，迫使四处移动长而沉重得不便移动的投枪，那便会造成阵列混乱；若是侧面或后方出现某种混乱，那时整个阵线就会崩溃。（8）有如当时罗马人的阵线已经被打乱，成群地奔跑，面临敌人到处可能出现的打击。不过只要敌人方面出现什么空隙，就要让自己的部队立刻出击。（9）而如果他们是整个队列地突入了整个阵列的前阵，就像当年佩利革涅人在战斗开始时冒失地突入了轻武器兵阵列，从而突然与轻武装兵遭遇那样，便难以应对密集的攻击。

42

（1）于是步兵到处在遭受屠戮，除了那些丢弃武器逃跑的人。不过骑兵却差不多完整地退出了战斗。（2）国王本人首先逃跑。[2] 他带领神圣骑兵卫队从皮得纳一直逃奔到佩拉；紧随其后的是科提斯和奥得律塞人的骑兵。[3]（3）其他的马其顿骑兵同样安然无损地撤退了，原因是胜利者忙于杀戮溃败的步兵，甚至都忘了去追击骑兵。（4）敌阵久久遭杀戮，由前列、侧面，至后队，直至最后。逃过敌人杀戮的人失去了武器，奔向海边，其中有些人甚至跑进了海里，向仍然站在队列里的人伸出手，请求他们救援。（5）当他们看见从大船上到处放下小舟，认为那是前来俘获他们，而不是为了杀戮，于是便去了更远的水域，有些人则直接向小船游去。（6）当他们发现小船上的人对他们也是恶意地杀戮时，他们又退回来竭力向大陆游去，然而他们在那里却遭到了更残酷的杀戮。因为当时大象被引领者们驱赶到海边，把逃出海水的人踩死或挤死。（7）毫无疑问，罗马人

---

〔1〕 波利比奥斯认为，艾弥利乌斯·鲍卢斯首先看出了这种战术的力量，普卢塔克在《艾弥利乌斯·鲍卢斯传》中也谈到这一点，见该传19。
〔2〕 参阅波利比奥斯，XXIX，17，5。
〔3〕 奥得律塞人属色雷斯部落。

numquam una acie tantum Macedonum interfectum. caesa enim ad uiginti milia hominum sunt; ad sex ⟨milia⟩, qui Pydnam ex acie perfugerant, uiui in potestatem peruenerunt, et uagi ex fuga quinque milia hominum capta. (8) ex uictoribus ceciderunt non plus centum, et eorum multo maior pars Paeligni; uolnerati aliquanto plures sunt. (9) quod si maturius pugnari coeptum esset, ut satis diei uictoribus ad persequendum superesset, deletae omnes copiae forent: nunc imminens nox et fugientes texit et Romanis pigritiem ad sequendum locis ignotis fecit.

Fuga di Perseo con pochi uomini verso la Città di Anfipoli

43 (1) Perseus ad Pieriam siluam uia militari frequenti agmine equitum et regio comitatu fugit. (2) simul in siluam uentum est, ubi plures diuersae semitae erant, et nox adpropinquabat, cum perpaucis maxime fidis uia deuertit. (3) equites sine duce relicti alii alia in ciuitates suas dilapsi sunt; perpauci inde Pellam celerius quam ipse Perseus, quia recta ⟨et⟩ expedita uia ierant, peruenerunt. (4) rex ad mediam ferme noctem errore et uariis difficultatibus uiae est uexatus; (5) in regia Perseo, qui Pellae praeerant, Euctus ⟨Eulaeus⟩ que ⟨et⟩ regii pueri praesto erant. contra ea amicorum, qui alii alio casu seruati ex proelio Pellam uenerant, cum saepe arcessiti essent, nemo ad eum uenit. (6) tres erant tantum cum eo fugae comites, Euander Cretensis, Neo Boeotus et Archidamus Aetolus. (7) cum iis iam metuens, ne, qui uenire ad se abnuerent, maius aliquid mox auderent, quarta uigilia profugit. secuti eum sunt admodum quingenti Cretenses. petebat Amphipolim; sed nocte a Pella exierat, properans ante lucem Axium amnem traicere, eum finem sequendi propter difficultatem transitus fore ratus Romanis.

还从来没有在一次战斗中杀死那么多马其顿人。被杀死的有近20000人,从战场上逃往皮得纳的人中约有6000人被活捉,5000人在逃跑中被活捉。(8)胜利者损失了不超过100人,其中绝大部分是佩利格涅人。伤者稍许多一些。(9)若是早一点战斗,胜利者便会有足够的白天时间进行追击,而现在黑夜到来,掩盖了逃跑者,罗马人也不想在陌生的地方进行无多大效果的追击。

佩尔修斯带着少量人马逃回首都安菲波利斯
43

(1)佩尔修斯沿着军用大道,在一群骑兵和国王护卫们的伴行下,向皮埃里亚森林奔去。(2)他们到达森林,那里有许多不同方向的小道,黑夜临近,于是他带着极少数的人离开了大道。(3)骑兵失去首领地被弃下,便各奔自己的城邦地崩散了,其中有很少一些人甚至比佩尔修斯本人还迅疾地到达了佩拉,因为他们选择了更直接、更可靠的道路。(4)国王约是在半夜时分,克服各种谬误和道路的艰难,终于到来。(5)在王宫里,迎接他的是留守佩拉摄政的欧克托斯(和欧勒奥斯),以及站在前面的王子们,他还召请那些从佩拉战斗中侥幸存活下来的朋友,但他们尽管反复被邀请,却没有一个人前来。(6)只剩下陪伴他逃跑的三个人:克里特人埃万德尔、波奥提亚人涅昂和阿尔卡狄亚人阿尔基达摩斯。(7)他同他们一起开始担忧,那些拒绝前来的人会不会企图干什么更大的事情,于是他在四更时逃跑了。陪伴他的是105个克里特人。他向安菲波利斯奔去,但是他离开佩拉时已是夜间,需得赶在黎明前匆匆渡河,希望渡河的困难能阻住罗马人的追击。

Perseo manda messaggi a Lucio Emilio Paolo e questi a Roma, mentre tutta la macedonia si arrende ai Romani

45

(1) Tertio die Perseus, quam pugnatum erat, Amphipolim uenit. (2) inde oratores cum caduceo ad Paulum misit. interim Hippias et Midon et Pantauchus, principes amicorum regis, Beroea, quo ex acie confugerant, ipsi ad consulem profecti Romanis se dedunt. hoc idem et alii deinceps metu perculsi parabant facere. (3) consul nuntiis uictoriae Q. Fabio filio et L. Lentulo et Q. Metello cum litteris Romam missis spolia iacentis hostium exercitus peditibus concessit, (4) equitibus praedam circumiecti agri, dum ne amplius duabus noctibus a castris abessent. ipse propius mare ad Pydnam castra mouit. Beroea primum, deinde Thessalonica et Pella et deinceps omnis ferme Macedonia intra biduum dedita.

Perseo prosegue la fuga a Samotracia.

(12) rex in ⟨de⟩ domum se recepit pecuniaque et auro argentoque in lembos, qui in Strymone stabant, delatis et ipse ad flumen descendit. (13) Thraces nauibus se committere non ausi domos dilapsi et alia militaris generis turba; Cretenses spe pecuniae secuti. ... (14) ...Galepsum eo die, postero Samothracam, quam petebant, perueniunt; ad duo milia talentum peruecta eo dicuntur.

佩尔修斯派使节去见卢·艾弥利乌斯·鲍卢斯,并派使节去罗马,整个马其顿投降罗马。

45

(1) 发生战争的第三天,佩尔修斯去到安菲波利斯。(2) 他从那里派出使节持使节权杖来见鲍卢斯[1]。与此同时,希皮阿斯、弥冬和潘泰科斯,国王最接近的朋友,来到贝罗埃,他们是从战场直接逃来营寨见执政官,向罗马人投降。还有一些其他人也心怀恐惧地准备这样做。(3) 执政官派遣儿子昆·法比乌斯和卢·楞图卢斯、昆·墨特卢斯携函前去罗马,给予步兵的奖励是从被杀死的敌人那里夺得的铠甲,(4) 而对骑兵的奖励是城郊土地,离开营地不得超过两个夜晚。执政官自己移营去到临海的皮得纳。(5) 首先是贝罗埃,然后是特萨洛尼卡和佩拉,最后是差不多整个马其顿,在两天内都投降了。

佩尔修斯逃到萨姆特拉克。

(12) 国王返回家。盼咐人们把钱币、黄金和白银装上停靠在斯特律蒙河岸的快船[2],然后自己去到河边。(13) 特拉克人不愿意把自己托付给船只,便散逃了,整个军队也这样逃散了;克里特人为酬金继续跟随他。……(14)……那一天到达伽勒普苏斯,次日急匆匆地到达萨姆特拉克[3];(15) 据说他随身带着2000塔兰同。

---

[1] 持使节权杖享有不可侵犯的特权。
[2] 斯特律蒙河源于达尔达尼亚,由北向南进入马其顿境内,注入特拉克海。
[3] 萨姆特拉克是爱琴海北部一小岛。

Il console Lucio Emilio Paolo entra nella capitale del regno macedone: la Città di Pella.

46

(1) Paulus ...nuntio deinde accepto Persea Samothracam traiecisse, profectus a Pella consul quartis castris Amphipolim peruenit. (11) effusa omnis obuiam turba cuiuis indicio erat non bono ac iusto rege orba * * .

执政官卢·艾弥利乌斯·鲍卢斯进入马其顿王国的首都佩拉

46

(1) 鲍卢斯……(10) 终于得到消息,称国王去到萨姆特拉克,执政官立即从佩拉出发,前去安菲波利斯,到达第四交叉路口。(11) 知道不善良不公正的国王已经被推翻,整个城市的人群都迎面而来。……[1]

---

[1] 该卷以后的文字失佚,内容显然是鲍卢斯进入安菲波利斯和接着进行的东征。

TITI LIVI AB VRBE CONDITA LIBER XLV

Periocha

Perseus ab Aemilio Paulo in Samothrace captum est. Cum Antiochus, Syriae rex, Ptolemaeus et Cleopatram, Aegypti reges, obsideret et missis ad eum a senatu legatis qui iuberent ab solo regis absisteret, editisque mandatis consideraturum se quid faciendum esset resoondisset, unus ex legatis Popilius virga regem circumscripsit iussitque, ante quam circulo excederet responsum daret. Qua asperitate effecit ut Antiochus bellum omitteret. Legationes gradulantium popolorum atque regem in senatu admissae, Rhodiorum, qui eo bello contra populum R. faverant, exclusa. Postera die cum de eo quaereretur, ut his bellum indiceretur, causam in senatu patriae suae legati egerunt; nec tamquam socii nec tamquam hostes dimissi. Macedonia in provinciae formam redacta Aemilius Paulus repugnantibus militibus ipssis propter minorem praedam et contradicente Ser. Sulpicio Galba triumphavit et Persem cum tribus filiis duxit ante curram. Cuius triumphi laetitia ne solida contigeret, duorum filiorum funeribus insignita est; quorum alterius mors triumphum patris praecessit, alterius secuta est.

Lustrum a censoribus conditum est: censa sunt civium capita CCCXII DCCCV. Prusias Bithyniae rex Romam, ut senatui gratias ageret ob victoriam ex Macedonia partam, venit et Nicomodem filium senatui commendavit. Rex plenus adulationis libertum se populi Romani dicebat.

第四十五卷

内容提要（公元前168—167年）

佩尔修斯在萨摩特拉克被艾弥利乌斯·鲍卢斯俘获。叙利亚国王安提奥科斯包围了埃及国王托勒密和克勒奥帕特拉；元老院向他派去使节，要求他解除对国王的围困。他听了使节们的要求后，答称他自己知道应该做什么。这时一个名为波皮利乌斯的使节用树枝在国王周围划了一个圈，要求他在提供答复之前不要走出划的圈。在如此严厉的要求下，安提奥科斯放弃了战争。友好的人民和国王们的代表被放进了元老院，除了在这次战争期间一直对罗马人民不友好的罗得斯岛人。第二天讨论是否对罗得斯岛人宣战时，罗得斯岛人的使节在元老院为自己的国家辩护，然后他们被既不像朋友，也不像敌人地遣走了。在把马其顿被变成一个行省后，尽管参加战争的兵士们对赏赐稍微感到不满，而且塞尔维乌斯·苏尔皮基乌斯·伽尔巴也对凯旋持反对态度，艾弥利乌斯·鲍卢斯仍然享受了凯旋，让佩尔修斯及其三个儿子行走在大乘前面。犹如是为了使得凯旋的欢乐黯然失色，艾弥利乌斯以自己两个儿子的葬礼作为标记：其中一个儿子在凯旋仪式前去世，另一个在凯旋仪式之后去世。

A Roma, della travolgente vittoria sull'esercito macedonico.

1

(1) Victoriae nuntii, Q. Fabius et L. Lentulus et Q. Metellus, quanta potuit adhiberi festinatio, celeriter Romam cum uenissent, praeceptam tamen eius rei laetitiam inuenerunt. (6) ante diem quintum decimum kalendas Octobres, ludorum Romanorum secundo die, C. Licinio consuli ad quadrigas mittendas escendenti tabellarius, qui se ex Macedonia uenire diceret, laureatas litteras ⟨reddidisse⟩ dicitur. (7) quadrigis missis consul currum conscendit et, cum per circum reueheretur ad foros publicos, laureatas tabellas populo ostendit. (8) quibus conspectis repente inmemor spectaculi populus in medium decurrit. eo senatum consul uocauit recitatisque tabellis ex auctoritate patrum pro foris publicis denuntiauit populo L. Aemilium collegam signis conlatis cum rege Perseo pugnasse; (9) Macedonum exercitum caesum fusumque; regem cum paucis fugisse; ciuitates omnes Macedoniae in dicionem populi Romani uenisse. his auditis clamor cum ingenti plausu ortus; ludis relictis domos magna pars hominum ad coniuges liberos ⟨que⟩ laetum nuntium portabant. (10) tertius decimus dies erat ab eo, quo in Macedonia pugnatum est.

Prime smobilitazioni decise dal Senato.

2

(1) Postero die senatus in curia habitus, supplicationesque decretae et senatus consultum factum est, ut consul, quos praeter milites sociosque nauales coniuratos haberet, dimitteret; (2) de militibus sociisque naualibus dimittendis referretur, cum legati ab L. Aemilio consule, a quibus praemissus tabellarius esset, ⟨uenissent⟩. (3) ante diem sextum kal. Octobres hora fere secunda legati urbem

消息传到罗马；对马其顿军队压倒性胜利。

1

（1）虽然报告胜利的使者昆·法比乌斯、卢·楞图斯和昆·墨特卢斯急促地，尽可能迅速地赶来罗马，但是他们发现，罗马已经为此而处于欢欣鼓舞之中。……（6）……在10月前15日[1]，罗马大节的第二天，据说来了信使，自称来到马其顿，交给执政官盖·利基尼乌斯一封用桂枝装饰的书函，后者正要走下四马二轮战车。（7）执政官遣走四马战车，登上自己的大车，绕行竞技场，来到公共座位，对观众举起用桂枝装饰的书函。（8）人们看见那封书函，立即忘却了观赏表演，奔向剧场中央。执政官把元老们邀请到那里，朗读了信函，并且在得到元老们的允许后，对普通观众席上的民众宣布，他的同僚卢·艾弥利乌斯按照命令与马其顿国王佩尔修斯交战了，（9）马其顿军队被打败，溃散了；国王和少数随此逃跑了；所有马其顿城市都已经降服于罗马人民。（10）听到这一胜利消息，人群中响起了一片欢呼和掌声。人们忘记了娱乐，许多人返回家去，向自己的妻子和儿女报告这一令人欣喜的消息。（11）那是自进行马其顿战斗以来的第十三天。

元老院第一次决定遣散。

2

（1）第二天，元老院在库里亚召开会议，决定举行隆重的公共祈祷，并且作出决定，要求执政官遣散所有对他起过誓的人。[2]（2）关于同盟者兵士和水手，当时暂时不作决定，因为由执政官卢·艾弥利乌斯遣出的使节将会到来，他们曾经发来信函。（3）在10月前6日[3]，约2时许，使节们进入罗马，行

---

[1] 即阳历9月17日。

[2] 这里显然指已经退役而又愿意重新服役的老兵。除了同盟者军队和水手。

[3] 9月26日。

ingressi sunt; ingentem secum occurrentium, quacumque ibant, prosequentiumque trahentes turbam in forum perrexerunt. (4) senatus forte in curia erat; eo legatos consul introduxit. ibi tantum temporis retenti, dum exponerent, quantae regiae ⟨copiae⟩ peditum equitumque fuissent, quot milia ex iis caesa, quot capta forent, (5) quam paucorum militum iactura tanta hostium strages facta, quam praeceps rex fugisset; existimari Samothraciam petiturum; paratam classem ad persequendum esse, neque terra neque mari elabi posse.

Notizia a Roma della vittoria anche sul fronte illirico.
3

(1) Ex Illyrico duo legati, C. Licinius Nerua et P. Decius, nuntiarunt exercitum Illyriorum caesum, Gentium regem captum, in dicione populi Romani [et] Illyricum esse. (2) ob eas res gestas ductu auspicioque L. Anici praetoris senatus in triduum supplicationes decreuit. indictae a consule sunt in ante ⟨diem⟩ quartum et tertium et pridie idus Nouembres.

Il pretore Marco Marcello torna vittorioso dalla Spagna.
4

(1) Per eosdem dies et M. Marcellus, ex prouincia Hispania decedens Marcolica nobili urbe capta, decem pondo auri et argenti ad summam sestertii deciens ⟨in⟩ aerarium rettulit.

Amnistia romana per i nemici macedoni che cedono le armi e auto – consegna di Perseo, abbandonato da tutti, a Lucui Emilio Paolo
6

(7) ...pueri regii apud Macedonas uocabantur principum liberi

进时吸引来巨大的人群,跟随他们前往广场。(4)元老院恰好在库里亚开会,执政官把信使们带进会场,使节们一直被留在元老院会议,直至他们叙述清楚,国王有多少军队,包括步兵和骑兵,其中多少人被杀死,多少人投降,以怎样微小的损失使敌人陷入如此巨大的崩溃,国王怎样首先逃跑。估计国王会逃往摩托萨特拉克,他们已经准备舰队追击,使他无论是从陆上或是从海上都不可能溜走。

在伊利里亚获得胜利的消息也传到罗马。
3

(1)从伊利里亚来到两个使者盖·利基尼乌斯·涅尔瓦和普·德基乌斯,报告伊利里亚军队已经被击溃,首领根提乌斯被俘,伊利里亚已经降服于罗马人民。(2)由于在裁判官卢·阿尼基乌斯的统领下和占卜下取得了这些成就,元老院决定举行三天祷告。执政官决定在十一月伊代日前4、前3和之前1天举行。[1]

裁判官马·马尔克卢斯由西班牙胜利返回。
4

(1)在这期间,裁判官马尔库斯·马尔克卢斯已经离开西班牙,夺得著名的首府马尔科利卡,带回10磅黄金和1万小银币。

为马其顿军队被打垮、佩尔修斯自动命令放弃一切和卢·艾弥利乌斯·鲍卢斯获得胜利,举行罗马大赦。
6

(7)……在马其顿,被挑选出来为国王服务的贵族孩子称

---

〔1〕古罗马日历数日期时由当日数起,即11月12—14日。

ad ministerium electi regis; ea cohors persecuta regem fugientem ne tum quidem abscedebat, donec iussu Cn. Octaui pronuntiatum est per praeconem regios pueros Macedonasque alios, (8) qui Samothracae essent, si transirent ad Romanos, incolumitatem libertatemque et sua omnia seruaturos, ⟨quae⟩ aut secum haberent aut in Macedonia reliquissent. (9) ad hanc uocem transitio omnium facta est, nominaque dabant ad C. Postumium tribunum militum. liberos quoque paruos regios Ion Thessalonicensis Octauio tradidit, nec quisquam praeter Philippum, maximum natu e filiis, cum rege relictus. (10) tum sese filiumque Octauio tradidit, fortunam deosque, quorum ⟨in⟩ templo erat, nulla ope supplicem iuuantis accusans. (11) in praetoriam nauem inponi iussus, eodem et pecunia, quae superfuit, delata est; extemploque classis Amphipolim repetit. (12) inde Octauius regem in castra ad consulem misit praemissis litteris, ut in potestate eum esse et adduci sciret.

Lo spettacolo della resa del re macedone al console romano.
7

(2) non alias ad ullum spectaculum tanta multitudo occurrit. patrum aetate Syphax rex captus in castra Romana adductus erat; praeterquam quod nec sua nec gentis fama conparandus, ~ tunc quod accessio Punici belli fuerat, sicut Gentius Macedonici: (3) Perseus caput belli erat, nec ipsius tantum patris auique ⟨ceterorumque⟩, quos sanguine et genere contingebat, fama conspectum eum efficiebat, sed effulgebant Philippus ac magnus Alexander, qui summum inperium in orbe terrarum Macedonum fecerant. (4) pullo amictu ⟨cum⟩ filio Perseus ingressus est castra nullo suorum alio comite, qui

为皇家孩子。这支队伍这时也没有弃下国王,直至格奈·奥克塔维乌斯通过传令官宣布:所有王室后代和其他马其顿人,(8)不管他们在萨摩特拉克有多少人,都会保全性命和安全,以及他们的财富,只要他们转到罗马人一边。(9)所有的人都听从了这一号召,发生了转变,把名册交给了军事保民官盖·波斯图弥乌斯。特萨洛尼卡人伊昂把王室所有的年幼孩子都交给了奥克塔维乌斯,只除了腓力,王室公子中最年长的那个,留在国王身边。(10)当时国王和王子也向奥克塔维乌斯投降了,并且以命运和供奉在神庙里的众神明起誓,尽管犯罪者没有任何救赎的希望。(11)佩尔修斯被命令登上裁判官的大船,此外还有他的所有遗下的财产,舰队立即驶往安菲波利斯。(12)奥克塔维乌斯从那里把国王送往大营交给执政官,并致函说明国王已经投降,正在遣来。

为马其顿国王向罗马执政官投降举行戏剧演出。
7

(2)从未有哪次演出汇集过如此巨大的人群。祖辈时代,被俘的国王叙法克斯曾经被带进罗马营帐[1],而且无论是事件本身或事件的影响都无法比拟。那只是布匿战争的附带收获,如同马其顿战争中被俘的根提乌斯[2]。(3)佩尔修斯是战争的罪魁,而且在人们看来其荣耀不仅在于他自己、他的父亲、他的祖父以及所有与他有血缘和亲属关系的人,而且还闪烁着腓力和伟大的亚历山大的光辉,是他们赋予了马其顿人统治世界的最高权力。(4)佩尔修斯穿着深灰色的衣服,同儿子一起来到军营,没有其他任何近臣陪伴,共同陷入灾难,这使他显得

---

〔1〕 叙法克斯是北非努弥底亚国王,第二次布匿战争期间起初与罗马结盟,后来又倒向伽太基,公元前203年被罗马人俘获,死于罗马。

〔2〕 根提乌斯是伊利里亚国王,战争期间协助马其顿对抗罗马,被俘后被处死。

socius calamitatis miserabiliorem eum faceret. progredi prae turba occurrentium ad spectaculum non poterat, donec a consule lictores missi sunt, qui summoto iter ad praetorium facerent. (5) consurrexit consul [et] iussis sedere aliis progressusque paulum introeunti regi dextram porrexit summittentemque se ad pedes sustulit nec attingere genua passus introductum in tabernaculum aduersus aduocatos in consilium considere iussit.

silenzio di Perseo e monito di Lucio Emilio Paolo.
8

(1) Prima percontatio fuit, qua subactus iniuria contra populum Romanum bellum tam infesto animo suscepisset, quo se regnumque suum ad ultimum discrimen adduceret? ... (5) nec interrogatus nec accusatus cum responderet, ' utcumque tamen haec, siue errore humano seu casu seu necessitate inciderunt, bonum animum habe. multorum regum populorum ⟨que⟩ casibus cognita populi Romani clementia non modo spem tibi, sed prope certam fiduciam salutis praebet. ' (6) haec Graeco sermone Perseo; Latine deinde suis ' exemplum insigne cernitis ' inquit ' mutationis rerum humanarum. uobis hoc praecipue dico, iuuenes. ideo in secundis rebus nihil in quemquam superbe ac uiolenter consulere decet nec praesenti credere fortunae, cum, quid uesper ferat, incertum sit. (7) is demum uir erit, cuius animum neque prosperae ⟨res⟩ flatu suo efferent nec aduersae infringent. ' (8) consilio dimisso tuendi cura regis Q. Aelio mandatur. eo die et inuitatus ad consulem Perseus et alius omnis ei honos habitus est, qui haberi in tali fortuna poterat. exercitus deinde in hiberna dimissus est.

更可怜。赶来观赏这一情景的人群堵住了行进的道路，直至执政官派遣自己的护从驱离人群，才打开通向大帐的道路。（5）执政官站起身，命令其他人坐下，同时他自己稍许走向前，向走进来的国王伸出右手，扶起扑向膝前的国王，没有让他碰膝头，而是把他迎进帐里，让他在召请来开会的人们对面坐下。

佩尔修斯沉默不语，卢·艾弥利乌斯·鲍卢斯提醒他。
8
（1）首先询问国王，是由于什么屈辱而使他怀着如此强烈的仇视心理，发起战争反对罗马人民，结果使得他自己及其王朝陷入如此危难之中。……（5）见国王既不回答询问，也不回答指责，执政官继续说道："不过不管怎么说，或许是由于人的谬误，或许是由于偶然，或许是由于必然，请打起精神，许多国王和人民在陷入困境时曾经体会过罗马人民的宽厚，因此你也可以不仅怀抱希望，甚至完全可以确信自己的安全。"（6）执政官用希腊语对佩尔修斯说了这些话，然后他用拉丁语对自己人说道："你们看吧，人的命运变幻的鲜明实例。我说这些，年轻人，主要是针对你们的。因此，不管谁在事情顺利时都不得对任何人有丝毫傲慢，而要认真地进行思考，不要信赖眼前的幸运，因为不知道晚上会发生什么事情。（7）只有这样的人才配称为真正的人，事情顺利时不会被自己的顺风吹走，逆风不会把自己吹毁。"（8）这样结束了会议，委托昆·艾利乌斯保护国王的安全。那一天，佩尔修斯受邀去执政官那里，还享受到一切其他的荣耀，像他这样的处境可能得到的荣耀。然后军队散去过冬营。

Fine di una grande potenza che era stata mondiale.

9

(1) Maximam partem copiarum Amphipolis, reliquas propinquae urbes acceperunt.

(2) Hic finis belli, cum quadriennium continuum bellatum esset, inter Romanos ac Persea fuit idemque finis incluti per Europae plerumque atque Asiam omnem regni. (3) uicensimum ab Carano, qui primus regnabat, Persea numerabant. Perseus Q. Fuluio ⟨ L. ⟩ Manlio consulibus regnum accepit, a senatu rex est appellatus M. Iunio A. Manlio consulibus; regnauit undecim annos. (4) Macedonum ⟨gens⟩ obscura admodum fama usque ad Philippum, Amyntae filium, fuit; inde ac per eum crescere cum coepisset, Europae se tamen finibus continuit, Graeciam omnem et partem Threciae atque Illyrici amplexa. (5) superfudit deinde se in Asiam, et tredecim annis, quibus Alexander regnauit, primum omnia, qua Persarum prope inmenso spatio imperium fuerat, suae dicionis fecit; (6) Arabas hinc Indiamque, qua terrarum ultumos finis rubrum mare amplectitur, peragrauit. (7) tum maximum in terris Macedonum regnum nomenque; inde morte Alexandri distractum ⟨ in ⟩ multa regna, dum ad se quisque opes rapiunt, laceratis uiribus a summo culmine fortunae ad ultimum finem centum quinquaginta annos stetit.

一个世界性国家的强大权力的结束。

9

（1）安菲波利斯接纳了大部分军队，邻近的城市接纳了其余部分。（2）罗马人与佩尔修斯之间的战争就这样结束了，历经4年，闻名于欧洲和大部分亚洲的王国同样结束了。（3）由卡拉诺斯开始，作为第一任国王统治，佩尔修斯延续为第十二任国王[1]，他在昆·孚尔维乌斯和（卢·）曼利乌斯执政年继承王位，元老院承认他为国王是在马·尤尼乌斯和阿·曼利乌斯执政年[2]。他在位11年。（4）马其顿民族在阿明塔之子腓力之前一直鲜为人知。从那时开始，并且也是由于他的努力而开始发展壮大，不过其统治范围仍然限于欧罗巴，包括整个希腊，特拉克和伊利里亚的部分地区。（5）后来扩张到亚洲，并且在亚历山大统治的三十年期间起初征服了波斯人统治的几乎是无边无际的庞大帝国，后来扩展到阿拉伯和印度，直至红海冲击的大地边缘。（7）当时马其顿王国在大地上最庞大，也最闻名。但是随着亚历山大的去世，它被分裂成多个小王国，因为每个人都想拥有它，力量被瓦解，由命运的最高峰跌至最低点经历了150年[3]。

---

[1] 按照尤斯丁尼，XXXIII，2，6，佩尔修斯或为第十三任国王。卡里诺斯是马其顿王朝传说中的奠基人。传说见尤斯丁尼，VIII，1。希罗多德认为马其顿王朝的奠基人是佩尔狄，出生于阿尔戈斯，赫拉克得斯·特蒙的后代（VIII，137）。腓力（或称腓力二世，前359—前336）是阿明塔之子，亚历山大（公元前336—前323）的父亲。佩尔修斯在位直至公元前168年。

[2] 昆·孚尔维乌斯和（奥·）曼利乌斯执政年为公元前179年，马·尤尼乌斯和（奥·）曼利乌斯执政年为公元前178年。佩尔修斯一直掌权至公元前168年。

[3] 按照波利比斯，XXIX，21，9，记为155年。

Guerra del re Antioco di Siria contro il re Tolomeo d'Egitto bloccata dalla ambasceria romana.

12

(1) Postquam dies data indutiis praeteriit, nauigantibus ostio Nili ad Pelusium ⟨praefectis ipse⟩ per deserta Arabiae ⟨est profectus receptusque (2) et ab iis, qui⟩ ad Memphim incolebant, et ab ceteris Aegyptiis, partim uoluntate partim metu, ad Alexandream modicis itineribus descendit. (3) ad Eleusinem transgresso flumen, qui locus quattuor milia ab Alexandrea abest, legati Romani occurrerunt. (4) quos cum aduenientis salutasset dextramque Popilio porrigeret, tabellas ei Popilius ⟨senatus consultum⟩ scriptum habentis tradit atque omnium primum id legere iubet. (5) quibus perlectis cum se consideraturum adhibitis amicis, quid faciendum sibi esset dixisset, Popilius pro cetera asperitate animi uirga, quam in manu gerebat, circumscripsit regem ac 'priusquam hoc circulo excedas' inquit 'redde responsum, senatui quod referam.' (6) obstupefactus tam uiolento imperio parumper cum haesitasset, 'faciam' inquit 'quod censet senatus.' tum demum Popilius dextram regi tamquam socio atque amico porrexit... (8) clara ea per gentis legatio fuit,

[Nuovi consoli]

16

(1) Q. Aelio M. Iunio consulibus de prouinciis referentibus censuere patres duas prouincias Hispaniam rursus fieri, quae una per bellum Macedonicum fuerat; (2) et Macedoniam Illyricumque eosdem, L. Paulum et L. Anicium, obtinere, donec de sententia legatorum res et bello turbatas et ⟨in⟩ statum alium ex regno formandas conposuissent.

叙利亚国王安提奥科斯对埃及国王托勒密的战争，罗马使团的封锁。

12

（1）随着休战期结束，（安提奥科斯）顺着尼罗河口，乘着船只出发，前往佩卢西乌姆[1]，经过荒芜的阿拉伯，受到居住在孟菲斯的人，（2）以及其他的埃及居民的欢迎，其中部分人是自愿，部分人是出于恐惧，道路不算过分艰辛地通向亚历山大里亚。（3）他在埃琉西尼斯附近渡过了尼罗河，那里距亚历山大里亚4公里，在那里遇见了罗马使节。（4）安提奥科斯欢迎他们到来，并且向波皮利乌斯伸出右手，但波皮利乌斯交给他写有元老院决议的公文，要求他首先阅读它们。（5）安提奥科斯读完后，说他将召集朋友们商量，他该怎么做。波皮利乌斯像通常那样严厉，用手中握着的树枝，在国王周围划了个圈，说道："请你首先告诉我如何回答元老院，然后再走出这个圈。"（6）安提奥科斯面对这一强行命令，心中一惊，稍许迟疑了一下，然后说道："元老院认为需要怎样做，我就怎样做。"这时波皮利乌斯才向国王伸出右手，把他当作同盟者和朋友。……（8）这个代表团在各民族间赢得了巨大的声誉。

新的执政官。

16

（1）执政官昆·艾利乌斯和马·尤尼乌斯向元老院提出行省问题，元老院决定把西班牙重新划分两个行省，尽管在马其顿战争期间曾经合而为一。（2）马其顿和伊利里亚仍然保持原样，由卢·鲍卢斯和卢·阿尼基乌斯管辖，直至使节们认为，那里由于战争而陷入混乱的秩序已经恢复，由国王管理转变成另一种体制。

---

[1] 佩卢西乌姆位于尼罗河口三角洲东北部海滨。

[**In senato, si decide di lasciare la Macedonia libera ma divisa in quattro parti**]

18

(1) Omnium primum liberos esse placebat Macedonas atque Illyrios, ut omnibus gentibus appareret arma populi Romani non liberis seruitutem, sed contra seruientibus libertatem adferre,

... (6) ⟨denique ne, si⟩ commune concilium gentis esset, inprobus uulgi adsentator aliquando libertatem salubri moderatione datam ad licentiam pestilentem traheret, (7) in quattuor regiones discribi Macedoniam, ut suum quaeque concilium haberet, placuit et dimidium tributi, quam quod regibus ferre soliti erant, populo Romano pendere. similia his et ⟨in⟩ Illyricum mandata. (8) cetera ipsis imperatoribus legatisque relicta, in quibus praesens tractatio rerum certiora subiectura erat consilia.

Tentativo, del pretore peregrino, di ottenere dal popolo romano una legge dichiarante la guerra ai Rodii: dibattito e importante questione procedurale.

21

(1) M'. Iuuentius Talna praetor, cuius inter ciues et peregrinos iurisdictio erat, populum aduersus Rhodios incitabat rogationemque promulgauerat, (2) ut Rhodiis bellum indiceretur, et ex magistratibus eius anni deligerent, qui ad id bellum cum classe mitteretur, se eum sperans futurum esse. (3) huic actioni M. Antonius et M. Pomponius tribuni plebis aduersabantur. (4) sed et praetor nouo maloque exemplo rem ingressus erat, quod non ante consulto senatu, non consulibus certioribus factis de sua unius sententia rogationem ferret, uellent iuberentne Rhodiis bellum indici, (5) cum antea semper prius senatus de bello consultus esset, deinde ⟨ex auctoritate⟩

元老院决定，保持马其顿自由，不过分成为四个部分。
18

（1）首先决定马其顿和伊利里亚保持自由，以向世界各族人表明，罗马人民的武器不是让自由的人们陷入奴役，而是给受奴役的人们送来自由。……（6）最后，为了若是举行全马其顿民族的共同会议，不会有某个来自普通民众的献媚者使有益而适度地赋予的自由变成毁灭性的自由放任，（7）于是决定把马其顿分为四个地区，每个地区都有自己的议会。还决定给罗马人民的贡赋为往常提供给国王们的一半，类似的规定也适用于伊利里亚。（8）其他事情留待军事将领和元老院代表决定，他们现实地进行处理，会做出更为合适的决定。[1]

外邦事务裁判官的尝试，获得由罗马人民对罗得斯岛人宣布战争的法律：争论和重要的诉讼程序问题。
21

（1）裁判官曼·尤温提乌斯·塔尔纳，享有罗马市民与外邦人民之间事务的管辖权，鼓动人们反对罗得斯岛人，宣布举行质询，以便对罗得斯岛人宣布战争。并且从当年任职的官员中选择一人，派遣其率领舰队进行战争，他期望此人将是他自己。（3）平民保民官马·安托尼乌斯和马·篷波尼乌斯反对这样做。（4）而且裁判官还开始了一个不好的处事先例，那就是事先未经元老院讨论，未经人民协商决定，便由他一个人主张，征询人民的意见，是否希望对罗得斯岛人宣布战争。（5）而按常规，元老院应该事先就战争问题进行讨论，然后根据元老们

---

〔1〕 自本卷12，9开始至这里，李维的叙述显然遵循了年代记的材料，随后的叙述则按照波利比奥斯提供的材料。

patrum ad populum latum, et tribuni plebis, cum ita traditum esset, ne quis prius intercederet legi, quam priuatis suadendi dissuadendique legem potestas facta esset,

il pretore Anicio, dopo avere sconfitto gli Illiri e "pacificato" l'Epiro ri – organizza l'Illiria]
26

(1) ... interim ⟨in⟩ Illyrico L. Anicius rege Gentio, sicut ante dictum est, in potestatem redacto Scodrae, quae regia fuerat, praesidio inposito Gabinium praefecit, Rhizoni et Olcinio, urbibus opportunis, C. Licinium. praepositis his Illyrico, reliquo exercitu in Epirum est profectus. (11) pacata Epiro diuisisque in hiberna copiis per opportunas urbes, regressus ipse in Illyricum Scodrae, quo quinque legati ab Roma uenerant, euocatis ex tota prouincia principibus conuentum habuit. (12) ibi pro tribunali pronuntiauit de sententia consilii senatum populumque Romanum Illyrios esse liberos iubere: praesidia ex omnibus oppidis, arcibus, castellis sese deducturum. .... (15) inde in tres partes Illyricum diuisit. unam eam fecit, quae supra ~ Dictam est, alteram Labeatas omnis, tertiam Agrauonitas et Rhizonitas et Olciniatas accolasque eorum. hac formula dicta [in] Illyrico ipse inde Epiri Passaronem in hiberna redit.

的决定再提交人民讨论[1]。并且根据传统,在他们询问元老院或者告知执政官之前,任何平民保民官不得预先表示反对。

裁判官安尼基乌斯在伊利里亚被打败后,整顿埃皮罗斯和重新改组伊利里亚。

26

(1)……与此同时,卢·安尼基乌斯在伊利里亚,正如业已叙述过的那样,征服了根提奥斯国王,向斯科德拉派驻了卫队,(2)那里曾经是国王的都城,任命伽比尼乌斯担任卫队指挥,派遣盖·利基尼乌斯前去里查和奥尔基尼乌姆这两座非常重要的城市。[2](3)在把伊利里亚委托给他们之后,安尼基乌斯率领其余的军队去到埃皮罗斯。……(11)他在平定埃皮罗斯后,把军队分散在一些重要城市度冬营,他自己返回到伊利里亚的斯科德拉,已经有5个军团由罗马去到那里,把整个行省的长老们召集来开会。(12)他亲自从演讲台上宣布,根据元老院和罗马人民的决定,伊利里亚人获得自由:他自己将率领卫队离开所有城市、城堡和要塞。……(15)然后把伊利里亚划分为三部分:第一部分……狄克塔外地区[3],第二部分为整个拉贝阿泰人的居住地区[4],第三部分为阿革拉沃尼特人、里查尼特人和奥尔基尼阿特人的居地。在对伊利里亚进行这样的安排之后,他自己去到位于埃皮罗斯的帕萨罗尼斯的冬营。

---

〔1〕 由元老院首先讨论法案草案这是正常的法律议事规则,法律决定权则在人民,而宣布战争的权利则按百人团召开的市民大会协调。不过这样的民会是由裁判官召开,还是由执政官召开,也是一个问题。

〔2〕 里查和奥尔基尼乌斯是伊利里亚海滨城市,前者位于斯科德拉西南,后者在科托罗海峡旁。

〔3〕 此处原文残损。

〔4〕 拉贝阿泰人也属伊利里亚人,其主要城市是斯科得拉(今昔科得尔,位于阿尔巴尼亚东北边境),周围是拉贝阿泰人的居地。

Viaggio del console Lucio Emilio Paolo attraverso la Grecia.
27

(5) autumni fere tempus erat; cuius temporis initio ad circumeundam Graeciam uisendaque, ⟨quae⟩ nobilitata fama maiora auribus accepta sunt, quam oculis noscuntur, uti statuit. (6) praeposito castris C. Sulpicio Galo profectus cum haud magno comitatu, tegentibus latera Scipione filio et Athenaeo, Eumenis regis fratre, per Thessaliam Delphos petit, inclutum oraculum. (7) ubi sacrificio Apollini facto inchoatas in uestibulo columnas, quibus imposituri statuas regis Persei fuerant, suis statuis uictor destinauit. Lebadiae quoque templum Iouis Trophonii adit: (8) ibi cum uidisset os specus, per quod oraculo utentes sciscitatum deos descendunt, sacrificio Ioui Hercynnaeque facto, quorum ibi templum est, Chalcidem ad spectaculum Euripi Euboeaeque, tantae insulae, ponte continenti iunctae descendit. (9) a Chalcide Aulidem traicit, trium milium spatio distantem, portum inclutum statione quondam mille nauium Agamemnoniae classis, Dianaeque templum, ubi nauibus cursum ad Troiam filia uictima aris admota rex ille regum ⟨petiit. (10) inde Oropum⟩ Atticae uentum est, ubi pro deo uates anticus colitur templumque uetustum est fontibus riuisque circa amoenum; (11) Athenas inde, plenas quidem et ipsas uetustae famae, multa tamen uisenda habentis, arcem, portus,

执政官卢·艾弥利乌斯·鲍卢斯前去希腊。

27

（5）时间已是秋季；秋初，（艾弥利乌斯·鲍卢斯）决定环游希腊，对其美名主要是靠耳闻优美动人的传说，而不是亲眼目睹其真实存在。（6）他把营寨交给卡·苏尔皮基乌斯·伽卢斯管理，在一支不大的队伍的陪伴下，由儿子斯基皮奥和欧墨涅斯国王的兄弟阿特奈奥斯在两侧护卫，经过特萨利亚，前往得尔斐，求问著名的神示。（7）他在那里给阿波罗献了祭，看到前庭里许多高大的立柱，其间本应该矗立国王佩尔修斯的雕像，胜利者为自己的雕像确定位置。他还参观了位于勒巴狄亚的宙斯·特罗丰尼奥斯的庙宇[1]。（8）然后他参观了洞穴入口，参拜的人们从那里下去以便求问神谕，然后他给宙斯和赫尔基娜献祭[2]，他们也在那座庙里受崇敬，继而他去到卡尔基得斯观赏尤里波斯和欧波亚岛，那是一座巨大的岛屿，有一座桥与大陆相连。（9）他由哈尔基斯去到奥利斯，相距三里，那里有著名的港湾，有上千条船的阿伽门农的舰队曾经在那里驻扎[3]，还有狄安娜的庙宇，那位王中之王把女儿献上祭坛，以使船队得以出发前往特洛亚。（10）然后他由那里去到阿提卡的奥罗普斯，在那里古老的预言者受崇敬如神明[4]，庙宇周围有河流环绕，泉流悦人。（11）然后他访问了雅典，雅典同样充满古老的传说，拥有许多精美的东西——城堡，港湾，连接比雷

---

〔1〕 勒巴狄亚是希腊波奥提亚境内城市，著名神话英雄特罗丰尼奥斯发忏示的山洞最为著名，其传说有时与阿波罗有关，有时与地神有关，有时又与宙斯有关，在勒斯波斯岛甚至还有宙斯王的庙宇。随着时间的推移，其名字成为宙斯的祭祀别名，参阅斯特拉博：IX, 414；《希腊铭文》，VII, 3077。

〔2〕 赫尔基娜是当地的河神，温泉女神。

〔3〕 参阅荷马史诗《伊利亚特》，II, 493。据说合计约有1186条船。

〔4〕 "古老的预言者"指安菲阿拉奥斯，阿尔戈斯国王，参加过七将攻特拜，预言他们的军队会遭覆没。他死后被大地吞没成神。奥罗普斯建有安菲阿拉奥斯的庙宇，发预言。公元前734年该庙宇得到罗马人的承认，被免除赋税。

muros Piraeum urbi iungentis, naualia, ⟨monumenta⟩ magnorum imperatorum, simulacra deorum hominumque, omni genere et materiae et artium insignia.

segue
28

(1) Sacrificio Mineruae, praesidi arcis, in urbe facto profectus Corinthum altero die peruenit. (2) urbs erat tunc praeclara ante excidium; arx quoque et Isthmus praebuere spectaculum: arx intra moenia in immanem altitudinem edita, scatens fontibus; Isthmus duo maria ⟨ab⟩ occasu et ortu solis finitima artis faucibu ⟨s⟩ dirimens. Sicyonem inde et Argos, nobiles urbes, adit; inde haud parem opibus Epidaurum, (3) sed inclutam Aesculapi nobili templo, quod quinque milibus passuum ab urbe distans nunc uestigiis reuolsorum donorum, tum donis diues erat, quae remediorum salutarium aegri mercedem sacrauerant deo. (4) inde Lacedaemonem adit, non operum magnificentia, sed disciplina institutisque memorabilem; unde per Megalopolim Olympiam escendit. (5) ubi et alia quidem spectanda ei uisa: Iouem uelut praesentem intuens motus animo est. itaque haud secus, quam si in Capitolio immolaturus esset, sacrificium amplius solito apparari iussit.

埃夫斯和城市的城墙,船坞,既如神明,又像凡人,材质和艺术均无可比拟的伟大的帝王们的雕像。

28

(1) 给城堡守护神弥涅尔瓦献祭后[1]他便启程,第二天到达科林斯。(2) 在遭受毁灭之前,科林斯本是一座非常美丽的城市[2]。城堡和伊斯特摩斯地峡非常壮观美丽:城堡由围墙环绕,高耸突兀,四处泉流喷涌,令人惊叹;伊斯特摩斯以狭窄的通道把日落和日出两处大海分开[3]。然后他去到西库昂和阿尔戈斯这两座著名的城市。再从那里去到并非同样富裕的埃皮陶罗斯,(3) 那里以埃斯库拉皮奥斯的著名庙宇而闻名,庙宇距城5里,现今仅存被劫走的礼物的痕迹,当时它们是馈赠给神明的礼物,作为被治愈的病人应该付给神明的报酬[4]。(4) 他由这里去到拉克戴蒙,那里不是以宏伟的建筑,而是以制度和机构著称。他由那里经过墨伽洛波利斯去到奥林匹亚。(5) 那里是另一些东西使他认真观赏。引起他特别动心的是犹如真的出现在他面前的宙斯之像。为此,他命令要以不亚于通常在卡皮托利乌姆奉献的祭品那样进行供奉。

---

[1] 弥涅尔瓦是雅典娜女神的拉丁名字,雅典娜是雅典城的守护神。

[2] 在阿开亚同盟战争之后,科林斯当时作为最后一个反抗罗马的中心,于公元前146年被罗马人摧毁,在整个一个多世纪里一直处于残破状态,在凯撒把它作为移民城市后,城市又很快恢复到原先的地位。

[3] 伊斯特摩斯地峡东侧为萨洛尼克海湾,西侧为科林斯海湾。

[4] 埃皮陶罗斯位于希腊阿尔戈斯地区,以规模宏伟的医神埃斯库拉皮奥斯的庙宇著称,遗迹至今犹存。贮藏丰富的宝库首先在公元前1世纪时被罗马军队洗劫,后来屡遭强盗劫掠。参阅普卢塔克《苏拉传》12;《庞培传》24,5。

Il console Lucio Emilio Paolo da i nuovi ordinamenti alla Macedonia.

29

(1) Ipse, ubi dies uenit, quo adesse Amphipoli denos principes ciuitatium iusserat litterasque omnis, quae ubique depositae essent, et pecuniam regiam conferri, cum decem legatis circumfusa omni multitudine Macedonum in tribunali consedit. (2) adsuetis regio imperio tamen noui in ⟨ perii ⟩ formam terribilem praebuit tribunal, summoto aditus, praeco, accensus, insueta omnia oculis auribusque, quae uel socios, nedum hostis uictos terrere possent. (3) silentio per praeconem facto Paulus Latine, quae senatui, quae sibi ex consilii sententia uisa essent, pronuntiauit. ea Cn. Octauius praetor— nam et ipse aderat—interpretata sermone Graeco referebat: (4) omnium primum liberos esse iubere Macedonas, habentis urbes easdem agrosque, utentes legibus suis, annuos creantis magistratus; tributum dimidium eius, quod pependissent regibus, pendere populo Romano. (5) deinde in quattuor regiones diuidi Macedoniam... (9) capita regionum, ubi concilia fierent, primae regionis Amphipolim, secundae Thessalonicen, tertiae Pellam, quartae Pelagoniam fecit. eo concilia suae cuiusque regionis indici, pecuniam conferri, ibi magistratus creari iussit. (10) pronuntiauit deinde neque conubium neque commercium agrorum aedificiorumque inter se placere cuiquam extra fines regionis suae esse.

segue

32

(7) leges Macedoniae dedit cum tanta cura, ut non hostibus uictis, sed sociis bene meritis dare uideretur, et quas ne usus quidem longo tempore, qui unus est legum corrector, experiendo argueret.

执政官卢基乌斯·艾弥利乌斯·鲍卢斯对马其顿作新的安排

29

（1）这一天终于到来，命令每个城市由 10 名长老带着所有遗下的国王文书和金钱前来安菲波利斯，艾弥利乌斯·鲍卢斯自己带着 10 个代表坐在台上，周围围绕着无数的马其顿人。（2）人们已经习惯于国王统治，不过这种新统治形式仍然令人们心怀惊悸。演讲台，驱散人群地进入，传令官，随员，各种令人的视觉和听觉不习惯的东西，所有这一切都可能使同盟者感到惊惧，更不用说对于被战胜的敌人。（3）传令官发出号令，会场一片寂静，鲍卢斯用拉丁语宣布了元老院的决定以及他自己与同僚们协商的意见。裁判官格奈·奥克塔维乌斯当时在场，把所有规定翻译成希腊文向大家宣布：（4）首先宣布所有马其顿人是自由的，拥有他们先前拥有的城市和土地，采用自己的法律，选举任期一年的官员；按规定的一半数额向罗马人员交纳赋税。[1]（5）然后把马其顿分成四部分。……（9）（规定了）每个地区的首府，在那里举行民众大会。指定第一个地区为安菲波利斯，第二个地区为特萨洛尼卡，第三个地区为佩拉，第四个地区为佩拉戈尼亚。他还要每个区召开自己的民会，建立自己的钱库，选举自己的行政官员。最后他宣布，居民结婚和买卖土地房屋只能在每个地区自己范围内进行。

32

（7）他为马其顿制订法律如此认真，好像制订它们不是为被战胜的敌人，而是为值得很好地对待的同盟者，并且它们被如此地长久采用了，成为法律的惟一核心，经受了检验。

---

[1] 参阅普卢塔克；《艾弥利乌斯·鲍卢斯传》，28，3。

Perseo e Genzio prigionieri a Roma e trionfi dei pretori Anicio e Ottavio e del console L. E. Paolo: problemi e forme giuridiche per la decisione di questo ultimo.

35

(1) Romam primum reges captiui, Perseus et Gentius, in custodiam cum liberis abducti, dein turba alia captiuorum, tum quibus Macedonum denuntiatum erat, ut Romam uenirent, principum ⟨que⟩ Graeciae... (5) nec de Anici nec de Octaui triumpho dubitatum est; Paulum, cui ipsi quoque se conparare erubuissent, obtrectatio carpsit ... (8) ...Ser. Sulpicius Galba, qui tribunus militum secundae legionis in Macedonia fuerat, priuatim imperatori inimicus,

segue
36

(1) ... cum in Capitolio rogationem eam Ti. Sempronius tribunus plebis ferret et priuatis ⟨de⟩ lege dicendi locus esset ⟨et⟩ ad suadendum, ut in re minime dubia, haud quisquam procederet, ... repente processit ... et. (2) ... repente processit ... (3) ...in noctem rem dicendo extraxit referendo admonendoque exacta acerbe munia militiae; plus laboris, plus periculi, quam desiderasset res, iniunctum; contra in praemiis, in honoribus omnia artata; ... (6) his uocibus incitati postero die milites tanta frequentia Capitolium conpleuerunt, ut aditus nulli praeterea ad suffragium ferendum esset. intro uocatae primae tribus cum antiquarent, concursus in Capitolium principum ciuitatis factus est, indignum facinus esse clamitantium L. Paulum tanti belli uictorem despoliari triumpho: ...

(9) tandem hoc tumultu sedato M. Seruilius, qui consul et magister equitum fuerat, ut de integro eam ⟨rem⟩ agerent ab tribunis

佩尔修斯和根提乌斯被囚禁于罗马，裁判官阿尼基乌斯和奥克塔维乌斯凯旋，执政官卢·艾弥利乌斯·鲍卢斯凯旋，对这件事的最终决定问题和法律形式。

35

（1）首先押解罗马的是被俘的国王们；佩尔修斯和根提乌斯，还有他们的孩子们，然后是其他的俘虏，最后是那些受通知来罗马的马其顿人和希腊长者们。……（5）……关于阿尼基乌斯和奥克塔维乌斯的凯旋没有争议，至于鲍卢斯，甚至他们自己也羞于与他相比拟，却成为恶意嫉妒的对象。……（8）……塞尔维乌斯·苏尔皮基乌斯·伽尔巴，此人在马其顿曾经是第二军团的军事指挥，个人是统帅的对手，……

36

（1）……保民官提贝·森普罗尼乌斯在卡皮托利乌姆提出议案，要求赋予每个人说话的权利，以便尽可能不出现异议，但是没有哪个任何人站起来（支持），……（2）……突出站起来，……（3）……长篇发言直至夜里[1]，不断地回顾、叙述（为鲍卢斯）艰难地履行军役义务，各种艰难和危险远远超出了人们的想象，而奖赏和荣誉却压缩到最低点；……（6）被这样的发言所感动，第二天人群如此密集地充满了卡皮托利乌姆，使得其他不管哪个人都不可能接近投票点。（7）在第一批特里布斯反对（举行凯旋）之后[2]，著名的元老们便起来登上卡皮托利乌姆，大声呼喊剥夺如此巨大的战斗的胜利者卢·鲍卢斯享受凯旋是一种不光彩的卑劣行为。……（9）混乱终于平息，担任过执政官和骑兵指挥的马·塞尔乌斯要求大会主持人一切

---

[1] 这好像是第一次以长篇发言阻碍议事。
[2] 据普卢塔克说，在第一个特里布斯投票之后，元老们便站了出来。参阅《艾弥利乌斯·鲍卢斯》，31。

petere, dicendique sibi ad populum potestatem facerent. (18) tribuni cum ad deliberandum secessissent, uicti auctoritatibus principum de integro agere coeperunt reuocaturosque se easdem tribus pronuntiarunt, si M. Seruilius aliique priuati, qui dicere uellent, dixissent.

segue
40

(4) ipse postremo Paulus in curru, magnam cum dignitate alia corporis, tum senecta ipsa maiestatem prae se ferens; ⟨post⟩ currum inter alios inlustres uiros fili duo, ⟨Q.⟩ Maximus et P. Scipio; deinde equites turmatim et cohortes peditum suis quaeque ordinibus. ... (9) paucis post diebus data a M. Antonio tribuno plebis contione, cum de suis rebus gestis more ceterorum imperatorum edissereret, memorabilis eius oratio et digna Romano principe fuit.

Anche Il re di Prusia viene a Roma.
44

(4) Eo anno rex Prusia uenit Romam cum filio Nicomede. is magno comitatu urbem ingressus ad forum a porta tribunalque (5) ⟨Q.⟩ Cassi praetoris perrexit concursuque undique facto deos, qui urbem Romam incolerent, senatumque et populum Romanum salutatum se dixit uenisse et gratulatum, quod Persea Gentiumque reges uicissent, Macedonibusque et Illyriis in dicionem redactis auxissent imperium.

...

从头开始,允许他向人民发表演说。(10)保民官们经过商量,折服于显贵人士们的威望,宣布重新开始召唤那些特里布斯投票,不过首先让马·塞尔维利乌斯和其他任何个人想发言的人发言。

40

(4)鲍卢斯最后登上战车,身材魁伟,表现出老年人固有的尊严;跟随在战车后面的除了许多其他人员外,还有他的两个儿子(昆)·马克西穆斯和普·斯基皮奥;然后是骑兵队列和各种步兵纵队。……(9)过了几天,平民保民官马·安托尼乌斯召开民会,艾弥利乌斯也像其他的军队统帅那样,报告了自己的业绩,他的演说令人难忘,与罗马首领的身份相称。

普鲁西亚国王来到罗马。
44

(4)这一年,国王普鲁西亚[1]带着儿子尼科墨得斯来到罗马。他带着大队的伴随由城门直接来到广场和裁判官(昆·)卡西乌斯的主席台,(5)人群从各处奔来。佩鲁西亚说明他前来是向享有罗马城的众神明致敬,向元老院和罗马人民致敬,同时祝贺元老院和罗马人民战胜佩尔修斯和根提乌斯,使马其顿人和伊利里亚人屈服于罗马人民,扩大了统治范围。

---

[1] 普鲁西亚是比提尼国王,约公元前230—前182年在位。

专名索引

此专名索引主要收集正文中出现的专名，包括人名（含神话人物）和地名。罗马人名结构起初比较简单，通常由个人名和氏族名组成，有时附加个人外号。后来随着氏族的分解、家族的形成和各种封号的出现，人名结构逐渐变得越来越复杂。罗马人名通常的组成依次是：个人名、族姓、家姓（或者个人名号）以及各种封号，一般以族姓或家姓（有时也用个人名号）相称，成通用名。本专名索引中汉译部分以通用名中译立条，按汉语拼音音序排列，后附其他部分，所附拉丁文原名为该名原有次序的全称。数字部分为该专名在文中的出处，依次是卷次（罗马数字）、章（加粗）、节，如："X，1，6。"表示该专名见书中"第10卷第1章第6节"，依此类推。卷前的"内容提要"略称"提要"。

A

阿奥斯河　Aous　**32**　6-5；10-2。

阿波罗　Apollo　**34**　43-1。**39**　39-15。**42**　15-4。**45**　27-7。

阿波洛尼阿特斯人　Apolloniates　**44**　30-10。

阿波洛尼奥斯　Apolonius　**42**　6-6。

阿波洛尼亚　Apollonia　**33**　3-10。**42**　18-3；49-10；55-9。**44**　30-12。

阿博得尼人　Aboedeii　**31**　提要。

专名索引

阿布里乌斯，盖尤斯　Caius Aburius　**42**　35-7。

阿布鲁波利斯　Abrupolis　**42**　13-5；**40**-5；**41**-10。

阿代奥斯　Adaeus　**43**　19-3。

阿尔比努斯，卢基乌斯　Albinus Lucius　**44**　41-2。

阿尔伽尔苏斯　Algatsus　**44**　30-13。

阿尔戈斯　Argos　**32**　22-9。**34**　提要；31-6，8；32-4，5。**42**　44-7。**45**　28-2。

阿尔基达摩斯　Archidamus　**35**　48-10。**43**　21-9；22-3。

阿尔基得蒙　Alcidemon　**42**　51-2。

阿尔皮努姆　Arpinum　**34**　45-3。**38**　36-9。

阿尔特陶罗斯　Arthetaurus　**42**　40-5；42-5。

阿伽门农　Agamemnon　**45**　27-9。

阿格里阿涅斯人　Agrianes　**42**　51-5。

阿基利乌斯　Acilius　**35**　14-5。

阿基利乌斯，盖尤斯　Caius Acilius　**32**　29-3。

阿基利乌斯，曼利乌斯　Acilius Manlius　**42**　34-8；51-8。

阿基利乌斯·格拉布里奥，曼利乌斯　Manlius Acilius Glabrio　**35**　24-5。**36**　提要（执政官）；1-1；2-1；3-7。

阿基利乌斯·格拉布里乌斯，曼利乌斯　Acilius Glabrius, Manlius　**33**　36-2。

阿卡尔纳尼亚　Acarnania　**31**　提要。**33**　提要。**38**　38-18。**42**　38-2，3。**44**　1-3。

阿开亚　Achaia　**32**　提要；19-1；20-1；23-1；32-10。**33**　31-11；32-5。**34**　49-5；50-6。**35**　提要；45-1；50-2。**38**　32-1；34-3。**39**　提要；33-7；37-1，4，10，14，19；40-7，9。**42**　12-6；37-8，9；44-7；55-10。

阿克提乌姆　Actium　**44**　1-3。

阿克维勒亚　Aquileia　**40**　提要。

阿拉伯　Arobae（Arabiae）　**45**　9 – 6；12 – 1。

阿拉伯人　Arabes　**37**　40 – 12。

阿拉都斯　Aradus　**35**　48 – 6。

阿里阿拉特斯　Ariarathes　**37**　40 – 10。**42**　19 – 3；29 – 4。

阿里阿拉图斯　Ariarathus　**38**　提要。

阿里弥努姆　Ariminum　**31**　11 – 1，4；21 – 1，2。**32**　1 – 1。**39**　提要。

阿里斯泰诺斯　Aristaenus　**32**　20 – 1，3；32 – 10。

阿里斯同　Ariston　**34**　提要。

阿弥纳德罗斯　Amynadrus　**36**　28 – 3。

阿弥楠得尔　Amynander　**31**　41 – 1。**32**　32 – 10。**33**　3 – 10。**39**　24 – 11。

阿明塔　Amynta　**45**　9 – 4。

阿尼基乌斯·伽卢斯，卢基乌斯　Lucius Anicius Gallus　**44**　提要；17 – 5；21 – 4，10；30 – 1，12；32 – 4。**45**　3 – 2；16 – 2；26 – 1；35 – 5。

阿帕墨亚　Apamea　**37**　44 – 6。

阿皮乌斯　Appius　**43**　23 – 6。**44**　30 – 12。

阿普阿尼·利古里亚人　Apuani Lgures　**39**　2 – 2。

阿普阿尼人　Apuani　**40**　37 – 9。

阿普利亚　Apulia　**42**　27 – 8。

阿普斯提乌斯·孚洛，卢基乌斯　Lucius Apustius Full　**35**　9 – 7，9。

阿瑞提乌姆（今阿瑞查）　Arretium　**31**　21 – 1。**39**　2 – 6。

阿斯克勒皮奥多托斯　Asclepiodotus　**42**　51 – 7。

阿斯提人　Asti　**42**　19 – 5，6。

阿塔洛斯　Attlus　**31**　提要；1 – 8。**32**　提要；19 – 1，

11；23-1；32-10。**33** 提要；33-3。**38** 21-2。**42** 55-7；57-4；58-14；65-14；68-8。

阿塔马涅斯人 Athamanes **31** 41-1。**32** 提要。**39** 24-8，11。

阿塔马努斯 Athamanus **36** 28-3。

阿塔曼尼亚 Arhamania **33** 3-10。**34** 提要；**39** 24-8；25-1。**42** 55-2。

阿特纳戈尔 Athenagor **32** 5-9。

阿特奈奥斯 Arhenaeus **42** 55-7，8。**45** 27-6。

阿特乌姆 Ataeum **31** 34-7。

阿提卡 Attica **45** 27-10。

阿提利乌斯 Atilius **42** 38-1；47-1，10，11。

阿提利乌斯，奥卢斯 Aulus Atilius **42** 1-4；37-1，4；42-7；44-5，8；46-3。

阿提利乌斯，盖尤斯 Caius Atilius **34** 46-12。

阿提利乌斯·塞拉努斯，奥卢斯 Aulus Atilius Serranus **42** 27-4。

阿提利乌斯·塞拉努斯，马尔库斯 Marcus Atilius Serranus **37** 57-7。

阿提尼乌斯 Atinius **32** 29-3。

阿提尼乌斯·拉贝奥，盖尤斯 Caius Atinius Labeo **33** 43-5。

阿泽辛布罗托斯 Acesimbrotus **32** 32-10。

阿扎罗斯 Azorus **42** 53-6。

埃及 Aegyptus **42** 29-5；**45** 12-2。

埃拉提亚 Elatia **33** 3-6，11；31-7。**34** 50-9。**42** 54-7。

埃勒亚 Elaea **35** 13-6。

埃勒伊人 Elli **36** 5-1。**42** 37-8。

埃利迈伊人　Elymaei　**35**　48-5。**37**　40-14。

埃利墨亚　Elimea　**35**　48-5；49-10。**37**　40-9，14。**42**　53-5。**43**　21-5。

埃琉西斯　Ellusin（Ellusis）　**45**　12-3。

埃皮卡杜斯　Epicadus　**44**　30-13。

埃皮里亚　Epiria　**36**　5-1。

埃皮罗斯　Epirus　**32**　periocha，5-9；10-1；21-20。**34**　50-10；52-1。**36**　28-3。**42**　18-3；36-8；37-4；38-1；55-1。**43**　21-5；23-6。**45**　26-3，11，15。

埃皮陶罗斯　Epidaurus　**45**　28-2。

埃瑞特里亚　Eretria　**34**　51-1。

埃斯库拉皮奥斯　Aesculapius　**45**　28-3。

埃特鲁里亚　Etruria　**31**　11-1；21-1。**33**　36-1；43-9。**40**　29-1。

埃托利亚　Aetoloa　**31**　1-8；29-1；30-11；32-4；41-1。**32**　提要；21-18；32-10。**33**　4-6；31-1，3，7，9；43，6；48-2；49-2，7。**34**　22-4；43-4；49-5。**35**　提要；33-2，4，8；48-1，10。**36**　3-11；27-1；28-9。**38**　38-18。**39**　24-11。**42**　2-1；5-7；12-7；15-8；25-13；34-8；37-4；38-2；40-7；42-4；55-9；60-8，9。**43**　21-6，9；22-1，2，4，7。

埃万得尔　Evander　**42**　15-3，4；59-8，11。**44**　43-6。

埃维萨　Eversa　**42**　40-7。

艾布提乌斯·赫尔瓦，马尔库斯　Marcus Aebutius Helua　**44**　17-5。

艾吉纳　egina　**42**　16-6；26-7。

艾吉乌姆　Aegium　**35**　48-1。

艾利乌斯，昆提乌斯　Quintus Aelius　**45**　8-8。

艾利乌斯·佩图斯,塞克斯图斯 Aelius Paetus,Sextus 32 7-12;8-4。

艾利乌斯·塞克斯图斯·佩图斯(监察官) AeliusSextus-Petus 34 提要。

艾利乌斯·图贝罗.昆图斯 Quintus Aelius Tubero 35 9-7。

艾弥利乌斯,马尔库斯 Marcus Aemilius 39 提要;3-1。43 提要 7。

艾弥利乌斯·鲍卢斯,卢基乌斯 Lucius Aemilius Paulus 34 45-5。

艾弥利乌斯·鲍卢斯,卢基乌斯 Lucius Aemilius Paulus 44 提要;17-4,10;18-1,5;21-1,3;22-1;30-1;32-5;37-1;41-3;42-2;46-1。45 提要;1-8;2-2;27-5,29-1,3;36-7;40-4,9。

艾弥利乌斯·勒皮杜斯,马尔库斯 MarcusAemilius Lepidus 40 51-2。

艾弥利乌斯特里布斯 Aemilia tribus 38 36-9。

艾尼亚 Aenia 33 3-8。

艾诺斯 Aenos 39 24-7。

艾塔洛斯 Aetalus 32 提要。

安布拉基亚 Ambracia 38 提要。42 68-9。43 21-6;22-3。44 1-4。

安菲波利斯 Amphipolis 42 41-11。44 43-7;45-1;46-10。45 6-11;9-1;29-1,9。46 56-8。

安库拉 Ancyra 38 24-1。43 20-4。

安尼乌斯·卢斯基库斯,提图斯 Titus Annius Luscus 42 25-1。

安特摩纳 Antemona 42 58-10。

安提阿斯 Antias 39 51-3。

安提奥科斯（小）（被老安留在罗马作为人质） Antiochus **41**。

安提奥科斯 Antiochus **33** 提要；31-11；34-1,3；38-1；39-2；40-1；43-6；44-5,6。45-2,5,6；47-6,48-2；49-2。**34** 提要；43-4；57-4,10,11；59-4,5；60-2。**35** 提要；13-6；19-3；33-6,8；48-1,9；50-2。**36** 提要；1-4；3-7,12；5-1；11-2,5。**37** 44-5；45-4,19；54-3；55-1。**38** 提要，38-1；51-2。**39** 提要；24-12；51-1,2。**42** 14-8；29-5；32-6；34-8；37-7,8；38-3,6；42-6；44-4；45-5；50-6。**44** 1-11；24-1。**45** 12-1,4,5,6。

安提奥科斯6世 Antiochus **42** 6-6。

安提菲洛斯·埃得塞奥斯 Antiphilus Fdessoeus **42** 51-5。

安提戈诺斯 Antigonus **40** 提要。

安提库拉 Anticyra **33** 31-7。

安提罗涅 Antronae **42** 42-1；68-9。

安提马科斯 Antimachus **42** 66-4。

安提帕特尔 Antipater **37** 41-1；45-5；55-3。

安提帕特尔 Antipater **42** 66-9。

安条克 Antiochae **41** 提要。

安托尼乌斯，马尔库斯 Marcus Antonius **45** 21-3；40-9。

奥德律塞人 Odrysae **42** 29-12；51-10。**44** 42-2。

奥尔得亚 Eordaea **42** 53-5。

奥尔基尼乌姆 Olcinium **45** 26-2。

奥克塔维乌斯，格奈乌斯 Cnaeus Octavius **44** 17-5；22-16；30-1；32-5。

奥克塔维乌斯，格奈乌斯 Cnaeus Octavius **34** 45-5。**45** 6-7,9,12；29-3（裁判官 praetor）；35-5。

奥勒利乌斯，卢基乌斯 Lucius Aurelius 33 42-2。

奥勒利乌斯，盖尤斯 Caius Aurelius 31 1-7；11-1。42 34-5。

奥里库姆 Oricum 34 50-8；52-1。

奥利斯 Aulis 45 27-9。

奥林波斯（山） Olympus 38 18-15；19-1；23-8。

奥林匹亚 Olympia 45 28-4。

奥卢斯·阿波斯图弥乌斯·阿尔比努斯， Aulus Postumius Albinus 42 35-7。

奥罗普斯 Oropus 45 27-10。

奥洛尼科斯 Olonicus 43 提要 6。

奥皮乌斯，盖尤斯 Caius Oppius 34 1-2。

奥皮乌斯，卢基乌斯 Luscius Oppius 32 28-3。33 提要。

奥皮乌斯法 Oppia Lex 34 1-1。

奥柔斯 Oreus 34 51-1。44 30-1。

奥瑞斯特 Orestae 42 38-1。

奥萨山 Ossa 42 54-10。

B

巴尔吉利亚 Bargyliae 33 39-2。34 32-5。

巴斯达尔尼人 Bastarni 41 19-4，5。

巴斯塔尔纳 Bastarna 42 11-4。

拜占庭 Byzantiae 42 40-6；42-4；46-1。

鲍卢斯，卢基乌斯 Lucius Paulus 45 16-2；35-5。

贝比乌斯，昆图斯 Quitus Baebius 31 6-4。

贝比乌斯，卢基乌斯 Lucius Baebius 44 18-5。

贝比乌斯·阿尔弥努斯，格奈乌斯 Cnaeus Baebius Arminus 32 1-1。

贝比乌斯·泰姆皮卢斯，格奈乌斯　Cnaeus ＜ Baebius ＞ Tampilus　44　17 – 5。

贝比乌斯·坦菲卢斯，马尔库斯　Marcus Baebius Tamphilus　34　45 – 3。

贝比乌斯·腾菲卢斯，马尔库斯　Marcus Baebius Tamphilus　39　24 – 13；40　37 – 9；38 – 2。

贝戈里提斯　Begorritis　42　53 – 5。

贝罗埃　Beroeo　42　51 – 4。43　19 – 13。44　45 – 2，5。

贝洛娜　Bellona　33　24 – 5。

贝瑞埃人　Beroeaeus　42　58 – 7。

贝萨狄斯　Baesadis　33　44 – 4。

比雷埃夫斯　Piraeus　45　27 – 11。

比提尼亚　Bithynia　39　提要。42　29 – 3。

毕达戈拉斯　Pythagoras　34　32 – 11。Pythagoras　40　29 – 8。

波奥提亚　Boeotia　36　11 – 3。42　12 – 5；37 – 4；38 – 2；38 – 5；40 – 6；42 – 4；43 – 4，5，7。42　44 – 1，6；46 – 7；47 – 3，12；51 – 9；63 – 10；64 – 1；68 – 11，12。44　1 – 4。

波尔基乌斯，卢斯基乌斯　Luscius Porcius　39　39 – 5，7。

波尔基乌斯，马尔库斯　Marcus Porcius　34　44 – 1。

波尔基乌斯，马尔库斯　Marcus Porcius　39　52 – 1，6。

波尔基乌斯，马尔库斯　Marcus Porcius　42　34 – 6。

波尔基乌斯·卡托（老），马尔库斯　Marcus Porcius Cato　39　提要。41　提要。

波尔基乌斯·卡托，马尔库斯　Marcus Porcius Cato　33　43 – 1，5。34　1 – 7；5 – 1。44　提要；42 – 1；43 – 8。

波尔基乌斯·勒卡，普布利乌斯　Publius Porcius Laeca　33　27 – 7。42 – 1。43 – 5，9。

波利比乌斯　Polybius　33　10 – 10。34　50 – 6；52 – 1。

波诺尼亚 Bononia **39** 2-5。

波皮利乌斯 Popilius **45** 12-4,5,6。

波皮利乌斯,盖尤斯 Caius Popilius **42** 27-5。**43** 22-2,3。**44** 29-1。

波皮利乌斯,马尔库斯 Marcus Popilius **42** 33-1,2。

波皮利乌斯,马尔库斯 Marcus Popilius **44** 1-2。

波皮利乌斯·勒纳图斯,马尔库斯 Marcus Popilius Laenates **40** 43-1。

波皮利乌斯·勒纳斯,马尔库斯 Marcus Popilius Laenas **42** 1-1。**43** 22-6。

波斯 Persae **45** 9-5。

波斯图弥乌斯 Postumins **39** 15-5。

波斯图弥乌斯·阿尔比努斯 Postumius Albinus **37** 51-1,2。

波斯图弥乌斯·阿尔比努斯 Postumius Albinus **41** 提要。

波斯图弥乌斯,斯普里乌斯 Spurius Postumius **42** 45-2。

波斯图弥乌斯·阿尔比努斯,卢基乌斯 Lucius Postumius Albinus **40** 47-1。

波斯图弥乌斯·阿尔比努斯,卢基乌斯 Lucius Postumius Allinus **42** 1-1;35-7。

波斯图弥乌斯,盖尤斯 Caius Postumius **45** 6,9。

波滕提亚 Potentia **39** 提要;44-10。

波伊人 Boii **31** 10-2。**32** 31-4。**33** 提要;36-4;37-1,5;43-4。**34** 提要;42-2;46-4。**36** 提要;37-6;38-5。**37** 57-8。

波育里克斯 Boiorix **34** 46-4。

伯罗奔尼撒 Peloponnes **42** 37-3,4,7;44-6。

布达尔 Budar **33** 44-4。

布克塞图姆　Buxentum　**32**　29－4。**34**　42－6；45－2。

布利尼人　Bullini　**44**　30－10。

布鲁狄西努斯　Brundisinus　**42**

布鲁提乌姆　Bruttium　**34**　45－4。

布鲁图斯家族　Brutis　**34**　8－1。

布伦狄西乌姆　Brundisium　**31**　14－2；**32**　9－6，**34**　52－2。**42**　18－3；27－2，4，5，7，8；31－6；35－1；36－8；40－9；41－3；49－10。**43**　9－5。**44**　1－1。

布匿人　Poeni（Punici）　**30**　31－1。**31**　提要；1－1，6，7，10；10－2；21－18；31－20。**34**　提要；32－2；42－3；50－5。**38**　53－11。**39**　提要。

布瑞努斯　Brennus　**38**　提要；16－1。

D

达尔达尼亚　Dardania　**38**　16－1。**41**　19－4。**43**　提要－5，18－2；19－4。

达弗涅　Dahhne　**33**　49－6。

达赫人　Dahae　**35**　48－5；49－1。**37**　40－8。

达马克里托斯　Damocritus　**31**　32－4；41－1。**35**　33－9。

达萨瑞提伊人　Dassaretii　**42**　36－9。**43**　9－7。

大神母　Mater Idaea　**34**　5－10。

得尔斐　Delphae　**42**　12－6；15－4；29－2；40－6，8；42－1，59。**45**　27－6。

得基弥乌斯，马尔库斯　Marcus Decimius　**42**　19－7。

得基弥乌斯，盖尤斯　Caius Decimius　**44**　29－1。

得基穆斯，盖尤斯　Caius Decimus　**39**　39－1，7。**43**　11－7。

得基穆斯，卢基乌斯　Lucius Decimus　**42**　37－1，2。

得洛斯岛　Delos　**44**　29-1。

得墨特里阿斯　Demetrias　**32**　22-9。**33**　31-11。**34** 48-5；49-5；51-2。**36**　3-10；11-1。**40**　56-9。**42** 11-4；68-11。

得墨特里奥斯　Demetrius　**40**　提要。**42**　51-6。

德基弥乌斯，盖尤斯　Caius Decimius　**42**　35-7。45-8。

德基乌斯，普布利乌斯　Publius Decius　**45**　3-1。

德墨特里阿得斯　Demetriades　**40**　56-8。

狄安娜　Diana　**45**　27-9。

狄昂　Dium (Dion)　**42**　38-8；39-1。

狄奥摩　Dium　**33**　3-5。**42**　38-10。

狄奥尼索多罗斯　Dionysodorus　**32**　32-10。

狄达斯·佩昂　Didas Paeon　**42**　51-6；58-8。

狄克阿尔霍斯　Dicaearchus　**36**　28-3。

狄克塔　Dicta　**45**　26-15。

狄拉基乌姆　Dyrrachium　**42**　48-7。**44**　30-10。

狄迈人　Dymae　**32**　21-9。

狄纳尔科斯　Dinarchus　**43**　22-7。

多利赫　Dolichen　**42**　53-6。

多洛佩斯　Dolopes　**42**　40-8；41-13；58-10。

多弥提乌斯·阿赫诺巴尔布斯，格奈乌斯　Cnaeus Domitius Ahenobarbus　**34**　42-4；43-6。**35**　提要；10-3。**44** 18-5。

E

恩波里伊人　Emporii　**34**　提要。

F

法比乌斯，昆图斯　Quintus Fabius　**34**　1-3。**44**　45-

3。45　1-1。

法比乌斯·拉贝奥，昆图斯　Quintus Fabius Labeo　39
44-10。

法比乌斯·拉贝奥，昆图斯　Quintus Fabius Lobeo　33
42-2；43-7。

法比乌斯·布特奥，昆图斯　Quintus Fabius Buteo　40
43-1。

法比乌斯·布特奥，涅维乌斯　Naevius Fabius Buteo　42
1-5。

法比乌斯·皮克托尔，昆图斯　Qintus Fabius Pictor　37
51-1。

法布里乌斯·卢斯基努斯，盖尤斯　C、Fabricius Iusciaus
33　43-5。

法尔萨卢斯　Pharsalus　33　49-7。

法拉涅　Phalanna　42　54-6。

法拉涅乌姆　Phalannaeum　42　65-1。

法拉萨尔涅　Phalasarnae　42　51-7。

法兰吉特人　Phalangitae　43　18-4。

法利斯基人　Falisci　42　47-6。

法尼乌斯，盖尤斯　Caius Fanius　38　60-3。

非洲　Africa　31　1-10；11-4；14-1。33　提要。34
60-5。37　39-13。38　51-3。42　29-10。

菲尔西纳　Fersina　34　37-3。

菲勒泰罗斯　Philetaerus　42　55-70。

菲洛波蒙　Philopoemen　39　37-4，7；50-9，10；
52-8。

菲洛克勒斯　Philocles　34　32-17。

腓力普斯　Philippus　34　41-1。

腓力　Philippus　31　提要；1-8，9；5-1；7-1，2；

8-2；29-16；31-20；33-1，5；38-9；44-2，7，8，9。**32** 提要；10-1；19-12；36-3。**33** 3-1，11；13-3；24-4，7；30-1；32-5；34-3；35-1；46-6；48-1；49-1。**34** 提要；31-15；32-3；57-11；59-5。**35** 提要；48-7。**36** 提要；3-9；4-1。**37** 54-3。**39** 24-4，10，11，12；25-1；26-1。**40** 提要。**42** 提要。**42** 11-4，8；12-5；25-4；30-10；34-5；37-7；38-3，6，9；44-4；45-5；52-1，3。**45** 7-3；9-4。

腓力 Philippus **39** 提要。

腓力 Philippus **42** 39-5；52-3。

腓力 Philippus **45** 6-9。

腓力（老） Philippus **42** 62-5，10。**44** 1-12。

斐洛 Philo **38** 38-18。

费赖 Pherae **4** 2 57-1。

费赖 Phaerae **33** 6-2。

费伦提纳特斯 Ferentinates **34** 42-5。

费涅阿斯 Phaeneas **36** 28-7。

费涅亚 Phaenea **33** 3-9。

丰达尼乌斯，马尔库斯 Marcus Fundanius **34** 1-1。

丰代 Fundae **38** 36-7。

丰特伊乌斯·卡皮托，普布利乌斯 Publius Fonteius Capito **43** 11-7。

丰特尤斯·巴尔波斯，普布利乌斯 Pubulius Fonteius Balbus **44** 17-5。

弗拉库斯 Flaccus **36** 28-8。

弗拉库斯 Flaccus **40** 39-7；40-4。

弗拉弥尼乌斯，盖尤斯 Caius Flaminius **33** 42-4，8。

弗律基亚 Phrygia **37** 39-2；40-11。**38** 17-5。**42** 52-11。

弗伦提努姆　Frentinum　**35**　9−7。
弗洛波门　Philopomen　**35**　提要。**39**　提要。
弗涅阿斯　Phaeneas　**32**　32−10。**33**　3−9。
弗提奥特　Phthiotae　**33**　3−10；32−5。
弗提奥提库斯　Phthioticus　**33**　3−10。
孚尔维乌斯　Fulvius　**32**　28−3。
孚尔维乌斯，昆图斯　Quintus Fulvius　**39**　39−7。
孚尔维乌斯，昆图斯　Quintus Fulvius　**45**　9−3。
孚尔维乌斯，马尔库斯　Marcus Fulvius　**35**　24−1。
孚尔维乌斯，马尔库斯　Marcus Fulvius　**38**　提要。
孚尔维乌斯·弗拉库斯，昆图斯　Quintus Fulvius Flaccus　**39**　39−2，8，10，11，13。
孚尔维乌斯·弗拉库斯，昆图斯　Quintus Fulvius Flaccus　**42**　提要，34−9，10。
孚尔维乌斯·诺比利奥尔，马尔库斯　Marcus Fulvius Nobilior　**33**　32−7；**39**　42−4；44−10。
孚里乌斯，盖尤斯　Caius Furius　**43**　9−5。
孚里乌斯，马尔库斯　Marcus Furius　**38**　提要；**38**　36−9；**39**　3−1。
孚里乌斯·菲卢斯，卢基乌斯　Lucius Furius Philus　**42**　28−5；31−9。
孚里乌斯·克拉西佩斯，马尔库斯　Marcus Furius Crassipes　**42**　1−5。
孚里乌斯·普尔普里奥，卢基乌斯　Lucius Furius Purpurio　**31**　提要；21−2；29−1。**33**　提要；33−1。
孚里娅　Furia　**39**　15−3。
福尔弥艾　Formiae　**38**　36−7。
福基斯　Phocis　**33**　22−5。**34**　32−8。**36**　11−5。

G

伽比尼乌斯 Gabinius **45** 26-2。

伽太基 Carthago **31** 提要，1-4；5-1；11-4，5；21-18。**32** 提要。**33** 提要；9-2，4；12-7；45-5；46-11；447-8；49-5。**34** 提要；31-3。**36** 4-5。**38** 提要；42-7。51-7。**41** 提要。**42** 提要；29-5，10；35-7；50-6。

高卢 Gallia **31** periocha；10-1；21-2，17，18。**33** 提要；12-10；43-4，9。**34** 提要；47-5，8。**36** 提要。**37** 57-8。**38** 16-1；17-2；21-1；51-3。**39** 提要。**42** 51-7；52-11；57-7，9；58-13。

高卢-希腊人 Gallograeci **38** 提要。

高卢-茵苏布瑞斯人 Galli Insubres **32** 31-4。**34** 提要。

戈尔提尼伊人 Gortynii **33** 3-10。

戈菲 Gomphi **42** 55-2。

戈努斯 Gonnus **42** 54-7，8；61-11；68-6。

戈提戈尼亚 Antigonia **32** 5-9。**42** 58-8。

革努苏斯（河） Genusus **44** 30-10，12。

格拉古，提贝里乌斯 Tiberius Gracchus **38** 60-3，4。

格拉古里斯 Gracchuris **41** 提要。

格拉维斯卡 Gravisca **40** 29-1。

根提乌斯 Gentius **42** 29-11；37-2；48-8。**43** 提要5；9-4；19-13，14；20-1。**44** 提要；23-1，9；30-1；32-1。**45** 提要；3-1；7-2；26-1；35-1；44-5。

根提伊人 Gentii **43** 18-3。

古尔同 Gyrton **42** 54-6。

H

哈尔帕洛斯 Harpalus **42** 14-3；15-1。

哈里斯河　Halys　**38**　16-13；27-6。

哈利阿尔提人　Haliartii　**42**　46-9。

哈利阿尔托斯　Haliartus　**42**　44-4；46-7；63-3。

哈利阿克蒙纳　Haliacmona　**42**　53-5。

哈弥尔卡尔　Hamilcal　**31**　提要；1-10；10-2；11-6；21-18。**35**　19-3，6。

哈斯德鲁巴尔　Hasdrubal　**31**　10-2。

海格立斯　Hercules　**34**　31-3。**42**　12-7；44-7。

汉尼拔　Hannibal　**31**　提要；11-6；21-18。**33**　提要；12，7；45-5，6；46-3，8；47-1，10；48-5；49-5。**34**　提要；43-5；50-5；60-2。**35**　提要；14-2，4，5，12；19-17；48-7；51-3，4。

赫尔基娜（河神）　Hercynna　**45**　27-8。

赫革西阿纳克斯　Hegesianax　**34**　57-6。

赫革西洛科斯　Hegesilochus　**43**　45-3。

赫拉克勒亚　Heraclea　**33**　33-7。**36**　27-1。**42**　51-7。

赫卢伊乌斯，马尔库斯　Marcus Heluius　**34**　45-3。

赫罗丰　Herophon　**44**　28-1。

红海　Mare rubrum　**45**　9-6。

霍摩利乌姆　Homolium　**42**　38-10。

霍斯提利乌斯　Hostilius　**43**　9-6。

霍斯提利乌斯，奥卢斯　Aulus Hostilius　**44**　1-5；29-1。

J

基丹斯　Cydans　**33**　3-10，

基克拉得斯（群岛）　Cyclades　**32**　32-10。**44**　28-2。

基克瑞尤斯，盖尤斯　Caius Cicereius　**41**　1-5。

基克瑞尤斯，卢基乌斯　Lucius Cicereius　**42**　1 – 5；26 – 7。

基里基亚　Cilicia　**37**　40 – 13。

基诺斯克法勒　Cynoscephalue　**33**　提要。

基提乌姆　Citium　**42**　51 – 1。

吉塔纳　Gitana　**42**　38 – 1。

酒神祭祀　Bacchanalia　**39**　提要；16 – 10；19 – 7。

K

卡奥尼亚　Chaonia　**32**　5 – 9。**43**　23 – 6。

卡杜西人　Cadusi　**35**　49 – 1。

卡杜西伊人　Cadusii　**35**　48 – 5。

卡尔基得斯　Chalcides　**33**　31 – 11。

卡尔基斯　Chalcis　**33**　31 – 11。**34**　9 – 5；51 – 1。**35**　提要。**36**　3 – 11；5 – 1；11 – 1。**38**　38 – 18。**42**　43 – 6，9；44 – 68；55 – 7；56 – 1。**43**　1 – 4。**44**　29 – 1。**45**　27 – 8。

卡尔尼乌斯·瑞比卢斯，盖尤斯　Caius Caninius Rebilus　**42**　31 – 9。

卡尔普尔尼乌斯　Calpulnius　**39**　31 – 4，7，9，17。

卡尔普尔尼乌斯·卢基乌斯　Lucius Calpurnius　**32**　19 – 11。

卡尔普尔尼乌斯·皮索，盖尤斯　Caius Calpurnius Piso　**40**　29 – 1。

卡拉布里亚　Calabria　**42**　27 – 8；48 – 7。

卡拉诺斯　Caranus　**45**　9 – 3。

卡里亚　Caria　**37**　40 – 13。**38**　17 – 5。

卡利克里托斯　Callicritus　**42**　40 – 7。

卡利尼库姆（山）　Callinicum　**42**　58 – 5。

卡鲁维利乌斯，斯普里乌斯　Spurius Caruvilius　**42**　36 –

1, 7。

卡吕卡德努斯（海岬） Calycadnus **38** 38-9。

卡尼尼乌斯·瑞比乌斯，盖尤斯 Caius Caninius Rebilus **42** 28-5。

卡努勒尤斯·狄维斯，卢基乌斯 Lucius Canuleius Dives **42** 28-5, 31-9。

卡帕多基亚 Cappadocia **37** 40-10。**38** 提要。**42** 29-4。

卡皮托利乌姆 Capitolium **31** 14-1。**34** 1-4; 5-8。**37** 55-1。**38** 提要; 51-8。**41** 提要。**42** 47-1, 49-1。**45** 28-5; 36-1, 6。

卡普亚 Capua **39** 37-10。

卡西革纳托斯 Cassignatus **42** 57-7, 9。

卡西乌斯，昆图斯 Quintus Cassius **45** 44-4。

卡西乌斯·郎吉努斯，盖尤斯 Caius Cassius Longinus **42** 28-5; 29-1; 32-4。

凯基利乌斯，马尔库斯 Marcus Caecilius **42** 27-8。

凯基利乌斯·墨特卢斯，昆图斯 Quintus Caelius Metellus **39** 24-13。

凯勒斯 Caeles **42** 29-5。

坎佩尼亚 Campenia **34** 45-2。**38** 36-5。**39** 37-11。

科尔库拉 Corcyra **32** 9-6。**42** 37-5。**42** 48-8。**44** 1-3。

科尔涅利乌斯，盖尤斯 Caius Cornelius **32** 28-1。

科尔涅利乌斯，卢基乌斯 Lucius Cornelius **33** 39-1, 2。

科尔涅利乌斯，普布利乌斯 Publius Cornelius **35** 24-4。

科尔涅利乌斯，普布利乌斯 Publius Cornelius **39** 39-12。

科尔涅利乌斯·布拉西奥，格奈乌斯 Cnaeus Cornelius Blasio **34** 42-4；43-7。

科尔涅利乌斯·克特古斯，盖尤斯 Caius Cornelius Cethegus **32** 提要。**33** 提要。**34** 提要；44-4。

科尔涅利乌斯·克特古斯，盖尤斯 CaiusCornelius Cethegus **39** 50-6。

科尔涅利乌斯·楞图卢斯，普布利乌斯 Publius Cornelius Lentulus **42** 37-1，3，7。

科尔涅利乌斯·楞图卢斯，塞尔维乌斯 Serveus Cornelius Lentulus **42** 37-1，4，7；46-6。**43** 11-7。

科尔涅利乌斯·墨鲁拉，卢基乌斯 Lucius Cornelius Merula **34** 45-5。

科尔涅利乌斯·墨伦达，格奈乌斯 Cnaeus Cornelius Mererda **34** 42-4；43-7。

科尔涅利乌斯·斯基皮奥，格奈乌斯 Cnaeus Cornelius cipio **35** 24-4。

科尔涅利乌斯·斯基皮奥，卢基乌斯 Lucius Cornelius Scipio **35** 24-4。

科尔涅利乌斯·斯基皮奥，普布利乌斯 Publius Cornelius Scipio Africanus **34** 42-3，4；44-3，7。

科尔涅利乌斯特里布斯 Cornelius tribus **38** 36-9。

科里奥拉努斯·马尔基乌斯 Coriolanus Marcius **34** 5-9。

科林斯（科任托斯） Corinthus **33** 31-7，11；32-5。**34** 48-3；50-8；51-3。**42** 16-6；56-1。**44** 1-4；**45** 28-1。

科罗奈亚 Coronaea **42** 44-4；46-7，9；68-12。

科提斯 Cotys **42** 29-12；51-10；57-6；58-6。**43** 18-2。**44** 42-2。

科西嘉岛　Corcyra　**42** 提要；**42** 1-3；40-1。

克尔提贝里亚　Certiberia　**33** 提要。**39** 提要。**40** 提要；40-2，6；47-2，4。**41** 提要。

克尔提马　Certima　**40** 47-2。

克法拉尼亚　Cephallania　**38** 提要。**42** 48-6，8，9；56-1。**43** 18-2。

克拉诺　Cranno　**42** 65-1。

克劳狄乌斯　Claudius　**35** 14-5。**38** 23-8。

克劳狄乌斯，阿普利乌斯　Apulius Claudius　**43** 9-6，7。

克劳狄乌斯，阿皮乌斯（军队副官）　Apius Claudius　**34** 50-8。

克劳狄乌斯，阿皮乌斯　Apius Claudius　**39** 33-3；37-9，14，19。

克劳狄乌斯，阿皮乌斯　Apius Claudius　**44** 21-4。

克劳狄乌斯，阿普里乌斯　Apurius Claudius　**39** 52-4。

克劳狄乌斯，马尔库斯　Marcus Claudius　**31** 13-2。

克劳狄乌斯，马尔库斯　Marcus Claudius　**33** 47-7。

克劳狄乌斯，马尔库斯　Marcus Claudius　**38** 42-7。

克劳狄乌斯·夸德里伽利乌斯，昆克提乌斯　Qunctius Claudius Quabrigalius　**33** 10-9。**38** 23-8。

克劳狄乌斯·阿普利乌斯·普尔克尔　Apulius Claudius Pulcher　**42** 5-8

克劳狄乌斯·阿普利乌斯　Claudius Apulius　**31** 1-4。**33** 43-7。

克劳狄乌斯·肯托，阿皮乌斯　Apius Claudius Cento　**42** 25-1。

克劳狄乌斯·夸德里伽里乌斯，昆克提乌斯　Quenctius-Claudius Qradrigarius　**33** 10-7。

克劳狄乌斯·马尔克卢斯 Claudius Marcelus **33** 提要; 36-4。

克劳狄乌斯·马尔克卢斯, 马尔库斯 Marcus Claudius Marcellus **38** 36-10。

克劳狄乌斯·马尔克卢斯, 马尔库斯 Marcus Claudius Marcellus **42** 32-7。**43** 11-7。

克劳狄乌斯·尼禄, 阿普利乌斯 Apulius Claudius Nero **33** 43-5。

克劳狄乌斯·尼禄, 提贝里乌斯 Tiberius Claudius Nero **42** 19-7; 45-2。

克劳狄乌斯·普尔克尔, 阿皮乌斯 Apius Claudius Pulcher **42** 5-8。

克劳狄乌斯·普尔克尔, 普布利乌斯 Publius Claudius Pulcher **40** 29-1。

克勒奥普托勒墨斯 Cleoptolemus **36** 11-1。

克里特岛 Creta(Crete) **37** 39-10; 40-8; 60-3。**38** 21-20。**42** 15-3; 19-8; 35-6,7; 51-7; 55-10; 57-7; 58-6; 59-8; 65-4。**44** 63-6; 45-13。

克利尼人 Celini **31** 10-2。

克卢维乌斯·萨克苏拉, 盖尤斯 Caius Cluvius Saxula **41** 1-5。

克鲁斯图弥努斯 Crustuminus **42** 34-2。

克罗尼亚 Chaeronia **36** 11-5。**42** 43-5。

克罗托 Croto **34** 45-3,5。

克诺马尼人 Cenomoni **31** 10-1; 2。**39** 3-1。

克诺索斯 Gnosus **42** 51-7。

克普纳提人 Cepnati **42** 19-6。

克瑞蒙纳 Cremona **31** 21-2。

克瑞斯(农神) Ceres **31** 提要。

克瑞乌萨　Creusa　**44**　1-4。

克塞诺　Xeno　**37**　44-7。

克塞诺芬　Xenophon　**32**　32-10。

克叙尼亚　Xynia　**33**　3-8。

库布尼伊（山）　Cambunii　**42**　53-6。

库尔提伊人　Cyrtii　**37**　40-9，14。**42**　58-13。

库麦　Cuma　**40**　43-1。

库瑞提埃　Cyretiae　**42**　53-9。

奎里努斯　Quirinus　**31**　7-2（代指罗马人民）。

奎里特斯　Quirites　**31**　7-1。**44**　22-1。

奎里特斯　Quirites　**38**　提要；51-7，10。**39**　15-2。

昆克提乌斯，卢基乌斯　Lucius Quinctius　**34**　50-11；51-3；52-3。

昆克提乌斯，提图斯　Titus Quinctius　**32**　6-8；10-7；32-10；36-3；37-5。

昆克提乌斯，提图斯　Titus Quinctius　**33**　33-2，4，9；45-3；48-1，11；49-1，7。

昆克提乌斯，提图斯　Titus Quinctius　**34**　31-1，12；48-2；57-1；59-4。**35**　50-1。

昆克提乌斯，提图斯　Titus Quinctius　**38**　36-10。**39**　31-18。

昆克提乌斯，提图斯　Titus Quinctius　**42**　62-5。

昆克提乌斯·弗拉弥尼努斯　Quinctius Flamininus　**32**　6-5；7-12；8-4，6；10-7；19-1，5；21-20；23-3；36-3。**33**　提要；3-6；6-1；9-1，6；12-1；24-3，4，7；32-5，7；34-1。**34**　22-4；42-1；43-1；49-1。

昆克提乌斯·卢基乌斯　Lucius Quinctius　**32**　提要；1-1；8-4（分得马其顿）；19-5；21-20；23-3；37-5。57-5。

昆克提乌斯·弗拉弥尼努斯,卢基乌斯 Lucius Quinctius Flamininns **33** 提要。

昆克提乌斯·弗拉弥尼努斯,卢基乌斯 Lucius Quinctius Flamininus **39** 提要。

昆克提乌斯·弗拉弥尼努斯,卢基乌斯 Lucius Quictius Flanininus **45** 10-2。

昆提乌斯·弗拉弥尼努斯,卢基乌斯 Lucius Quintius-Flamininus **32** 提要。**33** 提要,42-4。

昆克提乌斯·弗拉弥尼努斯,提图斯 Titus Quintius Flamininus **32** 提要;7-12;8-4;28-6,8,9。**33** 提要。**34** 提要。

昆克提乌斯·弗拉弥尼努斯,提图斯 Titus Quinctius Flamininus **39** 提要;51-1,2,3,10。

昆克提乌斯·瓦鲁斯,提图斯 Titus Quinctius Varus **39** 31-4,7,18。

L

拉贝阿泰 Labeatae **45** 26-15。

拉贝阿特斯 Labeates **44** 31-2。

拉丁人 Latini **34** 42-5。**39** 43-1。**42** 1-2。**43** 9-3;12-6,7。

拉科尼克 Laconica **38** 34。

拉克戴蒙 Lacedaemon **32** 提要。**33** 43-6;45-3。**34** 提要;22-5;31-5,17;32-4,5;42-1;49-1。**35** 提要。**38** 30-6;32-1;34-1,9。**39** 37-4,6,10。**42** 51-8。**45** 28-4。

拉里萨 Larisa **42** 38-6;39-2;42-1;43-9;47-10;53-7;55-5;61-11;68-7,10。

拉弥乌斯 Rammius **42** 41-4。

拉斯　Las　**38**　30 – 6。

拉塔纳（森林）　Latana　**34**　42 – 2。

莱利乌斯，盖尤斯　Caius Laelius　**35**　10 – 3。

勒奥纳托斯　Leonnatus　**42**　51 – 4；59 – 7。

勒奥尼得斯　Leouides　**42**　51 – 8。

勒巴狄亚　Lebadia　**45**　27 – 7。

勒特尔尼努姆　Liternium　**38**　52 – 1；53 – 7。

勒托里乌斯，盖尤斯　Caius Laetorius　**34**　45 – 5。

楞图卢斯，卢基乌斯　Lucius Lentulus　**32**　1 – 1。

楞图卢斯，卢基乌斯　Lucius Lentulus　**44**　45 – 3。**45**　1 – 1。

楞图卢斯，普布利乌斯　Publius Lentulus　**33**　39 – 2。

楞图卢斯，普布利乌斯　Publius Lentulus　**42**　47 – 12。

李维乌斯·萨利纳托尔，盖尤斯　Caius Livius Malinator　**35**　10 – 3。

李维乌斯　Livius　**36**　44 – 8。

里查　Rhizo　**45**　26 – 2。

利古里亚　Liguria　**33**　37 – 5；43 – 5。**35**　提要。**39**　提要；1 – 1；2 – 5；37 – 9。**40**　提要；38 – 1。**41**　提要；19 – 3。**42**　提要；1 – 2；35 – 6。**43**　提要。

利古斯提尼　Ligustini　**31**　10 – 2。**32**　31 – 4。

利基尼乌斯（前200年大祭司）　Licinius　**31**　9 – 7。

利基尼乌斯，盖尤斯　Caius Licinius　**45**　提要；1 – 6。

利基尼乌斯，盖尤斯　Caius Licinius　**42**　27 – 1，3。

利基尼乌斯，盖尤斯　Caius Licinius　**45**　提要；1 – 6；26 – 1。

利基尼乌斯，普布利乌斯　Publius Licinus　**42**　28 – 5；29 – 1；32 – 6；33 – 4；34 – 13；35 – 1，6；36 – 5，7；48 – 4；49 – 1。

利基尼乌斯·克拉苏斯，盖尤斯 Caius Licinius Crassus **42** 58-13。

利基尼乌斯·克拉苏斯，普布利乌斯 Publius Licinius Crassus **43** 提要。

利基尼乌斯·克拉苏斯，盖尤斯 CLicinius **44** 17-4, 21-5, 8, 10; 22-5。

利基尼乌斯·涅尔瓦，奥卢斯 Aulus Licinius Nerua **42** 35-7。

利基尼乌斯·涅尔瓦，奥卢斯 Aulus Licinius Nerva **44** 18-5。

利基尼乌斯·涅尔瓦，盖尤斯 Caius Licinius Nerva **45** 3-1, 10。

利斯尼乌斯·墨特卢斯，普布利乌斯 Publius Licinius Metellus **37** 51-1, 3。

利苏斯 Lissus **43** 20-1。

利特尔努姆 Liternum **38** 提要。

利特尔努姆（河） Liternum **32** 29-3; **34** 45-1。

琉卡斯 Leucas **33** 提要, 49-7。**44** 1-4。

卢基尼乌斯，普布利乌斯 Publius Lucinius **34** 44-2。

卢克瑞提乌斯，马尔库斯 Marcus Lucretius **42** 48-6; 56-1。

卢克瑞提乌斯·伽卢斯，盖尤斯 Caius Lucretius Gallus **42** 28-5; 31-9; 35, 1; 48-5, 9; 56-1。

卢纳 Luna **43** 9-3。

卢塔提乌斯，盖尤斯 Caius Lutatius **37** 51-1。

卢西塔尼人 Lusitani **42** 提要。

卢西塔尼亚 Lusitania **40** 47-1。

鲁提利乌斯 Rutilius **39** 52-1。

吕底亚 Lydia **37** 10-11; 44-7。**42** 52-11。

吕赫尼杜斯 Lychnidus **43** 9-7。**44** 21-4。
吕基斯科斯 Lyciscus **42** 38-2。
吕科 Lyco **42** 51-9。
吕科尔塔斯 Lycortas **39** 50-7。
吕库尔戈斯 Lycurgus **34** 32-4。**38** 34-3, 9。**39** 37-1, 3。

吕西马基亚 Lysimachia **33** 39-2。
吕西马科斯 Lysimachus **34** 57-4；59-8。**38** 16-1。
吕西亚 Lycia **33** 40-14。
吕西亚 Lycia **42** 14-8。

罗得斯岛 Rhodus **31** 提要, 19-1, 5；23-1；32-10。**32** 提要。**33** 3-3。**37** 54-2, 3；55-1。**38** 60-6。**42** 提要；14-6, 8；19-8；26-8, 9；46-1, 3, 6。**44** 提要。**45** 21-1, 4。

罗马 Roma **31** 提要, 1-1, 9；5-6；6-3；8-4；9-1；11-6；14-1；29-16；30-1；31-1。**32** 19-11；21-18, 30；23-2；36-4；37-1。**33** 提要；3-1；10-10；13-3；32-5；37-7；39-7。**34** 31-4；46-7；48-4；49-6；59-4。**35** 提要；19-6；33-3, 8；48-11。**36** 3-12；4-5；27-1；44-8。**37** 45-5；50-3；51-10。**38** 17-5；21-4；36-5；38-1；50-7；51-2；53-11。**39** 提要, 1-2；4-7；24-11；26-14；31-1, 16；33-7；37-10, 17；40-6；51-1, 4, 9。**40** 提要；39-9。**41** 提要。**42** 提要；1-2；5-6；11-3；12-7；14-10；19-3；25-4, 8；29-10；30-2, 5；36-4；37-2, 7, 8；38-3, 4, 6；39-4；40-4, 9；41-6。**42** 43-1, 4, 9；44-1, 5, 8；45-1；46-1, 3, 10；47-7；48-3, 8；50-1；50-7；52-3, 7, 11, 12, 15；53-2；55-1, 3, 8；57-3, 11；60-1, 3；62-1, 7, 10；63-1, 12；65-1；67-1。**43** 1-9；18-

1;18-2;23-6。**44** 提要;1-1;1-7;29-1;32-4;40-8;42-7;43-7。**45** 提要;1-1;6-8;8-1;9-2;12-3;18-7;29-4;35-1。

  罗慕卢斯 Romulus **34** 5-8。

  洛克里斯人 Locres **33** 32-5。**34** 32-8。**38** 51-5。**42** 48-7。

M

  马尔基乌斯 Marcius **42** 37-1,4。38-1,5,8,9;39-1,5;40-1;42-4;42-7;43-1,2;44-5,8;46-1,3;47-1,9。

  马尔基乌斯·菲古卢斯,盖尤斯 Caius Marcius Figulus **43** 11-7。**44** 1-3。

  马尔基乌斯·腓力,昆图斯 Quintus Marcius Philippus **43** 11-6;12-1。**44** 提要;1-1,12。

  马尔科利卡 Marcolica **45** 4-1。

  马尔克卢斯,马尔库斯 Marcus Marcellus **45** 4-1。

  马尔斯 Mars **31** 5-2;7-1。**42** 14-4。

  马伽巴山 Magaba **38** 19-1。

  马格涅特人 Magnetae **33** 32-5。

  马格涅西亚 Magnesia **37** 44-4。**39** 24-11。**42** 54-10;68-12。

  马克西穆斯,昆图斯 Quintus Mximus **45** 40-4。

  马勒亚 Malea **36** 32-18。**42** 40-6;56-1。

  马利阿库斯(河湾) Maliacus **32** 32-9。

  马罗尼亚 Maronea **39** 24-7,9。

  马其顿 Macedonia **31** 提要1-6;6-1,3;7-8;9-6;10-1;13-4;14-2;29-2;30-1;31-20;34-5;47-7。**32** 1-1;19-1,12;21-18;28-3。**33** 1-1;4-

3；12-10；24-6，7；32-5；43-6。**34** 32-2；48-4；49-6。**35** 提要。**37** 38-12；40-1。**39** 23-5；24-6；26-14；33-3；46-7。**40** 提要；19-4。**41** 提要。**42** 提要，2-1，3；5-6；12-19；15-1；18-3，6；19-6；25-1；26-2；27-4，6；29-1，6，12；30-1；31-1，2，8；32-4，6；34-5；36-1，2，5，9；37-8；38-1，8；40-10；41-7；42-5；43-5，6；46-1，9；47-3；48-4；51-1，11；52-1，16；53-2；55-5；68-11；**43** 9-4；11-9，12；12-1，3，8，9；18-1，3；19-13；20-4；23-1。**44** 提要；1-2；17-1，6；18-1；22-2，16；28-2；29-1；30-1；37-9；41-3；42-7；45-5。**45** 提要；1-1，8；9-6；16-1，2；18-1，7；29-1，4，5；44-5。

马提埃努斯，马尔库斯 Marcus Matienus **42** 1-5。

马西尼萨 Masinissa **31** 11-4，8。**33** 47-8。**36** 4-5；**42** 提要；29-8；35-7；52-9。

曼利乌斯，奥卢斯 Aulus Manlius **45** 9-3。

曼利乌斯，格奈乌斯 Cnaeus Manlius **38** 提要；1-3。**39** 1-4。

曼利乌斯，卢基乌斯 Lucius Manlius **38** 42-7。

曼利乌斯，普布利乌斯 Publius Manlius **33** 42-1；43-5，8。

曼利乌斯·沃尔索，奥卢斯 Aulus Manlius Volso **35** 9-7。

曼利乌斯·沃尔索，格奈乌斯 Cnaeus Manlius Volso **33** 43-5。**35** 24-4。**45** 10-2。

美狄人 Maedi **42** 19-5。

蒙达 Munda **40** 47-2。

孟菲斯 Memphis **45** 12-1。

弥冬 Midon **42** 58-7。**44** 45-2。

专名索引

弥尼昂　Minnion　**37**　41-1。

弥涅尔瓦　Minerva　**38**　51-8。**42**　51-2。**45**　28-1。

弥努基乌斯，昆图斯　Quintus Minucius　**32**　28-1。**33**　43-8；44-4。

弥努基乌斯·鲁孚斯，提图斯　Titus Minucius Rufus　**42**　54-7。

弥努基乌斯·弥尔提卢斯，卢基乌斯　Lucius Minucius Myrtilus　**38**　42-7。

弥努基乌斯·特尔穆斯，昆图斯　Quintus Minucius Thermus　**34**　45-2。

弥萨革涅斯　Misagenes　**42**　29-8；62-2；65-14。

弥萨革努斯　Misagenus　**42**　68-8。

米狄人　Medi　**35**　48-5。

密西亚人　Mysi　**42**　57-7。

摩勒　Mylae　**42**　54-1。

摩普塞卢斯　Mopselus　**42**　61-11；65-1；67-1。

摩提纳　Mutina　**39**　提要。

墨伽拉　Megala　**32**　21-9。

墨伽洛波利斯　Megalopolis　**45**　28-4。

墨伽拉波利塔尼　Megalopolitani　**32**　22-9。

墨弥乌斯，盖尤斯　Caius Memmius　**42**　27-2。

墨尼普斯　Menippus　**34**　57-6；59-6。

墨涅斯塔　Menesta　**36**　28-3。

墨诺·安提戈嫩西斯　Meno Antigonesis　**42**　58-7。

墨塞尼亚　Messenia　**39**　提要。**42**　37-8。

墨塞涅　Messene　**34**　32-16，17。**39**　50-9。

墨特卢斯，昆图斯　Quintus Metellus　**44**　45-3。**45**　1-1。

墨特卢斯，卢基乌斯　Lucius Metellus　**37**　51-1。

姆纳西洛科斯　Mnasilochus　**38**　38-18。

穆基乌斯，昆图斯 Quintus Mucius **42** 68-9。

N

纳比斯 Nabis **32** 提要。**33** 43-6；45-3。**34** 提要；22-5；31-1，43-1（"篡权者"）；48-4。**35** 提要。

纳波里斯（意大利今那波里） Neapolis **42** 48-9。

纳西卡，普布利乌斯 Publius Nasica **44** 38-1。

奈维乌斯 Naevius **38** 提要。

奈维乌斯，马尔库斯 Marcus Naevius **39** 52-3，6。

瑙帕克图斯 Naupactus **36** 28-3。

尼凯亚 Nicaea **32** 32-9。

尼科墨得斯 Nicomedes **45** 44-4。

尼罗河 Nilus **45** 12-1。

涅昂 Neo **44** 43-6。

纽菲乌姆 Nymphaeum **42** 36-8；49-10；53-2。

努马·蓬皮利乌斯 Numa Pompilius **40** 提要；29-4，8。

努弥底乌斯，昆图斯 Quintus Numidius **32** 28-1。

努弥底亚 Numidia **31** 11-4。**33** 47-8。**42** 35-6；52-11；62-2；65-2；68-8。

O

欧布利斯 Eubulis **38** 38-18。

欧弗拉诺尔 Euphranor **42** 41-14。

欧克托斯人（欧勒奥斯） Euctus (Eulaeus) **44** 43-5。

欧吕埃斯人 Eulyestae **42** 51-4。

欧罗巴（欧洲） Eurona **31** 1-8；30-2。**33** 30-2；34-4；39-7；59-5；60-6。**35** 48-3，7。**36** 3-12。**38** 38-3。**42** 29-1。**45** 9-2，4。

专名索引　　　　　　　　　　　　　　　　475

欧墨涅斯　Eumenes　**35**　13-6。**37**　44-2。**38**　60-4。**39**　24-6。**42**　5-5；12-7；14-2，5，10。15-3，4，9；17-1；18-1，4；25-5；26-7；29-1，4；40-8；41-3，4；42-5，6；45-6；48-2；57-4，9；58-14；59-5，8；60-3；65-14；68-8。**44**　1-11；24-1；28-1；29-1，2。**45**　27-6。

P

帕尔马　Parma　**39**　提要。

帕尔提尼人　Parthini　**43**　23-6。**44**　30-13。

帕伽马　Pergamus　**33**　提要；13-6。**35**　14-1。**42**　18-4；42-6；55-7。

帕拉斯特律马尼亚　Parastrymonia　**42**　51-5。

帕拉提乌姆　Palatium　**36**　提要。

帕勒法尔萨卢姆　Palaepharsalum　**44**　1-5。

帕奈托利　Panaetoli　**31**　29-1。

帕皮里乌斯·卡尔博，盖尤斯　Caius Papirius Carbo　**44**　17-5。

帕萨罗尼斯　Passaronis　**45**　26-15。

帕萨尼阿斯　Pausanias　**32**　10-1（裁判官）；11-2。

帕特罗克勒斯　Patrocles　**42**　58-8。

派奥尼亚　Paeibua　**42**　58-8。

派罗里亚　Paroria　**42**　51-5。

潘菲利亚　Pamphylia　**35**　48-6。**37**　40-14。

潘塔霍斯　Pantauchus　**42**　39-7。

潘塔勒昂　Pantaleon　**42**　15-8。

潘泰科斯　Pantauchus　**44**　45-2。

庞培，卢基乌斯　Lucius Pompeius　**42**　65-6。

佩奥尼亚人　Paeones　**42**　51-5。

佩尔佩纳　Perpenna　**44**　32-4。

佩尔修斯　Perseus　**39**　23-5；29-3。**40**　提要；56-9。**41**　提要；19-4，5。**42**　2-1；5-1；11-3，5；12-6，7；13-4，11；14-2，5，9；15-2；17-1；18-1，4；19-3，8；26-3，8。29-3；30-4，10；31-1；33-4；36-1；37-5，7；38-5，8；39-1，4；42-3，9；45-2，5；46-1；50-1；51-1，8；52-3；57-6，9；58-5；59-4；62-7，10，14，15；63-1；64-1；67-1；68-7。**43**　提要-5；11-9；18-1；19-1；20-4；21-5；22-5。**44**　提要；1-10；23-1；24-1；32-5；43-1，3；45-1。**45**　1-8；6-10；7-3，4；8-1，8；9-2，3；27-7；35-1；44-5。

佩拉　Pella　**42**　41-12；51-1。**44**　42-2；43-3，7；45-5；46-10。**45**　29-9。

佩拉戈尼亚　Pelagonia　**45**　29-9。

佩利革涅人　Paeligni　**44**　41-9；42-8。

佩卢西乌姆　Pelusium　**45**　12-1。

佩洛普斯　Pelops　**34**　32-2。

佩涅奥斯河　Peneus　**42**　38-10；55-6，7；60-3；61-7；62-1。

佩涅斯特拉　Penestra　**43**　20-4。

佩瑞比亚　Perrhaebia　**33**　32-5。**39**　24-6，11；25-1。**42**　5-7；36-4；53-7；67-7。

佩提利乌斯，昆图斯　Quintus Petilius　**38**　提要；50-5；60-1。**40**　29-9，13。

佩提利乌斯，卢斯基乌斯　Luscius Petillius　**40**　提要；29-3，11。

蓬波　Pompo　**40**　29-4。

蓬波尼乌斯，马尔库斯　Marcus Pomponius　**45**　21-3。

皮埃里亚　Pieria　**44**　43-1。

专名索引

皮得纳　Pydna　**44**　42-2，7；45-4。
皮克努姆　Picenum　**39**　39-10。
皮罗斯　Pyrrhus　**35**　提要；14-6。**39**　50-11。**42**　47-6。
皮萨　Pisa　**33**　43-9。**39**　2-5。**40**　43-1。
皮塞　Pisae　**43**　9-3。
皮苏努姆　Pisaunum　**39**　提要；44-10。
皮托奥斯　Pythous　**42**　53-6。
皮西狄亚　Pisidia　**35**　14-1。**37**　40-14。
皮西斯特拉托斯　Pisistratus　**31**　44-9。
普拉克索　Praxo　**42**　15-3。
普拉肯提亚　Placentia　**31**　10-21；21-18。**39**　提要。
普勒拉图斯　Plauratus　**43**　19-13。
普勒弥尼乌斯　Pleminius　**38**　51-1。
普勒托里乌斯，盖尤斯　Caius Plaetoriius　**42**　26-7。
普鲁西阿　Prusia　**39**　51-1，2。
普鲁西阿斯　Prusias　**39**　提要；39-51。**42**　12-3；29-3。
普鲁西亚　Prusia　**45**　44-4，5。
普皮乌斯，卢基乌斯　Lucius Pupius　**39**　39-1。
普特奥利　Puteoli　**32**　29-3。**34**　42-5，6；45-1。
普特勒昂　Pteleon　**42**　42-1。
普特勒乌姆　Pteleum　**42**　68-9。
普提奥提斯　Pthiotis　**42**　68-9。

R

瑞基乌斯，马尔库斯　Marcus Raecius　**43**　9-6。
瑞吉尼人　Regini　**42**　48-7。

S

撒丁岛 Sardinia **33** 43-9。**42** 1-3, 4, 5; 28-5; 31-8, 9。

萨比尼（氏族） Sabini **42** 34-2。

萨狄 Sardes **37** 44-5。

萨丁人 Sardi **41** 提要。

萨尔佩冬（海岬） Sarpedonium **38** 38-9。

萨戈图姆 Saguntum **31** 提要。

萨勒尔努姆 Salernum **32** 29-3。**34** 42-5, 6; 45-2。

萨洛尼乌斯，盖尤斯 Caius Salonius **34** 45-5。

萨摩特拉克 Samothracia **44** 46-10。**45** 2-4; 6-8。

塞尔吉乌斯（马尔库斯） Sergius (M、) **33** 24-4。

塞尔维利乌斯，马尔库斯 Marcus Servilius **34** 45-2。

塞尔维利乌斯·马尔克卢斯，格奈乌斯 Cnaeus Servilius Marcellus **33** 47-7。

塞尔维利乌斯·凯皮奥，格奈乌斯 Cnaeus Servilius Caepio **43** 11-6; 12-1。

塞尔维利乌斯，格奈乌斯 Cnaeus Servilius **44** 17-2; 18-5; 21-7。

塞尔维乌斯·凯皮奥，格奈乌斯 Cnaeus Servius Caepio **42** 25-1。

塞尔维乌斯，马尔库斯 Marcus Servius **45** 36-9, 10。

塞尔维乌斯·苏尔皮基乌斯·伽尔巴 Servius Sulpicius Galba **45** 35-8。

塞克斯图斯·艾利乌斯·佩图斯 Sextus Aelius Petus **34** 44-4。

塞克斯图斯·狄革提乌斯 Sextus Digitius **34** 43-7; 42-4。**42** 27-8。

塞林波里亚　Selymbria　**33**　38-1；39-2。

塞琉古　Seleucus　**37**　41-1；44-6。**41**　提要。**42** 12-3。

塞提斯　Senthis　**42**　51-10。

三山市　Tripolis　**42**　53-6。

森普罗尼乌斯，提贝里乌斯　Tiberius Sempronius　**34** 1-3。

森普罗尼乌斯，提图斯　Titus Sempronius　**34**　44-3。

森普罗尼乌斯·格拉古，提图斯　Tiberius SemproniusGracchus　**40**　47-2，4，7。

森普罗尼乌斯·郎戈斯，提图斯　Titus Sempronius Longus **34**　42-3；43-1；55-2。

森普罗尼乌斯·格拉古，提图斯　Titus Sempronius Gracchus **42**　34-9，10。

森普罗尼乌斯·图狄塔努斯，卢基乌斯　Lucius Sempronius Tuditanus　**33**　提要（裁判官）。

斯巴达　Sparta　**34**　38-2。**39**　37-3。

斯基皮奥　Scipio　**35**　9-9。

斯基皮奥　Scipio　**45**　27-6。

斯基皮奥，盖尤斯　Caius Scipio　**34**　44-4。

斯基皮奥，卢基乌斯　Lucius Scipio　**38**　60-4，7，8，10。

斯基皮奥，普布利乌斯　Publius Scipio　**31**　4-1。**38** 53-11。

斯基皮奥，普布利乌斯　PubliusScipio　**45**　40-4。

斯基皮奥，普布利乌斯·科尔涅利乌斯　Publius Cornelius Scipio　**35**　24-4。**36**　1-1，6；2-1，3，7；36-1。

斯基皮奥，普布利乌斯·科尔涅利乌斯·纳西卡　Publius Cornelius Scipio Nasica　**36**　提要；1-1；2-1。

斯基皮奥，普布利乌斯·科尔涅利乌斯 Publius Cornelius Scipio **40** 37-9；38-2。

斯基皮奥·非洲征服者，卢基乌斯 Lucius Scipio Africanus **37** 58-6。**38** 提要。**39** 提要。

斯基皮奥·非洲征服者，普布利乌斯 Publius Scipio Afrcanus **31** 14-1。**33** 47-4。**44** 43-1，4。**35** 提要；14-5，6。**38** 51-10；52-1；53-7。**39** 50-10；52-1；52-4，9。

斯基皮奥·亚细亚征服者，卢基乌斯 Lucius Scipio Asianus **37** 55-2；58-6。**38** 提要；51-2。

斯卡尔费亚 Scarphea **33** 3-6。

斯科德拉 Scodra **44** 31-2。**45** 26-1，11。

斯科图萨 Scotusa **33** 6-8。

斯克阿 Scaea **42** 55-6。

斯克里博尼乌斯，盖尤斯 Caius Scribonius **34** 57-2。

斯普（里乌斯）·利古斯提努斯 Sp（urius）Ligustinus **42** 34-1。

斯特拉托斯 Stratus **43** 21-5，9；22-1，5。

斯特纳 Stena **32** 5-9。

斯图贝拉 Stuberra **43** 18-4；19-13。

苏尔皮基乌斯，盖尤斯 Caius Sulpicius **33** 24-7。

苏尔皮基乌斯，普布利乌斯 Sulpicius Publius **31** 提要，6-1；8-3；14-1。**32** 21-19；28-5。**34** 59-8；**35** 35 13-6；14-1。**42** 34-5。

苏尔皮基乌斯·伽尔巴，盖尤斯 Caius Sulpicius Galba **42** 28-5；31-9；35-4。

苏尔皮基乌斯·伽卢斯，盖尤斯 Caius Sulpicius Gallus **43** 11-7。**44** 37-5，8。**45** 27-6。

苏苏斯 Susus **42** 51-7。

索帕特罗斯 Sopatrus **42** 66-9。

T

塔古斯河 Tagus **39** 31-5。

塔克文尼人 Tarquinienses **40** 29-1。

塔拉科 Tarrco **40** 40-11。

塔伦图姆 Tarentum **37** 40-13。

台伯河 Tibecis **35** 33-10。

泰伦提乌斯,卢基乌斯 Lucius Terentius **33** 39-2。

特伦提乌斯·库勒奥,昆提乌斯 Quintus Terentius Culleo **33** 47-7。

泰伦提乌斯·库勒奥,昆图斯 Quintus Terentius Culleo **42** 35-7。

泰伦提乌斯·瓦罗,阿皮乌斯 Apius Terentius Varro **42** 26-7。

泰伦提乌斯·伊斯特拉,盖尤斯 Caius Terenfius Istra **40** 29-1。

陶鲁斯山 Taurus **42** 42-6;50-6。

陶罗斯河 Taurus **37** 54-23。**38** 提要;16-12。

特奥克塞娜 Theoxena **40** 提要。

特拜 Thebae **42** 12-6;41-5;43-6,7;44-3,46-7,8,9,10,12;63-12;68-12。

特尔摩皮勒 Thermopylae **33** 3-6,**36** 提要。

特克托萨吉人 Tectosagi **38** 提要;16-11;19-1;24-1。

特拉克(色雷斯) Thracia **33** 4-4;12-10。**37** 39-12;40-13。**38** 21-2。**39** 提要,1-4;24-6。**42** 12-10;19-6;51-1,7;52-2,11;**43** 提要,5;18-2;**44** 40-8;45-12。**45** 9-4。

特拉克人　Thrax（Thraces）　**42**　29 – 12；60 – 2。

特拉勒斯人　Tralles　**33**　4 – 4。**37**　9 – 10；40 – 13。

特拉利　Tralli　**38**　21 – 2。

特拉西普斯　Thrasippus　**42**　51 – 4。

特里波利斯　Tripolis　**42**　68 – 7。

特罗克弥人　Trocmi　**38**　提要；16 – 11, 12；19 – 2。

特罗尼乌姆　Thronium　**33**　3 – 6。

特洛亚　Troia　**45**　27 – 9。

特涅杜斯　Tenedus　**44**　28 – 1。

特萨利亚　Thessalia　**32**　内容提要；10 – 7；21 – 20。**33** 内容提要, 3 – 8；24 – 3；32 – 5。**34**　32 – 8；50 – 10；51 – 3, 4；52 – 1。**39**　24 – 6, 7, 11, 14；25 – 1。**42**　提要；5 – 7；25 – 13；36 – 4；37 – 4；38 – 2, 6；40 – 6；54 – 10；55 – 1, 5, 10；58 – 14；59 – 4；60 – 10, 68 – 6, 8。**43**　18 – 1。**44**　1 – 4。**45**　27 – 6。

特萨洛尼卡　Thessalonica　**40**　56 – 8。**44**　45 – 5。**45** 6 – 9；29 – 9。

特萨洛尼亚　Thessalonia　**42**　58 – 10。

特斯皮埃　Thespiae　**42**　43 – 8。

特斯普罗提人　Thesproti　**43**　23 – 6。

提阿提拉　Thyatira　**37**　38 – 1；44 – 4。

森普罗尼乌斯·郎戈斯，提贝里乌斯　Tiberius Sempronius Longus　**33**　43 – 9。

森普罗尼乌斯，提贝里乌斯　Tiberius Sempronius　**34** 46 – 4。

森普罗尼乌斯·格拉古，提贝里乌斯　Tiberius Sempronius、Gracchus　**38**　提要。

森普罗尼乌斯，提贝里乌斯　Tiberius Sempronius　**39** 24 – 13。

森普罗尼乌斯，提贝里乌斯　Tiberius Sempronius　**42** 提要。

森普罗尼乌斯，提贝里乌斯　Tierius Sempronius　**45** 36－1。

提尔　Tyr　**33** 49－5。**34** 提要。**35** 48－6。

提蒙　Timon　**37** 44－7。

提图斯　Titus　**39** 提要。

廷佩（山谷）　Tempe　**42** 54－8；61－11；68－6。

廷普萨　Tempsa　**34** 45－3，5。

图尔达　Turda　**33** 44－4。

图斯基人　Tusci　**37** 57－8。

托阿斯　Thoas　**35** 33－7。**38** 38－18。

托勒密　Ptolemaeus　**31** 9－1。**33** 34－4；**39** 1－1。**36** 4－1，2。**42** 26－7；29－7。

托洛斯托波吉伊人　Tolostobogii　**38** 提要；16－11；19－1。

W

瓦凯伊人　Vaccaei　**40** 47－1。**41** 提要。

瓦勒里乌斯　Valerius　**31** 1－7。

瓦勒里乌斯，卢基乌斯　Lucius Valerius　**39** 52－1，6。

瓦勒里乌斯·安提阿斯（前 1 世纪编年史家）　Valerius Antias　**32** 6－5。**33** 10－8。**37** 60－3；**38** 23－8；50－5。**40** 29－9。**42** 11－1。

瓦勒里乌斯，盖尤斯　Caius Valerius　**39** 39－2。

瓦勒里乌斯，盖尤斯　Caius Valerius　**42** 17－1。

瓦勒里乌斯，卢基乌斯　Lucius Valerius　**32** 1－1（分得西西里）。

瓦勒里乌斯，卢基乌斯　Lucius Valerius　**34** 1－2；5－1；

42 – 2。

瓦勒里乌斯，马尔库斯　Marcus Valerius　**31**　13 – 2。

瓦勒里乌斯·弗拉库斯，盖尤斯　Caius Valerius Flaccus　**31**　50 – 7。

瓦勒里乌斯·弗拉库斯，卢基乌斯　Lucius Valerius Flaccus　**33**　43 – 1，5。

瓦勒里乌斯·弗拉库斯，卢基乌斯　Lucius Valerius Flaccus　**34**　44 – 1。

瓦勒里乌斯·弗拉库斯，卢基乌斯　Lucius Valerius Flaccus　**37**　57 – 7。

瓦勒里乌斯·弗拉库斯，卢基乌斯　Lucius Valerius Flaccus　**39**　提要。

瓦勒里乌斯·勒维努斯，马尔库斯　Marcus Valerius Laevinus　**42**　58 – 13

瓦勒里乌斯·塔波，盖尤斯　Caius Valerius Tappo　**38**　36 – 7。

瓦勒里乌斯·塔帕，卢基乌斯　Lucius Valerius Tappo　**37**　57 – 7。

维尔弥纳　Vermina　**3**　11 – 13，15，17。

维克托里乌斯，昆图斯　Quintus Victorius　**34**　46 – 12。

维利乌斯，卢基乌斯　Lucius Villius　**32**　1 – 1；6 – 5。**33**　24 – 7。

维利乌斯，普布利乌斯　Publius Vilius　**32**　1 – 1；28 – 4。

维利乌斯，普布利乌斯　Publius Villius　**33**　39 – 2。**34**　59 – 8。

维利乌斯，普布利乌斯　Publius Vilius　**35**　13 – 6；14 – 1；19 – 1。

维利乌斯·阿纳勒斯，卢基乌斯　Lucius Villius Annales　**40**　44 – 1；**42**　28 – 5。

维斯塔　Vesta　**41**　提要。

沃尔斯基人　Volsci　**34**　5-9。

沃尔图努斯　Volturnus　**32**　29-3。**34**　45-1。

沃科尼乌斯·萨克萨，昆图斯　Quintus Voconius Saxa　**41**　提要。

乌里特亚　Urites　**42**　48-7。

乌斯卡纳　Uscana　**43**　20-4。

X

西班牙　Hispania　**31**　34-5；50-6。**33**　43-2，5，8；44-4。**34**　提要；22-4；42-1；43-3。**38**　51-3。**39**　31-1，4，13。**40**　提要；47-1。**42**　1-2；28-6；31-9；34-6。**43**　提要-6；12-10，11。**45**　4-1。

西顿　Sidon　**35**　48-6。

西基尼乌斯，格奈乌斯　Cnaeus Sicinius　**39**　39-1。19-6；27-8；36-4，8。

西基尼乌斯，格奈乌斯　Cnaeus Sicinius　**42**　18-2；27-3，5，6，8；31-3；47-11。

西库昂　Sicyon　**32**　19-5。

西库昂　Sicyon　**45**　28-2。

西蓬图姆　Sipontum　**34**　45-3。

西皮洛斯　Sipylus　**37**　44-4。

西西里　Sicilia　**38**　38-51。

西西里　Sicilia　**42**　27-1，7；28-6；31-8。**43**　12-9。

希尔卡努斯（平原）　Hyrcanus（Canm）　**37**　38-1。

希腊　Graecia　**31**　9-2；9-7；10-1；34-4，5。**32**　5-9。**33**　提要；10-10；12-10；30-2；31-1；32-2。**34**　提要；22-4；32-4；45-4；48-4；50-7；57-2；60-6。

36 提要。**37** 54-24。**38** 17-5；51-3。**39** 33-3。**41** 提要；19，3。**42** 5-1；12-1；13-10；14-5；17-1；37-5；44-8；47-7，9；55-8；58-12；59-81；68-9。**45** 8-6；9-4；27-5。

　　希帕塔　Hypata　**36**　28-8。
　　辛提斯　Sifis　**42**　51-7。
　　许皮阿斯　Hippias　**42**　39-7；50-7；51-1，4；54-7。**44**　45-2。
　　叙法克斯　Syphax　**31**　11-13。**45**　7-2。
　　叙库里昂　Sycurium　**42**　54-9；57-9；62-15；64-1。
　　叙拉古扎　Syracusae　**38**　51-1。
　　叙利亚　Syria　**33**　提要；45-2。**35**　提要。**37**　40-11。**41**　提要。**42**　29-7。
　　叙利亚人　Syri　**35**　49-1。
　　绪洛斯　Syllus　**42**　51-7。

Y

　　雅典　Athaenae　**31**　periocha，1-7，10；9-1；29-2；30-1；44-2，6。**32**　19-1，12。**41**　提要。**45**　27-10，11。
　　雅典人　Athenienses　**31**　30-1。
　　雅尼库卢姆　Janiculum　**40**　提要；29-3。
　　亚历山大　Alexander　**35**　提要；14-6。**42**　51-11；52-5。**45**　7-3；9-15，6。
　　亚历山大（骑兵司令）　Alexandes　**32**　10-2。
　　亚历山大城　Alexandria　**42**　26-7。**45**　12-2，3。
　　亚栖（高卢城市）　Iasi　**34**　32-5
　　亚细亚（亚洲）　Asia　**31**　1-8。**33**　1-8；30-2；32-2；34-3；38-1；39-2；49-5。**34**　57-2。**35**　48-7。

36　27 – 2。**38**　提要；16 – 12，51；60 – 6。**39**　1 – 3，4 – 7。**42**　提要；12 – 1；14 – 5；26 – 7；29 – 1；32 – 6；45 – 1，8；51 – 11。**45**　9 – 2，5；45 – 1。

　　伊昂　Ion　**45**　6 – 9。

　　伊奥尼亚　Ionia　**42**　48 – 7。

　　伊奥涅斯　Iones　**42**　58 – 10。

　　伊尔瓦特斯　Ilvates　**32**　31 – 4。

　　伊利里库姆　Illyricum　**44**　30 – 1，13；32 – 4。

　　伊利里亚　Illyria　**31**　34 – 5。**334** – 3；12 – 10。**42**　26 – 7；29 – 11；36 – 9；40 – 5。**43**　提要 5；9 – 4，6；18 – 3；19 – 13，14；23 – 6。**44**　21 – 4；23 – 1；30 – 12。**45**　3 – 1；9 – 4；16 – 2；26 – 1，11，12；44 – 5。

　　伊卢阿特斯人　Iluates　**31**　10 – 2。

　　伊纳科斯（河）　Inachus　**43**　21 – 6；22 – 2。

　　伊萨　Issae　**42**　26 – 2。**43**　9 – 5。

　　伊塞伊人　Issaei　**42**　48 – 8。

　　伊斯墨尼亚　Ismenia　**42**　38 – 5；43 – 10。

　　伊斯墨涅阿斯　Ismenias　**42**　43 – 9；44 – 1。

　　伊斯特里人　Histni　**42**　提要。

　　伊斯特摩斯　Isthmus　**33**　32 – 1；34 – 1。**42**　16 – 6。**45**　28 – 2。

　　以弗所　Ephesus　**33**　38 – 1；49 – 5。**35**　提要；14 – 1，5。**37**　60 – 3。

　　意大利　Italia　**34**　22 – 4；43 – 3；49 – 4；50 – 10；60 – 3，4。**35**　33 – 10。**37**　60 – 3。**39**　31 – 5；50 – 11。**42**　11 – 4；13 – 10；29 – 1；32 – 4；33 – 5；34 – 9；36 – 6；41 – 6；48 – 3；58 – 13；59 – 2。**43**　9 – 6；11 – 12；12 – 1，9；23 – 6。**44**　1 – 3；23 – 1。

　　茵苏布瑞斯人　Insubres　**31**　heriocha；10 – 2；31 – 4。**32**

提要。**33** 43-4。**34** 提要。

印度 India **45** 9-6。

尤卑亚岛 Euboea **32** 提要。**33** 32-5。**34** 43-4；51-1。**35** 提要。**42** 37-4。**45** 27-8。

尤里波斯 Euripus **45** 27-8。

尤尼乌斯, 马尔库斯 Marcus Junius **31** 4-1。

尤尼乌斯, 马尔库斯 Marcus Iunius **42** 45-2。

尤尼乌斯, 马尔库斯 Marcus Iunius **45** 9-3。

尤尼乌斯·布鲁图斯, 德基穆斯 Decimus Junius Brutus **34** 45-3。

尤尼乌斯·布鲁图斯, 盖尤斯 Caius Junius Brutus **34** 1-3。

尤尼乌斯·布鲁图斯, 马尔库斯 Junius Brntus **34** 1-3。

尤诺 Juno **38** 51-8。

尤诺·拉基娜 Iuno Lacina **42** 提要。

尤皮特 Jupitter **31** 9-6；50-7。**38** 51-8。

尤皮特·奥林波斯（庙）Juppiter Olimpus **41** 提要。

尤温提乌斯, 提图斯 Titus Juventius **42** 27-8。

尤温提乌斯·塔尔纳, 卢基乌斯 Lucius Juventius Talna **39** 31-4。

尤温提乌斯·塔尔纳, 曼利乌斯 Manlius Juventius Talna **45** 21-1。

尤温提乌斯·塔尔纳, 提图斯 Titus Juventius Thalna **34** 42-2, **34** 43-7。

Z

泽克西斯 Zeuxis **37** 41-1；45-5。

宙斯 Zeus **45** 28-5。

宙斯·特罗丰尼奥斯 Zeus Trophonius **45** 27-7, 8。

声　　明　　1. 版权所有，侵权必究。

　　　　　　2. 如有缺页、倒装问题，由出版社负责退换。

图书在版编目（CIP）数据

自建城以来. 第三十一至四十五卷选段/(古罗马)提图斯·李维著；(意) 桑德罗·斯奇巴尼主编；(意)乔万尼·罗布兰诺选编；王焕生译. —北京：中国政法大学出版社，2018.9

ISBN 978-7-5620-8360-3

Ⅰ.①自…　Ⅱ.①提…　②桑…　③乔…　④王…　Ⅲ.①罗马—历史　Ⅳ.①K126

中国版本图书馆CIP数据核字(2018)第220249号

出 版 者	中国政法大学出版社
地　　址	北京市海淀区西土城路25号
邮寄地址	北京100088 信箱8034分箱　邮编100088
网　　址	http://www.cuplpress.com（网络实名：中国政法大学出版社）
电　　话	010-58908285(总编室)　58908334(邮购部)
承　　印	固安华明印业有限公司
开　　本	880mm×1230mm　1/32
印　　张	16.875
字　　数	437千字
版　　次	2018年9月第1版
印　　次	2018年9月第1次印刷
定　　价	68.00元